Bausteine für einen
neokommunikativen Französischunterricht

GIESSENER BEITRÄGE ZUR FREMDSPRACHENDIDAKTIK

Herausgegeben von Lothar Bredella, Herbert Christ,
Michael K. Legutke, Franz-Joseph Meißner
und Dietmar Rösler

Franz-Joseph Meißner / Marcus Reinfried
(Hrsg.)

Bausteine für einen neokommunikativen Französischunterricht

Lernerzentrierung, Ganzheitlichkeit,
Handlungsorientierung, Interkulturalität,
Mehrsprachigkeitsdidaktik

Akten der Sektion 13 auf dem
1. Frankoromanistentag in Mainz,
23. - 26.09.1998

gnv Gunter Narr Verlag Tübingen

Die Deutsche Bibliothek – CIP-Einheitsaufnahme

Bausteine für einen neokommunikativen Französischunterricht : Lernerzentrierung, Ganzheitlichkeit, Handlungsorientierung, Interkulturalität, Mehrsprachigkeitsdidaktik ; Akten der Sektion 13 auf dem 1. Frankoromanistentag in Mainz, 23. - 26.08.1998 / Franz-Joseph Meißner/Marcus Reinfried (Hrsg.). – Tübingen : Narr, 2001
 (Giessener Beiträge zur Fremdsprachendidaktik)
 ISBN 3-8233-5305-5

© Giessener Beiträge zur Fremdsprachendidaktik
im Gunter Narr Verlag Tübingen 2001

Das Werk einschließlich aller seiner Teile ist urheberrechtlich geschützt. Jede Verwertung außerhalb der engen Grenzen des Urheberrechtsgesetzes ist ohne Zustimmung des Verlages unzulässig und strafbar. Das gilt insbesondere für Vervielfältigungen, Übersetzungen, Mikroverfilmungen und die Einspeicherung und Verarbeitung in elektronischen Systemen.
Gedruckt auf säurefreiem und alterungsbeständigem Werkdruckpapier.

Druck: GAHMIG Druck, 35440 Linden
Printed in Germany

ISSN 0175-7776
ISBN 3-8233-5305-5

Inhaltsverzeichnis

Vorwort VII

Reinfried, Marcus: Neokommunikativer Fremdsprachenunterricht: ein neues methodisches Paradigma 1

Franz-Joseph Meißner/Ulrike Senger: Vom induktiven zum konstruktiven Lehr- und Lernparadigma. Methodische Folgerungen aus der mehrsprachigkeitsdidaktischen Forschung 21

Kleppin, Karin: Vom Lehrer zum Lernberater: Zur Integration von Beratungselementen in den Fremdsprachenunterricht 51

Herbst, Angelika: Autoevaluation: Für mehr Selbständigkeit bei der Kontrolle des Lernprozesses 61

Pfromm, Rüdiger: Lerntypen und Lernstile – Vorüberlegungen zu einer Typologie ... 75

Segermann, Krista: Fremdsprachliches Lernen als Verknüpfung von Sinnkonzepten mit lexikogrammatischen Formgebilden 93

Robra, Klaus: Semantik und Fremdsprachendidaktik. Zur Kritik radikalkonstruktivistischer Fundierungsversuche 105

Sarter, Heidemarie: Gestern, heute – und morgen? Fremdsprachliche Ausbildung vor neuen Anforderungen 121

Abendroth-Timmer, Dagmar: Konzepte interkulturellen Lernens und ihre Umsetzung in Lehrwerken 135

Bechtel, Mark: Aspekte interkulturellen Lernens beim Sprachenlernen im Tandem. Eine Sequenzanalyse 151

Caspari, Daniela: Fremdverstehen durch literarische Texte – der Beitrag kreativer Verfahren 169

Leupold, Eynar: Intertextuelle Konnotationen als Gegenstand interkultureller Erfahrung im Fremdsprachenunterricht 185

Müller-Lancé, Johannes: Möglichkeiten der Untersuchung lexikalischer Strategien bei Mehrsprachigen 205

Fricke, Dietmar: Wege zur romanischen Mehrsprachigkeit anhand archetypischer Texte – ein Werkstattbericht 227

Niekamp, Jessica/Hu, Adelheid: Gibt es Ansätze einer *Didaktik der Mehrsprachigkeit und Mehrkulturalität* in der neuen Generation der Französischlehrwerke? 239

Weller, Franz-Rudolf: Literarische Kleinformen der europäischen Gegenwartsliteratur als überfachliches und interlinguales Thema des Fremdsprachenunterrichts – erläutert am Beispiel fiktionaler Kurzprosa 249

Mordellet, Isabelle: Phonétique et enseignement du Français langue étrangère à l'école élémentaire allemande 267

Stein, Barbara: Spiel im frühen Fremdsprachenunterricht zwischen Methodik und Didaktik 287

Martin, Jean-Pol: Französischunterricht als Vorbereitung auf die Arbeitswelt 301

Meißner, Franz-Joseph: Fremdsprachenvermittlung an Bautechniker auf der Grundlage der Interkomprehensionsmethode 311

Adressen der Beiträger 327

Vorwort

Der vorliegende Band versammelt (von wenigen Ausnahmen abgesehen) die Beiträge, die vom 24. bis 26. September 1998 in der Didaktik-Sektion des Mainzer Frankoromanistentags vorgetragen und diskutiert worden sind. Sie thematisieren neuere Formen des Französischlehrens und -lernens. Trotz aller Vielfalt der analysierten und beforschten Ansätze können die dargestellten methodischen ‚Bausteine' mindestens einem, überwiegend sogar mehreren der folgenden didaktischen Begriffe zugeordnet werden: Lernerzentrierung, Ganzheitlichkeit, Handlungsorientierung, Interkulturalität oder fächerübergreifendes Lernen bzw. Mehrsprachigkeitsdidaktik.

Wie Marcus Reinfried in seinem Eröffnungsartikel darlegt und anhand von empirisch aus der *Bibliographie des modernen Fremdsprachenunterrichts* gewonnenen Indikatoren nachweist, repräsentieren diese Konzepte seit einigen Jahren Leitprinzipien des Fremdsprachenunterrichts in der fachdidaktischen Literatur. Sie überschneiden sich in ihren inhaltlichen Ausformungen in einer Reihe von Merkmalen. Aufgrund dieser konzeptuellen Vernetzung können sie als Facetten einer neuen, umfassenden und offenen Methodenkonzeption interpretiert werden. Wir bezeichnen sie als neokommunikativ, weil einerseits die in den siebziger Jahren entstandenen Prinzipien der kommunikativen Methode im großen Ganzen immer noch ihre Gültigkeit haben, sie aber andererseits durch die oben erwähnten neuen Leitprinzipien modifiziert worden sind. Dabei wird auf der methodischen Makroebene der pragmatische Kommunikationsansatz durch eine kognitionswissenschaftliche Perspektive ergänzt, und der ursprüngliche Primat aktiver Sprachfertigkeiten wird durch eine prinzipielle Gleichwertigkeit aller Fertigkeiten abgelöst, die auch die Akzentuierung rezeptiver Fertigkeiten im Rahmen spezialisierter Sprachkurse ermöglicht.

Der Beitrag von Franz-Joseph Meißner & Ulrike Senger zieht im Bereich der Methodik und ihrer lerntheoretischen Grundlegung die Konsequenz aus Forschungen zur mentalen Verarbeitung sprachlicher Daten in unbekannten romanischen Fremdsprachen. Auf diese Weise gewinnen sie einen empirisch begründeten Lernbegriff, der die Grenzen des induktiven Paradigmas überschreitet. Die Reflexionen um die Bandbreite unterschiedlicher Transferkategorien geben weitgehend inferentiell begründeten Lerntheorien eine neue Grundlage, aus der eine neue Praxis im Sinne des neokommunikativen Paradigmas folgen kann. Die beiden Autoren plädieren für ein konstruktives, auf Transfer basierendes Sprachenlernen, das sich im Einklang mit sämtlichen Leitprinzipien des neokommunikativen Fremdsprachenunterrichts befindet. Zwischen diesem Ansatz und dem Beitrag von Karin Kleppin zur Lernberatung lassen sich eine Vielzahl von Bezügen feststellen, welche sich in den Begriffen der Sprachen- und Lernbewusstheit verdichten.

Zur Lernerautonomie tendiert auch der Artikel von Angelika Herbst, in dem es um Autoevaluation geht, d.h. um die Einschätzung des eigenen Lernfortschritts durch die Sprachenlernenden. Als theoretische Voraussetzung für eine Individualisierung des

Fremdsprachenunterrichts stellt Rüdiger Pfromm Überlegungen zu Lerntypen und Lernstilen an. Im Gegensatz zu Pfromms allgemeinen Überlegungen ist der Aufsatz von Krista Segermann auf eine konkrete lernerorientierte und ganzheitliche Unterrichtsmethode bezogen, die von ihr in Jena entwickelt worden ist. Segermann erspart dem gegenwärtigen Fremdsprachenunterricht nicht den Vorwurf, sich in Konzeption und Umsetzung zu stark an grammatischen Lernzielen zu orientieren und dabei den Versprachlichungsmotiven der Lernenden nicht ausreichend Rechnung zu tragen.

In einem Zusammenhang mit der Individualisierung des Fremdsprachenunterrichts stehen auch die Beiträge von Klaus Robra und Heidemarie Sarter. Robra setzt sich kritisch mit dem Radikalen Konstruktivismus auseinander, der in den vergangenen Jahren zur theoretischen Fundierung einer lernerzentrierten Unterrichtsmethodik herangezogen worden ist. Sarter befasst sich in ihrem Aufsatz mit der Vielzahl möglicher fremdsprachlicher Ausgangssituationen und Zielsetzungen im Französischunterricht und mit den Konsequenzen für die Lehreraus- und -fortbildung.

Eine weitere Reihe von Beiträgen befasst sich mit unterschiedlichen Aspekten des interkulturellen Lernens. Dagmar Abendroth-Timmer vergleicht die entsprechenden didaktischen Diskussionen im deutsch-, französisch- und russischsprachigen Raum und untersucht, wie die von ihr ermittelten Konzepte in den Lehrwerken praktisch umgesetzt werden. Mark Bechtel beschreibt mit Hilfe der Diskursanalyse den interkulturellen Perspektivenwechsel beim Tandemlernen. Daniela Caspari behandelt in ihrem Aufsatz den Beitrag des Literaturunterrichts für den Aufbau von interkultureller Kompetenz und analysiert in diesem Zusammenhang das Potential kreativer Verfahren. Eynar Leupold geht der Frage nach, inwieweit intertextuelle Anspielungen in den Überschriften französischer Zeitungsartikel erschlossen werden. Er untersucht das entsprechende Konnotationsverhalten von Studierenden, die französische Muttersprachler sind, sowie von ausländischen Gaststudierenden, die sich in Frankreich aufhalten, für diesen Teilaspekt des Fremdverstehens.

Die Mehrsprachigkeitsdidaktik wird in mehreren Beiträgen in den Blick genommen: Johannes Müller-Lancé geht es um die Erhellung interlingualer Strategien beim Texterschließen und deren empirische Untersuchungsmöglichkeiten. Dietmar Fricke berichtet über eine universitäre Lehrveranstaltung zur romanischen Mehrsprachigkeit, in der Märchen, Sprichwörter und Gleichnisse in einer Reihe unterschiedlicher Sprachen miteinander verglichen wurden. Jessica Niekamp & Adelheid Hu untersuchen, wie Mehrsprachigkeit und Mehrkulturalität sich in der neuen Generation der Französischlehrwerke realisieren. Mit den literarischen Kleinformen befasst sich Franz Rudolf Weller. Sie dienen – im Rahmen eines interlingualen und fächerübergreifenden Ansatzes – dem Literatur- und Kulturvergleich.

L'enseignement du français a beaucoup de boutiques: Eine letzte Gruppe von Beiträgen widmet sich Aspekten des früh beginnenden und des berufsbezogenen Französischunterrichts. Barbara Stein befasst sich mit den pädagogisch-psychologischen und didaktisch-methodischen Aufgaben einer spielorientierten Fremdsprachenmethodik im Primarbereich. Das Vertrautwerden mit der fremden Lautung steht am Anfang des *éveil au langage*; Isabelle Mordellet beschreibt die Grundlagen einer Didaktik und Methodik der Ausspracheschulung im Lernkontext der Grundschule. Jean-Pol Martin erläutert in seinem Beitrag, wie die von ihm begründete Unterrichtsmethode LdL (Lernen durch Lehren) die Ausbildung von Schlüsselkompetenzen bei den Schülern ermöglicht, die als Vorbereitung auf eine spätere Berufstätigkeit von erheblicher Bedeutung sind. Franz-Joseph Meißner schließlich stellt, von Erfahrungen im deutsch-französischen Berufsschulwesen ausgehend, die Möglichkeiten der Fremdsprachenvermittlung für Handwerker dar.

Die Herausgeber danken Frau Agnès Hofmann (wieder einmal) für die sorgfältige Betreuung der Manuskripte und ihre Bearbeitung bis zum Druck.

Leider konnten nicht alle Beiträge hier präsentiert werden. Dies betrifft auch den Artikel von Agnès Chalmel zur Methodik des Einsatzes Neuer Medien im Französischunterricht. Agnès Chalmel, die bei Bernd Rüschoff an der Pädagogischen Hochschule Karlsruhe tätig war, starb unerwartet und viel zu früh, kaum in ihrem vierten Lebensjahrzehnt stehend. Ihrem Andenken sei dieser Band gewidmet.

Franz-Joseph Meißner   Marcus Reinfried

Marcus Reinfried

Neokommunikativer Fremdsprachenunterricht: ein neues methodisches Paradigma

1. Von Paradigmen und Methodenkonzeptionen

Ein Paradigma ist ein komplexes theoretisches System, das während einer gewissen Zeit allgemeine Anerkennung in einer *scientific community* findet. In die Wissenschaftstheorie wurde dieser mehrdeutige Ausdruck[1] bekanntlich in den sechziger Jahren von Thomas S. Kuhn hineingetragen. Kuhn (1973: 134), der seine wissenschaftstheoretischen Überlegungen aus der Geschichte der Naturwissenschaften heraus entwickelt hat, beschreibt einen Paradigmenwechsel als "Gestaltwandel". Dabei muss sich nicht einmal unbedingt das Erkenntnisobjekt ändern, auch die Wahrnehmung eines Realitätsausschnitts kann sich zu einer neuen 'Gestalt' zusammenschließen (ebd.: 131). "Paradigmata", so führt Kuhn (1973: 37) aus, "erlangen ihren Status, weil sie bei der Lösung einiger Probleme, welche ein Kreis von Fachleuten als brennend erkannt hat, erfolgreicher sind als die mit ihnen konkurrierenden [Alternativen]". In anderen Passagen seiner Darstellung präzisiert Kuhn, dass Paradigmen oft auch zu Beginn ihrer 'Karriere' noch nicht **wirklich** erfolgreicher, sondern nur erfolg**versprechender** sein müssen, denn erst durch eine ausgedehnte Forschung stellen sich ihre Möglichkeiten und Grenzen heraus (vgl. Kuhn 1973: 32, 37 f., 87 f., 168 f.).

Wie ich zeigen werde, läßt sich der Paradigmenbegriff ebenfalls auf Methodenkonzeptionen des Fremdsprachenunterrichts anwenden. Denn auch eine Methodenkonzeption ist in einem weiteren Sinne ein theoretisches System, obgleich sie nicht – oder zumindest nicht primär – der wissenschaftlichen Erkenntnis, sondern dem praktischen Unterrichtshandeln dient. Genauer betrachtet, ist eine Methodenkonzeption ein (intersubjektiv überprüftes) mentales Modell für Unterrichtsabläufe. Sie entspricht dem Bedürfnis von Lehrerinnen und Lehrern, ihr professionelles Handlungswissen nicht nur in Form von Prinzipien zu organisieren, die als Variablen einer Faktorenkomplexion betrachtet werden, sondern gestalthaft und prototypisch. Eine Methodenkonzeption wird dann zu einem Paradigma, wenn sie während eines bestimmten Zeitraums im Fremdsprachenunterricht dominiert und in der Lehreraus- und -fortbildung bevorzugt tradiert wird. Allerdings kommt ihr nur eine Orientierungsfunktion zu. Lehrerinnen

---

[1] Kuhn (1973: 186) selbst unterscheidet in seinem Postskriptum von 1969 (zu dem 1962 erstmals erschienenen Buch) ‚Makroparadigmen' („eine ganze Konstellation von Meinungen, Werten, Methoden usw., die von den Mitgliedern einer gegebenen Gemeinschaft geteilt werden") von ‚Mikroparadigmen' („ein Element in dieser Konstellation"). Ein Kritiker von Kuhns Buch hat sämtliche Gebrauchsweisen von Kuhns Schlüsselbegriff ‚Paradigma' ganz detailliert bestimmt; nach seiner Berechnung kam er auf 22 unterschiedliche Gebrauchsweisen (s. Kuhn 1973: 193).

und Lehrer verstoßen gelegentlich, unter Umständen au ch öfter gegen die 'reine Lehre' derjenigen Methodenkonzeption oder derjenigen Methodenkonzeptionen, die sie verinnerlicht haben. Sie tun das, wenn sie in einer konkreten Unterrichtssituation – vor allem in einer schwierigen Unterrichtssituation – abweichende methodische Verfahren als günstiger für einen erfolgreichen Unterricht einschätzen. Die verinnerlichte Methodenkonzeption beeinflußt also nicht ganz, obwohl auch nicht unerheblich, das Lehrerverhalten.

Methodenkonzeptionen können – je nach der Ausformung ihrer Prinzipien – relativ offen oder relativ geschlossen sein. Eine Methodenkonzeption ist komplex, und ihre Bestandteile bilden aufgrund von gegenseitigen Verknüpfungen eine Ganzheit, die der (von Kuhn erwähnten) 'Gestalt' einer wissenschaftlichen Theorie nicht unähnlich ist. Es gibt unterschiedliche Möglichkeiten, eine Methodenkonzeption modellhaft abzubilden[2]. Ich selbst ziehe es vor, das Modell von Richards & Rodgers (1993) mit der Terminologie von Vielau (1985: 10) zu kombinieren, um ein Gliederungsraster für die Binnenstruktur einer Methodenkonzeption zu erhalten (s. Abb. 1). Dieses Methodenmodell kann man in drei Ebenen untergliedern: die Makroebene der lern- und sprachtheoretischen Inhalte; die Mesoebene, auf der die Unterrichtsziele und die Organisation des 'didaktischen Felds' angesiedelt sind; die Mikroebene der konkreten Unterrichtstechniken.

Nicht bei jeder Methodenkonzeption sind alle Zellen in einem derartigen Modell definiert, und schon gar nicht präzise definiert. Das läßt zum einem erheblichen Raum für Variationen, die zu allen Methodenkonzeptionen gehören, selbst zu den relativ geschlossenen Methodenkonzeptionen. Zum anderen hängt die unterschiedliche Explizitheit der einzelnen Methodenkomponenten damit zusammen, dass Methodenkonzeptionen Konstruktionen sind – Gedankengebäude, die das äußerst komplexe und vielgestaltige Feld der Unterrichtswirklichkeit von einseitigen Schwerpunktsetzungen aus angehen. Die jeweiligen Leitideen führen dazu, dass jede Methodenkonzeption bei der geistigen und praktischen Bewältigung der Unterrichtswirklichkeit eigene Stärken und Schwächen ausbildet, so wie dies teilweise auch bei den Kuhnschen naturwissenschaftlichen Paradigmen der Fall ist. Methodenkonzeptionen – das ist eine weitere Affinität zu Kuhns naturwissenschaftlichen Paradigmen – können sich meistens temporär, oft für ein paar Jahrzehnte, durchsetzen und halten, wenn sie passende Lösungen auf Unterrichtsprobleme versprechen, die sich in einem Zeitraum stellen. Natürlich sind sie dann während eines bestimmten Zeitabschnittes nur von **relativer** Dominanz. Dabei hat es in der Geschichte des Fremdsprachenunterrichts Methodenparadigmen gegeben, die sich antithetisch zu vorangegangenen Methodenparadigmen definiert haben; andere Methodenparadigmen wiederum sind eher als Modifikation oder verbesserte Fortsetzung aus einem vorangegangenen Methodenparadigma entstanden.

---

[2] Man kann sie entweder aufgrund von Einflußfaktoren oder von Wirkungsebenen modellieren (vgl. z.B. die beiden Modelle in Neuner & Hunfeld 1993: 9 f.).

Methodenmodell in Anlehnung an Richards & Rodgers 1986

Makroebene theoretische Annahmen	Bezüge zur • Sprachtheorie • Lernpsychologie • u. a. Bezugswissenschaften
Mesoebene Unterrichtsziele und Organisation des 'didaktischen Felds'	Entscheidungen über • Lernziele • Inhalte • Lehr- und Lernkonzepte • Lehr- und Lernmaterialien • Rolle der Lehrenden und Lernenden
Mikroebene konkrete Unterrichtstechniken	Festlegung von • Lehr- und Lerntechniken • Interaktionsmustern • Übungsformen

Abbildung 1

2. Der kommunikative Fremdsprachenunterricht

Eine relative Kontinuität besteht auch zwischen der traditionellen kommunikativen Methode und den methodischen Trends der letzten Jahre, die sich immer mehr zu einer neuen Methodenkonzeption verfestigen, wie ich unten noch darstellen werde. Die kommunikative Methode wurde bekanntlich ab 1973 in den alten Bundesländern proklamiert (vgl. Stang 1990: 18) und bis Anfang der achtziger Jahre in den Lehrwerken und Richtlinien praktisch umgesetzt. Sie basiert teilweise auf dem englischen Kontextualismus und dem *situational teaching*, wurde aber vor allem durch die angelsächsische Sprechakttheorie, die in der bundesdeutschen Linguistik großes Interesse fand, beeinflußt. Die damals hochgespannten Hoffnungen, eine funktionale Fertigkeitsprogression mit einer thematischen Progression, einer Textprogression und einer grammatischen Progression stringent verbinden zu können (vgl. Piepho 1974), haben sich allerdings nicht erfüllt. Die Kriterien für die Abstufung der Sprechakte und für die Verzahnung der einzelnen Progressionen blieben zwangsläufig vage (aufgrund der strukturellen Problematik, vgl. Klein 2001: 84 f.). Auch in der DDR, wo man mit der kommunikativ-funktionalen Methodenkonzeption ähnliche Pläne verfolgte, ist es nicht gelungen, eine Progression der Redesituationen theoretisch zu begründen, in dem die einzelnen Situationen überzeugend und eindeutig voneinander abgegrenzt werden. Trotzdem hat sich das pragmadidaktische Organisationsprinzip in allen Lehrwerken durchgesetzt, die für den Elementarunterricht bestimmt sind – in der DDR allerdings nicht ganz so konsequent wie in der BRD, weil der Konservatismus der dominierenden Russischmethodik dies nicht zuließ (vgl. Heuer 1987: 149 f.; Apelt 1990: 12; Brandt 1996: 15 f.).

Allerdings ging es bereits von Anfang an nicht nur um eine Auswahl sprachlicher Mittel, um die Lernenden besser zur Bewältigung authentischer Kommunikationssituationen im Umgang mit ausländischen Personen oder Medien zu befähigen. Die kommunikative Methodenkonzeption beinhaltete schon in den siebziger Jahren Ansätze zu einer gewissen Lernerorientierung, obwohl es den Begriff damals noch nicht gab. Neuner (1994: 26) weist darauf hin, dass diese Ansätze anfangs vor allem von der Kritischen Erziehungswissenschaft ausgingen. Der Schlüsselbegriff **kommunikative Kompetenz**, der in Piephos Schriften immer wieder auftaucht, bezieht sich auf die Fähigkeit der Schüler, ihre eigenen Gedanken zum Ausdruck bringen und für die eigenen Interessen eintreten zu können. Nach Piepho (1976: 136) kann der Schüler "in einem kommunikativen Unterricht nur als Partner und als korrespondierender Mitspieler im Unterrichtsprozeß betrachtet werden". Obwohl Piephos theoretische Begründungen vage blieben, vor allem seine Berufung auf die Theorie des kommunikativen Handelns von Habermas (1971), sind seine praxisbezogenen Forderungen und die anderer kommunikativer Methodiker nicht wirkungslos geblieben. In den Lehrwerken der achtziger Jahre wurden mechanische Strukturübungen, die teilweise auf den Einfluß der audiolingualen Methodenkonzeption mit ihren *Pattern drills* zurückgeführt werden können, zunehmend durch kommunikativ eingebettete Übungsformen ersetzt. Rollenspiele sollten in der Transferphase von Lektionen für die kommunikative Anwendung erlernter Redemittel sorgen. Darüber hinaus versuchten einige Aufgaben oder Übungen nun auch stärker, die individuellen Interessen der Schüler einzubeziehen. Dies geschah zum einen dadurch, dass Schüler aufgefordert wurden, ihre persönliche Meinung zu irgendwelchen Fragen, die in Lehrwerktexten angesprochen wurden, zum Ausdruck zu bringen. Dazu wurden ihnen auch entsprechende Redemittel zur Verfügung gestellt. Zum anderen wurden Schüler angeregt, sich über ihre persönlichen Interessen und Erfahrungen, ihre Vorlieben und Abneigungen zu äußern. Dadurch wurde ein schülerorientierter Fremdsprachenunterricht – *avant la lettre* – in ersten Ansätzen realisiert.

Diese Bemühungen, die Eigentätigkeit der Schüler zu fördern, wurden durch Schifflers Monographie *Interaktiver Fremdsprachenunterricht* (1980) weiter vorangetrieben. Schiffler ergänzt darin den weitgehend angewandt linguistischen Ansatz der Pragmadidaktik durch sozialpsychologische und erziehungswissenschaftliche Überlegungen. Unter dem Einfluß amerikanischer 'alternativer' Sprachvermittlungsmethoden misst er dem affektiven Bereich eine große Bedeutung bei und fordert eine neue Lehrerrolle: Die Lehrerin oder der Lehrer trifft Entscheidungen oft gemeinsam mit den Schülern, berät die Schüler, arrangiert sprachliche Interaktionen aller Art, hilft ihnen beim Diskutieren als Ghostspeaker, wenn fremdsprachige Ausdrücke unbekannt oder entfallen sind. Häufige Sozialformen im interaktiven Fremdsprachenunterricht sind Partner- oder Gruppenarbeit. Als interaktive Arbeitsformen werden von Schiffler ausführlich beschrieben: Lernspiele, Rollenspiele, Kettenübungen, Gruppendiskussionen, die gegenseitige Schülerkorrektur und die gemeinsame Projektarbeit. Von einem Abschnitt, in dem geschildert wird, wie Schüler durch die Übertragung von Lehrfunktionen aktiviert werden, wurde Jean-Pol Martin zu seiner Methode *Lernen durch Lehren* inspiriert (s. Martin 1985: 85 f.).

3. Die Herausbildung neuer didaktischer Konzepte

In der Zwischenzeit sind zwei Jahrzehnte vergangen, und die Ansätze zur Eigentätigkeit der Lernenden sind weiterentwickelt worden. Um empirische Indikatoren für das Auftauchen und die Verbreitung neuer vermittlungsmethodischer Konzepte in der deutschen fremdsprachendidaktischen Literatur zu erhalten, habe ich die Sachregister der *Bibliographie Moderner Fremdsprachenunterricht* (Informationszentrum für Fremdsprachenforschung 1970–1999) systematisch durchgesehen und die Häufigkeit der Belege für rund dreißig Schlagwörter ausgezählt, in denen sich Facetten aktueller methodischer Tendenzen widerspiegeln.[3] Dabei setzte die Durchsicht der Bibliographie mit dem Jahrgang 1999 ein und erfolgte rückwärts bis zum Erscheinen der ersten Belege. Eine solche zeitliche und quantitative Bestandsaufnahme von Fachbegriffen ist allerdings in der Reichweite der unmittelbar daraus ableitbaren Erkenntnisse begrenzt: Sie kann zwar eindeutige Hinweise auf die Ausbreitung partikularer Konzepte geben, aber sie deckt das konzeptuelle methodische 'Feld' weder lückenlos noch überschneidungsfrei ab.

---

[3] Bei der Auswahl der Schlagwörter spielte meine auf der Lektüre didaktischer Schriften beruhende grobe Kenntnis der Methodenentwicklung eine Rolle. Somit ist meine heuristische Vorgehensweise – zumindest im Hinblick auf diesen Aspekt – hermeneutisch. Die Analyse der Belege in der *Bibliographie Moderner Fremdsprachenunterricht* führte allerdings zur Überprüfung und Präzisierung meiner Eindrücke.

Als aufschlussreich erweist sich allerdings die zeitliche Koinzidenz: Es stellte sich nämlich heraus, dass die Mehrzahl der von mir ausgewählten Schlagwörter Mitte der achtziger Jahre in die *Bibliographie Moderner Fremdsprachenunterricht* aufgenommen worden sind. Dazu gehören folgende Schlagwörter, deren erstmaliges Auftauchen in den gedruckten Heften der Bibliographie in Klammern angegeben wird:

- "affektives Lernen" (1985);
- "alternative Methode" (1984);
- "Authentizität" (1984);
- "autonomes Lernen" (1985);
- "fächerübergreifender Unterricht" (1984);
- "Freinet-Pädagogik" (1984);
- "handlungsbezogenes Lernen" (1987);
- "holistischer Ansatz" (1987);
- "Immersion" (1985);
- "Individualisierung" (1986);
- "interkulturelle Kommunikation" (1985);
- "interkultureller Vergleich" (1986);
- "Kreativität" (1984);
- "Lernerorientierung" (1984);
- "Lernstil" (1987);
- "Lernstrategie" (1984);
- "Projektunterricht" (1986);
- "Selbsteinschätzung" (1984);
- "Selbsttätigkeit" (1987);
- "Simulation" (1984);
- "Tandem-Methode" (1985).

Das Auftauchen dieser Begriffe in der *Bibliographie Moderner Fremdsprachenunterricht* markiert nicht den Zeitpunkt ihrer Entstehung (die je nach Einzelfall Jahre, Jahrzehnte oder Jahrhunderte zurückliegt), sondern bezeugt ihre Entdeckung in einer deutschen Fachöffentlichkeit. Bei den meisten der oben aufgeführten Begriffe hat die Rezeption in den neunziger Jahren an Breite gewonnen: Während die Gesamtzahl der Belege sich in den achtziger Jahren noch auf 922 belief, betrug sie in den neunziger Jahren 4 731, wovon auf die erste Hälfte der neunziger Jahre 2 083 und auf die zweite Hälfte 2 648 entfallen.

Obwohl alle der mit den Schlagwörtern verbundenen Konzepte auch noch in der didaktisch-methodischen Literatur des einsetzenden 21. Jahrhunderts öfter thematisiert werden, differieren die Belegzahlen für die einzelnen Konzepte; sie unterscheiden sich nicht nur erheblich im Vergleich der Begriffe untereinander, sondern sind natürlich auch Schwankungen im zeitlichen Verlauf ausgesetzt, wobei die quantitativen Kulminationspunkte der jeweiligen Deskriptoren in unterschiedliche Jahre fallen. So konnten folgende Begriffe in den angegebenen Jahren ihre jeweils maximale Zahl an Belegen erreichen:

- 1987: "alternative Methode" 16 Belege;
- 1991: "Authentizität" 29 Belege;
- 1994: "affektives Lernen" 15 Belege;
- 1994: "handlungsbezogenes Lernen" 80 Belege;
- 1994: "Individualisierung" 12 Belege;
- 1994: "Lernerorientierung" 100 Belege;
- 1995: "Freinet-Pädagogik" 8 Belege;
- 1995: "Simulation" 23 Belege;
- 1996: "holistischer Ansatz" 25 Belege;
- 1996: "interkultureller Vergleich" 59 Belege;
- 1996: "Tandem-Methode" 20 Belege;
- 1997: "Kreativität" 86 Belege;
- 1998: "autonomes Lernen" 61 Belege;
- 1998: "interkulturelle Kommunikation" 108 Belege;
- 1998: "Lernstrategie" 52 Belege;
- 1998: "Projektunterricht" 18 Belege;
- 1998: "Selbsttätigkeit" 42 Belege;
- 1999: "fächerübergreifender Unterricht" 21 Belege;
- 1999: "Immersion" 12 Belege;
- 1999: "Lernstil" 12 Belege;
- 1999: "Selbsteinschätzung" 23 Belege.

Es soll festgehalten werden, dass die zeitlichen Schwerpunkte der begrifflichen Belege tendenziell eher in den letzten fünf Jahren des 20. Jahrhunderts liegen als in der ersten Hälfte der neunziger Jahre und dass nur ein Begriff sein quantitatives Maximum im fachdidaktischen Diskurs schon bereits in den achtziger Jahren verzeichnen konnte. Die zweite Hälfte der achtziger Jahre stellte somit in Deutschland eine Art Eingangsphase für die oben angegebenen methodischen Verfahrensweisen und didaktischen Konzepte dar, auf die in den neunziger Jahren eine Phase der wachsenden Verbreitung folgte. Das bezieht sich zuerst einmal auf die didaktische Literatur, die aber natürlich nicht folgenlos für die Unterrichtspraxis bleibt, obwohl diese in der Breite erst mit einer erheblichen Verzögerung erreicht wird.

Neben den ab Mitte der achtziger Jahre im deutschen Kontext verstärkt aufgetretenen Konzepten existieren auch ein paar methodische Begriffe, die (wie "Gruppenarbeit", "Projektarbeit" oder "Selbstkontrolle") bereits in den sechziger oder siebziger Jahren eine gewisse Verbreitung gefunden hatten, obwohl sie in den achtziger oder neunziger Jahren gehäuft thematisiert wurden. Außerdem müssen auch noch folgende Schlagwörter erwähnt werden, die Ende der achtziger bis Mitte der neunziger Jahre neu in die *Bibliographie Moderner Fremdsprachenunterricht* aufgenommen worden sind:

- "Klassenkorrespondenz" (1988);
- "Kommunikationsstrategie" (1989);
- "Begegnung" (1990);
- "bilingualer Unterricht" (1992);
- "inhaltsbezogenes Lernen" (1992);
- "Prozessorientierung" (1993);
- "Konstruktivismus" (1997).

4. Der neokommunikative Fremdsprachenunterricht und seine Prinzipien

Auffällig ist, dass die auf den vorangegangenen Seiten erwähnten methodischen Schlagwörter sich in ihren Bedeutungen vielfach überschneiden. Gelegentlich handelt es sich dabei (wie bei "fächerübergreifendem Unterricht" und "bilingualem Unterricht" oder bei "Projektunterricht" und "Freinet-Pädagik") um Bedeutungsinklusionen. Doch meist sind die inhaltlichen Bezüge zwischen den einzelnen Begriffen nicht ganz so eindeutig, obwohl es vielfache semantische Affinitäten und Querverbindungen gibt. Das trifft beispielsweise für die Begriffe "autonomes Lernen", "Individualisierung", "Lernstil" und "Prozessorientierung" zu, für die Begriffe "Eigentätigkeit", "Kreativität" und "handlungsbezogenes Lernen" oder für die Begriffe "Authentizität", "inhaltsbezogenes Lernen" und "bilingualer Unterricht". Diese zahlreichen wechselseitigen konzeptuellen Abhängigkeiten weisen in Verbindung mit der zeitlichen Kontingenz darauf hin, dass die konzeptuelle Übernahme und Adaptation nicht jeweils getrennt erfolgt ist, sondern dass sie auch auf gegenseitige und übergreifende Anstöße zurückgeführt werden kann. Die konzeptuelle Interdependenz stellt einen Indikator dafür dar, dass sich in den vergangenen Jahren eine neue Methodenkonzeption ausgebildet hat. Diese hat sich aus der kommunikativen Methode heraus entwickelt, welche im großen Ganzen noch immer ihre Gültigkeit hat, obwohl sie, wie im letzten Abschnitt bereits erwähnt wurde, ab der Mitte der achtziger Jahre durch zusätzliche methodische Konzepte erweitert und überformt worden ist. Um diese neuartige Ausprägung der kommunikativen Methode begrifflich zu verdeutlichen, erscheint mir das Attribut 'neokommunikativ' geeignet. Es wurde bereits 1991 für eine neue Phase des Fremdsprachenunterrichts und seiner Didaktik von Frank G. Königs vorgeschlagen.[4]

---

[4] Dabei grenzt Königs (1991: 22, 32 ff.) sich von einer Einschätzung Eberhard Piephos aus dem Jahre 1990 ab, der meint, wir befänden uns bereits in einer „postkommunikativen Epoche". Königs hingegen weist einerseits auf eine gewisse Kontinuität im Verhältnis zur kommunikativen Methode der siebziger Jahre hin, konstatiert aber auch ein neues unterrichtliches Kommunikationsverständnis. Er nennt folgende konkrete Merkmale eines neokommunikativen Fremdsprachenunterrichts (ohne in seinen Darlegungen exhaustiv sein zu wollen): a) verstärkter außerunterrichtlicher Anwendungsbezug, b) Einbringen des persönlichen Bezugs der Lernenden, c) flexible Lernkonzepte, d) verringertes Gewicht von Lehrbuchtexten, e) integrierendes Üben unterschiedlicher Fertigkeiten, f) Anleitung zu inhaltlicher und sprachlicher Kreativität, g) stärkere Beachtung von Gestik, Mimik und Intonation bei der mündlichen Kommunikation, h) veränderte Einstellung zum Fehler.

Beim neokommunikativen Fremdsprachenunterricht handelt es sich allerdings nicht um eine fest umrissene oder gar relativ geschlossene Methodenkonzeption, wie das beispielsweise in den sechziger oder frühen siebziger Jahren für die audio-visuelle Methode zutraf (vgl. Reinfried 2000). Die neueren methodischen Tendenzen weisen eine große Pluralität von Lehr- und vor allem Lerntechniken auf. Eine gewisse Einheit dürfte daher weniger auf der Mikroebene bestehen, sondern eher auf einer allgemeineren Ebene konvergierender Unterrichtsprinzipien, die in dem oben abgebildeten Methodenmodell (vgl. Abb. 1) der Mesoebene zugeordnet werden kann. Diese Unterrichtsprinzipien habe ich in einem Schema zusammengestellt (vgl. Abb. 2), bei dessen Erstellung ich die oben aufgeführten Deskriptoren des Sachregisters der *Bibliographie Moderner Fremdsprachenunterricht* mit herangezogen habe, wenngleich ich die Ausdrücke nicht immer unmittelbar übernehmen konnte. Meine Modellierung unterscheidet zwischen Leitprinzipien (in der linken Spalte) und sekundären Merkmalen oder Realisierungsformen (in der mittleren und rechten Spalte). Die Verbindungslinien zwischen den einzelnen Aspekten beschränken sich auf einige inhaltliche Interrelationen, die mir besonders wichtig erscheinen; die Vielfalt aller Zusammenhänge, die zwischen den Aspekten bestehen, kann in dem Schema nicht dargestellt werden, da dieses sonst seine Übersichtlichkeit verlieren würde.

Als erstes wird unter den Leitprinzipien des neokommunikativen Fremdsprachenunterrichts die Handlungsorientierung aufgeführt. Damit verbinden sich das kooperative Lernen, d. h. Sozialformen wie Partner- oder Gruppenarbeit, aktive und kreative Arbeitsformen sowie Projektunterricht. Diese Unterrichtsformen sind in der *Bibliographie Moderner Fremdsprachenunterricht* reichhaltig dokumentiert; "Kreativität" kommt beispielsweise auf 135 Belege in den achtziger und 581 Belege in den neunziger Jahren, "Projektarbeit" und "Projektunterricht" verzeichnen zusammen 85 Belege in den achtziger und 399 Belege in den neunziger Jahren. Daneben stellt die Methode 'Lernen durch Lehren', die von Jean-Pol Martin (1996: 72) durch die Aktivierung der Schüler und ihren höheren Sprechanteil begründet wird, eine Möglichkeit dar, die Handlungsorientierung konsequent im Unterricht zu etablieren. Das Schlagwort "handlungsbezogenes Lernen" weist in der *Bibliographie Moderner Fremdsprachenunterricht* 24 Belege für die achtziger und 380 Belege für die neunziger Jahre auf; es hat den vorangegangenen Begriff "Eigentätigkeit", auf den von 1970 bis 1986 201 Belege entfallen, unmittelbar abgelöst. Dieser Begriff geht in der deutschen Methodentradition auf den Arbeitsunterricht der späten zwanziger und frühen dreißiger Jahre zurück, der – auch in den fremdsprachlichen Fächern – bereits viele handlungsorientierte Unterrichtsverfahren kannte (vgl. Reinfried 1999a: 336 f.).

Der handlungsorientierte Unterricht der achtziger und neunziger Jahre unterscheidet sich allerdings in folgenden Punkten vom Arbeitsunterricht der pädagogischen Reformbewegung: Zum einen bemüht sich der aktuelle methodische Ansatz noch stärker, den einzelnen Schüler mit seinen jeweiligen Vorkenntnissen und Interessen einzubeziehen. Das kommt beispielsweise bei Wortschatzübungen zum Ausdruck, in denen das Brainstorming zum Erstellen von Wortnetzen bzw. *mind-maps* eingesetzt wird; oder auch beim lernerbezogenen Literaturunterricht, in dem nicht mehr primär eine objektive Textstruktur im Mittelpunkt steht, die unter Anleitung des Lehrers im Unterrichtsgespräch aufgedeckt wird, sondern der Akzent stärker auf dem Leser, seiner

Prinzipien des neokommunikativen Fremdsprachenunterrichts

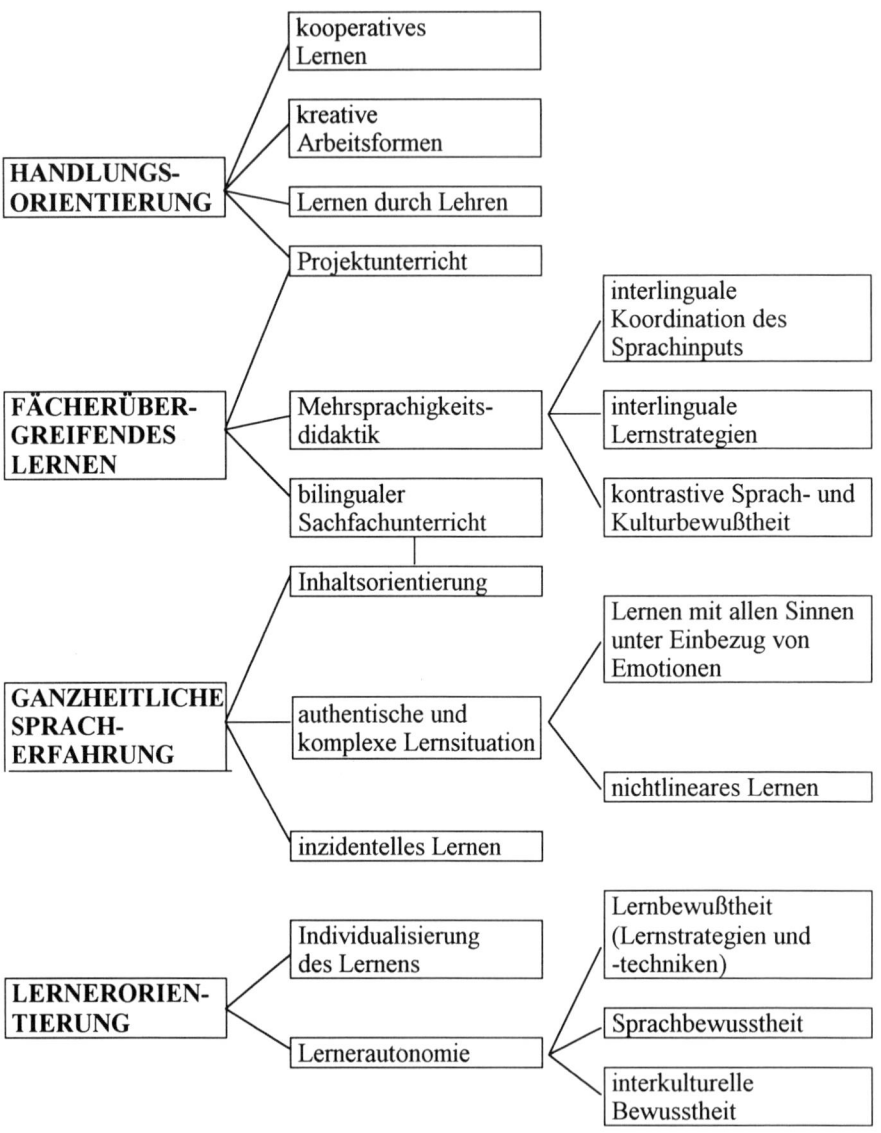

Abbildung 2

Wahrnehmung und Erwartung liegt. Zum anderen sind die Unterrichtskonzepte projektorientierter geworden. Es gibt zum einen die Möglichkeit, Projekte in Form von Freiarbeit phasenweise in den regulären Unterricht zu integrieren, z. B. von Textprojekten, die mit kreativem Schreiben verknüpft werden (vgl. z. B. Caspari 1994; Minuth 1996). Daneben werden in der fachdidaktischen Literatur aber auch Außenprojekte empfohlen, bei denen Schüler den Spuren fremder Zielkulturen in deutschen Supermärkten nachgehen, Vertreter der Zielkultur in Deutschland befragen oder anläßlich eines Schüleraustauschs eine Reportage über eine ausländische Stadt oder über die Austauschklasse erstellen (vgl. Wernsing 1993; Winz-Luckei 1994; Legutke 1996). Neuere Definitionen des handlungsorientierten Unterrichts schließen deshalb auch die – zunehmend mit dem begrifflichen Kern konnotativ fest verbundenen – Merkmale 'Ganzheitlichkeit' und 'Lernerorientierung' ein (vgl. z. B. Finkbeiner 2000).

Eine besonders konsequente Handlungsorientierung legt den Unterrichtsschwerpunkt stärker auf die Sprachproduktion als auf die -rezeption. Die konventionelle Reihenfolge von Aneignung und Anwendung, seit der neusprachlichen Reformbewegung (des ausgehenden 19. Jahrhunderts) ein fest etabliertes, am Mutter- und Zweitsprachenerwerb orientiertes Prinzip, wird in ihr Gegenteil verkehrt: Zuerst gibt es ein Mitteilungsbedürfnis, dann können die Lernenden entsprechende sprachliche Ausdrucksmittel dazu in Erfahrung bringen, um das Bedürfnis einlösen zu können. Nach diesem Prinzip funktionieren einige 'alternative' Methoden, z. B. Currans *Community Language Learning* (1976) und eine neue Unterrichtsmethode, die in den letzten Jahren von Krista Segermann in Jena entwickelt worden ist (vgl. ihren Beitrag im vorliegenden Band).

Ein weiteres Leitprinzip der neokommunikativen Methodenkonzeption stellt das fächerübergreifende Lernen dar. Der Deskriptor "fächerübergreifender Unterricht" ist in der *Bibliographie Moderner Fremdsprachenunterricht* 23mal für die achtziger Jahre und 116mal für die neunziger Jahre belegt. Neben fächerübergreifenden Projekten gehören zu diesem Bereich der bilinguale Sachfachunterricht und die Mehrsprachigkeitsdidaktik. Bilinguale Bildungsgänge, die bekanntlich vor allem Erdkunde-, Geschichts-, Politik- und Biologieunterricht in der deutschen Muttersprache und einer Fremdsprache durchführen, weisen eine zweihundertjährige Tradition auf; die Idee, durch die Kombination von Sach- und Sprachunterricht Unterrichtszeit doppelt zu nutzen und das Interesse der Schüler am Fremdsprachenunterricht zu erhöhen, ist bereits bei den philanthropistischen Reformpädagogen entstanden (vgl. Reinfried 1992: 58 ff., 78 ff.). Im Laufe der neunziger Jahre des 20. Jahrhunderts hat der bilinguale Unterricht deutschlandweit an Verbreitung gewonnen, und er wird auch zunehmend in der didaktischen Literatur thematisiert; die *Bibliographie Moderner Fremdsprachenunterricht* verzeichnet von 1992 bis 1999 180 Belege.

Im bilingualen Unterricht kommen der Lesekompetenz und den Worterschließungsstrategien eine besondere Bedeutung für die Arbeit in der Fremdsprache zu. Diese Betonung **rezeptiver** Kompetenz erfolgt noch stärker in Kursen zur Erlernung einer zweiten oder dritten Fremdsprache, die auf der Mehrsprachigkeitsdidaktik basieren. Mehrsprachigkeitsdidaktik bedeutet, bei der Konzeption von Unterrichtsmaterialien sowie bei der Unterrichtsplanung und -durchführung besonders auf die interlinguale Verzahnung von Lernstrategien, Wortschatz und Grammatik zu achten. Sie impliziert einerseits, sprachliche Bestände so abzustimmen, dass ein positiver Transfer ermöglicht wird, andererseits, interferenzbedingte Fehlergefahren den Schülern prophylaktisch bewußt zu machen und durch kontrastive Übungen ihnen entgegenzuwirken. Außerdem verbinden sich damit die Ausbildung von Sprachbewußtheit und der interkulturelle Vergleich sowie die multikulturelle Perspektive einer Migrationsgesellschaft. Eine auf der Mehrsprachigkeitsdidaktik beruhende methodische Konzeption ist derzeit vor allem im Spanisch- und Italienischunterricht im Entstehen begriffen; sie wäre aber auch auf die im schulischen Rahmen besonders häufig anzutreffende Sprachenfolge Englisch-Französisch auszudehnen. (Vgl. Meißner 1995; Meißner & Reinfried 1998; Nieweler 2001).

Die ganzheitliche Spracherfahrung ist im Modell (vgl. Abb. 2) das dritte Leitprinzip des neokommunikativen Fremdsprachenunterrichts. Ganzheitlichkeit impliziert eine Inhaltsorientierung, die einen wesentlichen Aspekt des bilingualen Sachunterrichts darstellt, aber nicht nur mit diesem verbunden ist. Im Einklang mit dem Prinzip der Ganzheitlichkeit werden Sprachen am besten in authentischen und komplexen Lernsituationen erlernt, mit allen Sinnen und unter Einbezug von Emotionen. Auch die Verbindung mit Mimik, Gestik und körperlicher Aktion spielt eine Rolle. Der Fremdsprachenerwerb wird als effizienter angesehen, wenn er in einer gewissen Analogie zum Erwerb der Muttersprache erfolgt. Das Lernen hält sich nicht immer an von außen, von den Lehrwerkautoren oder vom Lehrer vorgegebene Progressionen, sondern wird stärker von inneren Gesetzmäßigkeiten gesteuert und verläuft daher auch nicht immer linear und der Sachlogik entsprechend. Es muss nicht immer intentional erfolgen sowie durch eine analytische Bewusstmachung und Einprägung sprachlicher Formen und Regeln, sondern kann sich auch inzidentell vollziehen, ohne dass die Aufmerksamkeit primär auf sprachliche Strukturen und Funktionen gelenkt wird. (Vgl. Timm 1995; Bleyhl 1998).

Eine Reihe von Deskriptoren, die im Sachverzeichnis der *Bibliographie Moderner Fremdsprachenunterricht* aufgeführt werden, steht in einem inhaltlichen Zusammenhang mit dem Leitprinzip der ganzheitlichen Spracherfahrung. Dazu gehören folgende Begriffe:

- affektives Lernen (24 Belege in den 80er Jahren, 136 Belege in den 90er Jahren);
- Authentizität (78 Belege in den 80er Jahren, 135 Belege in den 90er Jahren);
- Begegnung (83 Belege in den 90er Jahren);
- holistischer Ansatz (12 Belege in den 80er Jahren, 128 Belege in den 90er Jahren);
- Immersion (23 Belege in den 80er Jahren, 55 Belege in den 90er Jahren);
- inhaltsbezogenes Lernen (78 Belege in den 80er Jahren, 135 Belege in den 90er Jahren);
- Simulation (79 Belege in den 80er Jahren, 103 Belege in den 90er Jahren).

Das Prinzip der Ganzheitlichkeit spielt auch bei nicht wenigen 'alternativen' Methoden eine wichtige Rolle, vor allem beim *Natural approach* Tracy Terrells sowie beim *Comprehension approach* von Harris Winitz. Beiden Methoden gemeinsam ist, dass sie sich Grundsätze des ungesteuerten Zweitsprachenerwerbs auch für das schulische Lernen zu eigen machen: die Betonung des möglichst großen verständlichen Sprachangebots, das an die Schüler herangetragen werden soll; die (von Krashen theoretisch vertretene) These, dass sprachliche Strukturen nicht der expliziten Bewußtmachung bedürfen, dass vielmehr diese für die praktische Sprachbeherrschung nahezu wertlos sei; die Idee, dass eine längere rezeptive Phase bei den Schülern zwangsläufig der aktiven Sprachbeherrschung vorausgehen müsse, weil diese erforderlich sei, um lexikalische und grammatische Konzepte gründlich zu verinnerlichen, bevor sie aktiv angewandt werden können. (S. z. B. Krashen & Terrell 1988: 26 ff.; Winitz 1996).

Als letztes, aber dennoch essentielles Leitprinzip des neokommunikativen Fremdsprachenunterrichts muss noch die Lernerorientierung genannt werden. Lernerorientierung bedeutet zuerst einmal Individualisierung des Lernens: Dem Lernenden soll die Möglichkeit eröffnet werden, eine Auswahl aus einem Angebot an Übungen oder an Texten eigenverantwortlich zu treffen. Dabei soll er seinem Lerntyp und Lernstil möglichst Rechnung tragen. Eine moderate Form von Selbstbestimmung beschränkt sich auf die Lernmodalitäten, eine umfassende Form schließt Lernstoff und Lernziele ein. Zur Lernerautonomie gehört auch, die Lernenden zum eigenständigen Erarbeiten und Überprüfen fremdsprachlicher Lernziele anzuleiten und sie zur Analyse von Lernstrategien und -techniken, zur Beschreibung fremdsprachiger Formen, Strukturen und Funktionen und zu interkulturellen Lernprozessen anzuregen und anzuleiten. (Vgl. André 1989; Martinez 1998).

Zur Ausbildung einer interkulturellen Bewusstheit gehört nicht nur die Kenntnis zielkultureller Verhaltensweisen, Kommunikationsformen und Bedeutungen. Interkulturelle Bewusstheit schließt auch die Fähigkeit ein, die Wirkung fremden Verhaltens auf die eigene Handlungsorientierung und des eigenen Kommunikationsverhaltens auf das Gegenüber aufmerksam zu beobachten und dabei Perspektivenwechsel vollziehen zu können. Außerdem gehört dazu die Sensibilisierung für mögliche Missverständnisse bei der interkulturellen Kommunikation. (Vgl. Müller 1994: 155 f.; De Florio-Hansen 2000: 228 f.). Im Übrigen bezieht sich der weit verbreitete Begriff *language awareness* nicht nur auf Sprachbewusstheit, sondern schließt Lernbewusstheit und interkulturelles Lernen mit ein (Garrett & James 2000: 330; Gnutzmann 1997: 236).

Auf das Leitprinzip der Lernerorientierung beziehen sich folgende Deskriptoren im Sachwortverzeichnis der *Bibliographie Moderner Fremdsprachenunterricht*:
- autonomes Lernen (58 Belege in den 80er Jahren, 391 Belege in den 90er Jahren);
- Individualisierung (9 Belege in den 80er Jahren, 49 Belege in den 90er Jahren);
- Lernerorientierung (91 Belege in den 80er Jahren, 544 Belege in den 90er Jahren);
- Selbsteinschätzung (20 Belege in den 80er Jahren, 76 Belege in den 90er Jahren);
- Selbstkontrolle (39 Belege in den 80er Jahren, 75 Belege in den 90er Jahren);
- Selbsttätigkeit (30 Belege in den 80er Jahren, 193 Belege in den 90er Jahren).

Außerdem werden in der *Bibliographie Moderner Fremdsprachenunterricht* folgende psycholinguistischen und lernpsychologischen Deskriptoren erfasst, die in einem engen Bezug zur Lernerorientierung stehen:
- Lernstrategie (72 Belege in den 80er Jahren, 361 Belege in den 90er Jahren);

- Kommunikationsstrategie (5 Belege in den 80er Jahren, 74 Belege in den 90er Jahren);
- Lernstil (14 Belege in den 80er Jahren, 56 Belege in den 90er Jahren).

5. Das neue methodische Paradigma: Fazit und Ausblick

Die Methodenkonzeption, die im vorliegenden Aufsatz thematisiert wird, ist ein 'Makroparadigma'[5]: Sie ist eine umfassende unterrichtsmethodische Konzeption von hohem Allgemeinheitsgrad, die von Puren (1988: 19) als "méthodologie" und von Apelt (1991: 10) als "methodische Grundorientierung" bezeichnet wird. Im Gegensatz zu enger gefassten Methoden, wie z. B. dem Tandemlernen oder *Total Physical Response*, ist sie durch eine Fülle an Grundsätzen und Realisierungsmöglichkeiten gekennzeichnet. Diese Grundsätze sind allerdings keine definitorischen Eigenschaften im aristotelischen Sinne, keine notwendigen und hinreichenden Bedingungen. Es sind vielmehr prototypische Grundsätze, die nicht vollständig, sondern nur zu wesentlichen Teilen erfüllt sein müssen, damit ein konkreter Fremdsprachenunterricht entsprechend klassifiziert werden kann.

Völlig frei von internen Widersprüchen ist die neokommunikative Methodenkonzeption allerdings nicht. So stehen die Grundsätze der Sprachbewusstheit, Lernbewusstheit und interkulturellen Bewusstheit in einem gewissen Gegensatz zum Leitprinzip der ganzheitlichen Spracherfahrung. Dieses Spannungsverhältnis zwischen analytischen und globalen Unterrichtstechniken **innerhalb** eines Methodenparadigmas ist aber nicht völlig neu: So gab es beispielsweise im Rahmen der direkten Methode zur Zeit der neusprachlichen Reformbewegung eine didaktische Debatte zum sinnvollen Umfang phonetischer Erklärungen, bei der recht konträre Positionen eingenommen wurden (vgl. Reinfried 1997). Hinter dem unterschiedlichen Stellenwert der Bewusstmachung steht oft die intuitive Bemühung von Lehrerinnen und Lehrern, den schulischen Unterricht so zu gestalten, dass er den überwiegenden Lernstilen und dem intellektuellen Fassungsvermögen einer bestimmten Lernerzielgruppe (die von der Bewusstmachung mehr oder weniger profitieren kann) entgegenkommt. Vor dem Hintergrund, dass der analytische und der globale Lernstil keine Alles-oder-Nichts-Phänomene darstellen, sondern dass sie graduell ineinander übergehen können, erscheinen auch entsprechende Varianten innerhalb einer neokommunikativen Methodenkonzeption plausibel und akzeptabel.

Zu Beginn meines Aufsatzes habe ich mit einem Kuhn-Zitat zum Ausdruck gebracht, dass Paradigmen sich deshalb durchsetzen, weil Fachleute sich davon die Lösung brennender Probleme erhoffen. Ein wesentliches Problem für viele Lehrerinnen und Lehrer sind heute an den Regelschulen die Schüler. Nun war der Umgang mit pubertierenden Halbwüchsigen, um eine relativ schwierige Gruppe von Lernenden hervorzu-

---

[5] Zu den Definitionen von Makro- und Mikroparadigma vgl. Anm. 1. Die Abgrenzung der Begriffe ist zwangsläufig vage, da komplexe konzeptuelle Einheiten nicht präzise nach ihrem Umfang differenziert werden können.

heben, sicherlich schon zu allen Zeiten nicht unbedingt einfach. In dem letzten Jahrzehnt, darin sind sich viele Lehrer und Erziehungswissenschaftler einig, haben allerdings einige Schwierigkeiten sich **bei allen Altersgruppen** verstärkt: So hat zum Beispiel die Fähigkeit, intensiv und längere Zeit zuzuhören, erheblich nachgelassen. Mit der Konzentrationsfähigkeit und der Belastbarkeit hat sich, wie Eynar Leupold (1992: 346 f.) beobachtet hat, tendenziell auch die Imitationsfähigkeit abgeschwächt. Auf der anderen Seite sind viele Schüler aber gerne bereit, sich in neue Sachverhalte einzuarbeiten, wenn sie durch die Unterrichtsform aktiviert werden, wenn die Vorgehensweise dem eigenen Arbeitsstil entgegenkommt und wenn die Inhalte und Aufgabenstellungen sie einigermaßen interessieren. Dadurch passt sich die für den neokommunikativen Fremdsprachenunterricht vorgesehene Schülerrolle der Verhaltensbereitschaft der Schülerinnen und Schüler an.

Entsprechend verändert sich auch die Lehrerrolle: Zur Aufgabe der Lehrenden gehört es verstärkt im Rahmen des neuen Paradigmas, Lernmaterialien bereitzustellen, sich als Lernberater zu betätigen, Freiarbeitsphasen zu überwachen und sich als 'Animateure' mit einzelnen Projektgruppen zu befassen. Dadurch werden konventionelle Facetten der Lehrerrolle, die sich vor allem im Frontalunterricht und im Steuern des Klassendiskurses realisieren, nicht ganz obsolet; diese Unterrichtsformen können, obwohl sie reduziert werden sollten, nicht völlig entfallen. Auch die erzieherische Funktion der Lehrenden erscheinen mir bei minderjährigen Schülern keineswegs überflüssig. Die Gewöhnung jüngerer Lernender an Eigenverantwortlichkeit und Selbständigkeit ist ein längerer Prozess, der zwar konsequent angestrebt werden soll, aber nur etappenweise erfolgen kann (vgl. auch Rampillon 1997: 119 f.).

Obwohl sich die neokommunikative Unterrichtskonzeption in ihren Grundsätzen deutlich abzeichnet, trifft dies noch nicht für alle Komponenten des Methodenmodells (vgl. Abb. 1) zu. So besteht beispielsweise noch Diskussionsbedarf auf der Makroebene, wo in den vergangenen Jahren neben dem Informationsverarbeitungsansatz auch der Radikale Konstruktivismus zu theoretischen Fundierungsbemühungen herangezogen worden ist (vgl. Wendt 1996; Reinfried 1999b; Wendt 2000). Außerdem werden die Lücken bei den Lernmaterialien und Übungsformen erst allmählich geschlossen. So mangelt es beispielsweise noch an Französischlehrwerken, welche die induktive Erarbeitung und gezielte Einübung von Lernstrategien ermöglichen – auch wenn Inez De Florio-Hansen (1998) bereits ein sehr brauchbares Übungsheft zu Lernstrategien und Arbeitstechniken für die ersten beiden Bände des Lehrwerks *Etapes* verfaßt hat und es bereits Unterrichtsmodelle gibt, die zeigen, wie Schüler ihre Grammatik- oder Wortschatzübungen selbst herstellen können (vgl. Weskamp 1995; Wilkening 1997). Ein völliger Mangel besteht außerdem an Tests zur Bestimmung von Lernertypen und Lernstilen, die so beschaffen sind, dass sie mit der Binnendifferenzierung von Text- oder Übungseinsatz gekoppelt werden können.

Abschließend noch eine Bemerkung zur Situation des Französischen an den Schulen: Die prozentualen Anteile der Lernenden an den allgemeinbildenden Schulen haben sich zwar von 1975 bis 1999 nicht verschlechtert (eine Abnahme von rund 2 % an den Realschulen wird durch eine Zunahme von fast 5 % an den Gymnasien wettgemacht, außerdem haben sich die ursprünglich sehr geringen östlichen Lernerkontingente nahezu an die westlichen angeglichen). Allerdings hat sich die Lerndauer erheblich verringert, weil das Fach zunehmend auf der Sekundarstufe II abgewählt wird. (S. Reinfried 2001). Wie empirische Umfragen zeigen, wird die französische Sprache von relativ vielen Schülerinnen und Schülern als schwierig empfunden (vgl. z. B. Hermann-Brennecke & Candelier 1993). Diesen Schwierigkeiten, die sich für Schüler gehäuft beim Schreiben stellen, begegnen nicht wenige Lehrer noch immer durch einen hohen Zeitaufwand für Grammatikunterricht, wodurch die Motivation der Schüler oft noch weiter sinkt (vgl. Bleyhl 1999). Wenn Ansätze für methodische Innovationen in den nächsten Jahren nicht greifen werden, wird dies die Attraktivität des Faches weiter verringern. Ein Innovationspotential bietet die neokommunikative Methodenkonzeption. Vor diesem Hintergrund erscheint es besonders wichtig, entsprechende Lehr- und Lernkonzepte vermehrt zu erproben, zu erforschen und zu verbessern.

Literaturangaben

André, Bernard (Hrsg.) (1989): *Autonomie et enseignement/apprentissage des langues étrangères*. Paris: Didier.

Apelt, Walter (1990): "Der Fremdsprachenunterricht und seine Methodik in der DDR. Rückblick und Ausblick." *Der Fremdsprachliche Unterricht* 23, H. 23, 8–12.

Apelt, Walter (1991): *Lehren und Lernen fremder Sprachen. Grundorientierungen und Methoden in historischer Sicht*. Berlin: Volk und Wissen Verlag.

Bleyhl, Werner (1998): "Selbstorganisation des Lernens – Phasen des Lernens." In: Johannes-Peter Timm (Hrsg.), *Englisch lernen und lehren. Didaktik des Englischunterrichts*. Berlin: Cornelsen, 60–69.

Bleyhl, Werner (1999): "J'accuse! Der gängige Französischunterricht erdrosselt mit seiner Grammatikorientierung das Lernen der französischen Sprache." *Französisch heute* 30, 252–263.

Brandt, Bertolt (1996): "Die Methodik des Russischunterrichts in der DDR zwischen Bedrängung und Förderung." In: Bernhard Frenzel & Konrad Schröder (Hrsg.), *Russischmethodik in der ehemaligen DDR. Beiträge des Symposiums des Instituts für Slavistik der Martin-Luther-Universität Halle-Wittenberg. (Augsburger I & I Schriften 71)*. Universität Augsburg, 1–20.

Byram, Michael (Hrsg.) (2000), *Routledge Encyclopedia of Language Teaching and Learning*, London/New York: Routledge.

Caspari, Daniela (1994): *Kreativität im Umgang mit literarischen Texten im Fremdsprachenunterricht. Theoretische Studien und unterrichtspraktische Erfahrungen. (Europäische Hochschulschriften, XI, 611)*. Frankfurt a. M. u. a.: Lang.

Christ, Herbert (1991): *Fremdsprachenunterricht für das Jahr 2000. Sprachenpolitische Betrachtungen zum Lehren und Lernen fremder Sprachen*. Tübingen: Narr.

Curran, Charles A. (1976): *Counseling-Learning in Second Languages*. Apple River, Ill.: Apple River Press.

De Florio-Hansen, Inez (1998): *Apprendre à apprendre. Übungen zu Lernstrategien und Arbeitstechniken. (Étapes 1/2)*. Berlin: Cornelsen.

De Florio-Hansen, Inez (2000): "Interkulturalität als Voraussetzung für personale Autonomie und Authentizität. Überlegungen zu einem (fremd-)sprachenübergreifenden Konzept." *Praxis des neusprachlichen Unterrichts* 47, 227–234.

Finkbeiner, Claudia (2000): "*Handlungsorientierter Unterricht* (Holistic and action-oriented learning and teaching)." In: Byram 2000, 255–258.

Garrett, Peter & James, Carl (2000): "Language awareness." In: Byram 2000, 330–333.

Gnutzmann, Claus (1997): "Language Awareness. Geschichte, Grundlagen, Anwendungen." *Praxis des neusprachlichen Unterrichts* 44, 227–236.

Habermas, Jürgen (1971): "Vorbereitende Bemerkungen zu einer Theorie der kommunikativen Kompetenz." In: Jürgen Habermas & Niklas Luhmann (1971): *Theorie der Gesellschaft oder Sozialtechnologie – Was leistet die Systemforschung?* Frankfurt a.M.: Suhrkamp, 101–141.

Hermann-Brennecke, Gisela & Candelier, Michel (1993): "Schulische Fremdsprachen zwischen Angebot und Nachfrage: Beispiel Französisch." *Französisch heute* 24, 236–251.

Heuer, Helmut (1987): "Englischdidaktik in der DDR." *Englisch* 22, 148–150.

Heyd, Gertraude (1997). *Aufbauwissen für den Fremdsprachenunterricht (DaF). Ein Arbeitsbuch. Kognition und Konstruktion. (Narr Studienbücher).* Tübingen: Narr.

Informationszentrale für Fremdsprachenforschung der Philipps-Universität Marburg (Hrsg.) (1970–1999): *Bibliographie Moderner Fremdsprachenunterricht* 1–30. Berlin: Verlag für Wissenschaft und Bildung.

Klein, Eberhard (2001): *Sprachdidaktik Englisch. Arbeitsbuch.* Ismaning: Hueber.

Kleppin, Karin & Tönshoff, Wolfgang (1998): "Lernstrategientraining? Was noch alles in den paar Stunden Französischunterricht?" *Der Fremdsprachliche Unterricht/Französisch*, 32, H. 34, 52–56.

Königs, Frank G. (1991): "Auf dem Weg zu einer neuen Aera des Fremdsprachenunterrichts? Gedanken zur 'postkommunikativen Phase' in der Fremdsprachendidaktik." *Taller de Letras* 19, 21–42.

Krashen, Stephen D. & Terrell, Tracy D. (1988): *The natural approach. Language acquisition in the classroom.* New York u.a.: Prentice Hall. (1. Ausg. 1983).

Kuhn, Thomas S. (1993): *Die Struktur wissenschaftlicher Revolutionen.* 2., revidierte und um das Postskriptum von 1969 ergänzte Auflage. (*Suhrkamp Taschenbuch Wissenschaft* 25). Frankfurt a.M.: Suhrkamp.

Legutke, Michael (1996): "Szenarien für einen handlungsorientierten Fremdsprachenunterricht." In: Gerhard Bach & Johannes-Peter Timm (Hrsg.), *Englischunterricht. Grundlagen und Methoden einer handlungsorientierten Unterrichtspraxis.* Tübingen/Basel: Francke. 2., überarb. und erw. Aufl. (1. Aufl. 1989), 103–128.

Leupold, Eynar (1992): "Zur pädagogischen Neuorientierung des Fremdsprachenunterrichts." *Praxis des neusprachlichen Unterrichts* 39, 341–349.

Mäsch, Nando (1993): "Grundsätze des bilingual deutsch-französischen Bildungsgangs an Gymnasien in Deutschland." *Der fremdsprachliche Unterricht/Französisch* 27, H. 9, 4–8.

Martin, Jean-Pol (1985): *Zum Aufbau didaktischer Teilkompetenzen beim Schüler. Fremdsprachenunterricht auf der lerntheoretischen Basis des Informationsverarbeitungsansatzes.* Tübingen: Narr.

Martin, Jean-Pol (1996): "Das Projekt 'Lernen durch Lehren' – eine vorläufige Bilanz." *Fremdsprachen Lehren und Lernen* 25, 70–86.

Martinez, Hélène (1998): "Activer le rôle de l'apprenant en classe de FLE." *Fremdsprachenunterricht* 42/51, 277–283.

Meißner, Franz-Joseph (1995): "Umrisse der Mehrsprachigkeitsdidaktik." In: Lothar Bredella (Hrsg.), *Verstehen und Verständigung durch Sprachenlernen?* Dokumentation des 15. Kongresses für Fremdsprachendidaktik, veranstaltet von der Deutschen Gesellschaft für Fremdsprachenforschung (DGFF) Gießen, 4.–6. Oktober 1993. (*Beiträge zur Fremdsprachenforschung* 3). Bochum: Brockmeyer, 172–187.

Meißner, Franz-Joseph & Reinfried, Marcus (Hrsg.) (1998): *Mehrsprachigkeitsdidaktik. Konzepte, Analysen, Lehrerfahrungen mit romanischen Fremdsprachen.* (*Giessener Beiträge zur Fremdsprachendidaktik*). Tübingen: Narr.

Mindt, Dieter (1978): "Probleme des pragmalinguistischen Ansatzes in der Fremdsprachendidaktik." *Die Neueren Sprachen* 77, 340–356.

Minuth, Christian (1996): *Freies Schreiben im schülerorientierten Anfangsunterricht Französisch.* Berlin: Cornelsen.

Müller, Bernd-Dietrich (1994): "Fremdsprachenunterricht als Ausgangspunkt für interkulturelles Lernen." In: Karl-Richard Bausch, Herbert Christ & Hans-Jürgen Krumm (Hrsg.), *Interkulturelles Lernen im Fremdsprachenunterricht. Arbeitspapiere der 14. Frühjahrskonferenz zur Erforschung des Fremdsprachenunterrichts*, 155–164.

Neuner, Gerhard (1987): "Fünfzehn Jahre Diskussion um die kommunikative Fremdsprachendidaktik – Rückblick und Ausblick." *Neusprachliche Mitteilungen* 40, 74–80.

Neuner, Gerhard (1994): "Fremde Welt und eigene Erfahrung – Zum Wandel der Konzepte von Landeskunde für den fremdsprachlichen Deutschunterricht." In: ders. (Hrsg.), *Fremde Welt und eigene Wahrnehmung. Konzepte von Landeskunde im fremdsprachlichen Deutschunterricht. Eine Tagungsdokumentation. (Kasseler Werkstattberichte zur Didaktik "Deutsch als Zweit- und Fremdsprache").* Kassel: Universität-Gesamthochschule, 14–39.

Neuner, Gerhard & Hunfeld, Hans (1993): *Methoden des fremdsprachlichen Deutschunterrichts. Eine Einführung. (Fernstudienprojekt zur Fort- und Weiterbildung im Bereich Germanistik und Deutsch als Fremdsprache* 4). Berlin u. a.: Langenscheidt.

Nieweler, Andreas (2001): "Sprachenübergreifend unterrichten. Französischunterricht im Rahmen einer Mehrsprachigkeitsdidaktik." *Der Fremdsprachliche Unterricht-Französisch* 35, H. 49, 4–12.

Pelz, Manfred (Hrsg.) (1994): *Tandem in der Lehrerbildung, Tandem und grenzüberschreitende Projekte. Dokumentation der 5. Internationalen Tandem-Tage 1994 in Freiburg i. Br. (Werkstatt-Berichte der Interkulturellen Forschungs- und Arbeitsstelle* 8). Frankfurt a. M.: IKO-Verlag für Interkulturelle Kommunikation.

Piepho, Eberhard (1974): *Kommunikative Kompetenz als übergeordnetes Lernziel im Englischunterricht.* Dornburg-Frickhofen: Frankonius.

Piepho, Hans-Eberhard (1976): *Einführung in die Didaktik des Englischen.* Heidelberg: Quelle & Meyer.

Puren, Christian (1988): *Histoire des méthodologies de l'enseignement des langues.* Paris: CLE International.

Rampillon, Ute (1997):"'Sind Lerntechniken und Lernstrategien eigentlich technizistisch?' Gedanken zur Interaktion zwischen Lehrenden und Lernenden im Bereich des prozeduralen Wissens und Könnens." In: Franz-Joseph Meißner (Hrsg.), *Interaktiver Fremdsprachenunterricht. Wege zu authentischer Kommunikation. Festschrift für Ludger Schiffler zum 60. Geburtstag.* Tübingen: Narr, 119–128.

Rampillon, Ute & Zimmermann, Günther (Hrsg.) (1997): *Strategien und Techniken beim Erwerb fremder Sprachen.* Ismaning: Hueber.

Reinfried, Marcus (1992): *Das Bild im Fremdsprachenunterricht. Eine Geschichte der visuellen Medien am Beispiel des Französischunterrichts. (Giessener Beiträge zur Fremdsprachendidaktik).* Tübingen: Narr.

Reinfried, Marcus (1997): "La phonétique et le mouvement réformiste dans l'enseignement du français en Allemagne." *Französisch heute* 28, 366–374.

Reinfried, Marcus (1999a): "Handlungsorientierung, Lernerzentrierung, Ganzheitlichkeit: Neuere Prinzipien in der Französischmethodik." *Französisch heute* 30, 328–345.

Reinfried, Marcus (1999b): "Der Radikale Konstruktivismus: eine sinnvolle Basistheorie für die Fremdsprachendidaktik?" *Fremdsprachen Lehren und Lernen* 28, 162–180.

Reinfried, Marcus (2000): "Audio-visual language teaching." In: Byram 2000, 61–64.

Reinfried, Marcus (2001, erscheint): "Der Unterricht des Französischen in Deutschland." In: Ingo Kolboom, Thomas Kotschi & Edward Reichel (Hrsg.), *Handbuch Französisch. Studium – Lehre – Praxis.* Berlin/Bielefeld/München: Schmidt.

Richards, Jack C. & Rodgers, Theodore S. (1993): *Approaches and methods in language teaching. A description and analysis.* Cambridge: Cambridge University Press. 9. Aufl. (1. Aufl. 1986).

Schiffler, Ludger (1980): *Interaktiver Fremdsprachenunterricht.* Stuttgart: Klett.

Stang, Hans-Dieter (1990): *Pragmadidaktik im Fremdsprachenunterricht. Begründung und Weiterentwicklung. (Sammlung Groos 40).* Heidelberg: Groos.

Thürmann, Eike (2000): "Eine eigenständige Methodik für den bilingualen Sachfachunterricht?" In: Gerhard Bach & Susanne Niemeier (Hrsg.), *Bilingualer Unterricht. Grundlagen, Methoden, Praxis, Perspektiven. (Kolloquium Fremdsprachenunterricht 5).* Frankfurt a. M. u. a.: Lang.

Timm, Johannes-Peter (1995): "Ganzheitlichkeit als Anliegen." In: ders. (Hrsg.), *Ganzheitlicher Fremdsprachenunterricht. (Kontakt 19).* Weinheim: Deutscher Studien Verlag, 11–14.

Vielau, Axel (1985): "Spracherwerb, Sprachlernen, Sprachlehrmethodik. Thesen zur Methodologie des Fremdsprachenunterrichts." *Englisch-Amerikanische Studien* 7, 9–30.

Wendt, Michael (1996): *Konstruktivistische Fremdsprachendidaktik. Lerner- und handlungsorientierter Fremdsprachenunterricht aus neuer Sicht.* Tübingen: Narr.

Wendt, Michael (Hrsg.) (2000): *Konstruktion statt Instruktion. Neue Zugänge zu Sprache und Kultur im Fremdsprachenunterricht (Kolloquium Fremdsprachenunterricht 6).* Frankfurt a. M. u. a.: Lang.

Wernsing, Armin Volkmar (1993): "Zwischen Handlungswissen und Fremdverstehen. Überlegungen zu neuen landeskundlichen Wegen im Französischunterricht." *Praxis des neusprachlichen Unterrichts* 40, 285–294.

Weskamp, Ralf (1995): "Üben und Übungen. Zur Notwendigkeit eines Paradigmenwechsels im Fremdsprachenunterricht." *Praxis des neusprachlichen Unterrichts* 42, 121–126.

Wilkening, Monika (1997): "Öffnung des Unterrichts bei Übungen und Wiederholungen." *Der fremdsprachliche Unterricht-Französisch* 31, H. 28, 10–14, H. 30, 46–49.

Winitz, Harris (1996): "The Comprehension Approach: Methodological considerations." *Fremdsprachen Lehren und Lernen* 25, 13–37.

Winz-Luckei (1994): "Neugierig werden: das Andere – die Anderen – wir selbst. Wege des sprachlichen und interkulturellen Lernens im anwendungsorientierten Französischunterricht." *Die Neueren Sprachen* 93, 232–255.

Franz-Joseph Meißner/Ulrike Senger

Vom induktiven zum konstruktiven Lehr- und Lernparadigma. Methodische Folgerungen aus der mehrsprachigkeitsdidaktischen Forschung

> Und wenn es euch gelänge, ihm [dem Lerner] die beste Grammatik und das umfassendste Wörterbuch in den Kopf zu schaffen, so hätte er noch immer keine Sprache gelernt! (...) Ferner wird eine Sprache geformt durch die unbewußte Tätigkeit des Ganzen und ist wie das Leben der Gesellschaft beständig im Wechsel und in der Entwicklung begriffen. Folglich kann man die Grammatik nicht in eine Folge starrer Regeln zwängen... (Wilhelm Viëtor: *Der Sprachunterricht muß umkehren!* (1882/1905)[1]

Die folgenden Darlegungen ergeben sich aus der empirischen Interkomprehension-Forschung (Meißner 1997; Meißner & Burk 2001). Sie stehen in engem Zusammenhang mit dem *EuroCom*-Programm, das die individuelle Mehrsprachigkeit der Europäer durch den Ausbau der tertiärsprachlichen Interkomprehension zu einer umfassenden Lehr-Methode fördert (Klein & Stegmann 2000; Stoye 2000; Klein, Meißner & Zybatow 2001)[2].

1. Verortung: der Beitrag der mehrsprachigkeitsdidaktischen Forschung zur konstruktivistischen Lerntheorie

Die **Mehrsprachigkeitsdidaktik** (Meißner & Reinfried 1998) entwickelt ihr primäres Ziel 'Förderung der Mehrsprachigkeit durch Erarbeitung sprachenübergreifender Konzepte zur Optimierung und Effektivierung des Lernens von Fremdsprachen' im Kontext der heutigen Fremdsprachenforschung. Dieser entnimmt sie ihre Begrifflichkeit und ihr forschungsmethodisches Instrumentarium. Die zum Teil interdisziplinär arbeitende mehrsprachigkeitsdidaktische Forschung ist selbstverständlich bestrebt, ihre Aussagen (wenn immer möglich) empirisch zu fundieren (Meißner 1995; Vollmer 2001; Meißner 2000c; Königs 2001).

Der **Konstruktivismus**, wie ihn Dieter Wolff paradigmatisch in die deutsche Fremdsprachendidaktik einführte (1994), lässt sich inzwischen in weiten Bereichen nachwei-

---

[1] Zit. nach der von Konrad Schröder besorgten Auflage (1984: 58 bzw. 125). Die Zitate geben die alten Rechtschreibung nur soweit wieder, als die historische und philologische Dignität der aufgenommenen Texte dies erfordert. Der Grund für die Einschränkung der formal-sprachlichen Zitattreue liegt darin, dass wir es den Lesern nicht zumuten möchten, ständig zwei Normen nebeneinander zu rezipieren.

[2] Es besteht kein Zweifel daran, dass translinguale Komprehension, also das Verstehen über eine einem Individuum bekannte Sprache hinaus, nur einen speziellen Fall sprachlicher Komprehension darstellt. Denn die Fähigkeit der Bedeutungsbildung ist grundlegender Teil der Universalgrammatik bzw. der Spracherwerbskompetenz.

sen. Dabei fällt auf, dass der Konstruktivismus als unterrichtsmethodisches Prinzip deutlich breiteren Anklang findet denn als erkenntnistragendes Fundament der Didaktik. Die Einschränkung betrifft vor allem seine 'radikale' Einfärbung. Da die Erkenntnisfrage und die Hypothese der rigorosen Selbstorganisation des Wissens durch das informationsverarbeitende Subjekt innerhalb der Fremdsprachendidaktik mehrfach behandelt wurde (vgl. Wendt 1996; Müller 1997; Bredella 1998; Meißner 1998d; Reinfried 1999), nehmen wir diese Diskussion nicht erneut auf.

Die mehrsprachigkeitsdidaktische Forschung und das von ihr vertretene Konzept des **empirischen Konstruktivismus** gründen demgegenüber auf einem Sprach- und Lernbegriff dessen Elemente beobachtbar sind sowie der Erkenntnis, dass eine weitere Fremdsprache methodisch anders als eine zuvor erlernte Fremdsprache gelernt und vermittelt werden muss. Das, was hier als praktischer Konstruktivismus bezeichnet wird, lässt sich mit Klaus Müller (1997: 78) im Gegensatz zur cartesianischen Didaktik und ihren instruktivistischen Verfahren begreifen. Ihrzufolge sind "Unterrichtsergebnisse (...) vorhersagbar (...), weil das zu vermittelnde Wissen als abgeschlossen, objektiv gegliedert und optimal präsentiert gilt." Ausgehend von der Integration neuer Informationen in vorhandene Wissensbestände arbeitet Müller den Wechselbezug zwischen konstruktivistischen Deutungen und dem **Transfer**-Gedanken heraus: "Der Zentralbegriff ist (...) **Transferförderung**. (Müller 1997: 83). Bezeichnenderweise ist **Transfer** auch für die Mehrsprachigkeitsdidaktik **der** Schlüsselbegriff.

Der praktische Konstruktivismus greift nun nicht nur über den Behaviorismus hinaus, indem er das Modell der **Informationsübertragung** durch das der **Informationsverarbeitung** ersetzt. Im Unterschied zum Induktivismus fördert er das proaktive Lernen und die Lernsteuerung durch Selbstbeobachtung.

Während Müllers Erörterungen auf den Gegensatz zwischen Instruktion und Konstruktion abheben, sehen wir die Notwendigkeit, auch zwischen induktiven und konstruktiven Merkmalen zu unterscheiden. Dabei ist uns bewusst, dass die Grenzen zwischen induktiven und konstruktiven Ansätzen nicht immer trennscharf sind.

Die Grundlage jeden gesteuerten oder natürlichen Fremdsprachenerwerbs stellt nach unserer Auffassung das mehrsprachige und mehrkulturelle, deklarative und prozedurale Vorwissen der Lerner dar. Vermittlungstheoretisch geht die Mehrsprachigkeitsdidaktik in Übereinstimmung mit der konstruktivistischen Lerntheorie davon aus, dass vermeintlicher Input nicht mit realem Input kongruiert, vermeintlicher Intake nicht mit realem Intake. Wie die Literatur zur Erst-, Zweit- und (soweit vorhanden) Drittsprachenerwerbsforschung vielfach betont, ist Spracherwerb, gesteuert oder unstrukturiert, kein linearer Prozess, der in einem einfachen Input-/Output-Schema oder in einem Reiz-Reaktions-Modell fassbar ist. Streng genommen, lässt sich daher ein auf eine einzelne Sprache **begrenzter** Fremdsprachenerwerb insofern niemals eingrenzen, als immer schon Elemente weiterer Sprachen verwandt werden. Diese Aussage korreliert auf der Ebene der sprachlichen Oberflächen mit Mario Wandruszkas Feststellung der 'inneren Mehrsprachigkeit der Sprachen'. Wir erweitern diese zur 'inneren Mehrsprachigkeit des Einsprachigen'. Es gilt nun, diese Art der Mehrsprachigkeit für den Erwerb fremder Sprachen zu nutzen.

Fremdsprachenerwerb funktioniert also immer und ausschließlich nach der Ausgangsformel (vgl. zur weiteren Entwicklung S. 42):

$$\Sigma = x \, [L_{(1...n)}] < L_1 + L_2 + L_3 ... L_n$$

Der Koeffizient X ist der Faktor 'Aktivierungsgrad'. Er ist umso mächtiger, desto intensiver und gezielter ein Lerner seine Anstrengungen auf einen Lerngegenstand richtet, Σ fasst die Verarbeitung, L1 die Muttersprache, L... die nachgelernten Sprachen.

Allerdings ist das Aktualisierungspotential der in dieser Formel zusammengeführten Elemente und deren Interaktion abhängig von der typologischen Nähe/Distanz der erfassten Sprachen. Während sich im Bereich der französischen und englischen Grundwortschätze beispielsweise Konvergenzen zwischen L_X (Französisch > Englisch) bzw. L_Y (Englisch > Französisch) quantifizieren lassen, beschränken sich die europäisch-japanischen Wortbeziehungen auf die im Katakana erfassten Anteile europäischer Xenismen. Ihre Integration vollzieht sich über die euphonische Assimilation sowie die Anpassung an das japanische Silbenalphabet *a/ru/ba/i/to* < dt. Ferienarbeit, Job. Lassen sich also im Bereich der deutschen und japanischen Wortschätze gewisse Inferenzpotentiale beschreiben, entzieht sich dem die japanische Morphosyntax gänzlich. Ähnliches lässt sich zum Verhältnis zwischen Deutsch, Französisch, Englisch einerseits und dem Türkischen andererseits feststellen. Dies impliziert didaktisch, dass typologisch derart distante Sprachen nur minimale linguale Transferbasen füreinander bieten. Linguale Transferbasen aber stellen die materiale Grundlage für translinguale **Konstruktionen** dar. Anders verhält es sich freilich mit dem didaktischen Transferpotenzial, wie unten beschrieben wird. Dies setzt der Reichweite translingualer konstruktiver Verfahren deutliche Grenzen.

2. Induktivismus

Im Folgenden sei nun dargestellt, inwiefern die Mehrsprachigkeitsdidaktik über das traditionelle induktive Lernmodell hinaus ein neues Paradigma des konstruktivistischen Lernens im Tertiärsprachenunterricht erfordert.

2.1 Historische Skizze

Das im Fremdsprachenunterricht verbreitete Lernmodell der **Induktion** fußt auf der Theorie des induktiven Denkens. Diese beschreibt die "Prozesse des Denkens, die ein Individuum dazu befähigen, aus einer speziellen **Erfahrung** allgemeine Regeln, Muster, Begriffe oder Gesetzmäßigkeiten abzuleiten und auf neue Ereignisse anzuwenden" (Städler 1998: 470, auch Dorsch et al. 1993: 348). Die Literatur nennt als neuzeitliche Referenz John Lockes *Essay on Human Understanding* (1690)[3]. Der Autor gilt als Be-

---

[3] Da die europäische Lehrwerktradition über weite Strecken hinweg mit der Grammatikentwicklung parallel verlauft, findet sich hier eine starke Quelle für das Eindringen deduktiver Schemata in die Praxis des Lehrens und Lernens des 17. und 18. Jahrhunderts, vgl. insbesondere die Grammatiktradition von Port Royal (Senger 2001: passim).

gründer des Empirismus, der den Wissensfortschritt erfahrungsbasiert erklärt. Ihm zufolge wird der Mensch als "unbeschriebenes Blatt" (*tabula rasa*) geboren. Erst die einzelnen Erfahrungen, die ein Mensch im Laufe seines Lebens sammle, würden diese Tafel beschreiben und füllen (Mietzel 2001: 19 ff.). Dies lässt sich *mutatis mutandis* auch auf den Spracherwerb beziehen. So definiert Locke den Lernenden als "beobachtendes" und "erfahrendes" Wesen. Die Sprachlehrforschung hat diese Doppelgesichtigkeit von Sprache als etwas, das uns begegnet und das wir selber schaffen, von Anfang an gesehen. Dementsprechend erwächst das Erlernen einer Fremdsprache für ihn primär aus dem praktischen Umgang mit Texten oder Dialogen.

Da sich induktives Vorgehen allein auf Fakten stützt, die durch Erfahrungen gewonnen werden und sich als unbedingt nachprüfbar erweisen müssen, wird auf jegliche Aussage, die vor der Erfahrung (*apriori*) liegt, verzichtet und dieses Vorwissen ausgeblendet (Lassahn 1995: 60 ff.). In gewisser Übereinstimmung hierzu verkürzen induktive Sprachlehrmethoden die Kategorie Erfahrung auf die in einer Lehr- oder Lernsequenz äußerlich fassbare Beobachtung. Auf diese Weise parzellieren induktive Methoden des Sprachlehrens die komplexe Architektur der Sprache in einzelne lehr- und lernbare, aufeinander folgende didaktische Einheiten. Dies hat seine Risiken. Daher lässt sich sehr pointiert formulieren: Ein induktiv lernender Schüler wird nur sehr schwach dazu angeleitet, sein Vorwissen breit zu aktivieren. Zugleich werden die sprachlichen Verarbeitungsprozesse, soweit sie über den gegenwärtig in den Blick genommenen Lehrstoff hinausreichen, **deaktiviert**: "Das hatten wir schon" (gemeint ist: darauf gehen wir jetzt nicht ein) und "Das kommt erst noch (z.B. in Lektion 12)" lauten die stereotypen unbedachten Impulse zu solcher Deaktivierung. Vorwissen wird so tendenziell erst einmal dem 'Vergessen' zugeführt, damit überhaupt der Lernprozess punktuell und kontrollierbar in Gang gebracht werden kann. Das Suchen von methodischen und lingualen Lernwegen (Hypothesenbildung und -testen) wird reduziert.

Der Lernende erscheint demnach als ein reaktives und passives Wesen, dessen Verhalten durch Lehrstimuli determiniert wird. Er gerät leicht in eine Rezipientenrolle (Mietzel 2001: 19 ff.). Wenn dann eine Lerneinheit nach der anderen in festgelegter Folge rezipiert und verarbeitet wird, dann bleiben dabei die jeweiligen unterschiedlichen individuellen Lernvoraussetzungen der Lernenden – vor allem das Vorwissen und ihre Motivation – kaum berücksichtigt. Auslassungen von Lerneinheiten sind nicht vorgesehen. Der Lernprozess ist linear vorgegeben und setzt anhand von Leistungskontrollen voraus, dass sukzessiv beim Lerner das Wissen aufgebaut wird. Der Lehrer fungiert bei diesem Lernmuster als direkter und aktiver Instruktor, der die Lerninhalte auswählt, diese anordnet, darstellt und regelmäßig abfragt.

Im Gegenzug wird die Zielsprache übersichtlich und der Erwerbsprozess didaktisch planbar. Verkürzung wird so rasch zum Teil der Methode. Die Schüler erleben derlei dann leicht als Verfremdung und Missachtung ihres eigenen Denkens oder Beschneidung ihrer Kreativität.

Im Fremdsprachenunterricht erlebte das induktive Lernmodell spätestens mit der Entwicklung der Reform-Methode einen Aufschwung. In der unterrichtlichen Praxis hat es weit zurückreichende Vorläufer. Dies betrifft Zeiten, in denen die Erst-, Zweit- und Drittsprachenerwerbsforschung nicht oder nur in allerersten Ansätzen entwickelt waren. Das induktive Modell wurde dann in den sechziger Jahren durch den Behaviorismus stark überformt, der bekanntlich Lehren/Lernen als **Reiz-Reaktions-Mechanismus** beschreibt.[4]

Dieser kurze wissenschaftsgeschichtliche Rückblick auf die Wurzeln und Ausprägungen des induktiven Verfahrens vom Empirismus über den Behaviorismus bis zum Induktivismus führt zu einem nachvollziehbaren Verständnis der Merkmale des induktiven Lernmusters im heutigen Fremdsprachenunterricht.

2.2 Induktive Verfahren in der Fachdidaktik Französisch

Der Begriff der 'Methode' wird zumindest in der französischen Fremdsprachendidaktik polysemisch gebraucht. Zum einen bezeichnet er ein 'Lehrwerk' oder eine 'Grammatik' – *méthode* –, zum anderen aber auch **Verfahren** der fremd- oder lernergesteuerten Erkenntnisgewinnung bzw. Erwerbsweisen, die sich wiederum als konkrete idealtypische Paradigmen fassen lassen. So kennt die Geschichte des Fremdsprachenunterrichts die **Grammatik-Übersetzungs-Methode**, die **audiolinguale Methode** oder die **kommunikative Methode** usw. Jede dieser Methoden korreliert mit für sie repräsentativen Lehr- und Lernverfahren. So verfuhr die Grammatik-Übersetzungs-Methode deduktiv: Der Lerner produzierte aufgrund einer vorgegebenen Regel (und bekannten Vokabulars) zielsprachliche Satzmuster. Demgegenüber setzte die audiolinguale Methode auf das Imitieren und Nachsprechen. "In einem kommunikativ ausgerichteten Fremdsprachenunterricht bleiben **Deduktionen** die Ausnahme, da sie die Bedingungen des natürlichen Sprachenlernens zu wenig berücksichtigen", bemerken Köhring & Beilharz (1973: 55, Art. DEDUKTIV). Zum Gegenbegriff **induktiv**, der mikroskopisch die Methodik des kommunikativen Unterrichts weitgehend repräsentiert, heißt es:

> Das **induktive** Verfahren schält aus einem vorgegebenen Ausgangsmaterial bestimmte Sprachformen heraus. Es leitet aus der Bearbeitung des sprachlichen Sachverhalts die herrschende Gesetzmäßigkeit ab, indem die jeweiligen Beispiele in Bezug auf ihre gemeinsamen Merkmale verknüpft und die so gefundenen Gemeinsamkeiten zur Regel zusammengefasst werden. (...) Im Unterricht liefert meistens das Lehrbuch das erforderliche Anschauungsmaterial. (Köhring & Beilharz 1973: 121, Art. INDUKTIV).

Expliziter bemerkt Werner Arnold in seiner *Fachdidaktik Französisch* (1973), dem langjährigen *Vademecum* der Französischreferendare, zur "deskriptiv-induktiven Betrachtungsweise":

> Die einzelnen Phasen des induktiven Verfahrens sind folgende: Eine motivierende Problemsituation entsteht durch die Verständnishemmung, die in einem gegebenen sprachlichen Befund (akustisch oder graphisch übermittelt) durch eine unbekannte sprachliche Erscheinung verursacht wird. Die Schüler suchen Belege, die für die Klärung der Erscheinung von Belang sind. Aus der Zusammenstellung (...) werden aufgrund der Wiederholung und der Wahrscheinlichkeit bestimmte Regelmäßig-

---

[4] Eine differenzierte Darstellung des Verhältnisses zwischen Behaviorismus und Konstruktivismus bietet Mitschian (2000).

keiten erkannt, die dann an weiteren Befunden auf ihre Gültigkeit hin überprüft und schließlich als endgültige Regeln formuliert werden. Dieses Verfahren erhält in fachspezifischer Modifikation die wesentlichen Merkmale intellektuellen Problemlösungsverhaltens: Motivation durch das Erfahren einer Schwierigkeit, Einsicht in die Problemsituation, Lokalisieren und Bestimmen von Schwierigkeiten, Bildung von Hypothesen, Verifizierung von Hypothesen, Annahme einer endgültigen Lösung. (Arnold 1976: 91)

Mit Recht notiert Arnold zum Geltungsbereich des induktiven Verfahrens:

Lässt man die hauptsächlichen Kapitel der französischen Grammatik Revue passieren, so findet man, dass die meisten sprachlichen Erscheinungen (...) nach dem induktiven Verfahren in der dargestellten Weise arbeitsunterrichtlich zu klären sind. Das induktive Verfahren kann als dasjenige mit der größten Häufigkeit angesehen werden. Dabei wurde bisher allerdings stillschweigend davon ausgegangen, dass die Erscheinung eine Entsprechung in der Muttersprache hat und dass die inhaltliche Leistung eines Phänomens in beiden Sprachen einigermaßen parallel ist. (Arnold 1976: 92)

Zweifellos ist das Verfahren unverkennbar von der Absicht getragen, die Lernenden zu eigener Aktivität zu führen und so eine tiefere Verarbeitung des Stoffes zu bewirken. Es hebt sich damit von den im altsprachlichen Unterricht entwickelten deduktiven Mustern ab, die Schröder (1984: 23) treffend beschreibt. Allerdings lässt sich noch bei Arnold eine überzogene Betonung grammatischen Regelwissens für den Spracherwerb erkennen. Aus heutiger Sicht weist Arnolds *Fachdidaktik Französisch* starke Mängel im Bereich des impliziten Lernbegriffs auf[5]. Der Verfasser hatte offenbar noch keine Notiz von der Auseinandersetzung um die Interface-Hypothese Krashens (1981) und/ oder den *natural approach* nehmen können (Schlak 2000).

2.3 Fiktives induktives Unterrichtsbeispiel: die Vernachlässigung der Maxime des Selber-Tuns

Inwieweit die Unterrichtspraxis wirklich die in induktivistischen Verfahren angelegte 'Erkennen durch Selbst-Analyse' berücksichtigt, kann auf der Grundlage empirischer oder historischer Studien nicht geklärt werden. Zur Illustration der Frage, wie denn induktive Verfahren methodisch umgesetzt werden konnten, stellen wir ein fiktives Modell vor, wozu wir ein im heutigen Unterricht nicht mehr gebräuchliches Lehrwerk heranziehen:

Ce jour-là, à l'Alpe d'Huez, il faisait très beau temps. Gilbert, un jeune moniteur de ski, et les élèves de son groupe, avaient décidé de prendre, après le déjeuner, le téléférique du Pic Blanc. Les élèves devaient faire leur première longue descente.

Patrick Gauthier était très content. La veille, évidemment, il s'était couché un peu tard. Mais enfin il était en vacances, alors ! Eliane, sa sœur, et Joëlle, une amie de celle-ci, par contre, n'avaient pas envie d'y aller. Elles voulaient rester au village.

---

[5] Bezeichnenderweise nennt das Register nicht das Stichwort *Inferenz* (oder *Inferieren*), wohl aber den Sonderfall des Inferierens, die *Interferenz*.

Pendant le déjeuner, Patrick a essayé de décider les deux jeunes filles à partir avec le groupe. Il leur a dit d'abord que la descente qu'ils allaient faire n'était pas difficile.(*Cours Intensif*, Doss. 3 D: 41) (Unterstreichungen durch die Verfasser)

Die Einführung der Tempora *passé composé, imparfait* (und *plus-que-parfait*) könnte nun nach induktivem Muster wie folgt vor sich gehen:

Geplante Phasenbeschreibung

I. Darbietung des Textes
II. (Stille) Lektüre des Textes oder (lautes) Vorlesen durch die Schüler
III. Aufmerksamkeitslenkung (durch Schüler oder Lehrer) auf den Verb- bzw. den Prädikatsbereich
IV. Identifikation von Formen (Morphologie) und Funktionen (Tempusaspekte) an Musterbeispielen
V. Sammeln weiterer Formen durch die Schüler, welche diese in ihr Heft notieren
VI. Eventuell: Einordnung der Formen in ein Schema, das in Form einer Kopie an die Schüler ausgeteilt werden kann, Erstellung eines Tafelbildes zur Sicherung des Lehrstoffes
VII. Eventuell: Formulierung von 'Regeln' durch die Schüler (welche primär grammatische Funktionen betreffen)
VIII. Habitualisierung durch Wiederholung entsprechender Muster (*habit formation*) oder Einübung und Transfer.

Die Phase VIII ist nicht auf das induktivistische Modell begrenzt.

Fiktive Verlaufsbeschreibung (Lernziele *passé composé/imparfait*)

Wir schildern den äußeren Ablauf und kommentieren diesen im Sinne unserer Annahmen.

Die von den Schülern bemerkten Auffälligkeiten werden im Plenum zusammengetragen, es werden an der Tafel drei Spalten angelegt. In die eine Kategorie werden die *passé composé*-Formen, in die andere die *imparfait*-Formen eingetragen. Als Indikator für die Zugehörigkeit zu einer Formengruppe gilt die morphologische Identifizierung der Verbformen. Nach dem Sammeln und Zuordnen der Formen erschöpft sich zunächst die Aktivität der Schüler. Nach dem induktivistischen Lernmodell ist jetzt die einheitliche Grundlage geschaffen, auf der die Schüler die morphologischen **Bildungs-** und die **Funktionsregeln** des *passé composé* und des *imparfait* erkennen und **explizieren**. Sodann kehrt die Steuerung zum Text zurück, um die Schüler auf den unterschiedlichen Gebrauch der Vergangenheitstempora, d. h. auf die funktional-semantische Dimension, aufmerksam zu machen. Das Tempusrelief wird nun hervorgehoben und tendenziell in seiner semantischen Verbindung zunächst einmal **dekonstruiert,** die Textkohärenz aufgelöst. Erst im Aufeinanderbezug der einzelnen Prädikate erfolgt in Übereinstimmung mit dem Lernziel ein Vergleich der einzelnen Formen und Funktionen.

Kommentar zum äußeren Verlauf

Es werden nun – auf einer schwachen, in didaktischer Engführung aufgebauten Datenbasis – punktuell und sukzessiv entsprechende Funktionshypothesen von einzelnen Lernern vorgeschlagen. Erwartet wird lehrseitig weniger die Darlegung der Hypothesenbildung der Lernenden als vielmehr das Finden und Formulieren einer der Lehrperson bekannten 'Regel'. Nicht der Erwerbsprozess, sondern die erwartete sprachliche Oberfläche bildet den Fokus. Dies verleiht dem Unterricht stark explizierende Züge. Oft bleiben den Mitschülern, die ja andere Hypothesenwege aufbauen und den eigenen Gedanken nachhängen, die Erklärungsvorschläge wenig nachvollziehbar. Auf diese Weise geht den Lernern potentiell die funktionale Vernetztheit des Tempuskontextes verloren, wie sie nur aus dem Zusammenwirken aller betroffenen Einzelelemente erschlossen werden kann. Die sprachliche Funktionalität, die den Gesamttext durchformt, erscheint aus der Aufmerksamkeitsführung herausgenommen. Hiermit korreliert lehrseitig die implizite (fiktive) Annahme, dass **alle** Schüler der sich aufbauenden Erklärungssequenz folgen bzw. diese mitvollziehen. – Diese Annahme aber ist kognitionswissenschaftlich kaum haltbar, da die Lerner an ihre eigenen subjektiven Wissensskripte anknüpfen müssen. In der mangelnden Kohärenz zwischen Input-Steuerung und den individuell differenten Intake-Bedingungen erkennen wir eine deutliche Schwäche der induktivistischen Methodik (wie wir weiter unten noch darstellen werden). – Die im Text beschriebenen Handlungen erscheinen nun (möglicherweise) als zusammenhanglose Einzelbeschreibungen. Schon dies impliziert die hohe disambiguitive Wirksamkeit von eindeutigen Instruktionselementen, wie z.B. remedialen 'Signalfragen'; im vorliegenden Fall: **Was war schon, was taten sie immer, was geschah dann?** Unklar bleibt, inwieweit die zeit- und modal-semantische Beziehungen zwischen den Einzelhandlungen noch erfasst werden. Die Lernerfolgskontrollen geschehen, dem parzellierenden Verfahren entsprechend, durch **punktuelle** Überprüfungen von Teilwissen und Teilleistungen[6].

2.4 Kritik am instruktiven Paradigma
2.4.1 Verkürzung des Sprachenlernbegriffs in induktiven Verfahren

Anknüpfend an die obigen, den Verlauf kommentierenden Notizen halten wir fest: Vordergründig führt der hier abgebildete Prozess den Lerner im Sinne des Stoffes stringent und kontinuierlich durch den 'Stoff'. Er nimmt keine angemessene Notiz von den mentalen Dimension der Sprachverarbeitung. Es dominiert weiterhin ein Verständnis von Sprachverarbeitung mit den Merkmalen Input/Output-Schema, Linearität, Serialität bzw. lineare Aufeinanderfolge einzelner Verarbeitungsschritte (und eben nicht Parallelität, also Gleichzeitigkeit sprachlicher Verarbeitungsschritte), Kontrollierbarkeit und Außensteuerung. Das Verfahren unterstellt stillschweigend, dass (vermeintlicher) Input mit anschließender gezielter Inputanalyse geradlinig zu (realem) Intake würde. Eine derartige hypothetische Linearität aber ist vielfach Gegenstand der Kritik gewesen (z.B. Bleyhl 1999). Auch Untersuchungen zur Interaktion von explizi-

---

[6] Man könnte vielleicht an dieser Stelle pointiert sagen, worauf viele Praktiker hinweisen: Die Testform Lückentext korrespondiert mit einem geradezu atomistisch aufgelöstem Sprachbegriff.

tem grammatischen Wissen und 'Fehlern' stellen die Effizienz eines Verfahrens in Frage, das die Eigenaktivität der Lerner nur in einem Frage-Antwort-Schema abbildet (Hecht & Hadden 1992[7]) und aus der Komplexität sprachlicher Strukturen datengeleitete mentale Verarbeitung eher umgeht[8].

2.4.2. Fehlende Lernerorientierung

Der Lerner erscheint dem Sprachcurriculum gegenüber nachgeordnet. Im Verband der Lerngruppe fällt dies zusammen mit der Vernachlässigung seiner individuellen Lernerpersönlichkeit: **Lerntempo, Lernertyp, Lernstil, Vorwissen, Interesse** werden ignoriert. Trotz ihrer Individualität werden alle Lerner auf ein einheitliches Lernschema festgelegt. Die Internalisierung dieses ihnen aufgezwungenen Schemas entscheidet über ihr Unterrichtserlebnis, d. h. über Erfolg, Misserfolg, Motivation usw.

Es ist zu fragen, inwieweit die induktive, auf das Erkennen von formalen Mustern und Regularitäten gelenkte Aufmerksamkeit mit einer Ausdünnung der Semantizität des Textes einhergeht. Die Bejahung dieser Hypothese hätte zur Folge, dass tiefere mentale Verarbeitungsebenen sowie die affektive Erfahrungsdimension von Sprache oder ein konkreter 'Spracheindruck' durch das induktive Muster nur oberflächlich aufgebaut werden. Dies betrifft vor allem den Entwurf der lexikalischen und grammatikalischen Konzepte und die hiermit verbundene intrinsische Motivation, die ja an semantische Tiefenkategorien gebunden ist.

2.4.3 Dominanz von Lehrwerk und Lerngruppe

Die auch im Induktivismus stark vorhandene **Lehrersteuerung** hat zur Folge, dass der Lehrer in der Hauptsache das Lerngeschehen bestimmt. Dieser selektiert die Lerninhalte wie Grammatik- und Konversationsthemen oder die Lehrtexte unter der Vorgabe eines Sprachcurriculums. (Natürlich bleibt dabei wiederum das individuelle Vorwissen der Lernenden außen vor!) Das Lehrbuch – der 'geheime Lehrplan' – wird zur Richtlinie, von der nicht abgewichen werden darf. Die Lektionen müssen hintereinander, intentional aufeinander aufbauend, durchgearbeitet werden; ein vorgegebenes Pensum, d. h. eine bestimmte Anzahl von Lektionen, muss erfüllt werden. **Der Lerner hat sich** hinsichtlich der Inhalte und des Lerntempos dem Lehrer bzw. dem Lehrbuch **anzupassen** und im Rahmen dieser Außensteuerung zu *reagieren*.

Wir wollen nicht erörtern, inwieweit ein solches Muster dem umgangssprachlichen Diktum des 'Vogel, friss oder stirb' entspricht. Höchst bedenklich muss jedoch er-

---

[7] Bei (richtig) gewusster Regel konnten deutsche Probanden in 97% der Fehlerfälle im Englischen eine richtige Korrektur durchführen. Andererseits erfolgte in 80% eine richtige Korrektur ohne explizites Regelwissen. In 45% der Fälle beruhte eine richtige Korrektur auf einer falsch zugeordneten Regel.

[8] Wie wir hoffen, führen lernerorientierte, die Lernschritte protokollierende empirische Forschungen, wie sie die Neuen Technologien möglich machten, zu einer Optimierung des Lernbegriffs (Meißner 1998c). Eine solche Erweiterung des methodischen Forschungsinstrumentariums erlaubt neuartige Effizienzprüfungen zum Lehren und Lernen von fremden Sprachen.

scheinen, dass sich unter dem Vorzeichen des Induktivismus der Begriff der 'Didaktisierung' oft genug mit der Ausblendung von Lernerhypothesen verband. Offenbart der Lerner in den entsprechenden Leistungskontrollen Defizite, gilt er (rasch) als 'gescheitert', ohne dass lehrseitig überhaupt seine mentalen Prozesse hätten wahrgenommen, geschweige denn seine individuellen Lernhypothesen hätten erörtert werden können[9]. Denn die Aufmerksamkeit und Lehrentscheidungen werden ja weitgehend durch die Autorität eines Sprachcurriculums gelenkt und in Anspruch genommen.

Induktive Verfahren wie das beschriebene stehen, historisch gesehen, in engem legitimatorischen Zusammenhang zum Lernen in großen Gruppen. Als sie entstanden, verfügte der Unterricht noch nicht über die heutigen Möglichkeiten der Binnendifferenzierung, des Medieneinsatzes, der Erreichbarkeit von Zielsprache in ihrer akustischen und visuellen Gestalt u. a. m. Die zugrunde liegende didaktische Theorie gab aufgrund der relativen Chronologie noch nicht die Einblicke in die kognitive Dimension des Lehrens und Lernens fremder Sprachen, über die wir heute verfügen. Auch lagen die Ergebnisse der Sprachlehrforschung nicht vor. Dies erklärt, weshalb die mentale Dimension von Lernen, aber auch die soziale vernachlässigt wurde. Heutige Theorien müssen (und können weitgehend) den Gegensatz auflösen, der aus der Dichotomie zwischen der potentiellen Kreativität aller (sic) einzelnen Lerner und der Notwendigkeit besteht, diese in die Lehrorganisation aller sinnvoll einfließen zu lassen.

Fazit: Im Unterschied zu kreativen Lernarrangements halten induktive Muster die Kreativität des einzelnen Schüler im Gruppenverband gering. Vermittelnde Strategien zwischen Individualismus und Teamfähigkeit erscheinen reduziert, z. B. auf der Verfahrensebene dank Projektunterricht und Binnendifferenzierung usw.

2.4.4 Verarbeitungsrichtung und Verarbeitungstiefe

Unter dem *bottom up*-Prozess versteht man die Analyse des Reizes von den peripheren Sinnesorganen hin zur kognitiven Repräsentation. Der *top down*-Prozess verläuft in umgekehrter Richtung, von der kognitiven Repräsentation des Reizes und seiner Einbindung in das dort gespeicherte Wissen zur Peripherie hin absteigend. (Zimmer 1985: 285)

Wolfgang Butzkamm (1993: 107) stellt in Bezug auf die Verarbeitungsrichtung fest, dass beim natürlichen Spracherwerbstyp datengeleitete *bottom up*-Prozesse vorherrschen, wohingegen der Fremdsprachenunterricht ganz überwiegend repräsentationsgeleitete Prozesse initiiere. Es handelt sich zweifellos um archetypische Muster, die in der Realität der beiden voneinander zu trennenden Spracherwerbstypen alternieren. Dennoch ist davon auszugehen, dass sich die Erwerbsleistungen beider Verarbeitungstypen deutlich voneinander unterscheiden. Dies zeigt sich schon daran, dass ohne prozedurale Kompetenz datengeleitete Verarbeitung nicht erreicht werden kann. Deklara-

---

[9] Dabei ist nicht zu leugnen, dass auch induktive Methoden Lernerindividualisierung bezüglich der Regelformulierung erlauben, wenn sie den Lernern die Möglichkeiten offen halten, Regeln mit eigenen Worten auszudrücken und gegebenenfalls auch merkgerecht zu vereinfachen.

tives Sprachwissen führt, für sich genommen, weder zur (angemessenen) Sprechfähigkeit noch zum Hörverstehen. Beim nativen Sprecher ist die deklarative Kompetenz der prozeduralen mehrfach nachgeordnet – wie schon die Erwerbschronologie nahe legt. Unter den Sprachlehrmethoden bevorzugte vor allem die Grammatik-Übersetzungs-Methode repräsentationsgeleitete Prozesse. Ihre Verfahren führten von der 'deklarierten' (explizierten) Regel zur Produktion. Es handelt sich um ein aus lehrökonomischer Sicht simples Verfahren, dass auch der didaktische Dilettant anwenden kann. Eine tiefe Sprachverarbeitung lässt sich mit (deduktiven) *top-down*-Verfahren vor allem dann erreichen, wenn die Lerner an vorhandenes Sprachenwissen anknüpfen und dieses breit aktivieren. Dies aber intendierten die Verfahren nicht. Mehrkanalige Sprachverarbeitung (duales Code-Lernen), wie sie multimediale Lernarchitekturen ermöglichen, erreicht nach Plass (1999) hohe Erwerbseffizienz. Dieser Zusammenhang lag außerhalb der zur Zeit der Entwicklung des induktivistischen Paradigmas gegebenen Möglichkeiten.

Vergleichen wir die von induktivistischen Lernmustern angesteuerten Ebenen der mentalen Sprachverarbeitung, so stellen wir fest, dass sie regelmäßig den konzeptuellen und semantisch-funktionalen Speicher nicht oder nur schwach in die initiierte Sprachverarbeitung integriert:

Formulator-Modell (in Anlehnung an De Bot 1992)1

I Enkodieren	I (Mitteilungsmotivierung/ Interpretation der empfangenen Botschaft) KONZEPTVERARBEITER (Konzepte und Funktionen)	I Dekodieren
Partnerhypothese u. Wahl der Sprache, der Stilebene		Verknüpfen mit Weltwissen, Interpretation der Botschaft
II Selektion der Wörter Grammatikalisierung	II FORMULATOR Lexikalisierung Morphematisierung Syntaxbildung Merkmalsformung der Textebene	II Entschlüsselung der Botschaft, Reduktion um die grammatikalischen und lexikalischen Transportmittel
III Aktivierung des produktiven Programms: Sprechen/ Schreiben	III Wahl des artikulatorischen Programms Sprechen/Schreiben ARTIKULATOR	III Aktivierung des sensorischen Programms: Hören/Lesen

Das Schema führt die Vorteile von *bottom up*-Prozessen vor Augen, weil diese alle Verarbeitungsstufen aktivieren. Zugleich visualisiert es die **Verarbeitungstiefe**. Die Verarbeitung geschieht umso tiefer, je stärker alle Niveaustufen (I bis III) involviert sind. Dies ist bei natürlicher Sprachverarbeitung, bei der es ja um inhaltsinitiierte Kommunikation geht, der Fall. Dies schließt keineswegs aus, dass metakognitive Strategien ebenfalls zu einer tieferen Verarbeitungsstufe führen, was Nick Ellis (1994: 51) notiert: "Successful learners use sophisticated metacognitive knowledge to choose suitable explicit learning strategies appropriate to the task of vocabulary acquisition. These include: inferring word meanings from context, semantic or imagery mediation between the F(oreign) L(anguage) word (or a keyword approximation) and the L1 translation, and deep processing for elaboration of the new word with existing knowledge." Ähnliches lässt sich im Bereich der Grammatikarbeit feststellen. In ursächlichem Zusammenhang mit der **Verarbeitungstiefe** sieht Meißner (1998d) die **Verarbeitungsbreite**. Diese wird durch die Zahl der intra- und interlingualen Referenzbasen definiert, auf die jeder konkrete Akt der Sprachverarbeitung potentiell zugreift. Verarbeitungsbreite aktualisiert die Vernetztheit, die die gesamte sprachliche Architektur durchzieht. Bereits 1909 hat Charles Bally im *Traité de stylistique* mit den *enchaînements* in der Sprache die Tatsache erklärt, dass ein "Wort ein anderes, eine Bedeutung eine andere Bedeutung nach sich ziehe". Das Ziel der Verarbeitungsbreite erfordert von der Sprachlehre die Berücksichtigung des **kollokativen Prinzips**, das unsere Sprachen durchwaltet.

Das induktive Verfahren wird dem Charakter der Vernetztheit der Sprache infolge seiner didaktischen Engführung offenbar überwiegend nicht gerecht. Es führt weder zu tiefer noch zu breiter zielsprachlicher Verarbeitung. Es bedarf daher der Erweiterung.

2.4.5 Lernerlebnis nach induktivem Schema

Bei induktiven Verfahren ist die Gefahr groß, dass dem Lernenden (im Extremfall) sein punktuelles Versagen 'erbarmungslos' vor Augen geführt wird. Lerner neigen dann stark dazu, eine starke Abneigung gegen das Unterrichtsfach zu entwickeln[10]. Es entsteht dann ein verheerendes Bild vom Fremdsprachen- oder Französischunterricht mit allen Auswirkungen auf dessen langfristige Außendarstellung. Der Verlust der positiven affektiven Bindung an den nunmehr als bedrückend und beengend erfahrenen Unterricht bremst die Lernfreude und führt zu starken Insuffizienzerlebnissen, die als Spannung zwischen den Polen des Ideal-Ichs und des durch Lehrperson und Lerngruppe erfahrenen Real-Ichs wahrgenommen werden.

Das induktivistische Verfahren lässt Lernern nur wenig Raum, ein eigenes (Inter-)-System (das wir unten erklären) in Bezug auf die zu erlernende Sprache zu entwickeln.

---

[10] Von Nachhilfeschülern des Faches Französisch wird die Zielsprache als "öde", "Scheiße", "schwul", "ätzend" kommentiert. Die dieser Aussage zugrunde liegende Untersuchung von Studierenden, die selbst Nachhilfeunterricht erteilen, ergab, dass Nachhilfeschüler durchgängig nie wussten, weshalb sie die französische Sprache erlernten, warum sie was gerade erlernten usw. Es besteht offensichtlich ein signifikanter Zusammenhang zwischen dem Versagen im Französischunterricht und einer fehlenden Lernbewusstheit.

Die außengesteuerte, partikularisierende und serielle Schemenbildung verhindert die eigenständige Zu- und Einordnung der Explikanda in die Systematizität von Sprache. Eine **Hypothesenbildung** im Sinne einer Spontangrammatik kann lediglich innerhalb der grammatikalischen Engsteuerung des Lehrbuchs bzw. des Lehrers erfolgen. Die intentionale (im Grunde) systemlinguistische Progressionsplanung nach strengen didaktischen Vorgaben lässt der eigenständigen und kreativen Entfaltung des Lerners nur wenig Raum. Auf den Punkt gebracht lautet die Kritik: Induktivistische Verfahren aktivieren das Vorwissen der Lernenden, wie gesagt, nur schwach; sie durchbrechen oft nicht das Doppelfilter zwischen vermeintlichem und realem Input sowie vermeintlichem und realem Intake. Es ist kein Zufall, dass derlei Kritik vor allem von Forschern formuliert wurde, die die Lernerorientierung stark mit Mustern des *Learning by Doing* verbinden (vgl. Wolff 1994; Wendt 1996, Wolff 1997; Bleyhl 1999; vgl. den Disput zwischen Bleyhl & Reinfried 2001).

3. Inferenz und Transfer in der Mehrsprachigkeitsdidaktik

Die Frage des Wissenserwerbs steht in einer Jahrtausende überspannenden philosophischen Tradition, welche die Handbücher der Ideengeschichte unter den Stichworten **Erfahrung, Intuition** und **Konstruktion** behandeln. Es geht hierbei nicht allein um die Art der Gewinnung, sondern auch um die der **Verknüpfung von Ideen**. In diesen Zusammenhängen wird mehrfach zwischen unterschiedlichen Formen von Wissen unterschieden. Bei Locke findet sich die Trennung zwischen einfachen Erfahrungen (**weiß/schwarz, heiß/kalt** usw.) und komplexen Erkenntnissen, die erst über das Inbezugsetzen zu anderen Erfahrungen/Ideen vermittelt werden. Leibniz unterscheidet in ähnlicher Weise zwischen den primitiven und den derivierten Wahrheiten (Kobusch 1976: 530). Wir zeichnen diese Tradition nicht nach, halten jedoch fest: Alle derivierten 'Wahrheiten' – wir würden heute eher von Erkenntnissen sprechen – bauen auf **Vorwissen** auf.

Von derlei Entwürfen lässt sich eine Verbindung zum Inferenzbegriff herstellen, den ein einschlägiges Fachlexikon der Psychologie wie folgt definiert:

> Kognitiver Prozess, der auf der Grundlage von bestehendem Wissensbesitz bzw. aktuell gegebener Information neue Informationen erzeugt. (...) Es gibt verschiedene Klassifikationskriterien für Information. In Abhängigkeit von der Spezifik der Fragestellung werden z. B. logische Kriterien (deduktive, induktive, analoge Inferenz), funktionale, prozessuale oder inhaltliche Kriterien für Inferenztaxonomien herangezogen. Eine Vielzahl von Untersuchungen belegt, dass natürliche Schlussprozesse nicht ausschließlich mit den Regeln der formalen Logik erklärbar sind. Vielmehr scheinen heuristische Vorgehensweisen und kontextabhängige Inferenzregeln bedeutsam (Clauß et al. 1995: Art. INFERENZ)

3.1. Inferenz als fremdsprachendidaktischer Grundlagenbegriff

Die Spezifik des gelenkten oder natürlichen Spracherwerbs (als Sonderform des inzidentellen Wissensgewinns bzw. Lernens) wird durch die Charakteristika des Lerngegenstandes bestimmt, insbesondere durch Systematizität und Kulturalität des verbalen

Zeichenrepertoires: Diese bestimmen die Eigenschaften von Lexemen und Morphemen und ihrer Anordnung (Syntaxierung) im Rahmen einer erkennbaren Regelhaftigkeit (**grammatische Systematizität**) sowie ihrer Verwobenheit mit den Manifesten einer (historisch gewachsenen) **Kultur**, die wir mit Luhmann (1991) als das kollektive Ergebnis verdichteter kommunikativer Prozesse deuten. Auf diese Weise konstituiert sich in diachronischer Interaktion der Lerngegenstand **Sprache**.

Damit ist jedoch die Sprache als Lerngegenstand noch nicht ausreichend beschrieben, denn im Unterschied zum Lernen von Mathematik, Geschichte oder Physik sind Sprache und Fremdsprache immer schon durch die sprachliche Geformtheit des Menschen bzw. des Lerners mitbestimmt, d. h. durch seine Vorprägung durch Sprache und – wie die Mehrsprachigkeitsdidaktik betont – Sprachen und Spracherfahrungen. Denn als Gesellschaftswesen ist der Lerner *per se* schon ein Sprach-, Sprachen-, Kultur- und Kulturenteilhaber. Dieser Zusammenhang lässt den Faktor **Inferenz** in seinen vielfältigen sprachlichen *und* kulturellen Bedingtheiten als entscheidende Komponente hervortreten. Dies erklärt bereits, weshalb auf den sprachlichen Inferenzbegriff gründende pädagogische Konzepte ihrem Wesen nach nur **lernerorientiert** sein können, denn es geht ja zutiefst um das **Vorwissen** des Lerners und um dessen weiteren Ausbau, d. h. um seine Sozialisation und Lernerfahrung durch Sprache und Sprachen[11].

3.2 Inferenz in der Geschichte der fremdsprachendidaktischen Theorie

Die Fremdsprachendidaktik hat das **Inferieren** zumindest seit den sechziger Jahren mehrfach explizit behandelt (Carton 1965; 1971; Quetz 1991; Rickheit & Strohner 1990). Mit Aaron S. Carton (1971: 45) halten wir fest, dass Inferieren die Verbindung neuer Stimuli mit bereits vorhandenen Wissensschemata meint.

Rickheit & Strohner haben 1990 die tragende Rolle der Inferierungsfähigkeit für den Spracherwerb herausgestellt. Dementsprechend konnte Quetz bereits 1971 zeigen, dass quasi alle Methoden der Semantisierung im Grunde sprachenübergreifende Prozesse initiieren:

> Ganz gleich, ob man im Anfangsunterricht mit dem beliebten Stoffhasen *rabbit* semantisiert, oder ob man einem fortgeschrittenen Lernenden *beyond* erläutert, man verlässt sich stets auf die Fähigkeit des Lernenden, den zentralen, nicht-idiomatischen Bedeutungsbereich selbst zu erschließen. (Quetz 1971: 65).

Wohl kaum etwas hat die Unangemessenheit der Annahme streng einsprachiger mentaler Operationen und die Übermacht mehrsprachigen Prozedierens deutlicher betont als Rattundes entlarvender Titel: 'Aha, eine Birne! Zum Problem einsprachiger Bedeutungserklärungen' (1971). Die Ablösung des Dogmas der 'strengen Einsprachigkeit' ging im Kern mit der Aufwertung des interlingualen Inferenzbegriffs zu einem

---

[11] Deshalb ist die Rolle des Vorwissens von grundlegender Bedeutung, so dass dieses unbedingt als Leitmotiv der Mehrsprachigkeitsdidaktik gelten muss:
If I had to reduce all of educational psychology to just one principle, I would say this: The most important single factor in influencing learning is what the learner already knows. (Ausubel 1968: vi)

zentralen fremdsprachendidaktischen Grundlagenbegriff einher – auch wenn dies bisher ungesagt blieb. Aber die aufgezeigten Grenzen induktiver Verfahren belegen, dass die Fremdsprachendidaktik erst mit der Weiterentwicklung induktiver zu konstruktiven Vorgehensweisen dieser Entwicklung Rechnung trägt.

Auch die Grenzen des Inferierens wurden beschrieben:

> Inferencing can only be successful if there is adequate collocational information available. (Lennon 1998: 12)

Dies impliziert – wie das für Europäer nicht transparente Japanische andeutet –, dass konstruktive Verfahren im Fremdsprachenunterricht nur dann einsetzbar sind, wenn die Zielsprache in hohem Maß interkomprehensibel erscheint, wie es zwischen nahverwandten Ausgangs-, Brücken- und Zielsprachen der Fall ist. Dies signalisiert weiterhin die Notwendigkeit auch induktiver und eng geleiteter expliziter Schritte.

Die Entwicklung des Inferenzkonzepts zu einem Grundlagenbegriff der Fremdsprachendidaktik, dessen Wirkung sich in vielen Teilbereichen der Theorie und Praxis des Lehrens und Lernens fremder Sprachen nachweisen lässt, korreliert mit der Steigerung des Interesses an Prozessen des Transferbegriffs.

3.3 Transfer in der gegenwärtigen fachdidaktischen Literatur

Die Geschichte des Transferbegriffs innerhalb der Fremdsprachendidaktik hat Marcus Reinfried (1998) nachgezeichnet. Des Weiteren haben sich in jüngster Zeit Sikogukira (1993), Meißner (1998a), Stoye (2000), Timmermann (2000), Wenzel (2000[12]) und Meißner & Burk (2001) mit dem Transfer auseinandergesetzt. Grundlegend wurde Transfer von Larry Selinker (1969, 1972) thematisiert[13].

Willis Edmondson (2001) leuchtet Selinkers bekannte Kategorien auf der Grundlage von Lernerdaten und -berichten aus und ergänzt diese um einige relevante Aspekte. Dabei unterscheidet auch er zwischen deklarativen und prozeduralen Aspekten. Sodann erwähnt er **Transfer als Überlagerung**. Es handelt sich hier um die Erklärung einer 'Fehlleistung', wie sie Eckhard Rattunde (1977) im Anschluss an Lado bereits im Zusammenhang mit dem **negativen** und **positiven Transfer** typisiert (auch Reinfried 1998). Während Rattunde jedoch die Fehlleistung an der zielsprachlichen Norm bzw.

---

[12] Veronika Wenzel belegt die helfende Rolle des interlingualen Transfers schon beim Erwerb einer 'zweiten' Sprache bei sehr jungen Kindern. Sie nennt im deutsch-niederländischen Kontrast *Haus/huis, Wasser, kom handjes wassen* usw. Translinguale Varietäten werden von diesen auf Archetypen gebracht; was im Zusammenhang mit dem Verstehen fremder Dialekte bekannt ist. Meißner (1998) beschreibt die Semantisierung des englischen Graphems *roadrunner* bei einem fünfjährigen bilingual deutsch-französischen Kind (*coureur (Renner) des routes*).

[13] Selinker unterscheidet zwischen fünf **Transferkategorien**:
1. interlingualer Transfer (zwischen der L_1 und einer L_n)
2. auf Lernerfahrung basierender Transfer oder *transfer of training*
3. lernstrategischer Transfer oder *strategies of second language learning*
4. kommunikationsstrategischer Transfer oder *strategies of second language communication*
5. Übergeneralisierung.

dem 'Fehler' misst, nimmt Edmondson (2001) subjektive Schwierigkeiten auf, die Lernende nennen: zwei romanische Sprachen (in produktiver Richtung) "auseinander zu halten" sowie das Empfinden, dass eine neu hinzugelernte Sprache in negativer Weise auf die performative Kompetenz (Produktionsprogramme) in anderen Sprachen störend zurückwirke (siehe die "Fünf Ängste beim Sprachenlernen" bei Klein & Stegmann (2000), 16–17).

Im Hinblick auf derlei Interferenzphänomene – welche die Mehrsprachigkeitsdidaktik nie ausgeblendet hat – ist daran zu erinnern, dass einerseits bislang immer noch keine gezielten Programme und/oder Methoden zur **Sprachpflege vorgelernter Sprachen** existieren (obwohl deren Notwendigkeit nicht zu bezweifeln ist) und dass andererseits das 'Zwischen-Sprachen-Lernen und -Lehren' auf das **plurilingual gespeiste lernersprachliche Intersystem** zugreift. Deshalb sei nochmals unterstrichen, dass aus mehrsprachigkeitsdidaktischer Sicht konstruktivistische Verfahren sowohl auf die Zielsprache als auch auf vorgelernte, aber noch nicht mental tief gefestigte Fremdsprachen abheben. Nicht nur der zielsprachliche Fokus ist also wichtig, gleichrangig hierzu ist die Pflege vorhandener Sprachenkenntnis. Hier sind empirische Grundlagenforschungen vonnöten. Einstweilen ist das didaktische Konzept 'Transfer als Überlagerung' zu differenzieren in **proaktiven versus retroaktiven Transfer als Überlagerung**. Die gegenwärtig anhebende Entwicklung einer methodischen Spezifizierung nach 1., 2., 3. oder 4. Fremdsprache oder spezifischer Kurse zur Schulung des Hörverstehens, des Leseverstehens, der Rezeptionsfähigkeit usw. muss beide Aspekte berücksichtigen.[14]

Transfer als Konzept der Mehrsprachigkeitsdidaktik: Grundlage für translinguale Konstruktion

Aus der Sicht der Mehrsprachigkeitsdidaktik sind fünf Transfertypen relevant:

- **(IaT-A) – Ausgangssprachlicher intralingualer Transfer:** Auf der Grundlage seiner Ausgangssprache entdeckt der Lerner zahlreiche translinguale Transferbasen (**fortschrittlich > progressiv**)

- **(IaT-B) – Brückensprachlicher intralingualer Transfer:** Ein mehrsprachiges Individuum hat nicht nur seine Muttersprache zur Verfügung, um eine translinguale Operation aufzubauen. Verfügt es über operable Kenntnisse in weiteren Sprachen, so aktiviert es diejenige Sprache, die ihm den größtmöglichen Nutzen für translinguale Operationen verspricht. Es entdeckt sodann zahlreiche Transferbasen in der sogenannten Brückensprache. Menschen, deren Muttersprache nicht der indoeuropäischen Gruppe angehören, ziehen regelmäßig das ihnen verfügbare Englische oder Französische heran, um Deutsch oder Italienisch zu erlernen.

- **(IaT-Z) – Zielsprachlicher intralingualer Transfer:** Aufgrund der Systematizität der Zielsprache bietet dieses selbst zahlreiche Transferbasen, die zum Ausbau ziel-

---

[14] Erst wenn dann entsprechende Lernerbiographien bzw. -daten vorliegen, wird man mehr darüber erfahren, wie dem Überlagerungstransfer, der ja auf natürlichen Prozessen der Sprachenverarbeitung fußt, methodisch zu begegnen ist. Bis dahin beziehen sich die lernbiographischen Daten auf monolinguale Methoden, die lateralen Wirkungen zwischen Sprachen ausklammern. Sie stellen demnach kein überzeugendes Argument gegen die Mehrsprachigkeitsdidaktik dar.

sprachlicher Kompetenz genutzt werden (können) (*voyage/voyageur* > *bricolage/bricoleur*)

- **(IrT) – Interlingualer Transfer**: Dieser Transfertyp zielt auf positive und negative Korrelationen zwischen unterschiedlichen Sprachen (*bricolage* > *bricolaje; voyage* > *viaggio* > *viaje*).
- **(DidT) – Transfer von Lernerfahrungen oder didaktischer Transfer**: Obwohl es sich hier um einen Transfer von Lernerfahrungen handelt, ist dieser keineswegs sprachenneutral. Vielmehr ist davon auszugehen, dass jede Sprache einen Lerngegenstand eigener Art ausbildet, der sich aufgrund mehrerer Faktoren konditioniert. Zu nennen ist zunächst die (sprach-)typologische Eigenart der Zielsprache, die jeweils einen eigenen methodischen Zugriff verlangt. Gleichwertig hierneben erscheint die Vorerfahrung der Lerner, d. h. ihr Weltwissen, ihr Sprachwissen, aber auch ihr didaktisches Wissen, das ihre Erwerbswege steuert. Vieles spricht dafür, dass der didaktische Transfer auf der Grundlage von Erfahrungen mit nur einer einzigen Fremdsprache nicht elaboriert ausgebildet werden kann, wie die folgende Formel und die Abbildung detailliert veranschaulichen:

Zunahme des Transferpotentials

Allgemein gilt

$$\Sigma L_n = x_1L_1 + x_2L_2 + x_3L_3 + \ldots + x_nL_n$$

Für die L_1 ergibt sich:

$$\Sigma L_1 = x_1(IaTA_1 + IaTB_1 + IaTZ_1 + IrT_1 + DidT_1)$$

Für die L_2 heißt es

$$\Sigma L_2 = x_1(IaTA_1 + IaTB_1 + IaTZ_1 + IrT_1 + DidT_1) + x_2(IaTA_2 + IaTZ_2 + IrT_2 + DidT_2)$$

Für die L_n gilt:

$$\Sigma L_n = x_1(IaTA_1 + IaTB_1 + IaTZ_1 + IrT_1 + DidT_1)$$
$$+ x_2(IaTA_2 + IaTZ_2 + IrT_2 + DidT_2) + \ldots$$
$$+ x_n(IaTA_n + IrTZ_n + IrT_n + DidT_n)$$

(s. Darstellung des Mehrsprachen-Verarbeitungsmodells auf S. 38)

Mehrsprachen-Verarbeitungsmodell
(interlingualer u. didaktischer Transfer)

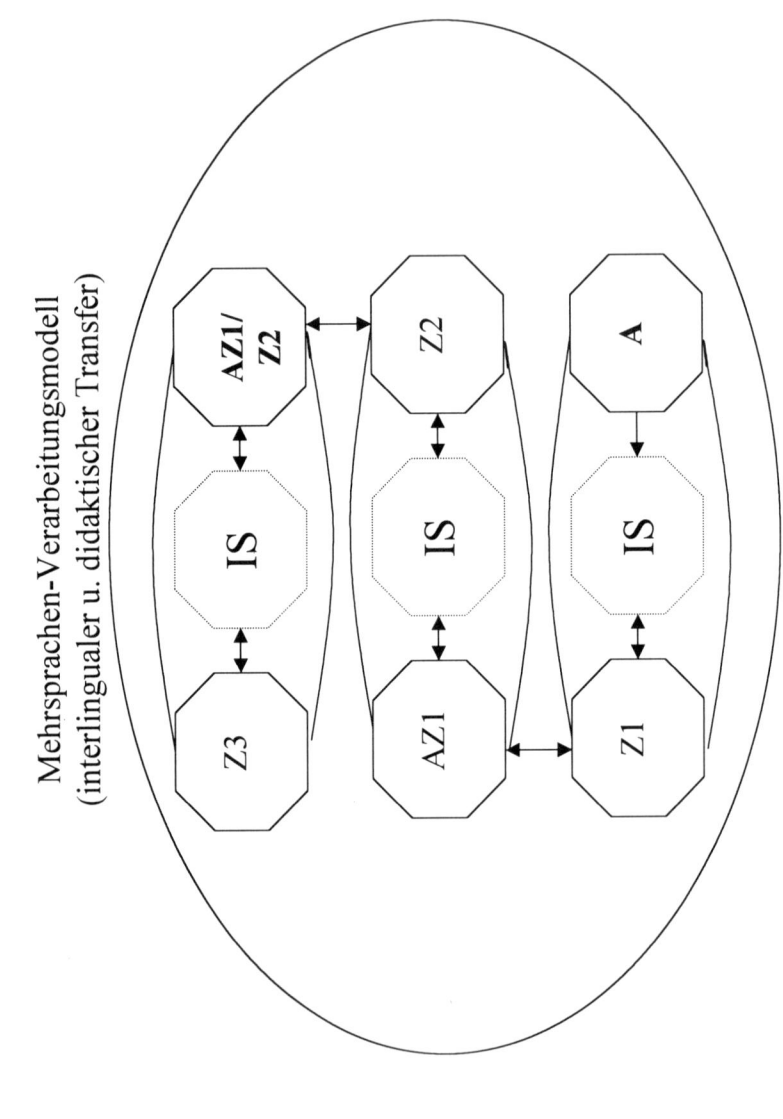

AZ1/Z2 ↔	Z2	A
↕	↑	↓
IS ↔	IS ↔	IS
↕	↕	↕
Z3	AZ1 ↔	Z1

Legende: IaT-A: A; IaT-B/Intersystem: IS; IaT-Z: Z; DidT ist als verbindende Komponente im Intersystem integriert.

Die in der obigen Formel angelegte Visualisierung verschweigt die Qualität der einzelnen Sprachen als Transfer- oder Brückensprache[15]. Sie macht nicht sichtbar, wie viele Transferbasen eine mental verfügbare Sprache translingualen Konstruktionen konkret zur Verfügung stellt. Dass hier enorme Unterschiede bestehen, zeigt in positiver Weise das *EuroCom*-Projekt (Klein, Meißner & Zybatow 2001). Meißner & Burk (2001) beschreiben, dass die Wahl der Transfersprache im Grunde von zwei Faktoren abhängt: von ihrer linguistisch typologischen Eignung im Hinblick auf die (neue) Zielsprache und dem Grad ihrer Integration in das mehrsprachige Lexikon eines Lerners. Im Hinblick auf romanische Zielsprachen heben Klein & Stegmann (2000) die vorzügliche Eignung des Französischen als Brückensprache hervor. Empirische Studien zur Wahl einer deklarativ und vor allem prozedural funktionierenden Brückensprache stellen des Weiteren die Ausbildung von Programmen des hörenden Verstehens und des zielsprachlichen Sprechens heraus.[16]

Zur Entwicklung von Übungen und Lehrverfahren greift die oben entwickelte Transfertypik nicht hinreichend. Deshalb entwickeln Meißner & Burk (2001) folgendes Muster:

- **Formtransfer**
  - Aktivieren nach intra- und interphonologischen Regularitäten und Divergenzen sowie
  - nach intra- und intergraphematischen Regularitäten und Divergenzen sowie
  - nach interphonetischen/interphonologischen Merkmalen
- **Inhaltstransfer:**
  - Kernbedeutungen innerhalb von Bedeutungsadäquanzen erkennen bzw. die Polysemie interlexematischer Serien erweitern
- **Funktionstransfer:**
  - grammatikalische Regularitäten im Anschluss an Merkmale der sprachlichen Oberflächen und/oder funktional-semantischen Korrelationen aufbauen
- **Metakognition:**
  - neben dem auf reines Sprachwissen bezogenen Transfer bauen entsprechende Prozesse Wissen über das Lernen neuer fremder Sprachen auf (*learning awareness*). Dieses Wissen kann nicht ohne materiale Grundlagen generiert werden. Der auf Entwicklung von Sprachbewusstheit abhebende Transfer optimiert das Lernen (nicht nur fremder Sprachen).

Die hier entgegentretenden Transfertypen werden über die Aktivierung von Transferauslösern oder **Transferaktivatoren** realisiert. Diese bilden sich, wenn ein Individuum eine konstruktive Beziehung zwischen einer **Transferbasis** und einem **Trans-**

---

[15] Eine ähnliche Formel bietet die Homepage von Britta Hufeisen (2000), <http://www.spz.tu-darmstadt.de/projekt_L3/StartL3.html>.

[16] Dies erklärt, weshalb sich die alten Sprachen in interlingualen Komprehensionsanalysen nicht (Hörverstehen) oder nur schwach (Leseverstehen) nachweisen lassen.

ferziel aufbaut. Das Modell korreliert weitgehend mit der Theorie der 'identischen Elemente'. Im sprachlichen Lernbereich wies Edward L. Thorndike (1923) in ähnlichem Zusammenhang bereits auf eine mangelhafte Transferwirkung des Lateinischen hin. Die 'Generalisationstheorie' macht ihrerseits mit Recht darauf aufmerksam, dass sich positiver Transfer nicht von alleine einstellt, sondern der gezielten Übung bedarf. Der Induktivismus hat diese Beziehung, wie die einzelzielsprachlichen Didaktiken und ihre Methodiken überhaupt, allenfalls in Ansätzen gesehen. Dass sie vor allem für das lebensbegleitende Lernen und für die Pflege der individuellen Mehrsprachigkeit von hoher Bedeutung ist, bedarf keiner besonderen Hervorhebung. Auch dies unterstreicht die Vorteile sprachenübergreifender konstruktivistischer Verfahren.

4. Transferwirkungen in der Empirie der Mehrsprachigkeitsdidaktik

Untersuchungen zur Interkomprehension in unbekannten nahverwandten Fremdsprachen aufgrund von simultanen und retrospektiven Laut-Denk-Protokollen, teilnehmenden Beobachtungen, Interpretationen von Laut-Denk-Protokollen durch die Probanden selbst sowie 'Fehler'-Analysen bestätigen die grundlegende Rolle des Inferierens (vgl. Publikationen auf der Grundlage des Gießener Lerner-Daten-Corpus: Meißner 1997; Meißner & Burk 2001). Probanden, deren Vorkenntnisse einen Zugriff auf nahverwandte Sprachen zulassen, zeigen regelmäßig den Entwurf einer **Hypothesengrammatik** und eines **plurilingualen Intersystems**. Wir stellen dieses Modell hier nochmals verkürzt dar.

Die folgenden Ausführungen resultieren aus Ergebnissen von Analysen der mentalen Verarbeitung von unbekannten teilkomprehensiblen Fremdsprachen. Derlei Analysen sind insofern aufschlussreich, als sie die Art der Verarbeitungsprozesse von bestimmten expliziten Lehr- und Lerninstruktionen losbinden, wie sie im Verlauf der Internalisierung eines bestimmten Sprachcurriculums aufgebaut und den Lernenden abverlangt werden. Sie lösen daher den Probanden aus der Abhängigkeit von eng außengeleiteten Input-Output-Steuerungen. Derlei Analysen zeigen dann im Maße einer weiter greifenden Sprachverarbeitung, wie Sprachdaten in autonomer Sprachverwendung entgegentreten.

4.1 Von der Konstruktion der Hypothesengrammatik zur Konstruktion des Intersystems

> **Text aus RAI**
> In seguito alla rivoca del divieto di importazione della carne bovina inglese, il ministro bavarese della sanità, Signora Stamm, ha chiesto l'introduzione di testi per diminuire il rischio del cosiddetto morbo della mucca pazza...
>
> **Ausschnitt aus dem Laut-Denk-Protokoll einer Studentin ohne Italienischkenntnisse**
>
> Aber *exportatione* (sic) ... *bovina* nach *carne*. Da passt sich das ja an. [...] Nur *inglese*, das passt sich da wieder nicht an. Das finde ich ja sehr komisch. Da muss es irgendwelche geben, die ziemlich neutral sind, die keine weiblichen und keine männlichen [Formen] sind, [...]. Dass dieses *inglese* ... Ich meine, rein theoretisch würde ich jetzt sagen, dass^^ *carne bovina* ist ja feminin, dass es dann *inglesa* heißen müsste. Aber die sagt ja ausdrücklich *inglese*, dann geht man davon aus, dass es entweder – ja, ich glaube, dass es dann keine weibliche und männliche Form davon gibt, dass es dann halt irgendwelche Adjektive geben muss, die neutral sind. Das würde ich jetzt mal so behaupten.
>
> ^^ [...] – ja, dieses *que* war auch zu hören; Relativpronomen.^^ Personalpronomen habe ich jetzt nicht gehört.

Zitiert und ausführlich kommentiert in Meißner 2001.

Die Analyse von lingualen Interkomprehensionsdaten bestätigen regelmäßig, dass die Sprachverarbeiter in dekodierenden Prozessen, wenn sie auf ihre Vorwissen zurückgreifen, neben den lexikalischen Erschließungsprozeduren auch bereits Hypothesen zur Grammatikalität der (neuen) aktualisierten Zielsprache bilden. Schon hier sei erwähnt, dass die **Weite der Hypothesenbildung signifikant über den konkreten sprachlichen Input bzw. die Sprachvorlage hinausreicht.** Es kann daher auch nicht mehr von einem induktiven Verfahren die Rede sein, denn der induktive Lehrschluss geht ja – wie wir gesehen haben – gerade von der Parzellierung der Lerneinheit, von überschaubaren Demonstrationsdaten und der Ausblendung des für den Schluss nicht erforderlichen Vorwissens aus. Im Unterschied zum induktiven Verfahren sind die hier beobachtbaren Prozesse im ersten Schritt datengeleitet (*bottom up*) und eben nicht konzeptuell (*top down*) initiiert – vor allem aber sind sie nicht ohne Weiteres einfach voraussehbar.

4.1.1 Hypothesengrammatik

Die weit über die jeweiligen Vorlagen der Zielsprache hinausgreifende linguale Hypothesenbildung, die zur Begegnung mit der **Systematizität** von Sprache führt, lässt sich in einem vier Phasen-Modell darstellen:

1. Bildung einer **Hypothesen- oder Spontangrammatik** (SpGr) der Zielsprache: Sie entsteht im Moment der Begegnung mit einer mehr oder weniger interkomprehensiblen Zielsprache auf der Grundlage translingualer Transferbasen. Die Spontangrammatik erkennt intralinguale Regularitäten nach den aus der Zweitsprachen-

erwerbsforschung bekannten Mustern von Systematizität und Generalisierung. Die Spontangrammatik ist (wie der Name andeutet) hochgradig dynamisch. Die interlingualen Prozesse, welche sich hier ablesen lassen, sind in der Formel fassbar

$$\sum_{i=1}^{n} x_i \, [L_{(1...n)}] < L_1 + L_2 + L_3 ... L_n$$

Der Koeffizient x bezeichnet den 'Aktivierungsfaktor', i die Laufvariable (also von L_1 zu L_n bzw. x_1 zu x_n). Sie bringt die Varianz von x in Abhängigkeit von L_n zum Ausdruck.

Es gilt: $0 = x_i = 1$

Das Transferpotential einer L_n hängt ab von dem Aktivierungsfaktor, der minimal x=0 (also ohne Aktivierung), maximal x=1 (höchste Aktivierung) ist. Man kann auch schreiben:

$$\sum_{i=1}^{n} x_i L_i \quad < \quad \sum_{i=1}^{n} L_i$$

Er ist umso mächtiger, desto intensiver und gezielter ein Lerner seine Anstrengungen auf einen Lerngegenstand richtet, Σ fasst die Verarbeitung, L1 die Muttersprache, L... die nachgelernten Sprachen.

2. **Interlinguale Korrespondenzgrammatik:** Die Hypothesengrammatik baut nicht nur intralinguale Repräsentationen zur Systematizität der aktualisierten Zielsprache auf. Daneben generiert sie auch **interlinguale Korrespondenzregeln,** die zwischen dem mehrsprachlichen Vorwissen und dem zielsprachlichen, durch Hypothesenüberprüfung gewonnenen Wissen liegen.

Da die interlinguale Korrespondenzgrammatik von der Hypothesengrammatik gespeist wird, ist sie, wie diese selbst, hochgradig dynamisch**, ja ephemer**. Es lässt sich sagen, dass beide Grammatiken das Erlernen einer Fremdsprache in allen Schritten des Erwerbsprozesses latent oder explizit begleiten.

3. Bildung eines **plurilingualen Intersystems** (plIS): Es speichert die Muster erfolgreicher und gescheiterter interlingualer Transferprozesse. Das Intersystem besteht aus Transferbasen, die für interlinguale Dekodier- und Lernroutinen notwendige Archetypen liefern, und Varietäten auf die Varianten der L_z bezogen werden. Intralingual kennen wir Ähnliches aus dem Wechselspiel zwischen Varianten und dem Standard eines Diasystems: Ein Hesse versteht Rheinisch, er hat konkrete Vorstellungen von den Merkmalen des Rheinischen, er entwickelt kommunikative Strate-

gien für den Fall der Interaktion mit personalen Trägern dieser deutschen Varietät usf. Das pIIS umfasst sowohl deklarative als auch prozedurale Bestände:

- T1: Transfer in der Funktion von kommunikativen Strategien
- T2: Transfer von interlingualen Verarbeitungsprozeduren
- T3: Transfer nach kognitiven Prinzipien
- T4: Transfer als Überlagerung (proaktiv/retroaktiv)
- T5: Transfer von Lernstrategien
- T6: Transfer von Lernerfahrungen.

Die T1 bis T6-Muster sind sowohl im Sinne des Ressourcenmanagements (Friedrich & Mandl 1992) zu untersuchen als auch im Hinblick auf ihre Memorier-, Elaborier- und Transformationspotentiale[17].

4. **Bildung eines metakognitiven Strategienspeichers (mkStrat).** Hier werden Erfahrungen abgelegt, die ein Lerner mit seinem spracherwerbs- und sprachlernbezogenen Wissen macht. Sie betreffen die Ebenen der Lernsteuerung (z.B. im Sinne Baumerts 1993) und die Transfertypen. Fasst man derlei Erfahrungen mit 'E', so gilt die Formel

$$mkStrat\{L_{\Sigma E}\} \Leftarrow L_{1E}+L_{2E}...+L_{zE-1}$$

Die hier nochmals dargestellten Lernvorgänge modellieren auf der Grundlage empirischer Lernerdaten sprachliches Lernen als **Konstruktion**. Lerntheoretisch lassen sich überzeugende Gründe für die Feststellung anführen, dass konstruktives Lernen dem induktiven aus ähnlichen Gründen, wie dieses wiederum den deduktivistischen[18], überlegen ist.

4.1.2 Intersystem

Wie beim Aufbau einer konkreten zielsprachlichen Kompetenz werden auch hinsichtlich des Wachstums des sprachlichen Intersystems die im Zusammenhang mit dem Entwurf der Spontangrammatik erarbeiteten verifizierten/falsifizierten Hypothesen im Gedächtnis gespeichert[19]. Auf diese Weise entsteht ein plurilinguales Systemwissen, das in seinem Bestand die positiven und negativen Korrespondenzregeln umfasst, wobei sich diese mit dem positiven und negativen zwischensprachlichen Transfer verbinden. Dieses Sprachenwissen wirkt sowohl prozedural wie deklarativ.

---

[17] Edmondson (2001: 147 ff.) erörtert die Eignung von Fremdsprachen und Sprachenfolgen für den Aufbau von Englischkompetenz. Im Hinblick auf die von Mehrsprachigkeit ist zu prüfen, inwieweit einzelne Sprachen bzw. der Unterricht einzelner Sprachen Transfermuster im Sinne von T1 bis T6 liefern. In diesem Zusammenhang kommen in relevanter Weise die Transfertheorien in den Blick.

[18] In beiden Fällen rührt die Überlegenheit aus einer tieferen mentalen Verarbeitungsweise. Auf derlei Vorteile wurde auch in der Mediendidaktik im Zusammenhang mit den Neueren Technologien mehrfach hingewiesen (Rüschoff & Wolff 1999; Plass 1999).

[19] Im Zusammenhang mit dem Hörverstehen wurde die Konstruktion des Intersystems bei Meißner & Burk (2001) beschrieben.

Die Erfahrungen, die bei der spontanen Begegnung mit fremden Sprachen aufgebaut werden, sind nicht nur sprachlicher Art. Sie erfassen selbstverständlich – auch, wie im Zusammenhang mit der Bildung der Spontangrammatik und der Transferkategorien beschrieben worden ist, das Wissen über das Lernen von Sprachen. Das Intersystem stellt somit die Grundlage für die meta-kognitive Lern- und Erwerbssteuerung. Hieraus ergibt sich die hohe Relevanz des Intersystems für die Entwicklung von Lernbewusstheit, wie sie nicht zuletzt im Zusammenhang mit der Ausbildung von Lernstrategien und Lerntechniken bzw. dem Autonomen Lernen erörtert wird.

Die Entwicklung von Mehrsprachigkeitskompetenz ist noch weitgehend eine *terra incognita* der fremdsprachendidaktischen Forschung.[20] Dies betrifft insbesondere die Interaktionen:
1. zwischen dem Erlernen bestimmter Fremdsprachen und der Ausbildung spezifischer Lernstrategien und Lerntechniken bzw. Lernerfahrungen
2. zwischen unterrichtlichen Methoden und der Lernkompetenz
3. zwischen unterschiedlichen Unterrichtskulturen und der Lernkompetenz.

So aber bleibt uns als Fazit die Feststellung: Der mehrsprachige und didaktische Speicher des Intersystems liefert die materiellen Erfahrungsgrundlagen, auf die Lernende beim Erlernen neuer Zielsprachen mit Erfolg zugreifen können. Die Breite des Intersystems entscheidet somit weitgehend über die Qualität des Vergleichens, die den guten Sprachenlerner auszeichnet. Und halten wir im Hinblick auf unser Thema fest: **Die Qualität des Vergleichens legt die Grundlage für die Konstruktion von Sprach- und Lernhypothesen.**

Dies erklärt, weshalb ein guter Sprachenlerner zugleich ein guter Sprachenvergleicher ist, wie Horst Raabe (1998) sinngemäß zu Recht feststellt.

4.2 Die explikative Potenz des 'Mehrsprachen-Verarbeitungmodells'

Das aus den Komponenten von Hypothesen- oder Spontangrammatik, dem plurilingualem und dem didaktischen Intersystem geformte Gebilde modelliert eine mehrere Sprachen umfassende Verarbeitung. Es erscheint uns von nicht unerheblicher praktischer Bedeutung für die Darstellung von Erwerbsprozessen in fremden Sprachen, weil es die Ansatzpunkte für Übungen und Lehrverfahren deutlich macht. Denn es ist offensichtlich, dass diese zumindest auf eine seiner Komponenten, besser jedoch auf das Gesamt zugreifen müssen. Das Mehrsprachen-Verarbeitungsmodell eignet sich also für die theoretische Evaluierung von Mustern von Übungen und Lehrverfahren: Diese müssen umso fruchtbarer erscheinen, desto intensiver und breiter sie die einzelnen Komponenten des Modells sowie dessen Gesamt erfassen und ausbauen.

---

[20] Wüssten wir zu diesen Komplexen mehr, könnten wir auch eine bessere Beschreibung der Intersysteme liefern. Hier zeigt sich ein deutliches Desiderat zukünftiger Forschung. Vgl. auch Raupach.

5. Ergebnis

Nach unserer Auffassung lassen sich die Ergebnisse unserer Beobachtungen in drei Punkten zusammenfassen.

5.1 Konstruktives Sprachenlernen ist vorausschauendes Lernen

Die Überlegenheit des "proaktiven Lernens" wird von der Lernforschung breit betont. Deren Beobachtungen gelten offenbar auch für das Erlernen fremder Sprachen:

> Der erfahrene Lerner zeichnet sich durch ein **proaktives Selektionsverhalten** gerade bei wenig strukturiertem Informationsangebot aus. Einer seiner Hauptstärken bei der Informationsauswahl und -verarbeitung ist das Bemühen um **Konstruktion von Sinn**. Ein weiteres Merkmal ist **Selbstaufmerksamkeit**. Der kompetente Lerner ist in der Lage, den eigenen Lernprozess zu beobachten und zu überwachen und sein Vorgehen bei auftretenden Schwierigkeiten zu korrigieren. Unter Berücksichtigung der motivationalen und wissensmäßigen Voraussetzungen und der spezifischen Aufgabenstrukturen werden Lernstrategien flexibel eingesetzt, um den Wissenserwerb ökonomisch zu strukturieren. (Baumert 1993: 328)

Die Notizen Jürgen Baumerts legen des Weiteren einen Zusammenhang zwischen Sprachen- und Sprachlernbewusstheit nahe, der in der Fremdsprachendidaktik mehrfach thematisiert wurde. Auch wir konnten im Zusammenhang mit dem Intersystem-Modell diese Verbindung feststellen. Nun gibt die allgemeine Lernforschung wenig konkrete Hinweise zur Umsetzung des Lernbegriffs im Bereich des gesteuerten Erwerbs fremder Sprachen. Im Zusammenhang mit den obigen Überlegungen glauben wir, folgendes Modell vorlegen zu können: Das aus den Komponenten von Hypothesen- oder Spontangrammatik, dem plurilingualen und dem didaktischen Intersystem geformte Gebilde modelliert eine mehrere Sprachen umfassende Verarbeitung. Es erscheint uns von nicht unerheblicher praktischer Bedeutung für die Darstellung von Erwerbsprozessen in fremden Sprachen, weil es die Ansatzpunkte für Übungen und Lehrverfahren deutlich macht. Denn es ist offensichtlich, dass diese zumindest auf eine seiner Komponenten, besser jedoch auf das Gesamt zugreifen müssen. Das **Mehrsprachen-Verarbeitungsmodell** eignet sich also für die Evaluierung Übungsmustern und Lehrverfahren: Diese erscheinen umso effizienter, desto intensiver und breiter sie die einzelnen Komponenten des Modells sowie dessen Gesamt erfassen und ausbauen.

5.2 Zur Reichweite konstruktiver Verfahren im Fremdsprachenunterricht

Die Fremdsprachendidaktik hat den naiven Glauben an methodische Dogmatismen längst aufgegeben. Wir haben in diesen Ausführungen mehrfach gezeigt, dass auch aus Sprachverarbeitungsanalysen empirisch hergeleitete **konstruktivistische Verfahren** in dem Maße an Grenzen stoßen, wie zielsprachliches Material keiner sinnbildenden mentalen Verarbeitung zugeführt werden kann. Dies ist auf der Signifikantenebene dann der Fall, wenn nicht-interkomprehensible Sprachen als Ausgangs- und Zielsprachen aufeinanderstoßen. Offenbar erlaubt erst eine ausreichende Anzahl von interlingualen Transferbasen erfolgreiches translinguales Konstruieren. Hierneben betrifft die Frage der Möglichkeit der Verwendung konstruktivistischer und offener Verfahren die

Qualität der Sprachlern- und Spracherwerbserfahrung. Es ist unstrittig, dass alle Formen des transferbasierten Lernens – und das betrifft den Zweit- und den Drittsprachenerwerb – der Anleitung und des Übens bedürfen.

Es ging uns also nicht darum, ein Paradigma (das induktivistische) durch ein anderes (das konstruktivistische) zu ersetzen; sondern darum, zur Erweiterung des methodischen Repertoires des Fremdsprachenunterrichts beizutragen. Bei diesem Anspruch erkennen wir zugleich, dass 'schlechtes Sprachenlernen' genetisch ebenso selten vorkommt wie ein 'schlechter Spracherwerb' (vgl. Kinau & Stefanowitsch 2001). Daher spricht nahezu alles dafür, dass es sich bei sogenannten schlechten Sprachenlernern um Menschen mit negativen Lernerlebnissen im Fremdsprachenunterricht handelt. Dieser aber ist nicht zuletzt von Lehr- und Lernverfahren geprägt. Das Scheitern der Lerner ist tendenziell immer auch ein Scheitern der unterrichtlichen Methodik.

Konstruktivistische Lernmuster lassen sich nicht nur im Bereich des Tertiärsprachenunterrichts vorfinden. Auch noch sehr junge Spracherwerber können nicht anders, als implizit Sinn und Funktionen zu **konstruieren**. Der Weg zum Erkennen von Bedeutungen und Funktionen sprachlicher Strukturen, d.h. zur ersten Verarbeitungsstufe für den Aufbau von Sprachkompetenz, führt natürlicherweise über die Konstruktion von Sinn und Funktion. Anders ausgedrückt: Intake und Spracherwerb setzen Konstruktion voraus.

Konstruktivistische Verfahren haben daher ihren Ort bereits im frühen Fremdsprachenunterricht. Sie sind auch keineswegs auf die hier im Vordergrund stehenden sprachverarbeitenden Verfahren begrenzt. In der Praxis gehen sie mit zahlreichen Formen des Sprachhandelns und ihren affektiven Erlebnisdimensionen einher.

Im Kontext des gesteuerten Spracherwerbs sind Konstruktion und Intake ohne das verständnisvolle Lernen – **Warum und wozu lerne ich was? Warum lerne ich es so und nicht anders? Wie lerne ich gut?** – schlechterdings nur eingeschränkt bzw. inzidentell möglich. Eine bessere Lernqualität verläuft – dies glauben wir begründend gezeigt zu haben – über die Aktivierung der Eigentätigkeit der Lernenden, d.h. über ihre Fähigkeit zum Einsatz ihres Vorwissens. Sie führt weit über die lehrseitig geplanten induktiven Muster hinaus. Gutes Sprachenlernen initiiert **vorausgreifende Konstruktion auf der Grundlage lerperseitigen Vorwissens, aber auch den festigenden Rückgriff auf im mentalen Lexikon bereits vorhandene Bestände**[21].

Literaturangaben

Arnold, Werner (1973): *Fachdidaktik Französisch*. Stuttgart: Klett (Neuaufl. 1988).
Ausubel, David P. (1968): *Educational Psychology. A Cognitive View*. New York.

---

[21] Die Frage der Sprachenpflege hat in der fremdsprachendidaktischen Forschung bislang viel zu wenig Beachtung gefunden. Umso verdienstvoller sind Ansätze zu ihrer Erforschung, wie sie etwa Franceschini (2000) bietet.

Baumert, Jürgen (1993): "Lernstrategien, motivationale Orientierung und Selbstwirksamkeitsüberzeugungen im Kontext schulischen Lernens." *Unterrichtswissenschaft* 21, 327–354.

Bausch, K.-Richard, Christ, Herbert, Königs Frank G. & Krumm Hans-Jürgen (Hrsg.) (1998): *Kognition als Schlüsselbegriff bei der Erforschung des Lehrens und Lernens fremder Sprachen. Arbeitspapiere der 18. Frühjahrskonferenz zur Erforschung des Fremdsprachenunterrichts.* Tübingen: Narr.

Bleyhl, Werner & Reinfried, Marcus (2001): "Ist eine konstruktivistische Wende im Fremdsprachenunterricht sinnvoll? – Podiumsdiskussion auf dem Französischlehrertag der VdF in Saarbrücken 2000." Erscheint in *französisch heute* 32.

Bleyhl, Werner (1999): "*J'accuse*. Der gängige Französischunterricht erdrosselt mit seiner Grammatikalisierung das Lernen der französischen Sprache." *französisch heute* 30, 252–263.

Bredella, Lothar (1998): "Der radikale Konstruktivismus als Grundlage der Fremdsprachendidaktik?" In: Bausch et al. (Hrsg.), 34–49.

Butzkamm, Wolfgang (1993): *Psycholinguistik des Fremdsprachenunterrichts*. Tübingen: Francke (2. verb. Aufl.).

Carton, Aaron S. (1966): *The Method of Inference in Foreign Language Study*. New York: The Research Foundation of the City of New York.

Clarke, Markus A. (1979): "Reading in Spanish and English: Evidence from Adult ESL Students." *Language Learning* 29, 121–147.

Cours Intensif II, bearbeitet von Rita Erdle-Hähner et al. (1978): *Etudes Françaises*. Stuttgart: Klett 1978.

De Bot, Kees (1992): "A bilingual Production Model: Levelt's Speaking Model Adapted." *Applied Linguistics* 13, 1–24.

Dorsch, Friedrich, Häcker, Hartmut & Stapf, Kurt H. (Hrsg.) (1994): *Psychologisches Wörterbuch*. Bern/Göttingen/Toronto/Seattle: Huber.

Edmondson, Willis J. (2001): "Transfer beim Erlernen einer weiteren Fremdsprache: die L1-Transfer-Vermeidungsstrategie." In: Karin Aguado & Claudia Riemer: *Wege und Ziele. Zur Theorie, Empirie und Praxis des Deutschen als Fremdsprache (und anderer Fremdsprachen). Festschrift für Gerd Henrici zum 60. Geburtstag*. Hohengehren: Schneider, 137–154.

Ellis, Nick (1994): "Consciousness in second language learning: Psychological perspectives on the role of conscious processes in vocabulary acquisition." *AILA-Review* 11, 37–56.

Franceschini, Rita (2000): "A multilingual network in the re-activation of Italian as the third language among German speakers: Evidence from interactions." *Zeitschrift für Interkulturellen Fremdsprachenunterricht* 4(3), 5 S.
(http://www.ualbert.ca/~german/ejournal/frances3.htm.

Haastrup, Kirsten (1991): *Lexical Inferencing Procedures or Talking about Words*. Tübingen: Narr.

Hecht, Karlheinz & Hadden, Betsy (1992): "Deklaratives und prozedurales Grammatikwissen bei Schülern des Gymnasiums mit Englisch als Zielsprache." *Zeitschrift für Fremdsprachenforschung* 3, H. 1, 31–57.

Kinau, Martina & Stefanowitsch, Anatol (2001): "What the 'bad Language Learner' Can Teach Us." In: Riemer, 247-262.

Klein, Horst G. & Stegmann, Tilbert D. (²2000): *EurocomRom. Die sieben Siebe. Romanische Sprachen sofort lesen können.* Aachen: Shaker.

Klein, Horst G., Meißner, Franz-Joseph & Zybatow, Lew (2001): "The EuroCom-Strategy – the Way to European Multilingualism." In: Lew Zybatow (Hrsg.): *Sprachkompetenz-Mehrsprachigkeit-Translation. Akten des 35. Linguistischen Kolloquiums*, Innsbruck, 20.–22. September 2000 (in Vorbereitung).

Köhring, Klaus Heinrich & Beilharz, Richard (1973.): *Begriffswörterbuch Fremdsprachendidaktik und -methodik.* München: Hueber.

Königs, Frank G. (2001): "Mehrsprachigkeit? Ja, aber... Lernpsychologische, curriculare und fremdsprachenpolitische Gedanken zu einem aktuellen Thema der Fremdsprachendidaktik." Erscheint in *französisch heute* 32.

Krashen, Stephen D. (1981): *Second Language Acquisition and Second Language Learning.* Oxford: Pergamon Press.

Lassahn, Rudolf (1995): *Einführung in die Pädagogik.* Heidelberg/Wiesbaden: Quelle & Meyer.

Lennon, Paul (1998): "The mental lexicon and vocabulary teaching." *Zielsprache Englisch* 28, H. 1, 11–16.

Luhmann, Niklas (1991): *Soziale Systeme.* Frankfurt a. M.: Suhrkamp (4. Aufl.).

Meißner, Franz-Joseph & Burk, Heike (2001): "Hörverstehen in einer unbekannten romanischen Fremdsprache und methodische Implikationen für den Tertiärsprachenerwerb." *Zeitschrift für Fremdsprachenforschung* 12, H. 1 (im Druck).

Meißner, Franz-Joseph & Reinfried, Marcus (1998): "Mehrsprachigkeit als Aufgabe des Unterrichts romanischer Sprachen." In: Meißner & Reinfried, 9–22.

Meißner, Franz-Joseph & Reinfried, Marcus (Hrsg.) (1998): *Mehrsprachigkeitsdidaktik. Konzepte, Analysen, Lehrerfahrungen mit romanischen Fremdsprachen.* Tübingen: Narr

Meißner, Franz-Joseph (1997): "Philologiestudenten lesen in fremden romanischen Sprachen. Konsequenzen für die Mehrsprachigkeitsdidaktik aus einem empirischen Vergleich". In: ders. (Hrsg.): *Interaktiver Fremdsprachenunterricht. Wege zu authentischer Kommunikation. Ludger Schiffler zum 60. Geburtstag.* Tübingen: Narr, 25–44.

Meißner, Franz-Joseph (1998c): "Zum Interesse der Fremdsprachendidaktik an der Informatik: CALL, Multimedia und TELL." *französisch heute* 29, 4–20.

Meißner, Franz-Joseph (1998d): "Kognition – ein didaktischer Grundlagenbegriff und die Erforschung des Lehrens und Lernens fremder Sprachen." In: Bausch et al., 123–133.

Meißner, Franz-Joseph (1998a): "Gymnasiasten der Sekundarstufe I lernen den interlingualen Transfer." In: Meißner & Reinfried, 217–239.

Meißner, Franz-Joseph (1998b): "Transfer beim Erwerb einer weiteren romanischen Fremdsprache: das mehrsprachige mentale Lexikon." In: Meißner & Reinfried, 45–69.

Meißner, Franz-Joseph (2000a): "Zwischensprachliche Netzwerke – Mehrsprachigkeitsdidaktische Überlegungen zur Wortschatzarbeit." *französisch heute* 31, 55–67.

Meißner, Franz-Joseph (2000b); "Grundüberlegungen zur Erstellung von Übungen für den zwischensprachlichen Rezeptionstransfer." In: Henning Düwell, Claus Gnutzmann & Frank G. Königs (Hrsg.), *Dimensionen der Didaktischen Grammatik. Günther Zimmermann zum 65. Geburtstag.* Bochum: AKS-Verlag, 167–186.

Meißner, Franz-Joseph (2000c): "Aufgabenfelder der Didaktik der romanischen Sprachen. Zwischen Französischunterricht und sprachenteiliger Gesellschaft." *Fremdsprachen Lehren und Lernen* 29, 37–53.

Meißner, Franz-Joseph (2001): "Fremdsprachenlernen in Theorie und Praxis: Mehrsprachigkeit vom Lehren und Lernen her denken." In: K.-Richard Bausch, Herbert Christ, Frank G. Königs & Hans-Jürgen Krumm: *Neuere curriculare und unterrichtsmethodische Ansätze und Prinzipien für das Lehren und Lernen fremder Sprachen. Arbeitspapiere der 21. Frühjahrskonferenz zur Erforschung des Fremdsprachenunterrichts.* Tübingen: Narr (im Druck).

Mietzel, Gerd (2001): *Pädagogische Psychologie des Lernens und Lehrens.* Göttingen: Hogrefe.

Mitschian, Heymo (2000): "Vom Behaviorismus zum Konstruktivismus: Das Problem der Übertragbarkeit lernpsychologischer und –philosophischer Erkenntnisse in die Fremdsprachendidaktik." *Zeitschrift für Interkulturellen Fremdsprachenunterricht* 4(3), 26 S. (http://www.ualbert.ca/~german/ejournal/mitsch4.htm).

Müller, Klaus (1997): "Konstruktivistische Lerntheorie und Fremdsprachendidaktik". *Jahrbuch Deutsch als Fremdsprache* 23, 77–112.

Nieweler, Andreas (2001): "Sprachenübergreifend unterrichten. Französischunterricht im Rahmen der Mehrsprachigkeitsdidaktik." *Der fremdsprachliche Unterricht/Französisch* 35, H. 49, 4–11.

Odlin, Terence (1989): *Language transfer. Cross linguistic influence in language learning.* Cambridge: UP.

Plass, Jan L. (1999): "Lernpsychologische Grundlagen der Verwendung von Multimedia in der Fremdsprachenausbildung." In: Erwin Tschirner (Koord.): *Neue Medien im Fremdsprachenunterricht. (Fremdsprachen Lehren und Lernen 28).* Tübingen: Narr, 14–31.

Quetz, Jürgen (1974): "Inferenz und Interferenz bei Semantisierungsprozessen in der Fremdsprache." *Neusprachliche Mitteilungen* 27, 65–73.

Raabe, Horst (1998): "Lernstrategien (nicht nur) im Französischunterricht." *Der fremdsprachliche Unterricht/Französisch* 32, H. 34, 4–10.

Rattunde, Eckhard (1971): "Aha, eine Birne! – Zum Problem einsprachiger Bedeutungserklärungen." *Die Neueren Sprachen* 70, 571–576.

Rattunde, Eckhard (1977): "Transfer – Interferenz? Probleme der Begriffsdefinition bei der Fehleranalyse." *Die Neueren Sprachen* 66, 4–13.

Raupach, Manfred (1994): "Das mentale Lexikon." In: Börner, Wolfgang et al. (Hrsg.): *Kognitive Linguistik und Fremdsprachenerwerb: das mentale Lexikon.* Tübingen: Narr, 19–37.

Reinfried, Marcus (1998): "Transfer beim Erwerb einer weiteren romanischen Fremdsprache: Prinzipielle Relevanz und methodische Integration in den Fremdsprachenunterricht." In: Meißner & Reinfried, 23–44.

Reinfried, Marcus (1999): "Der Radikale Konstruktivismus: eine sinnvolle Basistheorie für die Fremdsprachendidaktik?" *Fremdsprachen Lehren und Lernen* 28, 162–180.

Rickheit, Gert & Strohner, Hans (1990): "Inferenzen: Basis des Sprachverstehens." *Die Neueren Sprachen* 89, 532–545.

Riemer, Claudia (Hrsg.) (2001): *Kognitive Aspekte des Lehrens und Lernens von Fremdsprachen. Cognitive Aspects of Foreign Language Learning and Teaching. Festschrift für Willis J. Edmondson zum 60. Geburtstag.* Tübingen: Narr.

Rüschoff, Bernd & Wolff, Dieter (1999): *Fremdsprachenlernen in der Wissensgesellschaft.* München: Hueber.

Schlak, Thorsten (1999): "Explizite Grammatikvermittlung im Fremdsprachenunterricht? Das Interface-Problem revisited." *Fremdsprachen Lehren und Lernen* 56, 5–33.

Schröder, Konrad (1984): "Einleitung" zu Viëtor, 7–51.

Selinker, Larry (1969): "Language Transfer." *General Linguistics* 9, 67–92.

Selinker, Larry (1972): "Interlanguage." *International Review of Applied Linguistics* 10, 219–231.

Senger, Ulrike (2001): *Die Wortbildung von der* Grammaire générale et raisonnée *zur* Grammaire des grammaires. Münster: Nodus.

Sikogukira, Matutin (1993): "Influence of languages other than the L1 on a foreign language. A case of transfer from L2 to L3." *Edingburgh Working Papers in Applied Linguistics* 4, 110–132.

Skinner, Burrhus F. (1957): *Verbal Behavior.* New York: Appleton Century Crofts.

Städtler, Thomas (1998): *Lexikon der Psychologie. Wörterbuch. Handbuch. Studienbuch.* Stuttgart: Kröner.

Thorndike, Edward L. (1923): "The influence of first-year Latin upon the ability to read English." *School and Society* 17, 165–168.

Timmermann, Waltraud (2000): "Transfer: ein altbekanntes Konzept im Kontext neuerer kognitiver Sprach(erwerbs)theorie." In: Riemer, 171–185.

Stoye, Sabine (2000): Eurocomprehension. Der romanistische Beitrag für eine europäische Mehrsprachigkeit. (Editiones Eurocom 2), Aachen: Shaker 2000.

Viëtor, Wilhelm (1882/1905): *Der Sprachunterricht muss umkehren! Ein Beitrag zur Überbürdungsfrage von Quousque Tandem [Wilhelm Viëtor].* Dritte, durch Anmerkungen erweiterte Auflage. Leipzig: Reisland. Hrsg. von Konrad Schröder. München: Hueber 1984.

Vollmer, Hellmut J. (2001): "Englisch und Mehrsprachigkeit: Interkulturelles Lernen durch Englisch als lingua franca." In: Dagmar Abendroth-Timmer & Gerhard Bach (Hrsg.): *Mehrsprachiges Europa. Festschrift für Michael Wendt zum 60. Geburtstag.* Tübingen, 91–109.

Wendt, Michael (1996): *Konstruktivistische Fremdsprachendidaktik. Lerner- und handlungsorientierter Fremdsprachenunterricht aus neuer Sicht.* Tübingen: Narr.

Wenzel, Veronika (2000): "*Ich sag allebei*: Strategien beim frühen Erwerb einer verwandten Zweitsprache." *International Review of Applied Linguistics* 38, 247–260.

Wolff, Dieter (1994): "Der Konstruktivismus: Ein neues Paradigma in der Fremdsprachendidaktik?" *Die Neueren Sprachen* 93, 407–429.

Wolff, Dieter (1997): "Instruktivismus vs. Konstruktivismus: Zwanzig Thesen zur Lernbarkeit und Lehrbarkeit von Sprachen." In: Michael Müller-Verweyen (Hrsg.): *Neues Lernen – Selbstgesteuert – Autonom.* München, 45–52.

Karin Kleppin

Vom Lehrer zum Lernberater: Zur Integration von Beratungselementen in den Fremdsprachenunterricht

1. Einleitung

In der Geschichte der Fremdsprachenvermittlungsmethoden tauchten immer wieder – sozusagen in Wellenbewegungen – ausgesprochen widersprüchliche Methodenkonzeptionen auf. Man stritt sich – und das mit einem gewissen Absolutheitsanspruch – über die effektivste Art, wie **man** Fremdsprachen lernen und lehren solle.

Mittlerweile weiß man, daß es die einzig sinnvolle und effektivste Methode des Fremdsprachenlernens und -lehrens allein schon aufgrund der individuellen Unterschiede (vgl. hierzu z.B. Cooper 1998; Wolff 1996) zwischen den Lernerpersönlichkeiten, ihren Lernvorerfahrungen und ihrem Lernverhalten wahrscheinlich nie geben wird. Konzepte, die also die Individualisierung des Lernens und die Lernerautonomie fördern sollen (vgl. u.a. Benson & Voller 1997; Holec 1980; Holec & Huttunen 1997; Little 1997; Müller-Verweyen 1997; Pemberton et al. 1996), scheinen demnach nicht nur ein momentaner Modetrend zu sein.

Autonomes Lernen setzt allerdings Fähigkeiten und Einstellungen voraus, die keinesfalls immer beim Lerner vorausgesetzt werden können, sondern die erworben und wahrscheinlich ständig weiterentwickelt werden müssen (vgl. u.a. Kelly 1996; Sturtridge 1997; Esch 1997; Raasch 1997)

In den letzten 10 Jahren hat man sich nun außerordentlich häufig damit beschäftigt, welche Fähig- und Fertigkeiten denn ein 'guter' und 'autonomer' Fremdsprachenlerner haben müsse und welche Strategien er beim Lernen einer Fremdsprache einsetzen sollte (vgl. z.B. Bimmel & Rampillon 1996; Ellis & Sinclair 1989; O'Malley & Chamot 1990; Oxford 1990). Damit ist man – meiner Meinung nach – letztendlich wieder dem vorher schon erwähnten Absolutheitsanspruch aufgesessen. Nur ging es nicht mehr um die beste Fremdsprachenvermittlungsmethode, sondern um die besten Vorgehensweisen beim Lernen einer fremden Sprache, die man dann in Strategientrainings zu entwickeln hoffte (vgl. u.a. Ellis & Sinclair 1989; Kleppin & Tönshoff 1998; O'Malley & Chamot 1990; Oxford 1990).

Nimmt man nun das Faktum ernst, daß sich Lerner – selbst in einer Lerngruppe – in den Ausgangsvoraussetzungen sowie Bedürfnissen und Zielen voneinander unterscheiden, und versucht, diese Erkenntnis auch in den institutionellen Kontext des Fremdsprachenunterrichts als Ausgangspunkt für eine individuelle Unterstützung einzubringen, dann müssen in den Unterricht selbst schon Elemente von Lernberatung integriert werden, so daß jeder einzelne Lerner auf Dauer die für ihn passenden Ziele und Methoden finden kann.

Solche Elemente von Lernberatung sind allerdings nur denkbar im Kontext eines autonomiefördernden Fremdsprachenunterrichts, und zwar neben Strategientrainingsmaßnahmen auch im Bereich der Unterrichtsmaterialien, Übungs- und Sozialformen (vgl. z. B. Bimmel & Rampillon 1996; Dam 1995; Legutke 1993; Rampillon 1997; Schwerdtfeger 1998; Vieira 1997).

Im folgenden möchte ich nun zunächst darauf eingehen, was Lernberatung im Kontext des Fremdsprachenlernens bedeuten könnte, um daran anschließend einige Elemente herauszugreifen, die auch im Unterrichtskontext selbst schon zur Anwendung kommen können.

2. Lernberatung: zum Ansatz des *International Tandem Network*

Im folgenden möchte ich einen Ansatz der individuellen Lernberatung kurz darstellen, den wir im *International Tandem Network* (vgl. Brammerts, Calvert & Kleppin 2000) für das autonome und partnerschaftliche Tandemlernen entwickelt haben, der aber auch – so meine ich – zum großen Teil auf andere Formen von Lernberatung übertragbar sein dürfte. (Zu anderen und ähnlichen Lernberatungskonzepten vgl. z. B. Gremmo 1998; Kelly 1996; Raasch 1997; Riley 1997; Schulze-Lefert 1997; Voller 1997.)

Wir haben seit 1994 damit begonnen, Tandemlerner zu beraten, weil zu beobachten war, daß sehr viele Lerner zwar motiviert im Tandem arbeiteten, das Potential des Lernkontextes Tandem jedoch nicht voll ausschöpften. Vorher gegebene schriftliche Anleitungen und Erklärungen zeigten meist nicht die erhoffte Wirkung, selbst dann, wenn sie mündlich vor der Gruppe erläutert worden waren. Erst in Einzelgesprächen schienen manche Lerner Verbindungen zu ihrem eigenen Lernen herzustellen, über mögliche Konsequenzen nachzudenken und Verhaltensänderungen anzustreben. Wir haben uns daher in Beratungsgesprächen das Ziel gesetzt, Lerner zu ermutigen, die eigene Fähigkeit zum selbständigen Lernen einzusetzen und sie dabei zu unterstützen, diese Fähigkeit auszubauen und zu eigener Handlungssicherheit beim Lernen zu finden. Dabei kann der Berater den Lerner insbesondere bei der Entwicklung der Fähigkeit unterstützen, über die eigenen Lernprozesse mit dem Ziel zu reflektieren, sie selbst steuern zu lernen, über die eigenen Lernziele selbst zu entscheiden und diese Entscheidungen kontinuierlich (z. B. in Abhängigkeit von veränderten Voraussetzungen und Bedürfnissen) zu überprüfen, für sich sinnvolle Lernmöglichkeiten (Lernkontexte, Methoden, Strategien, Materialien usw.) zu finden und optimal auszunutzen und die eigenen Lernfortschritte einzuschätzen.

2.1 Ziele und Funktionen der Lernberatung

Das Gespräch mit dem Berater und Lernexperten braucht der Lerner,
- weil er zwar prinzipiell Zugang zu allen seinen persönlichen Entscheidungsbedingungen (Ziele, Erfahrungen, Gewohnheiten, Möglichkeiten, Vorlieben usw.) hat, sie aber kaum vollständig bewußt wahrnehmen kann;

- weil er allein kaum alle relevanten Zusammenhänge zwischen diesen Bedingungen überblicken kann;
- weil es ihm vielleicht nicht leicht fällt, eigene Entscheidungen in die Tat umzusetzen.

Der Berater kann ihm dadurch helfen, daß er
- ihm durch gezielte Fragen persönliche Bedingungen in den Blick rückt, die für seine Entscheidungen relevant sein könnten;
- ihn durch Einbringen von Fachkenntnissen und Erfahrungen auf Zusammenhänge aufmerksam macht, die für sein Lernen wichtig sein könnten;
- im Gespräch seine Fähigkeit fördert, auch in Zukunft auf der Grundlage solcher Daten und Theorien für sein eigenes Lernen Entscheidungen zu fällen – z. B. durch Nachfragen nach Grundlagen und Begründungen von Entscheidungen, Erinnern an vorher Gesagtes oder Beobachtetes, Drängen auf Evaluation bisheriger Entscheidungen und persönlicher Praxis, Anregen überschaubarer und realisierbarer Entscheidungen usw.;
- sich als Gesprächspartner zur Verfügung stellt, dem der Lerner eigene Entscheidungen vortragen kann und bei dem er sich festlegen kann, diese auch in die Tat umzusetzen.

Berater müssen sich also in ihrer Praxis immer wieder bewußt machen, daß
- ihre Fragen in der Regel nicht ihnen als Beratern, sondern dem Lerner Daten als Entscheidungsgrundlage verschaffen sollen;
- sie ihr Expertenwissen möglichst nicht in Form von konkreten Handlungsempfehlungen einbringen sollen, sondern so, daß der Lerner daraus selbständig Konsequenzen ziehen kann;
- es wichtiger ist, daß der Lerner Entscheidungen bewußt selbst trifft und sie auch trägt, als daß sie mit dem letzten Stand der Wissenschaft übereinstimmen;
- die Lerner ihre Entscheidungen nicht vor ihnen als Beratern rechtfertigen müssen, sondern vor sich selbst.

2.2 Zur Beraterrolle

Fremdsprachenlernberater sind heute meist als Fremdsprachenlehrer ausgebildet und tätig und in dieser Lehrerfunktion verantwortlich dafür, daß ihre Schüler oder Kursteilnehmer bestimmte Lernziele erreichen. Sie erwarten von sich selbst, und auch die Lerner erwarten von ihnen, daß sie den Lernern die konkreten Lernziele, Inhalte und Methoden vorgeben.

Ein Schaubild, das im Rahmen eines Seminars zur Beraterausbildung von Helmut Brammerts und mir erstellt wurde, soll mögliche Konflikte zwischen Berater- und Lehrerrolle verdeutlichen (vgl. zu einer detaillierteren Gegenüberstellung Riley 1997: 122):

Lernberatung
Helmut Brammerts & Karin Kleppin (Ruhr-Universität Bochum)

	Berater	Lehrer
Hauptaufgabe	hilft dem Lerner, Verantwortung für das eigene Lernen zu übernehmen und beim Lernen autonom zu werden	unterrichtet den Lerner, übernimmt Verantwortung für dessen Lernen
Zielorientierung	versucht die Groblernziele des Lerners zu verstehen und hilft ihm dabei, realistische Feinlernziele zu finden	setzt die Feinlernziele, oft auch die Groblernziele, für den Lerner fest
Lernmethoden	versucht dem Lerner dabei zu helfen, eigene Lernwege zu finden und zu gehen	ist verantwortlich für die Auswahl adäquater Lernmethoden für den Lerner
Evaluation des Lernfortschritts	versucht dem Lerner dabei zu helfen, seinen eigenen Lernfortschritt zu evaluieren ...	überprüft und testet, ob der Lerner die vorgegebenen Lernziele erreicht hat ...

In den meisten Fremdsprachenlernkontexten sind momentan die Rollen von Lehrer und Berater wohl noch nicht so leicht zu trennen. Das Berufsbild des Fremdprachenlernberaters steckt noch in den Kinderschuhen (vgl. z. B. Mozzon-Mc Pherson 1996). Im institutionellen Kontext Schule ist es bisher fast in jedem Fall so, daß der Lehrer in Personalunion Berater sein muß, sofern überhaupt eine Lernberatung angeboten wird. Es wird also in jedem Fall zu Rollenkonflikten kommen. Meißner (1993: 13) zeigt dies auch an einigen authentischen Beispielen aus der Praxis von Sprachenberatern in der Schule. Das Problem wird jedoch geringer in dem Maße, in dem der Lehrer auch in seinem Unterricht das selbstverantwortliche Lernen fördert und Beratungselemente darin integriert (vgl. unter 3).

2.3 Phasen der Beratung

Im Rahmen der von uns im *International Tandem Network* (Vgl. Brammerts & Little 1996; Brammerts & Kleppin 2000; http://www.slf.ruhr-uni-bochum.de) entwickelten Lernberatung unterscheiden wir grundsätzlich drei Phasen, die in einer Sitzung mehrfach und in variabler Reihenfolge vorkommen können (vgl. Brammerts, Calvert & Kleppin 2000):

- Es muß zunächst geklärt sein, welche **Lernziele** der Lerner erreichen will bzw. für welche (Lern-)**Probleme** er Lösungen sucht. Ausgangs- und Endpunkt sind die Wünsche, Einschätzungen und Möglichkeiten des Lerners. Häufig kann ihm der Berater jedoch dabei helfen, sich die eigenen Ziele bewußt zu machen, diffuse oder globale Vorstellungen (zumindest für die nächsten Schritte) zu konkretisieren, widersprüchliche oder unrealistische Einschätzungen zu korrigieren usw.

- Die Reflexion über die möglichen **Wege zu diesen Lernzielen und Problemlösungen** ist die nächste Stufe. Auch hier muß der Lerner selbst zu einer Entscheidung finden. Aufgabe des Beraters als Experte für das (autonome) Lernen von Fremdsprachen ist es, dem Lerner durch Einbringen seiner Kenntnisse dabei zu helfen, seine Entscheidungen auf eine solidere Grundlage zu stellen.
- Am Ende einer Beratungssitzung sollte die Handlungssicherheit des Lerners gestärkt worden sein. Der Berater wird in der Regel insbesondere darauf achten, daß der Lerner klarere Vorstellungen über seine **nächsten Lernschritte** einschließlich der **Verfahren zur Selbstevaluierung** entwickelt.

In allen drei Phasen geht es um Entscheidungen, die der Lerner selbständig und eigenverantwortlich treffen muß. Der Berater muß darauf achten, daß er sich und sein Wissen in die Beratung einbringt, ohne dabei den Lerner von seiner Autorität abhängig zu machen und damit von dem übergeordneten Ziel der Autonomie weiter zu entfernen. Dies scheint uns ein sehr wichtiger Punkt zu sein, der zum Teil auch im Gegensatz zu vielen Strategietrainingsmaßnahmen steht.

Wir haben im übrigen als Berater alle die Erfahrung gemacht – und wir befürchten, das ist zu verallgemeinern –, daß jeder Berater bestimmte Lieblingsvorstellungen vom guten Lernen hat, die er auf den Lerner zu übertragen versucht: Problembereiche, auf die er besonderes Augenmerk legt, Vorschläge, die er besonders gern macht, Lieblingsstrategien oder 'Fehler', die ihn besonders stören usw. Diese Prioritäten scheinen bei den Beratern unterschiedlich zu sein und sich auch von Zeit zu Zeit zu ändern, was als ein Hinweis angesehen werden kann, daß sie nicht wirklich berechtigt sind und sogar zu Fehlberatungen führen können.

3. Beratungselemente im Unterrichtskontext

Wenn z. B. in einem Aufsatz von Peter Voller (1997) mit dem Titel "Does the teacher have a role in autonomous language learning?" die Frage aufgeworfen wird, ob der Lehrer überhaupt noch eine Rolle beim autonomen Fremdsprachenlernen hat, so kann man durchaus verstehen, warum Lehrer zum Teil Forderungen nach mehr Förderung von selbstgesteuertem Lernen mit Argusaugen und bedenklich betrachten. Um hier die Argumentation abzukürzen: Ja, sie haben eine Rolle, aber sicherlich ein Rolle, die möglicherweise zu einer Erweiterung oder in Teilen auch zu einer Veränderung bestimmter Lehrverhaltensweisen führen muß, so daß Beratungselemente immer stärker auch in das Lehrverhalten und in den Unterricht integriert werden können. Solche Beratungselemente dienen dazu, daß der Lerner die Fähigkeit entwickelt, zu selbstverantwortlichen Entscheidungen in Bezug auf sein eigenen Lernen zu kommen. Sie können sich beziehen auf

1. Möglichkeiten der Realisierung eigener Lernziele im Rahmen einer Institution mit vorgegebenen Lernzielen,
2. Möglichkeiten der Realisierung von eigenen methodischen Vorlieben und Vorgehensweisen innerhalb einer festgefügten Lerngruppe und

3. Möglichkeiten zu Verfahren der Selbstevaluation innerhalb einer Institution mit vorgegebenen Prüfungs- und Bewertungsverfahren.

Ich möchte hier nur einige Verhaltensweisen nennen, die ein Lehrerverhalten in Richtung auf eine stärkere Integration von Beratungselementen verändern können. Um sie zu illustrieren, möchte ich sie mit möglichen konkreten Fragestellungen für den Unterricht verbinden. Dabei können die folgenden Verhaltensweisen durchaus mehr als nur einem der oben genannten drei Punkte zugeordnet werden:

- Institutionelle Vorbedingungen müssen transparent gemacht werden. Mögliche Fragestellungen für den Unterricht wären z.B.: Welche Lernziele müssen wir innerhalb einer Institution erreichen? Was interessiert uns besonders? Wie können wir innerhalb und außerhalb der Institution unsere eigenen Interessen realisieren?
- Fremdsprachenvermittlungsmethodische Entscheidungen sind transparent zu machen. Fragestellungen für den Unterricht wären hier z.B.: Warum versuchen wir, grammatische Regeln selbst zu finden? Wann gehen wir rein einsprachig vor? In welchen Bereichen ist es sinnvoll, die Muttersprache einzubeziehen?
- Konkrete Lehrverhaltensentscheidungen sind transparent zu machen. Mögliche Fragestellungen im Unterricht wären z.B.: Warum versuchen wir, die Ursachen von Fehlern zu entdecken? Wie gehen wir mit sprachlichen Korrekturen um?
- Das Vorwissen von Schülern muß einbezogen werden. Fragestellungen für Lerner wären z.B.: Welche Übertragungsmöglichkeiten aus anderen Fremdsprachen bzw. der Muttersprache habe ich? Wie kann ich sie erkennen?
- Auf schon von Lernern eingesetzte Lernstrategien muß eingegangen werden. Fragestellungen für Lernen wären hier z.B.: Was mache ich, um mir die Grammatik zu merken? Komme ich gut damit zurecht? Wie reagiere ich in der Kommunikation mit einem Muttersprachler?
- Unterschiedliche mögliche Wege beim Lernen können aufgezeigt werden. Fragestellungen für Lerner wären z.B.: Was kann ich denn alles tun, wenn mir ein fremdsprachlicher Ausdruck fehlt? Welche Wege gibt es, um mir den Wortschatz besser einzuprägen? Wie kann ich meinen eigenen Weg finden, um sinnvoll etwas zu wiederholen?
- Eine Selbstevaluation sollte neben den vorgegebenen Prüfungen mit eingeplant und mögliche Hilfestellungen sollten hierfür gegeben werden. Dabei müssen sich diese Hilfen zum einen auf das Erkennen und die Anerkennung der eigenen Fortschritte beziehen, zum anderen aber auch auf das Erkennen zu hoch gesteckter Ziele. Selbstevaluationsmöglichkeiten können z.B. auf einer Bitte um individuelle Überprüfung durch den Lehrer beruhen. Der Lerner gibt an, was er beherrschen möchte, und es wird das geprüft, was der Lerner als Prüfungsinhalt angibt. Dies könnte auch geleistet werden in einer Prüfungssimulation innerhalb einer Lerngruppe, und zwar in Partnerarbeit. Eine Hilfe für die Selbstevaluation könnten Lernerunterlagen sein, wie z.B. eine Lernermappe oder auch ein Portfolio. Darin kann man eigene Ziele, selbst bearbeitete Materialien, schriftliche Produktionen sowie außerunterrichtliche Tätigkeiten aufführen und abheften, z.B. eine E-Mail-Tandemkorrespondenz, die Beschreibungen gesehener Filme, Internetrecherchen, Gedanken zu gelesenen Büchern, Ideen und Gedanken zum eigenen Lernen oder auch die wichtigsten außer-

halb des Unterrichts gelernten Ausdrücke. Dabei ist allerdings eine Trennung der Materialien in unterschiedliche Abteilungen zu empfehlen: in Unterlagen, die der Lerner zu eigenen Zwecken nur für sich selbst anlegt und die niemand einsieht, Unterlagen, die der Lerner zu eigenen Zwecken anlegt, deren Anlage auch überprüft wird, die aber auf keinen Fall fremdbewertet werden sollen, sowie schließlich in Unterlagen, die als Grundlage für eine Leistungsbewertung dienen sollen.

- Die Handlungssicherheit des Schülers muß gestärkt werden. Mögliche Fragestellungen für Lerner wären z. B.: Es gibt viele Wege zu lernen, kannst Du Deinem Mitlerner einen Rat geben, wie Du beim Vokabellernen vorgehst? Wie kannst Du dir etwas besonders gut merken? Was machst du, wenn ein Text sehr schwierig ist?

4. Mögliche Organisationsformen von Beratung im Schulkontext

Neben den unter 3. dargestellten Beratungselementen, die in den Unterricht und das Lehrverhalten integriert werden können, sind natürlich auch andere Organisationsformen von Beratung möglich, die hier nur kurz genannt, aber nicht weiter diskutiert werden sollen:

- kursunabhängige Beratung:
  Ein Berater ist für den gesamten Bereich des Fremdsprachenlernens zuständig. Es werden Beratungsstunden eingerichtet.
- kursbegleitende Beratung:
  Der Fremdsprachenlehrer der Gruppe steht neben den normalen Unterrichtsstunden in gewissen Abständen (z. B. alle vier Wochen) zur Lernberatung, zu der Schüler individuell kommen können, zur Verfügung.
- Fernberatung (z. B. per E-Mail):
  Konkrete Fragen zu bestimmten Lernproblemen werden in der Fernberatung angesprochen.
- Peerbesprechungen:
  Innerhalb einer Lerngruppe werden von Zeit zu Zeit Stunden dafür reserviert, die Reflexion über das eigenen Lernen in Kleingruppen anzuregen (zu möglichen Fragestellungen s. unter 3.)

5. Ausblick: Zur Auswirkung auf die Lehrerausbildung

Ich habe versucht deutlich zu machen, welche Ziele und Funktionen eine Lernberatung im Rahmen autonomer Lernformen auch innerhalb des schulischen Kontextes haben kann und wie die Beratungssituation gestaltet sein muß, um dem Lerner bei der Entwicklung seiner Fähigkeiten, autonom und selbstverantwortlich zu lernen, behilflich zu sein. Die Frage stellt sich jetzt allerdings nach Qualifikation und Ausbildung der Lehrer/Berater. Hierzu existieren bereits eine Reihe von Überlegungen und selbst ein neues Berufsbild, insbesondere innerhalb des anglo-sächsischen Bereiches (vgl. z.B. Mozzon-Mc Pherson zum Berufsfeld des *language adviser*). Es wäre allerdings sinnvoll, auch schon innerhalb der ersten Phase der Lehrerausbildung ein Modul 'Ausbildung zum Lernberater' anzubieten und diese Komponente an den Universitäten zukünftig miteinzubeziehen.

Literaturangaben

Benson, Phil & Voller, Peter (Hrsg.) (1997): *Autonomy and Independence in Language Learning*. London/New York: Longman.

Bimmel, Peter & Rampillon, Ute (1996): *Lernerautonomie und Lernstrategien*. Fernstudieneinheit (Erprobungsfassung). Berlin u. a.: Langenscheidt.

Brammerts, Helmut, Calvert, Michael & Kleppin, Karin (2000, erscheint): "Ziele und Wege bei der individuellen Lerneratung." In: Brammerts & Kleppin 2000.

Brammerts, Helmut & Kleppin, Karin (2000, erscheint): *Selbstgesteuertes Lernen im Tandem. Ein Handbuch*. Tübingen: Stauffenburg.

Brammerts Helmut & Little, David (Hrsg.) (1996): *Leitfaden für das Sprachenlernen im Tandem über das Internet*. (Manuskripte zur Sprachlehrforschung 52.) Bochum: Brockmeyer.

Cooper, Colin (1998): *Individual Differences*. London: Arnold.

Culley, Sue (1996): *Beratung als Prozeß. Lehrbuch kommunikativer Fertigkeiten*. Weinheim/Basel: Beltz.

Dam, Leni (1995): *Learner autonomy 3: from theory to classroom practice*. Dublin: Authentik.

Duda, Richard & Riley, Philip (1990): *Learning Styles*. Hrsg. von der European Cultural Foundation. Proceedings of the first European seminar, Nancy, 26–29 April 1987. Nancy: Presses Universitaires de Nancy.

Ellis, Gail & Sinclair, Barbara (1989a, 1989b): *Learning to Learn English. A Course in Learner Training. Teacher's Book. Learner's Book* Cambridge u. a.: Cambridge University Press.

Esch, E. M. (1997): "Learner training for autonomous language learning." In: Benson & Voller 1997, 164–175.

Gesamtvorstand des Fachverbands Moderne Fremdsprachen (1996): "Kasseler Leitlinien des Fachverbands Moderne Fremdsprachen für den Fremdsprachenunterricht." *Neusprachliche Mitteilungen* 49, 142–145.

Gremmo, M.-J. (1998): "Conseiller n'est pas enseigner: Le rôle du conseiller dans l'entretien de conseil." *Mélanges CRAPEL* 22, 33–59.

Holec, Henri (1980): *Autonomie et apprentissage des langues étrangères*. Strasbourg: Conseil de la Coopération culturelle du Conseil de l'Europe.

Holec, Henri & Huttunen, Inna (Hrsg.) (1997): *L'autonomie de l'apprenant en langues vivantes. Recherche et développement/Learner autonomy in modern languages. Research and development*. Strasbourg: Conseil de l'Europe.

Kelly, R. (1996): "Language Counselling for learner autonomy: the skilled helper in self-access language learning." In: Pemberton et al. 1996, 93–114.

Kleppin, Karin & Tönshoff, Wolfgang (1998): "Lernstrategientraining? Was noch alles in den paar Stunden Französischunterricht?" *Der fremdsprachliche Unterricht Französisch* 32, H. 34, 52–56.

Little, David (1997): "Learner autonomy in the foreign language classroom: theoretical foundations and some essentials of pedagogical practice." *Zeitschrift für Fremdsprachenforschung* 8, H. 2, 227–244.

Legutke, M. (1993): "Room to talk: experiential learning in the foreign language classroom." *Die Neueren Sprachen* 92, 306–331.

Meißner, Franz-Joseph (1993): *Schulsprachen zwischen Politik und Markt: Sprachenprofile, Meinungen, Tendenzen, Analysen.* Frankfurt/M: Diesterweg.

Mozzon-Mc Pherson, M. (1996): "The Language Adviser: an emerging profession." *Cercles Bulletin* 6, 2–3.

Müller-Verweyen, Michael (1997): *Neues Lernen – Selbstgesteuert – Autonom.* (*Standpunkte zurSprach- und Kulturvermittlung* 7.) München: Goethe-Institut.

O'Malley, J. Michael & Chamot, Anna Uhl (1990): *Learning Strategies in Second Language Acquisition.* Cambridge: Cambridge University Press.

Oxford, Rebecca L. (1990): *Language Learning Strategies. What Every Teacher Should Know.* New York: Newbury House Publications.

Pemberton, Richard et al. (Hrsg.): *Taking control. Autonomy in Language Learning.* Hong Kong: Hong Kong University Press.

Rampillon, Ute (1994): "Autonomes Lernen im Fremdsprachenunterricht – ein Widerspruch in sich oder eine neue Perspektive?" *Die Neueren Sprachen* 93, 455–466.

Rampillon, Ute (1997): "Lernen lernen – mit System: Gedanken zu einer Aufgabensammlung für die Förderung selbstgesteuerten Lernens." In: Müller-Verweyen 1997, 117–146.

Raasch, Albert (1997): "Lernen von Sprachen: Diskussion und Perspektiven." In: Müller-Verweyen 1997, 9–32.

Riley, Philip (1997): "The guru and the conjurer: aspects of councelling for self-access." In: Benson & Voller 1997, 114–131.

Rogers, Carl R. (1969): *Freedom to learn. A view of what education might become.* Columbus/Ohio: Merrill.

Schwerdtfeger, Inge-Christine (1998): *Gruppenarbeit und innere Differenzierung.* Fernstudieneinheit (Erprobungsfassung). Berlin u. a.: Langenscheidt.

Sturtridge, Gill (1997): "Teaching and language learning in self-access centres: changing roles?" In: Benson & Voller 1997, 66–78.

Schulze-Lefert, Petra (1997): "Gruppenunterricht – Selbstlernzentrum – individuelle Lernberatung: Modell zur Förderung autonomer Lernprozesse." In: Müller-Verweyen 1997, 157–170.

Tandem e. V. (Hrsg.). (1991): *Sprachen lernen im interkulturellen Austausch. Dokumentation der 2. Europäischen Tandem-Tage 1990.* Frankfurt/M: Verlag für Interkulturelle Kommunikation.

Vieira, F. (1997): "Pedagogy for autonomy: exploratory answers to questions any teacher should ask." In: Müller-Verweyen 1997, 3–72.

Voller, Peter (1997): "Does the teacher have a role in autonomous language learning?" In: Benson & Voller 1997, 98–113.

Weinberger, Sabine (1998): *Klientenzentrierte Gesprächsführung. Eine Lern- und Praxisanleitung für helfende Berufe.* Weinheim/Basel, 8. Aufl.

Wolff, Dieter (1994): "Der Konstruktivismus: Ein neues Paradigma in der Fremdsprachendidaktik?" *Die Neueren Sprachen* 93, 407–429.

Wolff, Dieter (1996): "Kognitionspsychologische Grundlagen neuer Ansätze in der Fremdsprachendidaktik." *Info DaF* 23, 541–560.

Angelika Herbst
Autoevaluation: Für mehr Selbständigkeit bei der Kontrolle des Lernprozesses

1. Vorbemerkung

Evaluationen sind in vielen gesellschaftlichen Bereichen, vor allem im Hinblick auf ein wachsendes Interesse an Professionalisierung und Effizienzsteigerung, von aktuellem Interesse. Dabei hängt ihre Durchführung im einzelnen, und zwar im Hinblick auf die gewählten Verfahren, die zugrundeliegenden Kriterien und den Zeitpunkt, stark von der Funktion der jeweiligen Evaluation ab. Auf Grund dieser Tatsache scheint die allgemeingültige Definition von Pauline Rea-Dickens (1999: 12, vgl. auch 22) angemessen; sie definiert Evaluation als "principled and systematic (informal or formal) collection of information for purposes of decision making".

Christine Tagliante (1991: 19) beschreibt drei Zielbereiche von Evaluationen, nach denen diese zum einen zur Prognose der weiteren Lehr- und Lernplanung ("le pronostic") eingesetzt werden können, wie dies beispielsweise bei Einstufungstests geschieht. Daneben können sie auch diagnostische Funktionen im Hinblick auf die Analyse von Lehr- und Lernverhalten ("le diagnostic") übernehmen oder der Bestandsaufnahme vorhandenen und neuerworbenen Wissens ("l'inventaire") dienen.

Geht man bei der Evaluation von Schülern, um die es in dem vorliegenden Beitrag geht, von dieser Klassifikation aus, so läßt sich feststellen, daß in der schulischen Evaluationspraxis nicht alle Bereiche gleichermaßen ausgeschöpft werden. Der Schwerpunkt liegt bislang auf der Hinführung und Vorbereitung laufbahnentscheidender, zertifikativer Evaluationen. Die zugrunde gelegten Evaluationsverfahren legen dabei größeren Wert auf das erworbene Wissen (*le savoir*) als auf das Gelernte im Sinne eines tatsächlich anwendungsbereiten Wissens (*le savoir faire*). Die Kritik der Berufswelt an der mangelnden Verfügbarkeit eines umfangreichen, über Jahre erworbenen Wissens der Schul- und Hochschulabsolventen bestätigt diese Diskrepanz. Seitdem internationale Vergleiche zeigen, daß das deutsche Bildungssystem nicht die in es gesteckten Erwartungen erfüllt, rücken bildungspolitische Fragestellungen immer mehr in den Fokus der öffentlichen Diskussion. Das einseitig akademisch orientierte Bildungssystem ist in die Krise geraten. Der Versuch, diese Entwicklung allein durch verstärkte Leistungsmessungen im traditionellen Sinn oder durch "externe Evaluationen"[1] zu beheben, greift indes zu kurz. Statt dessen scheint es wichtig, Lernende und Lehrende gleichermaßen zu einer kontinuierlichen Reflexion ihres Handelns im Rahmen einer Selbstevaluation zu befähigen. Die Erprobung neuer Lernkonzepte, die einen deutlichen Paradigmenwechsel vom Lehrer zum Lerner und damit vom Lehr- zum

---

[1] Vgl. den Beitrag von Thomas Kerstan, "Zeugnis für die Schule", *Die Zeit*, 18. März 1999, S. 43.

Lernprozeß mit einem hohen Maß an Handlungsorientierung aufweisen, haben bislang noch zu wenig Einfluß auf die Evaluationspraxis gezeigt. Eine Ausweitung dieses Paradigmenwechsels auf den komplexen Bereich der Evaluation würde bedeuten, das Repertoire an Evaluationsverfahren dahingehend zu erweitern, daß neue Verfahren einbezogen werden, die stärker den Charakter eines Hilfsmittels zur Selbststeuerung des Lernprozesses als den eines Sanktionierungsinstrumentes aufweisen.

Wie diese Forderung innerhalb des Französischunterrichts umgesetzt werden kann, soll nach einigen theoretischen Überlegungen im Hinblick auf die Notwendigkeit einer Erweiterung der Evaluationsverfahren im Fremdsprachenunterricht an in der Praxis erprobten Beispielen für autoevaluative Verfahren vorgestellt werden.

2. Theoretische Überlegungen zu neuen Formen der Leistungskontrolle

" (...) Fortbildungsveranstaltungen zum Thema 'Abitur' oder 'Klausuren' ähneln oft Tauschbörsen, auf denen statt Telefonkarten Abiturtexte ausgetauscht werden." Mit diesem Vergleich beschreibt Leupold (1997: 14) eindrucksvoll die beliebige Austauschbarkeit von Prüfungsaufgaben, die die "Spezifität des Unterrichts, des Lehr- und Lernprozesses und der Voraussetzungen auf Lernerseite weitgehend unberücksichtigt lassen".

In ihrem Anspruch, möglichst objektiv und frei von Zufälligkeiten zu sein, konzentrieren sich Evaluationsverfahren trotz veränderter Lehr- und Lernziele weiterhin vielfach auf die Überprüfung linguistischer Strukturen, die im allgemeinen leicht meßbar sind. Dieser Evaluationstyp fiel innerhalb einer struktural ausgerichteten Sprachvermittlung nicht aus dem Rahmen. Doch wird die Reformresistenz von Evaluationsverfahren spätestens seit der zunehmenden Orientierung des Fremdsprachenunterrichts an der außerschulischen Realität, die mit tiefgreifenden methodischen und inhaltlichen Veränderungen einhergeht, zum Problem. Forderungen werden laut nach mehr Authentizität und Situationsangemessenheit bei der Wahl von Evaluationsverfahren, die dem komplexen Kommunikationsverständnis gerecht werden, das den Erwerb der Elemente traditioneller Sprachvermittlung (Laut, Wort, Satz) in einem funktionellen Zusammenhang des interpersönlichen Austausches und nicht als Selbstzweck versteht. Zu der in einem kommunikationsorientierten Fremdsprachenunterricht notwendigen Umorientierung und veränderten Schwerpunktsetzung schreiben Le Blanc & Bergeron (1988: 142): "En effet, dans l'évaluation de l'habileté à communiquer, il y a toujours place pour l'évaluation de connaissances; toutefois celle-ci doit être subordonnée et intégrée à une situation d'évaluation plus globale similaire à une situation de communication." Solchermaßen umgestaltete Leistungskontrollen in Form realitätsnaher Simulationen würden der Leistungsmessung jenseits ihrer juristischen Funktion auch pädagogisch-didaktisch mehr Sinn verleihen.

Geht man darüber hinaus von der Individualität des Lernprozesses aus, wie sie konstruktivistische Lehr- und Lerntheorien betonen, müssen traditionelle Evaluationsverfahren in Frage gestellt werden. Nach diesen Theorien kann der Lernprozeß von außen lediglich durch motivierende Situationen stimuliert werden.[2]

Definiert man Lernen als individuellen Akt, der nur in sehr differenzierten Parametern beschrieben werden kann, dann ergeben sich daraus als logische Konsequenz auch individuelle Formen der Leistungskontrolle. Für den Lerner bedeutet dies, seine eigenen, für ihn besonders wirksamen Lernstrategien herauszufinden. Um diese Lernbewußtheit zu erreichen, muß die Aufmerksamkeit, die vorrangig auf das Lernergebnis ausgerichtet ist, stärker auf den Lernprozeß gelenkt werden. Der Erwerb prozeduralen Wissens gewinnt an Bedeutung. Evaluationsverfahren spielen dabei eine nicht unerhebliche Rolle. Allerdings ist es sinnvoll, die Kontrolle von außen durch den Lehrer so oft wie möglich durch eine Selbstkontrolle bzw. eine Kontrolle innerhalb der Lerngruppe zu ergänzen. Diese auto- bzw. interevaluativen Formen, die der Auswertung des eigenen Lernens dienen, stellen eine notwendige Voraussetzung für eine selbständige Lernorganisation und damit für die in mittlerweile allen Curricula viel beschworene Lernerautonomie dar.

Summativen Evaluationstypen[3] sind hierbei formative Evaluationstechniken vorzuziehen. Statt einer ausschließlichen Fixierung auf die Lernergebnisse, die beim Lerner oftmals nur dazu führt, in den Kategorien 'bestanden'/'nicht bestanden' zu denken, ist vorrangiges Ziel formativer Evaluationstechniken, dem Lerner unmittelbare und handlungsrelevante Rückmeldungen zur Verbesserung des Lernens zu liefern und nicht nur punktuell seinen Leistungsstand anzuzeigen.

Obgleich sich beide Kategorien durch eine Reihe signifikanter Merkmale[4] unterscheiden, sieht es in der Praxis häufig so aus, "qu'il y a en effet souvent une contamination de l'évaluation formative par l'évaluation sommative"; "les exercices en cours d'année qui devraient être envisagés dans une intention formative (...) sont presque toujours pris dans une intention sommative" (Aubégny 1987: 34).

Bis heute fehlt für den Unterricht eine Erweiterung des bestehenden Repertoires an akzeptablen Lernkontrollen, die den veränderten Lehr- und Lernzielen gerecht werden. Bereits 1995 forderte Vollmer (1995: 274): "Das bestehende Repertoire an Lernkontrollen muß verändert oder durch neue Überprüfungsarten ersetzt werden, eben weil sich die Lehrziele ändern oder geändert haben." Reformen, vor allem im Hinblick auf die Evaluation mündlicher Ausdrucksfähigkeit, scheitern am Kriterium der Ökonomie sowie dem Ausbleiben veränderter ministerieller Vorgaben in der Form eines Angebotes genehmigter Varianten.

Die Ausschließlichkeit, mit der heteroevaluative, summative Verfahren wie Klassenarbeiten und Prüfungen den Lernalltag bestimmen und prägen, könnte durch die Er-

---

[2] Vgl. hierzu auch den informativen Aufsatz von Wendt (1998), in dem er wesentliche Charakteristika eines konstruktivistischen Fremdsprachenunterrichts beschreibt.

[3] Als summative Evaluation beschreibt Holec (1990: 40) "un bilan qui mène à un constat de succès ou d'échec, total ou partiel".

[4] Zur Unterscheidung formativer und summativer Evaluation vgl. auch die Matrix in Aubégny (1987: 36).

weiterung um autoevaluative Verfahren abgeschwächt werden und somit einen Beitrag auf dem Weg zu einem lebenslangen Lernen leisten, das sich nicht ausschließlich an Prüfungen und Abschlüssen orientiert, sondern als "eine das Leben insgesamt tragende individuelle und sozial orientierte Befähigung eingeübt und verstanden wird." (Bildungskommission Nordrhein-Westfalen 1995: 85)

In der von der Bildungskommission NRW herausgegebenen Denkschrift zur "Zukunft der Bildung – Schule der Zukunft" wird der Befähigung zur Selbstevaluation große Bedeutung beigemessen. Dort heißt es:

> Das eigene Lernen planen kann nur, wer sich über sein Lernen Gedanken machen kann. Planungskompetenz ist lernbar. Voraussetzung ist eine kontinuierliche Informationsrückkoppelung und Orientierung über die Erreichung bzw. Nichterreichung von Zielen. Solche Prozesse sind um so sinnvoller, je mehr sie selbst initiiert und selbst verantwortet werden. Für die Schule mag dies noch Neuland sein, Ausbildungskonzepte und Modelle aus der Wirtschaft stehen aber durchaus zur Verfügung. (Bildungskommission NRW 1995: 87)

Die im folgenden vorgestellten Verfahren tragen den Kriterien der Individualisierung und Lernerautonomie, die im Zuge der Öffnung des Fremdsprachenunterrichts eine immer größere Rolle spielen, in besonderem Maße Rechnung.[5]

Ehe diese autoevaluativen Praktiken vorgestellt werden, soll ausdrücklich betont werden, daß die Autoevaluation nicht als Gegenstück zur Heteroevaluation zu sehen ist, deren einziger Unterschied womöglich darin besteht, daß sie unter verändertem Vorzeichen, d. h. vom Lerner statt vom Lehrer durchgeführt wird. Auch sind autoevaluative Techniken nicht mit einfachen selbst zu korrigierenden Tests gleichzusetzen, wie man sie häufig in Lern- und Übungsprogrammen findet.[6] Es geht ferner nicht darum, heteroevaluative Verfahren durch autoevaluative zu ersetzen. Beide haben im schulischen Kontext ihre Berechtigung und ergänzen sich gegenseitig.[7] Ein Lerner, der zu einer kritischen Selbsteinschätzung fähig ist, wird Heteroevaluationen, mit denen er immer wieder konfrontiert werden wird, gewinnbringender nutzen können als ein Lerner, der sich autoevaluativer Verfahren nicht zu bedienen weiß.

Die Chancen, die sich dem Lerner speziell im Fremdsprachenunterricht durch eine Autoevaluation bieten, werden meines Erachtens jedoch noch zu wenig genutzt. Die Frage des Bewertungsmaßstabes, die diese eher qualitativen als quantitativen Formen der Leistungskontrolle im Hinblick auf das Vergleichbarkeitsprinzip aufwerfen, mag hierfür eine Erklärung liefern.

---

[5] Zum großen Teil wurden diese Methoden von mir in universitären Seminaren und Lehrveranstaltungen erprobt, sind aber m. E. auch auf den schulischen Kontext übertragbar.

[6] S. Holec (1990: 41): "L'auto-évaluation est donc loin d'être une simple opération technique, un instrument de mesure objectif comme dans les tests auto-correctifs, qui ne sont en général que des simulacres d'auto-évaluation."

[7] Mothe (1990: 138) betont die dringende Notwendigkeit einer Ergänzung zertifikativer Evaluationen durch eine Autoevaluation, die er als "complément nécessaire à l'évaluation certificative qui est un mal nécessaire criticable de toutes sortes de pointes de vue" betrachtet.

Angesichts der Relativität quantitativer Verfahren jedoch, ihrer in zahlreichen Untersuchungen[8] nachgewiesenen Abhängigkeit von sozialen, kulturellen und persönlichen Motiven ist die weitreichende Bedeutung, die diesen Verfahren im Unterricht zukommt, nicht gerechtfertigt. Allen Lehrern sollte bewußt sein, daß traditionelle Evaluationsverfahren innerhalb der Klasse bestimmten Korrektureffekten unterliegen wie etwa der Auswirkung der Reihenfolge auf die Einschätzung der Arbeiten (am Ende eines Klassensatzes korrigierte Arbeiten erhalten in der Regel schlechtere Zensuren) oder des Einflusses von Kontrasten (eine durchschnittliche Arbeit wird unter dem Einfluß einer zuvor korrigierten überdurchschnittlichen Arbeit schlechter bewertet).[9] Derartige 'Wahrnehmungsverzerrungen' beeinträchtigen die Objektivität dieser Testverfahren. Gerade auch deshalb wäre eine Relativierung durch eine Ergänzung mittels qualitativer Verfahren sinnvoll. Dabei liegt der Vorteil einer solchen Ergänzung allerdings m. E. nicht im Gewinn größerer Objektivität, sondern vielmehr in der differenzierten Perspektivierung, die versucht, dem einzelnen Lerner in seinem Lernprozeß gerecht zu werden und Chancen zur Weiterentwicklung zu eröffnen.

Bei autoevaluativen Verfahren handelt es sich – im Unterschied zu heteroevaluativen, zertifikativen Evaluationstypen – in erster Linie um qualitativ-deskriptive Verfahren.[10] Deren Aufgabe kann es sein, in Ergänzung zu den ergebnisbezogenen Bewertungen mit Noten oder Punkten, die aus dem Schulsystem sowohl aus pädagogischen als auch juristischen Gründen nicht völlig wegzudenken sind, die Schüler beim Aufbau einer differenzierten, kritischen Selbstbeobachtung im Hinblick auf den Stand des Lernprozesses und den Einsatz von Lernstrategien zu unterstützen und so einen wichtigen Beitrag bei der Ausbildung von Eigenverantwortlichkeit zu leisten.

Entscheidendes Moment autoevaluativer Verfahren ist daher nicht nur ihre autonome Durchführung durch den Lerner, sondern auch die selbständige Entscheidung, wo jeweils die inhaltlichen Schwerpunkte der Evaluation liegen sollen. Dies setzt im Vorfeld eine grundliche Auseinandersetzung über Lernbedürfnisse und Lernziele[11] voraus, da selbstgesetzte Lernziele die Schüler stärker zu einer Beurteilung von Erfolg oder Mißerfolg veranlassen als fremdbestimmte.

Es versteht sich von selbst, daß bestimmte methodische Ansätze die Aufnahme autoevaluativer Verfahren in den Unterricht begünstigen. Ihnen gemeinsam ist eine weitge-

---

[8] Bereits 1936 hat die *Commission française de l'enquête Carnégie sur les examens et concours* mehrere Untersuchungen durchgeführt, die bei der Korrektur einer Abiturprüfung in unterschiedlichen Fächern große Unterschiede in der Notengebung durch verschiedene Korrektoren feststellte und somit den Absolutheitsanspruch der Notengebung in Frage stellte (vgl. dazu Merle 1998: 7 ff.).

[9] Vgl. hierzu die zahlreichen "critères parasites de la fidélité", die Christine Tagliante (1991: 27 f.) aufzählt.

[10] Zum Unterschied zwischen *descriptive based procedures* und *measurement based procedures* s. auch Rea-Dickins & Germaine (1992: Kap. 3.2 f.).

[11] Unter Lernzielen verstehe ich hierbei nicht notwendigerweise eine Beschränkung auf 'akademische' Lernziele, sondern gerade auch die Bestimmung solcher Ziele, die auf andere, außerschulische Bereiche übertragbar sind.

hende Abkehr vom Frontalunterricht und eine starke Hinwendung zu individualisiertem, schülerdifferenziertem und kooperativem Lernen.[12]

3. Autoevaluative Verfahren

Die vorliegenden Ansätze, die durch hochschuldidaktische Evaluationsverfahren und Techniken der *Classroom-research* inspiriert wurden,[13] habe ich teilweise ergänzt oder modifiziert, um sie dem schulischen Kontext anzupassen.

3.1 Das Blitzlicht

Am Ende einer Unterrichtseinheit (Lektion, Dossier...) sollte sich jeder Schüler folgende Fragen beantworten:
- Welches waren für mich die wichtigsten Punkte dieser Einheit?
- Welche Fragen blieben unbeantwortet? Was habe ich nicht verstanden?
- Wie sieht eine effektive Nachbereitung der Unterrichtseinheit für mich persönlich aus?

Dabei kommen diesen Fragen folgende Funktionen zu: Die erste Frage soll den Schülern erlauben, eine thematische Übersicht über relevante Stoffgebiete unter Berücksichtigung eigener Lernbedürfnisse zu erstellen, die bei der Vorbereitung auf Prüfungen einen raschen Überblick und gezielte Wiederholungen wichtiger Bereiche ermöglicht. Die zweite Frage soll helfen, Defizite und Schwachstellen des Lerners und eventuell auch des Lehrers möglichst frühzeitig aufzudecken, um gezielt nach Hilfestellungen suchen zu können. Der dritte Punkt schließlich dient dazu, sich möglichst konkrete und realisierbare Lernvorhaben vorzunehmen. Er soll zu einer kontinuierlichen und zugleich ökonomischen Arbeit anregen, die es dem Lernenden zudem erlaubt, sein Lernen an persönlichen Interessen auszurichten.

Das Blitzlicht kann selbstverständlich weiter ausdifferenziert werden und als Impulsfragebogen andere Aspekte berücksichtigen, wie etwa:
- Was empfand ich als besonders nützlich, was als nutzlos?
- Wo kann ich die erworbenen Fertigkeiten außerhalb der Schule anwenden?
- Bei welchem Thema bzw. Punkt habe ich besonders aktiv mitgearbeitet?
- Zu welchem Thema hätte ich gerne mehr Informationen?

---

[12] Der von J.-P. Martin in den achtziger Jahren entwickelte Ansatz *Lernen durch Lehren* befähigt die SchülerInnen aufgrund einer intensiven selbständigen Auseinandersetzung mit dem Lernstoff als notwendiger Voraussetzung für die Übernahme von Lehrfunktionen im Unterricht in außergewöhnlicher Weise zur Metareflexion über den Lehr- und Lernprozeß. Dies – so zeigen immer wieder Erfahrungsberichte von Lehrern, die diese Methode praktizieren – führt unter anderem auch dazu, daß Schüler unaufgefordert selbständig Testverfahren entwickeln, um ihren Lernfortschritt zu überprüfen.

[13] Vgl. hierzu Angelo (1992: 104 ff.), Mandl, Gruber & Renkl (1993) sowie Renkl (1997).

Im Hinblick auf eine regelmäßige und zügige Durchführung des Blitzlichtes sollte der Fragenkatalog allerdings nicht zu ausführlich sein. Ein gelegentlicher Einblick des Lehrers in diese Fragebögen dient weniger der Kontrolle als einer gegebenenfalls sinnvollen Neu- bzw. Umorientierung des Lernprogramms.

3.2 Der Beobachtungsbogen[14]

Ziel des Beobachtungsbogens, der in unterschiedlichen Formen erstellt werden kann, ist es, daß der Lerner wöchentlich dokumentiert, wieviel Zeit er sich außerhalb des Unterrichts mit der Fremdsprache befaßt hat und welche der vier Kompetenzen dabei besonders aktiviert oder auch vernachlässigt wurden.

Während die ausführlichere Form (Anhang 2) durch gezielte Fragestellungen gelenkt wird und vom Schüler eine persönliche Einschätzung bezüglich des Lernfortschritts verlangt, begnügt sich die kürzere Fassung (Anhang 1) mit der Auflistung der vier Kompetenzbereiche, die im Fremdsprachenunterricht ausgebildet werden sollen. Der Schüler führt zu jedem Bereich die von ihm außerhalb der Schule durchgeführten Aktivitäten an.

Dieser wöchentliche Beobachtungsbogen kann dem Lehrer zur Einsichtnahme dienen. Mit seiner Hilfe kann er den Lernprozeß durch individuelle Lernberatungen unterstützen, indem er dem einzelnen Schüler hilft, seine Schwierigkeiten genauer zu diagnostizieren (s. Anhang 3) und nach Lösungsstrategien zu suchen. Der Beobachtungsbogen kann dabei als Ausgangspunkt zur Bestimmung individualisierter Lernaufgaben auf der Grundlage eines verbindlichen Lernvertrages zwischen Lernendem und Lehrendem dienen. Von Bedeutung für die Förderung einer eigenständigen Arbeitshaltung ist, daß sich die in diesem Vertrag festgelegten Arbeitsvereinbarungen im Unterschied zu Hausaufgaben über einen längeren Zeitraum erstrecken und komplexer gestaltet sind. Eine so gestaltete Individualisierung der Lernprogramme wird gerade in Klassen mit sehr unterschiedlichem Leistungsstand für alle Beteiligten befriedigender und erfolgbringender sein.

3.3 Das Lernertagebuch

Im Unterschied zu dem Beobachtungsbogen ist das Lernertagebuch nicht durch bestimmte Fragestellungen vorstrukturiert, sondern wird in seiner Gestaltung dem Lerner selbst überlassen. Ziel kann es sein, das eigene Lernen zu reflektieren, aber auch Inhalte mit der subjektiven Brille zu erfassen und unter Umständen zu ganz neuen, anderen Sichtweisen zu gelangen.[15] Eine gegenseitige Einsichtnahme in die Tagebücher kann den Lernenden vorgeschlagen werden, sie sollte jedoch nicht erzwungen werden, um den intimen Charakter des Tagebuchs zu wahren.

Die Bildungskommission Nordrhein-Westfalen (1995: 98) bemerkt zu dieser Form der Selbstevaluation: "Erfahrungen mit Lernjournalen zeigen (...), daß Kinder durchaus in

---

[14] S. Anhang 1 und 2.

[15] In der Literaturdidaktik wird dieses Verfahren als Lesetagebuch empfohlen.

der Lage sind, ihr eigenes Lernen zu beurteilen, indem sie es verfolgen und dokumentieren, indem sie ihre eigenen Lernwege gehen und dabei durchaus Umwege machen."

3.4 Das Video-Feedback

Das Video ist ein sehr nützliches, einfach zu handhabendes Medium, um ein unmittelbares Feedback über das persönliche Verhalten eines einzelnen Schülers oder der gesamten Gruppe während einer bestimmten Arbeitsphase (Gruppenarbeit, Präsentation) zu erhalten. Videoaufzeichnungen zum Zwecke der Rückmeldung verlangen keine ausgefeilte Dramaturgie. Allerdings ist die Verwendung zeitlich und technisch vergleichsweise aufwendig. Da die Tonqualität im Fremdsprachenunterricht von großer Bedeutung ist, ist ein externes Mikrofon empfehlenswert.

Bei der Auswertung können sowohl die Selbsteinschätzung eines Lerners als auch die Einschätzung der Lerngruppe thematisiert werden. Der interaktive Austausch der Schüler und Schülerinnen untereinander über angemessene Formen der Aufgabenbewältigung kann dabei informativer und motivierender sein als Rückmeldungen durch Lehrer. Allerdings gebietet seine Handhabung eine gewisse Sensibilität, um destruktive Effekte zu vermeiden. Wird beispielsweise die Präsentation eines bestimmten Schülers evaluiert, sollte dieser grundsätzlich zuerst die Möglichkeit erhalten, sich zu kommentieren. Außerdem sollten negative Beobachtungen immer auch durch positive ergänzt werden.

3.5 Das strukturierte Erklären

Die Schüler erhalten die Aufgabe, sich in Kleingruppen bestimmte vom Lehrer vermittelte Sachverhalte, etwa der Grammatikvermittlung oder der Textanalyse, noch einmal gegenseitig zu erklären. Die Schüler realisieren bei diesem Verfahren sehr schnell, inwieweit ihre Lernvoraussetzungen ausreichen, um die Lerninhalte zu verstehen, bzw. an welchen Stellen sie gegebenenfalls nachfragen oder nacharbeiten müssen. Der Lehrer hingegen erhält, soweit er diese Erläuterungen als stiller Beobachter verfolgt, Aufschluß darüber, wie die Schüler bestimmte Inhalte assimilieren. Es entsteht eine als "natürlich" empfundene Kultur des Nachdenkens über das eigene Lernen und Lehren, die in einem sanktionsfreien Raum stattfindet.

Dieses Verfahren eignet sich besonders bei der Vermittlung komplexer Stoffgebiete.

3.6 Selbstkorrektur von Klassenarbeiten

Die Lerner erhalten ihre eigene, unkorrigierte Klassenarbeit als Kopie sowie eine Musterlösung, anhand der sie die Klassenarbeit mit der Vorgabe korrigieren, eigenständig Bewertungskriterien festzulegen und nach jeder Aufgabe eine kurze Einschätzung im Hinblick auf Defizite und ihre möglichen Ursachen festzuhalten.

Ein abschließender Vergleich zwischen der Fremdkorrektur durch den Lehrer und der Selbstkorrektur durch den Schüler kann für beide Seiten sehr aufschlußreich sein. Während der Schüler möglicherweise seine Fähigkeiten zur Differenzierung zwischen

Wesentlichem und Unwesentlichem weiterentwickeln wird, eröffnet sich dem Lehrer die Möglichkeit festzustellen, welche Defizite überhaupt vom Schüler selbst wahrgenommen werden und welche Bedeutung er ihnen beimißt. Auftretende Diskrepanzen bieten die Chance, die eigenen Bewertungskriterien neu zu überdenken und die Aufgabenstellung mehr auf die Sichtweise der Lerner auszurichten.

Dieses Verfahren kann, da es sehr zeitaufwendig ist, auch nur für Teile einer Klassenarbeit angewendet werden.

3.7 Evaluation von Lehrbüchern

Neben der Evaluation des eigenen Lernens ist es für die Schüler darüber hinaus sinnvoll, die ihnen zur Verfügung gestellten Lehrmaterialien aus ihrer eigenen Perspektive zu evaluieren. Zu diesem Zweck kann man bereits nach einigen Unterrichtswochen Lehrbuchevaluationen durch die Schüler durchführen lassen, bei denen sie dazu veranlaßt werden, persönliche Einschätzungen zum Lehrbuch zu formulieren. Dabei können die Aufmachung, die Wahl der Themen, die Bedeutung der Redesituationen (im Hinblick auf die zu erwerbende Kommunikationsfähigkeit), das Übungsmaterial sowie Hilfestellungen im Hinblick auf eigenständiges Lernen (Wortschatzlisten, Redemittelkästen, Lernstrategien etc.) berücksichtigt werden. Darüber hinaus sollen die Schüler anhand des Inhaltsverzeichnisses ihre persönlichen Schwerpunkte festlegen. Sie wählen ein Thema, für das sie der Klasse als Spezialist zur Verfügung stehen sollen, indem sie während der Behandlung dieses Themas eine Beraterfunktion für ihre Mitschüler übernehmen und sie darüber hinaus mit Zusatzinformationen, Zusammenfassungen in Form von Plakaten, Wortschatzlisten und zusätzlichem Übungsmaterial versorgen.

Allen diesen Verfahren ist gemeinsam, daß sie neben dem deklarativen Lernen andere Dimensionen des Lernens fördern, die gerade im Hinblick auf ein lebenslanges, selbständiges Weiterlernen von großer Bedeutung sind. Zu diesen anderen Dimensionen gehören neben dem prozeduralen und dem reflexiven Lernen auch das Wissen, wann und wo man das, was man weiß, am vorteilhaftesten einsetzen kann (vgl. Angelo 1992: 105 ff.). Die bereits mehrfach zitierte Denkschrift der Bildungskommission NRW (1995: 95) beschreibt folgendermaßen die Auswirkungen eines weiterentwickelten Lernbegriffs auf die Evaluationsverfahren: "Der weiterentwickelte Lernbegriff muß insgesamt bei der Leistungsbewertung zu einer Erweiterung des Aufmerksamkeitsspektrums, zu einem größeren Repertoire von Kriterien und deren Anwendung auf Lernergebnisse unterschiedlicher Art führen."

Auch wenn diese erweiterten Evaluationsverfahren im Vergleich zu traditionellen Tests und Prüfungen zeitaufwendig erscheinen und möglicherweise während der Verfahren mehr Fragen über den Lernprozeß der Lernenden aufgeworfen werden als tatsächlich beantwortet werden können, so lohnt sich ihr Einsatz dennoch. Die Lerner erreichen nämlich trotz oder gerade wegen der Offenheit dieser Verfahren eine andere Identifikation mit dem Lernprozeß, da sie über die Resultate ihrer Bewertungsaktivitäten hinaus ein Feedback erhalten, das ihre Lernfähigkeit steigert.

Zudem sind autoevaluative Verfahren frei von Ängsten bezüglich eines möglichen Mißerfolgs, der den Ruf innerhalb der Klasse gefährden könnte, sowie bezüglich zu erwartender Sanktionen seitens der Lehrer oder Eltern. "Corriger, noter, classer, sanctionner" ist zwar " un schéma qui a (...) formé des générations et des générations de jeunes" (Vignaud 1997: 37), aber seine Wirkung im Hinblick auf einen langfristigen und dauerhaften Informations- und Wissenszuwachs ist nicht zuletzt aufgrund der damit verbundenen Ängste häufig eingeschränkt.

4. Die Rolle des Lehrers bei der Autoevaluation

"Une formation à l'autoévaluation est essentiellement une formation de la personne de l'apprenant par l'apprenant, une auto-formation assistée par l'enseignant." (Holec 1990: 47) Dieses Zitat macht deutlich, daß autoevaluative Verfahren bei aller Selbstbestimmtheit eine Interaktion implizieren, durch die sie den Charakter einer Einbahnstraße vom Lehrer zum Schüler verlieren, der den traditionellen Verfahren anhaftet.

Dem Lehrer kommt dabei eine besondere Rolle zu, die großer Empathie bedarf. Seine Rolle besteht in erster Linie nicht mehr darin, die Lerner zu dirigieren oder in autoritärer Weise zu kontrollieren, sondern vielmehr die Entdeckung autonomen Lernens zu begleiten. Dabei gilt es, die Eigentätigkeit der Schüler zu fördern und den individuellen Lernrhythmus und Lernweg jedes einzelnen Lerners zu respektieren. Vor allem im Hinblick auf eine selbständige Meinungsbildung sollte der Lehrer originelle und unkonventionelle Verhaltensweisen bzw. Sichtweisen der Lerner zulassen und eine von ihm unabhängige Urteilsbildung ermutigen. Bei der Sinnkonstruktion von Texten beispielsweise, die zum 'täglichen Brot' der Fremdsprachenlehrer gehört, sollte die Hauptbeschäftigung der Schüler nicht mehr darin bestehen, Intentionen des Lehrers zu erraten.

Möglichkeiten zur Autoevaluation zu schaffen bedeutet aber keineswegs, daß der Lehrer bei diesen Verfahren unbeteiligt ist. Ein weitgehender Verzicht auf Formen extrinsischer Steuerung kann gerade im schulischen Kontext nicht als völliges Ausgeschlossensein des Lehrers verstanden werden. Zum einen erwartet der Lerner eine Rückmeldung vom Lehrer, der für ihn als Spezialist in der Regel eine besondere Autorität besitzt. Zum anderen können autoevaluative Verfahren wie etwa das Blitzlicht oder das Lernertagebuch auch dem Lehrenden ein nützliches Feedback über die Unterrichtsgestaltung bieten.

Deshalb betonen Theoretiker der Autoevaluation immer wieder die Notwendigkeit einer Koevaluation vor allem im Bereich der Fremdsprachenvermittlung, wo es angesichts des Primats der zu erwerbenden Kommunikationsfähigkeit paradox wäre, den Lerner in Sachen Evaluation zum Autisten werden zu lassen (vgl. Monnerie-Goarin 1993: 18). Wenn der Austausch in einem kooperativen, von gegenseitigem Respekt getragenen Klima stattfindet, wirkt das Feedback motivierend, und die Reflexion wird vorangetrieben. Dem Lehrer kommt im Hinblick auf diese vertrauensvolle Unterrichtsatmosphäre eine besondere Verantwortung zu. Sie zeichnet sich dadurch aus, daß sich der Lerner während der Evaluation zu keinem Zeitpunkt dem wertenden Blick eines anderen ausgeliefert fühlen sollte und dabei Gefahr läuft, öffentlich verurteilt oder gar angegriffen zu werden.

Literaturangaben

Angelo, Thomas A. (1992): "Evaluation in der Lehrveranstaltung: Bewertung und Verbesserung der Lehr- und Lernqualität dort, wo es am wichtigsten ist." In: Rolf Holtkamp & Klaus Schnitzer (Hrsg.): *Evaluation des Lehrens und Lernens. Ansätze, Methoden, Instrumente. Evaluationspraxis in den USA, Großbritannien und den Niederlanden.* Dokumentation der HIS-Tagung am 20./21. Februar 1992 im Wissenschaftszentrum Bonn-Bad Godesberg. Hannover: HIS, 99–123.

Aubégny, Jean (1987): *Les Pièges de l'Evaluation.* Paris: Editions Universitaires.

Bildungskommission Nordrhein-Westfalen (1995): *Zukunft der Bildung – Schule der Zukunft.* Neuwied: Luchterhand.

Holec, Henri (1990): "Apprendre à l'apprenant à s'évaluer: quelques pistes à suivre." *Etudes de linguistique appliquée* 80, 39–48.

Le Blanc, Raymond & Bergeron, Jocelyne (1988): "L'évaluation dans une pédagogie de la communication." In: Anne-Marie Boucher & Raymond Le Blanc (éds.): *Pédagogie de la communication dans l'enseignement d'une langue étrangère.* Bruxelles: De Boeck Université, 137–153.

Leupold, Eynar (1997): "Klassenarbeiten und Klausuren nach vorne gedacht." *Der fremdsprachliche Unterricht/Französisch* 31, H. 26, 12–16.

Mandl, Heinz, Gruber, Hans & Renkl, Alexander (1993): "Neue Lernkonzepte für die Hochschule." *Das Hochschulwesen* 41, 126–130.

Martin, Jean-Pol (1996): "Das Projekt 'Lernen durch Lehren' – eine vorläufige Bilanz." *Fremdsprachen Lernen und Lehren* 25, 70–86.

Merle, Pierre (1998): *Sociologie de l'évaluation scolaire.* Paris: PUF.

Monnerie-Goarin, Annie (1993): "Evaluation: Quelques repères historiques." In: Annie Monnerie-Goarin & Richard Lescure (coords.): *Evaluation et Certifications en Langue Etrangère.* Paris: EDICEF.

Mothe, Jean-Claude (1990): "Evaluer des compétences en langue étrangère." *Etudes de linguistique appliquée* 80, 133–138.

Rea-Dickins, Pauline & Germaine, K. (1992): *Evaluation.* Oxford: Oxford University Press.

Rea-Dickins, Pauline (1999): "Some shifts, twists, turns and tactics in Language Programme Evaluation." *Les Cahiers de l'Apliut* 18, H. 3, 7–22.

Renkl, Alexander (1997): "Methoden zur Aktivierung von Studierenden: Ideen zur Verbesserung der Lehre." *Das Hochschulwesen* 45, 109–112.

Tagliante, Christine (1991): *L'Evaluation.* Paris: CLE International.

Vignaud, Marie-Françoise (1997): "Que sais-je ou ce que j'ai appris et retenu." *Der fremdsprachliche Unterricht/Französisch* 31, H. 26, 37–38.

Vollmer, Helmut J. (1995): "Leistungsmessung: ein Überblick." In: Karl-Richard Bausch, Herbert Christ & Hans-Jürgen Krumm (Hrsg.): *Handbuch Fremdsprachenunterricht.* 3., überarb. und erw. Aufl. Tübingen/Basel: Francke, 273–277.

Wendt, Michael (1998): "Fremdsprachenlernen ist konstruktiv." *Der fremdsprachliche Unterricht/Französisch* 32, H. 32, 4–10.

Anhang 1

Feuille d'observation

Du   au

Mes activités

à l'expression orale (parler):

en compréhension orale (écouter):

en compréhension écrite (lire):

à l'expression écrite (écrire):

Anhang 2

Auto-évaluation
(la feuille est complétée par chaque élève à la fin de chaque semaine)

1. Pratique de la langue en dehors du cours
   Combien de temps as-tu passé – en dehors des cours
      à parler français:
      à écouter du français:
      à lire en français:
      à écrire en français:

2. Avec qui as-tu parlé français? (à part le professeur)
   Tes conversations étaient-elles satisfaisantes? Oui/Non
   Pourquoi?

3. Quels films/quels programmes à la télé/à la radio as-tu regardés/écoutés en français?
   Qu'est-ce que tu en penses?
   Ton français t'a aidé?
   Si oui, comment?
   Si non, pourquoi pas?

4. Qu'est-ce que tu as lu cette semaine en français?
   Qu'est-ce que tu en penses?
   Ton français t'a aidé?
   Si oui, comment?
   Si non, pourquoi pas?

5. As-tu écrit quelque chose en français cette semaine?
   Si oui, quoi?

6. Ecris dix expressions en français que tu as apprises cette semaine et traduis-les dans ta langue maternelle.
   Où est-ce que tu les as apprises?
   en cours?
   autre part?

7. As-tu fait des progrès cette semaine?
                                     beaucoup   assez   peu   pas du tout
   à l'expression orale
   en compréhension orale
   en compréhension écrite
   à l'expression écrite

8. Quelles activités prévois-tu pour la semaine prochaine?
   à l'expression orale:
   en compréhension orale:
   en compréhension écrite:
   à l'expression écrite:
   Comment veux-tu les réaliser?

9. Maintenant essaie d'indiquer ton progrès personnel sur une échelle.
   1   2   3   4   5   6   7   8   9   10

d'après Rea-Dickins
& Germaine (1992: 58)

Anhang 3

Pour diagnostiquer les difficultés de lecture

J'ai des problèmes

à comprendre le sens général
à capter l'information centrale
parce qu'il y a trop de vocabulaire que je ne comprends pas

à suivre l'argumentation
à comprendre les détails

à lire des romans
à comprendre des lettres officielles
-
-
-

Rüdiger Pfromm
Lerntypen und Lernstile – Vorüberlegungen zu einer Typologie

1. Einführung: Zur Individualisierung von Kognition

Unter dem Stichwort der Schülerorientierung soll im folgenden auf die Möglichkeiten einer Verbesserung individueller Rezeptions- und Produktionsverfahren im Fremdsprachenunterricht eingegangen werden. Die Problematik von Lerntypen und Lernstilen, Rezeptions- und Produktionspräferenzen sowie Vorgehensweisen auf neurobiologischer, psychologischer und pädagogischer Grundlage, plurifaktorieller Konzepte also, wurde zwar erkannt,[1] aber bisher aus methodologischen Gründen zu sehr aus kognitivem Blickwinkel systematisiert (s. Duda & Riley 1990; Villanueva & Navarro 1997; Grotjahn 1998). Diese Reduktion soll für den Bereich der schulischen Kommunikation im Fremdsprachenunterricht zugunsten eines ganzheitlichen "psychopädagogischen" Handelns von Lehrer und Schülern in Diskursen und Übungen problematisiert werden, um motivationale, emotionale und affektive Faktoren einzuschließen, die sich aus Temperament und Charakter des selbst- und fremdbestimmten Schülers ergeben.

Kognitive Vorgehensweisen beim Erfassen und Lösen von Problemen in und mit Texten und Bildern lassen sich beim Schüler kaum als (semiotisch) reine Verfahren der Mnemonik beschreiben, weil sie eingebunden sind in emotionale Lagen (Ängste, Motive) und Wertprofile, die die Gesamtpersönlichkeit ausmachen: Es ergeben sich zwangsläufig Kovarianzen zwischen Arbeitsstilen, Vorgehensweisen und bevorzugten Lernstrategien mit kognitiv-charakterlichen Faktoren, die im folgenden analysiert werden sollen.[2]

Natürliche Kommunikation im Unterricht sollte wie in der Muttersprache auch ganzheitlich angelegt sein, aber normales institutionelles schulisches Lernen von Fremdsprachen tendiert in Ermangelung von natürlichen Sog- und Drucksituationen (Aufforderung zum Handeln, Durchführung, Korrektur des Getanen) und bedingt durch zahlreiche didaktische und neuronale Reduktionen notgedrungen zu rationalen analytischen Verfahren und vorkommunikativen Einschleifübungen. Dieser Umstand führte in der Methodik über Jahrzehnte hinweg zu Diskussionen über Bewußtmachung und Einschleifen, über Kommunizieren vs. Grammatiklernen, über Sprachrichtigkeit vs. Mitteilungsfähigkeit usw.

---

[1] Die schon längere Zeit vor allem in den USA und Großbritannien geführte Diskussion über Lernstrategien findet sich in dem Heft 34 der Zeitschrift *Der fremdsprachliche Unterricht/Französisch* (1998) kritisch zusammengefaßt

[2] Mein besonderer Dank gilt Herrn Reinfried, der meine Überlegungen mit kritischem Sachverstand begleitet hat.

Binnendifferenzierung als Maßnahme des Lehrers verfolgt das Ziel, die Verarbeitungs- und Gestaltungseigenheiten des einzelnen Schülers beim Problemlösen im Unterricht zu berücksichtigen, um Lernfortschritte individuell zu dosieren und zu strukturieren bzw. Hürden und Reduktionen aufzuheben (Duda & Riley 1990: 107, 113, 117; Pfromm ²1997: 42). In der Tat lassen sich zur Klärung der Faktorenkomplexion Lernen im Wirkungsdreieck Schüler-Stoff-Lehrer heuristisch vier Ebenen trennen, die einerseits endogen biologischen Ursprungs sind (Temperament, neuronale Zentren, spezifische Vernetzung) und andererseits exogen aus Faktoren der jeweiligen Entwicklung und Sozialisation herrühren (Lerngeschichte, Charakter, Erziehungsstil): (1) basale Persönlichkeitsmerkmale, (2) Informationsverarbeitungsmerkmale, (3) soziale Interaktionsmerkmale und (4) Unterrichtspräferenzen (Grotjahn 1998: 12).

Die "kognitive Erziehung" des Lerners durch den Lehrenden bei der Wahl seiner Mittel zur Erreichung von Übungszielen während der Erarbeitung und Aneignung von Diskursen und Skripturen richtet sich sinnvollerweise an den jeweils anzutreffenden individuellen Voraussetzungen aus: Bei Lerntypen[3] sind, je nach gewähltem Instrument, Denk- oder Lernstile festzustellen, die von der jeweiligen Persönlichkeit mit ihren Vorlieben und Abneigungen beeinflußt werden. Schauen wir in die Klassen, dann begegnen dem Lehrer semantisch-thematische Hüpfer, die der Struktur ermangeln; es gibt gliedernde, strukturell verfahrende Denker, denen die Gabe des Ausmalens fehlt; es gibt Geschichtenerzähler, Sachverhaltsverwalter, induktiv und deduktiv vorgehende Schüler; es gibt kategorial denkende Zergliederer, aber auch schwärmende Phantasierer, die Zusammenhänge fingieren, die es real nicht gibt, sowie experimentell angelegte Sucher; schließlich gibt es noch introspektive "Träumer" und kommunikativ-interaktive Mittler (Duda & Riley 1990: 53, 132, 200; Pfromm ²1997: 77–82; Villanueva & Navarro 1997: 22). Lerner können eine aktive oder passive Haltung bzw. Strategie einnehmen, die sie konsequent oder starr, inkonsequent oder flexibel einsetzen.

Auf der einen Seite will der Lehrende seine Schüler langfristig zu einem effektiven Problemlösen erziehen, das zwischen Mitteln und Zwecken abwägt, auf der anderen Seite muß er sie bei ihren Eigenheiten abholen, um sie nach und nach an die gesellschaftlichen Konventionen und Anforderungen zu adaptieren. Zwischen Plan und Zielerreichung liegt für viele Schüler eine lange Wegstrecke, während der diese Einpassung scheitern kann. Die Frage nach den Grenzen der Individualisierung des Lernens stellt sich sowohl für das methodische Verhalten des Lehrers im allgemeinen als auch für den verstärkten Einsatz des Computers im Unterricht im speziellen: sie betreffen bei Übungen die zu wählenden Medien, aber auch ordnende Perspektiven, Rahmen und Netzgraphen (Skripts, Cluster etc.) sowie Mittel zur Beurteilung ihrer Stärken und Schwächen bei der Rezeption und Produktion von Texten. Hilfen für und gegen individuelle Lehr- und Lernstile anzubieten bedeutet aber nicht schon, das Problemlöseverhalten des Schülers zu verändern.

Der Versuch der Individualisierung des Lehr- und Lernvorganges trägt der Erkenntnis Rechnung, daß die endogenen und exogenen Faktoren eines jeden Lerners differieren.

---

[3] Die Begriffe Lerntyp, Lernstrategie und Lernstil bedürfen, wie die Diskussion bei Raabe und Grotjahn (1998) zeigt, der weiteren Klärung, obwohl das Oberflächenverhältnis deutlich zu sein scheint.

Neurobiologen bestätigten bereits Mitte der siebziger Jahre die Aussage der Differentialpsychologie, daß die Lernwege bei jedem Menschen anders verlaufen. Dem Lehrer kommt selbst ein spezifisches individuelles Spektrum an Denk- und Verhaltensweisen beim Problemlösen zu, das sich nicht mit dem seiner Schüler decken muß. Im Wechsel von Lehren und Lernen stellen diese Präferenzen eine mentale Konditionierung dar, der sich der Schüler stellt bzw. gegen die er mehr oder weniger bewußt rebelliert, um vielleicht anschließend eigene Wege zu gehen. Will der Lehrer die speziellen Lernweisen seiner Schüler erfassen, wird er bei der Lerngruppenanalyse zum Forscher, der die mentalen Profile seiner Schüler zu erfassen sucht (s. die Fragebögen in Villanueva & Navarro 1997: 150–154; Duda & Riley 1990: 99–105).

Die Kunst des Unterrichtens besteht darin, Lehren (Didaxis) und Lernen (Mathetik) zur Deckung zu bringen. Die von der Art des Diskurses abhängigen Stile (Klarheit, Expressivität, Direktheit etc.) in der Klasse auf der einen Seite und die kognitive Struktur des Materials als Reflexions-, Imitations- oder Transformationsgegenstand des Unterrichts auf der anderen Seite koinzidieren oder kollidieren in der dynamischen Interaktion zwischen Lehrer oder Schüler und dem jeweiligen Rezipienten.

2. Denkstile im Zusammenhang mit Intelligenzen

Denkstile, d.h. von den Hemisphären oder dem limbischen System beeinflußte Verknüpfungen von Ideensequenzen, zeichnen sich durch die Präferenz von beispielsweise abstrakter Sprache oder lebendigen, konkreten, sprachlichen Bildern aus, schwanken also kulturabhängig zwischen abendländischen kognitiven Traditionen der Persistenz und fernöstlichen Modi paradoxer "Logik" des Wandels (Oeser & Seitelberger [2]1995; Briggs & Peat 1993). Lern(er)bewußtheit als Kategorie des individualisierten Lernens schließt Sprach- und Textbewußtheit ein, die wiederum sowohl in der Referenz als auch in den Kommunikationsstilen und Vertextungsweisen kulturell verankert sind (Oxford & Anderson 1995). Sie bezieht sich auf die Verwendung von Texten und Bildern in Büchern und im Computer.

Beim jeweiligen individuellen Lernen kommt es in der neuronalen *"hardware"* darauf an festzustellen, welche der unterschiedlichen zerebralen, an die Sinne gebundenen Zentren (Wirth [4]1994: 66; Pfromm 1998: 156–178) wie stark ausgeprägt, vernetzt und verzweigt sind, wie intensiv sie miteinander interagieren und wie gut sie intermodal zusammenarbeiten. Gedächtnis, Sprechen, Denken und Handeln werden durch die im Lerner wirksamen unterschiedlichen "Intelligenzen" im Gefüge wechselseitig verbundener neuronaler Netzwerke verschiedener Struktur, Größe und funktionaler Organisation mit wechselndem Genauigkeitsanspruch organisiert und koordiniert (Pfromm 1998: 89, 116). Wahrnehmung und begriffliches Denken stehen beim situativen natürlichen Lernen in einem kontinuierlichen Zusammenhang und werden erst durch schulisches Lernen nach und nach logisch formalisiert (kognitive Erziehung).

Repräsentationen oder Notationen der Oberfläche sind an Repräsentationen auf der "präsymbolischen Ebene" gebunden, die auch als Primitiva (Muster, Gestalten, Kategorien) gedacht werden, obwohl sie sowohl modal als auch amodal eher als übergangsfähige Fraktale[4] in einem komplexen Schichtwerk von neuronalen Netzen vorzustellen sind (s. etwa Phraseologeme, Synästhesien). Ein Satz enthält ja nicht nur deklarative, sondern auch rhythmische, musikalische, emotionale und pikturale Anteile, die je nach Absicht des Rezipienten oder Produzenten im Umgang mit der Sprache berücksichtigt werden (s. etwa Poesie).

Zu bedenken ist, daß nach der Lateralisation mit vier bis fünf Jahren das Gehirn die Tendenz hat, die Sprache in ihrer natürlichen (Un-)Logik von bis dahin globalen zu differenzierten Fertigkeiten weiterzuentwickeln, wodurch sich das Verhältnis von Sprache und Denken kompliziert. Deklarative Äußerungen abstrahieren von nichtverbalen Anteilen eines Satzes. Der Denkstil in Wortgruppen aber wird durch intermodale Vernetzungen (Synästhesie, Metapher, Rhythmus, Melodie) "entschematisiert", d. h. er gewinnt an Strahlkraft und Schmiegsamkeit. Die Beziehung der Sprache zur Materie (Referenz) gestaltet sich vielfältig, d.h. teilweise unmotiviert, teilweise motiviert im Falle des Ikons und teilweise kulturell bestimmt (s. Diskussion zur Referenz).

Stabile Strukturen bilden sich auf der Basis von eigener Bewußtwerdung (Vergleich, Schluß), Einsicht, Iterativität (Überlernen, Konstanz), emotionaler Stabilität (Vertrauen) und Expressivität, die zur Bestätigung von Wissensbeständen führen. Bewußtseinszustände (wie Vigilanz) und Kontursalienz unterstützen die Gestaltbildung. Rationale und irrationale Vorstellungen (Ideen, Mythen, Glaube) bilden ihre überwiegenden Inhalte, deren Knüpfmuster sich zwischen lockeren Assoziationen über analogische Brücken bis hin zu logisch-kausalen Bewußtseinstätigkeiten entwickeln können: die formale Logik ist daher dem Denken nicht vor-, sondern nachzuordnen, weil sie die Folge einer bewußten Konstruktion und somit mentale Arbeit ist. Logik ist demnach in einem geringeren Umfang ein Erfahrungs- und in einem größeren Umfang ein Erziehungsprodukt, aber kein ontologisches Faktum menschlichen Handelns.

Die Stärke der Symbiose korreliert mit der Präsenz des jeweilig präferierten "Kanals" bei einer intermodalen Problemlösung. Denken in der Sprache knüpft an Wissensbestände der modalen Speicher an, nämlich den musikalisch-lautlichen Speicher, den visuellen Speicher und den sensomotorischen Speicher. Für den fremdsprachlichen Bereich kommen insbesondere vier Profile in Frage, die ggf. kombiniert werden können: das verbale, das musikalische, das visuelle und das personale. Bisherige Intelligenztests erfassen die Denkgeschwindigkeit und einige Denkwege, nicht aber Kreativität, soziale Kompetenz und Persönlichkeitsstrukturen.

3. Amodales vs. modales Denken

Denken beinhaltet, Wörterbüchern zufolge, einerseits die mentale Entwicklung einer Idee, Einsicht oder Absicht und andererseits die beim Abwägen, Überlegen, Nachsin-

---

[4] Über die tatsächliche symbolbildende und logisierende Kraft eines Linguokognats beim menschlichen Denken, die die KI einfach voraussetzt, muß in einem semiotischen Modell im einzelnen (s. etwa Metapher, Paradoxon, Ikon, Synekdoche, Onomatopöie) auf der Ähnlichkeits-Kontrast-Skala weitergedacht werden.

nen, Reflektieren, Erinnern, Sich-Vorstellen, Planen, Kreieren, Vorausahnen und Folgern beteiligten Vorgänge. Denkarten sind das erfassende Denken bei der Rezeption und das anwendende Denken bei der Produktion von Texten (Pfromm 1998: 193).

Versteht man amodales Denken als ein mehr oder minder konsequentes, schlüssiges Verbinden von semiotischen Kodes oder Notationsweisen (visuell, auditiv, motorisch) in Segmenten (*chunks*), dann liegt es nahe, nicht nur Lerntypen nach den Sinnen anzunehmen, sondern auch unterschiedliche "Intelligenzen" (zu Gardners Konzept der multiplen Intelligenz s. Winkel 1997: 162, 198; Oeser & Seitelberger 1988: 87). Damit wird die Logik als Basisstruktur des Denkens relativiert. Amodales Denken[5] in den Varianten von Richtung nehmen, Weg erkunden, Verknüpfungen herstellen schwankt stilistisch zwischen rationaler Konsequenz (Logik) und irrationalen Sprüngen auf der Ebene der Syntax und tendiert zu Unschärfen und "mots valises" auf der Ebene der Semantik. Es ist nicht an Sprache gebunden, sondern an Objekte, wie Tierversuche zeigen. Zu unterscheiden ist daher zwischen (1) amodalem Denken, (2) (unbewußtem) Denken in der Muttersprache, (3) (bewußtem) Denken in der Fremdsprache und (4) Denken (Reflexion) über Sprache.

Zwar läßt sich das Denken grundsätzlich von Sprache trennen, aber bei "tiefenstilistischen" Präferenzen während des Denkens in einer Sprache (s. Referenz, Inferenz und Präzision) – für den schulischen Bereich im Normalfall nur in der L1 und nicht im Fachunterricht der L2 – gehen beide bei einem verbalen Lerntyp eine starke Symbiose ein: *faire faux bond à qn.* und *poser un lapin à qn.* haben dasselbe kognitive amodale Konzept (deutsch: jd. versetzen), aber völlig verschiedene Stilebenen und situative Kontexte.

Linguokognitives Denken ist dem mathematischen ontogenetisch vorgeordnet und offensichtlich grundsätzlich von diesem unterschieden, weshalb Piagets konstruktivistisch-strukturelles kognitives Modell auf mathematischer Grundlage für den Spracherwerb nicht maßgeblich sein kann (Pfromm 1998: 527).[6] Die ahistorische Mathematik läßt sich weit mehr auf unwandelbare Materie als auf Kommunikation beziehen, die sich – zumeist psychisch gesteuert – über Sprache regeln kann, aber nicht muß (s. para- bzw. extralinguale Mittel).

Die "Schrittigkeit" des Denkens (Aspekt des Denkstils) schwankt je nach Emotion, Interesse und Oberflächlichkeit zwischen langsamem, umsichtigem, ggf. taktischem Tasten und hastigem Vorgehen, das z.B. durch schlecht verbundene Sprünge, Digressionen und einen verlorenen Faden charakterisiert ist (Pfromm 1998: 193). Natürliche

---

[5] Amodales Denken als Tiefentätigkeit des visuell und auditiv gesteuerten Intellekts organisiert die KI als binäre Informationsverarbeitungsprozesse. Bei der Bestimmung der Gehirnleistungen während der Begriffsbildung, des Urteilens und Schließens wurden über den Computer zahlreiche Einsichten gewonnen, aber die Vorgänge sind bisher nur unzureichend auf der Basis vieler Reduktionen nachgebildet worden. Selbstempfindungen und Empfundenes, Erleben und Vorstellungen beim motorischen Handeln ebenso wie Kreativität wurden methodologisch bedingt ausgeblendet.

[6] Die Frage der Denk- und Lernstile mit ihren natürlichen (un-)logischen Knüpfweisen greift tief in die mathematisch-logisch formalisierte Theoriebildung ein: sie umfaßt die wissenschaftliche Modellbildung von Textstil sowohl in der Sprach- als auch in der Literaturwissenschaft.

Logik als Relationsqualität beim Kommunizieren (Teilidentität, Kategorisieren, Kontrast, Grad, ausgeschlossenes Drittes) wird auf natürlichem Wege unbewußt und unter schulischer Anleitung bewußt erworben (Edmondson & House 1993: 163, 186, 200, 222; Lewicki 1997: 49; Pfromm 1998: 107, 117, 469). Logisch formulierte Texte bedürfen der Anstrengung des Begriffs, der schlüssigen Verknüpfung der Argumente bei Wahrung einer Perspektive u. a. m.

Die von der Art der Unterrichtsdiskurse in der Klasse abhängigen Perzeptions- und Rezeptionsstile (Klarheit, Expressivität, Direktheit, Begriffsdichte etc.) auf der einen Seite und die kognitive Struktur des Lernmaterials (funktional stilistischer Aufbau, Textgestaltung) auf der anderen Seite als Reflexions-, Imitations- oder Transformationsgegenstand des Unterrichts koinzidieren oder kollidieren in der Interaktion zwischen Lehrer oder Schüler mit dem jeweiligen Rezipienten (soziale Interaktion, methodische Präferenz). Das gilt insbesondere für skripturale Stile mit dichterer Vernetzung der Konzepte (Redundanz/Prägnanz).

Übungen können sequentiell angelegt sein (etwa: Flexion von Verben oder Nomen) oder Modulen folgen (etwa: *scripts* oder *cluster*) oder die Struktur von Ringen, Bäumen oder Mandalas annehmen. Auf Grund ihres Aufbaus können sie vom Schüler angenommen oder als undurchsichtig abgelehnt werden: Ein visuell angelegter Schüler reagiert anders als ein verbal orientierter Schüler. Um einen Lernvorgang erfolgreich und effizient durchzuführen, müssen die Erläuterungen des Lehrers, die Struktur des Materials und die kognitive Struktur des Schülers zusammenfinden.

4. Individuelle neurobiologische Voraussetzungen des Denkens

4.1 Hemisphärenpräferenz

Von einem starken dualistisch-hemisphärischen Ansatz aus nehmen Herrmann (1992: 210) und Winkler (1997: 195) unterschiedliche Lösungsstrategien an, die kollidieren können. Analytische, induktive Verfahren stehen synthetischen, deduktiven gegenüber: Logiker oder Systematiker suchen eher nach der trennenden Regel als kommunikative Lerner; erstere gehen also vermehrt *bottom-up* und letztere eher *top-down* vor (Edmondson & House 1993: 185, 200, 301); oder, anders gesehen, erstere sind auf kategoriale Unterscheidung, letztere auf kategoriale Verbindung aus. Die rechte Hemisphäre steuert die Problemlösung global synthetisch, die linke detailliert sie dagegen während der Strukturierung.

Rechtshemisphärische Menschen präferieren globale, routinenhafte, synthetische Problemlösungen, linkshemisphärisch operierende Menschen analytische Problemlösungen: die einen werden im Computerjargon Holisten, die anderen Serialisten genannt (Duda & Riley 1990: 53, 132). Sie kommen meist nicht in Reinform, sondern nur in Mischungen vor; solche Mischungen werden in Chi-Quadranten profiliert und visualisiert (s. Herrmann 1992).

Man darf indes nicht nur die Funktionen des Cortex betrachten, sondern muß auch die Auswirkungen des Limbischen Systems und des Kleinhirns, d. h. der Emotionen, auf das Denken in Rezeption und Produktion von extralingualen Informationen und verbalen Texten bedenken, weil sie auf die mentale Organisation einwirken. Die emotionale Verwurzelung alles menschlichen Denkens und Handelns wird im Konzept der sog. Affektlogik (Oeser & Seitelberger 1995: 84), die abhängt von Temperament und Charakter, kognitiv nachgestellt.

4.2 Temperament und Begabung als Verhaltens- und Denkfaktoren

Genetische und organisch-physiologische Voraussetzungen determinieren das Temperament, während die Regulierung der neuronalen Funktionszentren durch (Selbst-)Erziehung die individuelle Persönlichkeit, sprich ihren Charakter, ausmacht. Temperament und Kommunikations- bzw. Handlungsstil stehen über den Charakter in einem engen Zusammenhang (Lewicki 1997: 48). Temperament als Bestandteil des Charakters kann als Gesamtheit relativ konstanter Merkmale eines Individuums (wie Aggressivität, Duldsamkeit oder Zurückhaltung), die den kognitiven Gesamtstil seines Verhaltens und Handelns charakterisieren, angesehen werden. Es wird, was Labilität und Stabilität betrifft, durch Hormone beeinflußt. Charakter als das Lernergebnis des (u. U. konfliktuellen) Zusammenwirkens von häuslichem mit schulischem Erziehungs- und Kommunikationsstil sowie individuellem Temperament bestimmt das Kommunikations- und Arbeitsverhalten, d. h. die sozialen Interaktionsmerkmale.

Denkt man das einsichtige Modell von Zentren des Neokortex weiter, die Mediziner als Störungszentren konzipieren (Wirth [4]1994: 67), dann lassen sich, geschlechtsunspezifisch, Begabungsschwerpunkte erklären. Die Begabung, eine von der individuellen Willensanstrengung unabhängige, aber durch Konditionierung beeinflußbare neurobiologische Vorgabe, bewirkt bestimmte Präferenzen für Wege und Mittel bei der Problemlösung und steuert die Lernbereitschaft. Sympathie und Antipathie für bestimmte lerntypische Grundmuster erklären sich zu einem guten Teil daher; sie rühren aber auch aus kulturell bedingten Präferenzen von bestimmten Notationsformen (visuell, auditorisch, motorisch-manuell, verbal, rhythmisch bei Hieroglyphen, Zeichensprache, Esperanto usw.), die unter die Lerntypen und Denkstile fallen. Exogene häusliche Förderung und Schulung können (mangelnde) Begabung, spezifische neuronale Vernetzungen also, zu einem gewissen Teil beeinflussen, ohne jedoch bei gleicher Anstrengung zu jenen Spitzenleistungen zu gelangen, die begabte Menschen in bestimmten Disziplinen je nach Kombination der Sinne erreichen.

Von den natürlichen Lernstilen sind in Abhängigkeit von dem Medium (Buch, Computer) und der Notationsform (Figur, Symbol, Piktogramm, Hieroglyphe) die Denkstile als Knüpfweisen zu unterscheiden, die, weil sie mit jenen zusammenfließen, unterschiedliche Interpretationen gefunden haben (Pfromm [2]1997: 77; Edmondson & House 1993: 198, 220). Der Grad von Neuheit, Präzision, Prägnanz (Lebendigkeit, Bizarrheit, Farbigkeit) und Kontur variiert bei jedem Element (Wortzeichen, Piktogen usw.) und jeder Relation. Wörter sind gegenüber mathematischen Symbolen unpräziser, aber "lebendiger".

Zwischen Lernstrategie[7] (Mnemotechnik) und Speicherung besteht aufgrund individueller Mneme (Vernetzungspräferenzen bzw. -voraussetzungen) ein Zusammenhang (Netztyp, Netzweg). Dieser ergibt sich aus der Vernetzungs- und Synapsenwachstumshypothese, auch "Spurungsannahme" genannt. Lerner können ihre modalen Präferenzen infolge von längeren externen Anforderungen, also durch Training, verändern: aus einem Gesprächstyp kann z. B. ein rezeptiver Leser werden, ebenso wie es Lerner gibt, die mehrere Wege zu nutzen vermögen. Eine Neustrukturierung von vor allem rechtshemisphärisch vorhandenen neuronalen Verfilzungen, die durch Mehrfachvernetzung zustande gekommen sind, kann durch natürlich ablaufende Übungen nur in begrenztem Umfang erfolgen.[8] Endogen und exogen angelegte Mneme wie Szenarien, Pläne, Schemata und Muster müßten dann auf verschiedensten Ebenen neu koordiniert werden (s. Konnektionismus).

4.2.1 Häusliches und schulisches Anregungs- und Beeinflussungspotential

Der Lerntyp konstituiert sich aus verschiedenen Verhaltensbereichen: der Problemlösungshaltung (Antrieb: aktiv/passiv), den Emotionen (ängstlich/wagemutig; Affekt: Lust/Unlust), der Instrumentenwahl (Bild, Melodie, Operogramm), der "Schrittigkeit" und Bedächtigkeit (global/detailliert) und der Präzision. Diese sind eingebettet in seine Persönlichkeit als Makrorahmen und seinen Status in der Familie (Geschwisterrang, Wertschätzung).

Häusliche Erziehung und Interaktion haben Weiterungen für die schulischen Entsprechungen; bestenfalls stehen beide Bereiche in einem Kontinuum: Lernen ist ja nicht nur von individuellen Eigenschaften, sondern auch von psychischen und erzieherischen Situationen (Spannung, Zuneigung, Streben nach Anerkennung) und methodisch-didaktischen Faktoren (Anregungen, Aufgabenstellungen, Präzision) abhängig. Betroffen sind davon das Neugierverhalten, der Antrieb, der Wagemut, die Ausdauer, die Präzision usw. Haben die Erziehenden direkt oder beiläufig beigetragen, Ziele zu erreichen, und auf welche Weise ist das geschehen? Wurden Vorsicht und Selbstüberprüfung gefördert, etwa dadurch, daß das Kind im Wörterbuch nachschlagen muß, wenn es diffuses Wissen präzisieren soll? Haben die Erziehenden und ihr Kind sich spielerisch gegenseitig auf die Probe gestellt?

Sozial-affektive Faktoren des funktionalen häuslichen kommunikativen Stils (Sprechhaltung, Anregung, Hemmung) ergeben sich weniger aus der sozialen Schicht als vielmehr aus dem Temperament, dem Charakter und dem erzieherischen Selbstverständnis der Eltern mit Auswirkungen auf Verhalten, Diskurstyp und Formulierungsflexibilität, d. h. den Kommunikationsstil (autoritär, sozial-integrativ, neutral). Der

---

[7] Der Terminus *Lernstrategie* wird in der Wissenschaft bisher unterschiedlich verwendet (s. Raabe 1998; Grotjahn 1998). Dem Ausdruck *Strategie* eignet zumindest gegenüber der Taktik im Entscheidungsprozeß der Aspekt der Stabilität und Langfristigkeit. Der Begriff bezieht sich demnach auf den Lerntyp, der die Mittel- und Wegeoption in einer gegebenen Situation unbewußt beeinflußt.

[8] Die Forschung hat bisher noch nicht klären können, ob und inwieweit die Module der rechten Hemisphäre tatsächlich "geschlossen" sind, d. h. sich erziehungsunabhängig selbst entfalten. Der Streit über Anlage und Erziehung geht weiter (s. Pfromm 1998: 16 ff.).

Lehrende wird sich fragen, welche Motive, Verhaltensweisen und Fertigkeiten (Mitteilungsfähigkeit, Stil usw.) in der Familie angelegt wurden.

4.3 Lernen zwischen eigener und fremder Überwachung

Individuelle Einstellungen und Motivation, die durch genetische Persönlichkeitsmerkmale bedingt oder durch Erziehung zustande gekommen sein können, beeinflussen den Lernvorgang als Barrieren oder Handlungsimpulse. In das Selbstbild eingehende Motive (Pfromm ^{2}1997: 76) steuern das Handeln, den kognitiven Stil ebenso wie das Lernen, insofern sie nachlässig oder bedacht ausfallen können. Persönlichkeitsstruktur und Lernleistung (ebd.: 79) stehen also in einem Zusammenhang.

Charakter und Dominanzanspruch des Ich korrelieren über das Selbst: Ein Schüler kann unterwürfig, ich-stark, durchsetzungsfreudig, arrogant und ich-schwach, ein wenig beeinflußbarer Einzelgänger (alleinarbeitend) oder ein Gruppenarbeiter sein. Ob Kinder schon frühzeitig selbstbewußt und unabhängig "analysieren" sowie selbständig konstruktiv verfahren oder ob sie lediglich imitierend Sprach- und Verhaltensmuster übernehmen, scheint eher vom Erziehungsstil und der Anregungsqualität abzuhängen als von genetischen Faktoren, wie sich aus dem Spielverhalten ablesen läßt. Leistungsstärke hängt demzufolge ab von Parametern wie Selbstkonzept, Aspirationsniveau, Ausdauer, psychische Stabilität, innere Ruhe, Ausgeglichenheit, Selbstvertrauen, Frustrations- und Ambiguitätstoleranz, Hartnäckigkeit, Änderung der Mittel, Einsatzwillen und Ausdauer (zu den Kriterien eines guten Schülers s. Raabe 1998: 4).

Allgemeine Einstellungen zur Anforderung wie Wagemut, aber auch Ängstlichkeit (Edmondson & House 1993: 190, 196; Reuchlin 1991: 273) fördern oder hemmen das Handeln, wenn subjektive oder objektive Standards erfüllt sein wollen. Ängstlichkeit wirkt aber überwiegend lernhemmend, wenn sich übergroße Lernbarrieren vor dem Lerner erheben oder das Kind den Lehrer ablehnt.[9] Zaudernde, zögerliche, vorsichtige, ja ängstliche Kinder entbehren der elterlichen Förderung, sei es durch Anleitung oder sei es durch indirekte Vorschläge zum selbständigen Handeln. Viele solcher gehemmter Lerner besitzen durchaus gediegene Fertigkeitsprofile, setzen sie aber mangels Selbstvertrauens und Wagemut nicht ein.

Andere, ängstliche, Kinder verlassen sich auf ihre Routinen, handeln also eher unbewußt getrieben als bewußt gezielt. Ihre rechte Hemisphäre übernimmt gegenüber der linken die Führung. Sie sind scharfe Kontrollen ohne Verbesserungsvorschläge ihrer Eltern gewöhnt. Allzu draufgängerische, provokative Kinder müssen gebremst und in die Gruppe integriert werden, ich-schwache und ängstliche Kinder unterstützt werden. Bockige Kinder rebellieren gegen ihnen rigide oder ungerecht erscheinendes Verhalten der Erziehenden.

---

[9] Die Theorie der differentiellen Emotionen (Hetzer ^{3}1995: 331), die den Lerntyp und Lernstil beeinflussen, legt eine prozeßhafte, keine eigenschaftsorientierte Sicht der Persönlichkeitsentwicklung nahe, auch wenn eine Typologie, die eine solche Beziehung zur Persönlichkeit sucht, bei der Modellierung des Selbstkonzepts auf konsistentem Verhalten basiert. Exogene und endogene Faktoren wirken bei der subjektiven Strukturierung von Kognition zusammen (ebd.: 401, 123).

Nach Anerkennung heischende ängstliche Schüler wollen nicht gegen Regeln und System verstoßen, wollen es "richtig machen", sind also global-systematischer orientiert als ichstarke, modellunabhängige Denker, die – ohne arrogant zu sein – vorgehen, wie sie es aus dem Kontext oder ihrer gegenwärtigen Sicht für richtig halten. Ein reflektierter selbststrenger, also ich-starker Typ plant und setzt um, während ein labiler Typ, vielleicht auch wegen einer geringen Kapazität des Kurzzeitgedächtnisses, sich Sachverhalte mit Hilfe seiner vorhandenen Routinen sofort merken muß[10] und eher zerfahren wirkt. Nur eine frühzeitige, strukturierte Vorbereitung hilft diesem Typ, der viel Sicherheit durch Rahmung braucht.

Die im weiteren skizzierte Schülertypologie geht – um psychische Grundmuster zu finden – von den *fuzzy concepts* Ich/Selbst, Du, Über-Ich (Kontrolleur) vs. 'Fabulierer' und Es aus, weil sie die Verbindung zwischen dem Temperament, den angeborenen Eigenschaften und Verhaltensweisen sowie dem Charakter als (Selbst-) Erziehungsprodukt herstellen. Persönlichkeitsabhängige Faktoren der Sprechhaltung wie Normen, Werte und Strenge erhalten durch diese Konzepte ihren Stellenwert im Gesamtzusammenhang. Freuds Triade wird um die Kategorie des Du erweitert, um Phänomene der Interaktion zu erklären (s. Herrmanns Typ C).

Das Ich wird als Entscheidungsträger verstanden, der in der Öffentlichkeit häufig bewußt, im privaten Bereich auch häufig routiniert unbewußt Denk- und Handlungsakte vollzieht. Das Selbst als bewußte Instanz gehört zum Ich und steht mit dem Über-Ich ebenso wie mit dem Es in enger Beziehung, insofern es die Entscheidungen des Ich mit Bezug auf die "öffentliche Kontrolle" überwacht; diese Überwachung ist bei vielen Menschen ein vollbewußter planvoller Akt.

Als zu fördernde Ich-Funktionen werden angesehen: Vorstellungskraft und schöpferische Gedankenbildung, Phantasie und Mut. Emotionale Prozesse, die ihren Ursprung im Vertrauen oder Mißtrauen gegenüber den Bezugspersonen haben, haben Auswirkungen auf die Lernbereitschaft, den persönlichen Wagemut und die Konsequenz während des Problemlösens. Ein starkes Ich, das sich durch Selbstvertrauen auszeichnet, wird Lernhürden überwinden, mit der Folge, daß bei mehrfachem Gelingen der Wagemut steigt. Narzißtische Größenphantasien von Alleskönnern bedürfen allerdings der Korrektur.

Ein erstrebenswertes Ziel der Erziehung ist eine große Ich-Stärke bei gemäßigtem Über-Ich (Respekt der sozialen Kontrolle bei gleichzeitiger Abgrenzung von ihr): Das Ergebnis einer gelungenen Persönlichkeitsentwicklung ist ein selbstsicherer, ausgeglichener, strebsamer Schüler, der berechtigte Kritik zu akzeptieren bereit ist. Solche Schüler sind antriebsstark genug, um eigene Fehler zu überprüfen und zu beheben. Eine Persönlichkeit wie etwa der "rational altruistische Typ" akzeptiert Frustrationen und Ambiguitäten im Umgang mit den Mitmenschen und bei der Problemlösung. Weitaus verbreiteter sind allerdings der "konformistische" und der "irrational gewis-

---

[10] Wegen der Begrenztheit des Kurzzeitgedächtnisses ist anzunehmen, daß eine geplante Problemlösung immer einen Vorlauf hat. Das Kurzzeitgedächtnis selbst ist individuell unterschiedlich gut ausgeprägt; manche Lerner können eine große Anzahl von Textteilen (*chunks*) aus unterschiedlichen Kontexten besser behalten als jene, die einen Inhalt mehrfach festigen müssen.

senhafte" Typ. Der konformistische Charakter fürchtet soziale Sanktionen oder Mißbilligung, während der irrational-gewissenhafte Typ durch Strenge und Rigidität (Feldabhängigkeit) gekennzeichnet ist. Beide Typen sind das Ergebnis einer fehlgelaufenen strengen Erziehung. Fehlgelaufen ist die Erziehung deshalb, weil die erzieherischen Maßnahmen weder sachgemäß noch angemessen ausfielen.

Manche Menschen neigen zu einem abgrenzenden egozentrischen, andere zu einem anpassungsbereiten sozialen Verhalten. Diese Du-Typen geben eigene Positionen auf, um vom Gesprächspartner akzeptiert zu werden. Als nach Harmonie strebende Menschen sind sie selten geradeheraus und forsch, eher nachgiebig und flexibel. Bei schwachem Über-Ich ergeben sich je nach Mischung scheinheilige, hypokrite oder hinterhältige Varianten. Ihnen liegt die Kommunikation mehr am Herzen als die klärende kategoriale Trennung, die "Wahrheit" bzw. Logik von Sachverhalten.

Es ist festzuhalten, daß die Ich- und Über-Ich-, die Lust- und Unlust- und die Emotions- und Affektregulierungen sich auf die Zielfixierung, Zielstabilität sowie die Qualität der Planerstellung und -durchführung, also die Metakognition, auswirken. Auf die Kritik des Du als Variante der Über-Ich-Funktion (öffentliche Kontrolle) reagieren sensible Wesen dünnhäutig, reizbar und labil, während selbstbewußte Menschen eher dickhäutig und gelassen antworten.[11]

Ein Schüler kann nicht nur durch hormonale Steuerungen, sondern auch aufgrund sozialer Erfahrungen, die ihn "eingestimmt" haben, impulsiv und jähzornig oder gelassen und ausgeglichen sein; er kann seine Intelligenz auf direkte oder auf verschlagene, hinterhältige Weise als Folge seiner Persönlichkeitsstruktur nutzen. Das Limbische System ist für Lust und Unlust, Freude und Wut zuständig; es reagiert unmittelbar kraft direkter Verbindungen zum Metagedächtnis. Selbstkontrolle, Ausdauer und Selbststrenge als exekutive Aspekte hängen mit der Fähigkeit zu kontinuierlicher Automotivierung bei der Problemlösung zusammen (Lewicki 1997: 45). Emotionen mobilisieren Kräfte und schaffen Motivationen, sie können aber auch die Konzentration auf eine Sache durch Abneigung und Blockaden hemmen und zu impulsiven Handlungen führen: Entscheidungen werden dann verschoben, Probleme hastig oder zerfahren angegangen oder auch bei emotionaler Distanz in kleinen Schritten konsequent und genau zergliedert oder "collagiert".

Von ihren Emotionen unabhängigere, sachliche, nüchterne Personen achten bei der Durchführung auf Präzision und Konsequenz (Herrmanns A-/B-Typen); sie können aktiv trennend in der Begriffs- und Modellbildung tätig sein oder ihre Anwendung genau überwachen. Verweilendes Denken zeichnet sie aus. Ohne solche "unbequemen" Menschen als korrigierender Widerpart zur eigenen Macht-, Ego- und Traumposition gäbe es keinen Widerspruch und wohl auch keine Veränderung. Flexible Ordnungen sind ihnen zuwider, weil sie zu starren Systemen neigen, zu Ordnungsliebe, Pünktlichkeit, Pedanterie und Korrektheit. Eine ähnliche Struktur weisen Theoretiker und

---

[11] Vom menschlichen Du ist die Maschine (Computer) zu unterscheiden, die dem Ich ein, wenngleich emotionsloses, *feed-back* geben kann, sofern der Programmierer die Fehler des Nutzers vorauszusehen imstande war.

Überintellektuelle auf.[12] Diese Grundstruktur kann aufgrund anderer elektrochemischer, neuronaler Einflüsse und Erziehungsfolgen variieren. Sie bedarf der Korrektur durch emotionalere, ggf. kreativere Menschen (s. Herrmann 1992).

Ausdauernde selbststrenge Menschen orientieren sich mehr an den Partikularitäten realer Gegebenheiten als zu globalen Netzwürfen neigende emotionale Menschen, denen der überwachte Weg bis hin zu ausgefeilten Teilplänen zu mühselig und ermüdend ist. Kontrollierte Taktiker entwickeln ihre Faktorenanalyse und Entscheidungsfindung in einer gegebenen Situation tastend in die Breite und Tiefe im Wechsel von Vorausschau und Rückschau, anstatt mutig einen spontanen Wurf zu tun, der sich aus der Rückschau als bloß assoziative Annäherung herausstellen könnte.

Mischtypen aus Emotion und Es (s. Fühltypen) handeln gerne "aus dem Bauch" (Hermanns C-Typ). Sie verlassen sich auf atavistische, aus der Phylogenese in die Ontogenese vererbte, Einfühlfunktionen. Sie setzen lieber auf ihre Ahnungen als auf Analysen und handeln daher in der Situation teilkoordiniert, indem sie nach einer schnellen Analyse der situativen Faktoren lediglich teilwirksame *ad-hoc*-Pläne aufstellen und einsetzen. Solche Pläne sind erfahrungsgesättigt oder verlangen vom 'Fabulierer' einen hohen Anteil an Kreativität, je nach vorhandener Phantasie (Herrmanns D-Typ). Phantasie meint Einfallsreichtum und ist somit von der Kreativität zu unterscheiden, die ein Repertoire an beherrschten Verfahren voraussetzt; sie ist mit dieser aber eng verbunden, weil sie sich nicht auf eingefahrene Routinen verläßt (Pfromm 1998: 402).

Die Freudsche Typologie hat den Nachteil und Vorteil zugleich, daß sie ihr Ergebnis bei Erwachsenen formuliert. Schüler haben lediglich eine Tendenz zu einem dieser Typen und können noch in ihrem Verhalten verändert werden (s. Anlage/Umwelt). Das gleiche gilt auch für die anderen das Verhalten beeinflussenden Kräfte; auch mnemonisch-genetische Voraussetzungen (s. mangelnde Begabung) können bis zu einem gewissen Grad durch Übung verbessert werden.

Ellis (1985) entwarf ein – leider nur – duales hemisphärenabhängiges Modell von "kognitiven Stilen", das in Tests operationalisiert wurde: Er teilt sie im Rückgriff auf die Gestaltpsychologie in feldabhängiges (rigides) und feldunabhängiges (flexibles) Verhalten, womit er Ausführungsstile meint (s. Reuchlin 1991: 46, 162, 176). Die Rigidität des 'Kontrolleurs' (Selbst), d.h. der Grad der Hinnahme von Widerspruch betrifft die Toleranz gegenüber Abweichungen zum eigenen Urteil (Unklarheit, Unordnung); Flexibilität, d.h. Feld-/System-/Gestaltungsunabhängigkeit, spricht für Selbstsicherheit und den eigenen Willen des Ich. Mangelnde Ausdauer als Charaktermerkmal vereitelt die Durchführung zeitintensiver komplexer Pläne und Aufgaben. Sie ist eine Art von impulsiver Aufgabebereitschaft bzw. Distanzlosigkeit, da sie sich durch man-

---

[12] In Richtung Schizophrenie entwickeln sich solche Menschen, die ihre innere Konsistenz aufgeben und in Rollen leben, die sich verselbständigen können. Mitunter besitzen sie mehrere Über-Ichs (Identitätsproblem).

gelnde Konsequenz, Kontrolle und Strenge gegenüber Unlust oder plötzlichen Affekten auszeichnet.[13]

4.4 Arbeitsstile und Denkstile

Handeln kann sich in der Überlegung, der Umsetzung, *in actu* oder nach einer Situationsanalyse geplant konkretisieren. Planloses Denken und Sprachhandeln ist ebenso strukturlos, wie das für auf Versuch und Irrtum beruhendes assoziatives oder hüpfendes bzw. digressives Vorgehen der Fall ist; teilweise geplantes, experimentelles Sprachhandeln bekommt erst allmählich Konturen und fügt sich zum Mosaik. Natürliches planendes Sprachhandeln verbindet grob konturierte Antizipationen (bei "Globalisten") mit situativen Feinplänen (bei "Pingelern"), welche die ersteren im Arbeitsprozeß korrigieren. Verweilendes, sich mit dem Gegenstand genau auseinandersetzendes Denken dagegen neigt zum schärferen Konzeptualisieren und Strukturieren (Villanueva & Navarro 1997: 115). Die Erziehung solcher Schüler wird daher in diese Richtung gehen. Erfassen (konkret/abstrakt), Ordnen und Transformieren (beobachten/ überdenken vs. umsetzen/erfahren, umordnen) sind die elementaren Verfahren im Umgang mit Ideen (genauer: amodalen mentalen Konzepten). Die Transformation kann einerseits prüfend mental antizipiert, andererseits impulsiv handelnd *in actu* vorgenommen werden.

Vom Denk- oder Arbeitsstil sollte die Lernstrategie unterschieden werden, denn sie setzt einen "methodischen" Plan (Willen) gemäß Mittel-Zweck-Abwägung voraus, während der Denk- oder Arbeitsstil meist unorganisiert (spontan teilorganisiert oder chaotisch) vorkommt (s. Einfluß der (Streß-)Hormone auf den Denkprozeß). Gemäß seinen teilbewußten Sinnespräferenzen setzt der Lerner seine Mittel ein (s. auch Grotjahn 1998: 11), die aber auch vom Bewußtseinsgrad, also der Aufmerksamkeitsregulierung und der gewählten Inferenzstrategie konturiert werden (Villanueva & Navarro 1997: 53).

Die Verarbeitungsmerkmale der Arbeitsstile als individuelle Gewohnheiten decken sich häufig mit dem Denkstil bezüglich der emotionalen Einstellung des Lerners gegenüber kontinuierlicher Anstrengung und Koordination: sie können unkoordiniert, situativ teilkoordiniert oder präreflexiv koordiniert ausfallen (metakognitive Strategie). Impulsiv kopflose Menschen mit einer geringen emotionalen Distanz verlieren aus Angst, wegen Reizüberflutung, Hektik oder geringem Selbstkonzept Teilziele aus den Augen und optieren statt dessen bei ihrem Lösungsversuch für Versuch und Irrtum, für ihre Intuition, sprich "bewährte" rechtshemisphärische globale Antizipationen (Routinen) oder benutzen gar fremde "Hilfe". Kommunikative oder eher faule Lerner holen sich gezielt oder fortwährend (eher ungezielt) Hilfe bei Mitschülern (soziale/affektive Lernstrategie). Als weitere Untertypen der mangelnden Koordination gibt es

---

[13] Reuchlin (1991: 268) schlägt für Handlungsstile die folgende Einteilung vor: Impulsivität, Rigidität und mangelnde Persistenz. Impulsivität heißt für ihn nicht vorschnelles Urteilen, sondern mangelnde Breitenerfassung von Faktoren. Nicht längeres Nachdenken hilft, sondern die "planmäßige" Erfassung der ein Problem betreffenden Faktoren, die natürlich stark abhängig ist von explizitem Vorwissen und impliziter Erfahrung.

den assoziativ vorgehenden "präreflexiven" Handlungstyp und den kreativ irruptiven "Feuerwerker" in Thema und Formulierung, dem die konstante Struktur – das Durchhalten einer Perspektive – für eine produktive Hochleistung fehlt.

Plötzliche Wechsel in der Emotionalität wirken auf Behalten und Verhalten: Gedanken oder Handlungen gehen verloren oder verlieren ihre Stringenz. Bei schnellem Situationswechsel ist die Behaltensfähigkeit stark eingeschränkt. Auch zeitfühlige, d.h. vom Faktor Zeit stark beeindruckte, Menschen verlieren oft die Nerven und werden fahrig: Sie gleiten ab, stocken oder hüpfen in ihrer Gedankenführung, anstatt mit Mut zur Lücke Antizipationen zu wagen, die durch Rückschau *a posteriori* mit Teilplänen abgestützt werden. Noch im Erleben der Zeit stehende Menschen benutzen häufig die Und-und-Sequenz. Erst durch die emotionale Loslösung aus der Situation, den Abstand, wird das Erlebnis verfügbar und kann ein- und zugeordnet werden (Hierarchie in Szenarien).

Reflektierte Lerner mit einem guten Gedächtnis lernen besser nach linearer Progression; impulsive, approximative Globalisten und Mosaikbauer mit einem offensichtlich schlechteren Kurzzeitgedächtnis begrüßen Spiralprogramme mit Wiederholungen, eingeschobenen Überblicken zur Standortbestimmung in Form von übersichtlichen Modulen und bilanzierendem Rückschauen des gemachten Fortschritts.

Individuelle, u.U. synkretistische Mnemotechniken zwischen formal schließender Schrittfolge (etwa: Merkmalssequenzen in Intelligenztests) und assoziativer Bildhaftigkeit hängen mit Spontaneität und Abwägung (verweilender Reflexion), aber auch mit Kreativität zusammen: sie können zwischen freier Assoziation ("Collage"), Analogie, natürlicher Logik und formaler Logik im Wort- und Propositionsbereich sowie Hüpftechnik, Digression u.ä.m. im thematischen Meso- und Makrobereich schwanken. Sie korrelieren – wie zu sehen war – mit der Gesamtpersönlichkeit, ihrem Charakter, Lebensstil und Verhaltensstil (s. Herrmann 1992).

5. Unterschiede zwischen Mündlichkeit und Schriftlichkeit

Das Denken mit sprachlichen Konzepten der L2 als eine besondere Vernetzungs- und Produktionsweise, die durch die L1 beeinflußt wird, bindet sich in einer ganz anderen Weise an die vorhandenen amodalen Konzepte (Ideen), als dies in der L1 geschieht: während die Sprache in der L1 wegen der Multimedialität in einer Vielzahl von neuronalen Netzen verankert wird, zeichnet sich die L2 durch eine eher lose Kopplung von Konzept und "Etikett" aus, daß dieses Konzept unter normalen institutionellen Rahmenbedingungen die "Körperlichkeit" der L1 bekäme, die diese Sprache zum mentalen Stil werden ließe. Bei der Frage nach dem Verhältnis zwischen Sprache und Denken ist darum die Wahl der Mittel aus dem Blickwinkel der Funktionalität für den Nutzer (s. Bilingualismus, Kulturdifferenz) zu bewerten.

Die Produktion in der L2 liegt weiter hinter der Rezeption zurück, insbesondere bei der gezielten Verwendung nichtkognitiver Mittel wie Lautmalerei, Rhythmus, Intonation, rhetorische Figuren usw., wie man sie in der Poesie findet. Rezeption und Produktion decken sich nicht.

Von der reiterativen Verwendung der Sprache in alltäglichen Situationen ist die operative Übertragung von Ideen auf konventionalisierte Textarten (Villanueva & Navarro 1997: 40, Pfromm 1998: 259) in den Vernetzungs- und Erscheinungsformen von Mündlichkeit (Diskurse, Realisierung) und Schriftlichkeit (Skripturen, Planung) zu unterscheiden.[14] In der mündlichen Kommunikation unterliegen die spontanen Ausführungen verwendeter Diskursarten größeren "Planungsschwächen" (Unterbrechung, Digression, Hüpfen usw.) als Skripturen, die bezüglich Kohärenz und Kohäsion überarbeitet werden können. Die Knüpffehler unterscheiden sich in den beiden Modalitäten bei den sog. Skripts (Handlungsteile), bei Themen/Topiks in Sachverhalten und Geschichten. Sprechen verwirklicht sich mit Auswirkung auf die neuronalen Verarbeitungs- und Planungsaktivitäten mehr in der Zeit, Schreiben mehr im Raum (Pfromm ^{2}1997: 63, 67, 191, 202). Labilere Lerner wechseln ggf. ihre Stile ziellos in einer Situation (bildhafte und formale Sprache, Nominal- vs. Verbalstil). Textarten sind durch Begriffe/Themen, Relationen und Sprachfunktionen (berichten, erzählen usw.) verschiedenster Art charakterisiert. Diese Muster ebenso wie die Sprache unterstehen funktionalen und individuellen Veränderungen.

Individuelle Verknüpfungen von Segmenten bei der Rezeption und Produktion beim Urteilen (Verwerfen vs. Gutheißen) und Planen (Strategie bzw. Taktik) beim Hören/Lesen und Sprechen/Schreiben basieren in unbekannter Quantität und Qualität auf erworbenen und erlernten amodalen Knüpfweisen wie Konsequenz/Digression, Kreis/Spirale, Kontrast/Analogie, Inkohärenz oder Collage. Manche Denker richten sich – besonders bei Skripturen – konsequent an langfristigen Zielen aus; viele verfolgen dagegen aus emotionalen Gründen bzw. weil sie sich im Diskurs situativ an ihrem Gegenüber messen, nur (netz-)fraktale Teilziele. Sie arbeiten wenig am Linguokognat, der präzisen Begriffsfassung, unabhängig davon, daß sie über die Referenz an ihre L1-Kultur und Mentalität gebunden sind, die sie nicht reflektieren. Syntax und Semantik können nicht voneinander getrennt werden und sind durch Situationen an die soziale oder kognitive Pragmatik gebunden.

Lernen vollzieht sich kognitiv-kategorisierend (intra- oder metamodular) und mehr unbewußt habituell-kommunikativ. Linguokognate sind daher Durchgangs-Repräsentationen einer fluktuierenden neuronalen Information in unterschiedlicher Abstraktion und Modalität fern von mathematischem Rigorismus. Die Basis des Denkens bilden keineswegs formalisierte Propositionen, sondern dynamisch-flexible Wortgruppen aus unterschiedlichen Gedächtnissen, die je nach Sprache unterschiedlich an die Syntagmata Nominalgruppe, Verbalgruppe und Adverbialgruppe angepaßt werden können, ohne daß dahinter zwangsläufig ein Prädikatenkalkül stehen muß. Assoziative Bande unterschiedlicher Stärke zwischen Syntagmata erscheinen denkbar.

Vom Grad der Klarheit, Konkretheit und Aufbereitung des Lernstoffs, der Erklärungsbereitschaft und Methodik des Lehrers sowie der ausgewählten exemplarisch-fundamentalen Themen und Verfahren hängt die Hürdenangst des Lerners ab. Häufige Miß-

---

[14] Die unterschiedlichen Vernetzungsverfahren in der Mündlichkeit und Schriftlichkeit ebenso wie die Asymmetrie der Texttypen läßt es sinnvoll erscheinen, um der Klarheit willen zwischen Diskursen und Skripturen zu unterscheiden (weiterführend Pfromm 1998: 259, 512).

erfolgserlebnisse senken den persönlichen Wagemut, wenn unbekannte Wege eingeschlagen werden oder zunächst bekannte Wege in einer alsdann unbekannten Umgebung fortgesetzt werden (Wendigkeit im Mitteleinsatz).

Medial-instrumentelle Präferenzen (Bilder nutzen, Strukturen suchen) stellen keine lebenslangen Konstanten dar; sie können sich durch berufliche Anforderungen verändern. Manche Lerner verfügen über die Fähigkeit, mehr als zwei Verfahrensweisen einzusetzen (s. auch Herrmanns Begabungsverteilung nach Quadranten).

6. Schluß: Auf dem Weg zu einem differenzierenden Fragenkatalog

Zur Optimierung des Lehr- bzw. Lernprozesses im Fremdsprachenunterricht bleibt die Individualisierung des Lernprozesses ein grundlegendes pädagogisches Ziel. Zur Erreichung des Ziels braucht der Lehrer, weil er allein überfordert ist, die Unterstützung durch einen Schulpsychologen oder Laufbahnberater. Aus Gründen der Handhabung wäre es wünschenswert, eine geringe Anzahl grundlegender mentaler Verfahren beim Fremdsprachenlerner als Produzenten/Rezipienten festzulegen, die wie der Fingerabdruck oder die Iris dazu verhelfen, die große Vielfalt der Individualitäten auf eine kleine Anzahl von heuristischen Prototypen zu reduzieren. Oxford/Anderson (1995) gehen von zwanzig Lernstildimensionen aus, die sie nach fünf Kriterien geordnet haben. Sie decken sich mit den hiesigen Ausführungen: dem kognitiven, dem exekutiven, dem affektiven, dem sozialen und dem physiologischen Aspekt (vgl. auch Grotjahn 1998: 12).

In der kognitiven Entwicklung des Schülers ergibt sich eine Verflechtung von Denkstilen, kognitiven Fähigkeiten und Persönlichkeitsstrukturen einerseits sowie Arbeitstechniken und Lernstrategien andererseits, die sich nur heuristisch trennen läßt. Der Schüler verarbeitet einen *input* nicht wie eine Maschine unmittelbar zu einem *output*; eine solche mechanistische Sicht verbietet sich. Erst eine längere, am Individuum ausgerichtete Schulung (Passung) auf mehreren Ebenen, die den Fachunterricht überschreitet, verbunden mit dessen emotionaler Bereitschaft, seiner Einsicht und seinem Willen zur Verhaltensänderung wird ein effektiveres, ggf. flexibleres Verhalten in der persönlichen Verfahrenswahl anlegen. Es muß als ungeklärt angesehen werden, inwieweit der Schüler allein durch Bewußtheit (Metakompetenz) zu erweiterten prozeduralen Fertigkeiten gelangen kann, denn Wissen und Anwenden sind zwei Seiten eines Lernvorganges, die bezüglich ihrer psychophysischen und kulturellen Dimension noch nicht hinreichend ausgeleuchtet worden sind.

Optimales "intrinsisches" Handeln liegt vor, wenn der Schüler mit großer Selbständigkeit, Ausdauer, Ambiguitätstoleranz, Flexibilität, Kreativität und ggf. gutem Sozialverhalten sich einer Aufgabenlösung zuwendet. Dahin soll der Lehrer den Schüler führen. Da Unterrichten ein Sich-Vertragen beinhaltet, kann sich dieses Vertragen durch blindes Vertrauen oder durch Reflexion über Gemeinsamkeiten und Differenzen im Zugriff auf Problemlösungen in den Phasen der Aufnahme, Verarbeitung und Anwendung verwirklichen.

Für eine Schülerkartei des Lehrers im Unterricht fehlen zur Zeit noch Tests; erste Fragebögen zur Merkmalserfassung liegen aber bereits vor (s. o.). Überlegungen zu einem differenzierten Übungsangebot zeichnen sich ab (Wendt 1998).

Lerntechniken und Lernstrategien sind nicht Selbstzweck, sondern sie erfüllen eine Funktion, nämlich die, den Schüler zur Selbststeuerung im Umgang mit Texten und Bildern und deren Inhalten zu befähigen (Rampillon 1997: 123 sowie 168, 173, 213; Villanueva & Navarro 1997: 43, 53, 58, 64, 95). Selbständiges bewußtes Lernen muß, damit es für den Lerner im Sinne seiner Autonomie wirksam werden kann, langfristig im Unterricht verankert werden. Hierfür werden entsprechende Phasen und Übungen eingerichtet und materielle Strukturen angelegt. Das Vorkommen von zahlreichen unterschiedlichen Handlungsstrukturen und Lernstrategien macht die Diskussion um die Überlegenheit der einen oder anderen Methode überflüssig und setzt auf *"rich methodical environment"* oder Methodenkultur und auf gezielte, am individuellen Lerner ausgerichtete Übungen. Der Lehrer benötigt hierzu ein Repertoire an Maßnahmen, die er in den unterschiedlichen Unterrichtsphasen zielorientiert einsetzt (Villanueva & Navarro 1997: 158; Pfromm 1998: 448).

Literaturangaben

Bausch, Karl-Richard, Christ, Herbert & Krumm, Hans-Jürgen (Hrsg.) (^{3}1995): *Handbuch Fremdsprachenunterricht*. Tübingen: Francke.

Bonnet, Claude, Ghiglione, Rodolphe & Richard, Jean-François (1990): *Traité de psychologie cognitive*. 3 Bände. Paris: Dunot.

Briggs, John & Peat, F. David (1993): *Die Entdeckung des Chaos. Eine Reise durch die Chaos-Theorie*. (Dtv. 30349; amerikanische Originalausgabe 1989). München: Deutscher Taschenbuch-Verlag.

Duda, Richard & Riley, Philip (eds.) (1990): *Learning styles. European Cultural Foundation. Proceedings of the First European Seminar (Nancy 26th–29th April 1987)*. Nancy: University.

Edmondson, Willis & House, Juliane (1993): *Einführung in die Sprachlehrforschung*. (UTB 1697). Tübingen/Basel: Francke.

Grotjahn, Rüdiger (1998): "Lernstile und Lernstrategien: Definition, Identifikation, unterrichtliche Relevanz". *Der fremdsprachliche Unterricht/Französisch* 32, H. 34, 11–17.

Herrmann, Ned (1992): *Les dominances cérébrales et la créativité*. (Amerikanische Originalausgabe 1988). Paris: Retz.

Hetzer, Hildegard, et al. (Hrsg.) (^{3}1995): *Angewandte Entwicklungspsychologie des Kindes- und Jugendalters*. (UTB 935). Heidelberg/Wiesbaden: Quelle & Meyer 1979.

Legrand, Louis (1995): *Les différenciations de la pédagogie*. Paris: PUF.

Lewicki, Roman (1997): "Temperamentbedingte Lernstrategien aus linguodidaktischer Sicht". In: Meißner (Hrsg.), 45–53.

Mandl, Heinz & Friedrich, Helmut F. (Hrsg.) (1992): *Lern- und Denkstrategien. Analyse und Intervention*. Göttingen: Hogrefe.

Meißner, Franz-Joseph (Hrsg.) (1997): *Interaktiver Fremdsprachenunterricht: Wege zu authentischer Kommunikation. Festschrift für Ludger Schiffler zum 60. Geburtstag*. Tübingen: Narr

Oeser, Erhard & Seitelberger, Franz (^{2}1995): *Gehirn, Bewußtsein und Erkenntnis*. Darmstadt: Wissenschaftliche Buchgesellschaft 1988.

Oxford, R. L. & Anderson, N. J. (1995): "A crosscultural view of learning styles". *Language Teaching 28*, 201–215.

Pfromm, Rüdiger (^{2}1997): *Einführung in die Sprachlehr- und -lernforschung. Französisch an Gesamtschulen und Gymnasien*. Rheinbach: CMZ (^{1}1993).

Pfromm, Rüdiger (1998): *Von der Grundschule zum Abitur: Leistungsprofile Französisch und Spanisch. Eine interdisziplinäre Studie*. Rheinbach: CMZ.

Pfromm, Rüdiger (1999): "Links-rechts, Mann oder Frau: Lerntypen und Denkstile. Lehr-/Lernmethoden im Fremdsprachenunterricht". In: CMK/KMK-PAD (Hrsg.), *Herausforderungen der neuen Medien. 20. Austauschlehrertagung in Ilsenburg 1997* (im Druck).

Raabe, Horst (1998): "Lernstrategien (nicht) nur im Französischunterricht". *Der Fremdsprachliche Unterricht/Französisch* 32, H. 34, 4–11.

Rampillon, Ute (1997): "Sind Lerntechniken und Lernstrategien eigentlich technizistisch? Gedanken zur Interaktion zwischen Lehrenden und Lernenden im Bereich des prozeduralen Wissens und Könnens." In: Meißner 1997, 119–129.

Reuchlin, Maurice (1991): *Les différences individuelles à l'école. Aperçu et réflexions sur quelques recherches psychologiques*. Paris: PUF.

Schüppel, Jürgen (1996): *Wissensmanagement. Organisatorisches Lernen im Spannungsfeld zwischen Wissens- und Lernbarrieren*. Wiesbaden: Gabler.

Vernon, Philip A. (1994): *The Neuropsychology. Individual Differences*. San Diego: Academic Press.

Villanueva, María Luisa & Navarro, Ignasi (Eds.) (1997): *Los estilos de aprendizaje de lenguas*. Castelló de la Plana: Universitat Jaume I.

Wendt, Michael (1998): "Zur Analyse von Übungen und Aufgaben für den Französischunterricht". *Französisch heute* 29, 420–434.

Winkel, Rainer (1997): *Theorie und Praxis der Schule. Oder: Schulreform konkret im Haus des Lebens und Lernens*. Hohengehren: Schneider.

Wirth, Günter (^{4}1994): *Sprachstörungen, Sprechstörungen, kindliche Hörstörungen. Lehrbuch für Ärzte, Logopäden und Sprachheilpädagogen*. Köln: Deutscher Ärzte-Verlag (1. Aufl. 1977).

Krista Segermann
Fremdsprachliches Lernen als Verknüpfung von Sinnkonzepten mit lexikogrammatischen Formgebilden

Unser Französischunterricht ist auch heute noch überwiegend (d.h. gemessen an der tatsächlich dafür verwendeten Unterrichts- und auch Hausarbeitszeit) gekennzeichnet durch die Vermittlung von Vokabeln, von Erscheinungen der französischen Grammatik und – zeitlich weniger – von Aussprache und Orthographie. Zwar bemüht man sich, dies alles möglichst im Kontext, situativ und unter Berücksichtigung kommunikativer Gesichtspunkte zu bewerkstelligen. Doch im Grunde verträgt sich das Postulat des kommunikativen Bezugs kaum mit den linguistisch geprägten Denkschemata, die das methodische Vorgehen des Unterrichts prägen: dem Denken in Wörtern als Lerneinheiten, dem Denken in systemgrammatischen Kategorien und vor allem dem Denken in methodischen Schritten, demzufolge zuerst bestimmtes systematisches 'Wissen' vermittelt, sozusagen ein 'Speicher', ein Modul angelegt wird (sei es das mentale Lexikon oder der formale Regelapparat der Morphosyntax), worauf dann die Anwendung dieses Wissens, neuerdings auch der Umgang damit bzw. die 'Strategie' folgt.

Die Herkunft dieser Denkschemata aus der Systemlinguistik bzw. der mathematischen Linguistik sowie aus den an der Künstlichen Intelligenzforschung orientierten Richtungen der Psycholinguistik macht zumindest deutlich, daß hier – aus verständlichen Gründen des Strebens nach wissenschaftlicher Genauigkeit – genau das ausgeklammert wird, was die lebendige menschliche Kommunikation, die Sprachbenutzung durch den normalen Kommunikationsteilnehmer, ausmacht und was deshalb auch in einem Sprachlernmodell unbedingt berücksichtigt werden müßte.

Die Vorgänge, die sich gehirnphysiologisch, psychologisch, soziologisch und unter vielen weiteren situationellen Einflußfaktoren bei der Übermittlung von Gedanken durch Sprache abspielen, sind auf so komplexe und vielfältige Weise miteinander verbunden, daß ein Modell des lebendigen Sprachvollzugs sowie ein darauf bezogenes Sprachlernmodell solange inadäquat erscheinen muß, wie es diese Vielfalt nicht durch integrative, interaktive, in flexiblen Kontinuen modellierende Konzepte auffängt. Isolierende, modulare, dichotomische Modelle (die mit einander ausschließenden Begriffspaaren wie Wissen/Können, deklarativ/prozedural, kognitiv/affektiv, bewußt/unbewußt usw. arbeiten) sind für die didaktische Modellbildung deshalb weit weniger geeignet.

Bei dem weithin ungesicherten, wenn auch sich rasant verändernden Stand der Forschung spricht einiges dafür, sich bei der Konzeption eines Sprachlernmodells auf einen Aspekt zu konzentrieren, der noch am ehesten geeignet ist, all die verschiedenen Einzelelemente funktional zu bündeln und ihr Zusammenspiel zu bewirken: den Sinn- oder Bedeutungsaspekt, der – so ist anzunehmen – der eigentliche Motor, der Auslöser dafür ist, daß sich der Mensch der Sprache bedient, und zwar nicht im luftleeren

Raum, sondern unter ganz bestimmten situationellen und psycho-sozialen Bedingungen. Es ist der Mensch in seiner leiblich-seelisch-geistigen Totalität, in seiner Wahrnehmung und seinem Denken ebenso wie in seinem Fühlen und Handeln, es ist das ganze psycho-physische Netzwerk, das beim Sprechen in unserem Gehirn durch innere und äußere Faktoren in Gang gesetzt wird.

Für das normale Funktionieren von Sprache sind offenbar die Verknüpfungen zwischen den zu versprachlichenden Sinnkonzepten, also dem, was man sagen will, und den entsprechenden Formgebilden entscheidend. Ein Fremdsprachenunterricht, der gemäß seiner Lernzielvorgabe der mündlichen Kommunikationsfähigkeit die Schüler zum flüssigen Sprechen bringen will, müßte demnach erreichen, daß der Schüler für das, was er sagen will, ebenfalls möglichst umgehend die nötigen Formen zur Verfügung hat. Anstatt im Kopf des Schülers das System der französischen Sprache so aufzubauen, wie es uns in der beschreibenden Schulgrammatik vorgeführt wird, und ihn die Sätze nach diesen Regeln und Paradigmata konstruieren zu lassen, müßte der Unterricht dafür sorgen, daß der Schüler sein 'Sinnkonzept' unmittelbar mit fremdsprachlichen Formen verknüpft. Diese Verknüpfung immer wieder aktiv stattfinden zu lassen, wäre die eigentliche Aufgabe der unterrichtlichen Methodik.

Ein Modell des gesteuerten fremdsprachlichen Lernens, das sich an der Kommunikationsfähigkeit orientiert, müßte methodische Möglichkeiten der assoziativen Verknüpfung von Sinnkonzepten mit lexiko-grammatischen Formgebilden unter bestimmten situationellen und psycho-sozialen Bedingungen aufzeigen.

Im traditionellen Unterricht werden die Sinnkonzepte in der Regel durch die Lehrbuchtexte geliefert. Der Lernende ist gehalten, die neuen Formen (Wörter und grammatische Strukturen) zu lernen, weil sie im Text vorkommen und weil er sie später bei der Produktion anwenden soll. Liefert man ihm dagegen die Formen als Entsprechungen für ein Sinnkonzept, das seinem eigenen Äußerungswunsch entspringt, so ist die Motivationslage entscheidend verändert. Die Verknüpfung geschieht dann sozusagen aus einer Primärmotivation heraus, in einem lernpsychologisch fruchtbaren Moment. Weil der Lernende das bekommt, was er haben will, ist er aus eigenem Antrieb bereit, die gegebenen Formen aufzunehmen und zu behalten, um seine fremdsprachliche Äußerungskapazität zu erhöhen.

Die Lernmotivation läßt sich dadurch steigern, daß die zu versprachlichenden Sinnkonzepte durch die Äußerungswünsche der Lernenden bestimmt werden.

Die beiden eben erläuterten Thesen umreißen im wesentlichen das übergreifende fremdsprachendidaktische Konzept, das den Unterrichtsversuchen zugrundeliegt, die gegenwärtig in einigen Thüringer Schulen durchgeführt werden. Einer der interessantesten Aspekte bei der Konkretisierung ist die Handhabung der lexiko-grammatischen Formgebilde, die wir mit dem vorläufigen Terminus der 'Lernbausteine' bezeichnet haben. Um ihren Stellenwert innerhalb des Unterrichts zu verdeutlichen, werde ich diesen zunächst kurz skizzieren.

Die Einführung von neuem Sprachmaterial geschieht anhand von Schülerdialogen. Lehrer und Schüler einigen sich über das jeweilige Thema, das sie versprachlichen wollen, und erstellen dann zusammen einen Dialog, indem sie überlegen, was man

denn zu diesem Thema erfragen und mitteilen möchte. Die französische Versprachlichung der einzelnen Sinnkonzepte (die natürlich muttersprachlich umschrieben werden) geschieht ebenfalls gemeinsam. Der Lehrer liefert nur die jeweils neuen Formen.
Themen für das 1. Lernjahr waren z. B.: *Moi et ma famille – L'album de photos – Où j'habite – Fiche amicale – Mon copain/Ma copine – Mon école – Les vacances de Pâques – Après les vacances – Notre journée de randonnée* usw.

Dies sind Themen, die sich in die übergeordneten Themenbereiche der Lehrpläne und folglich auch der gängigen Lehrwerke einordnen lassen. Der entscheidende Unterschied liegt eben darin, daß nun nicht mehr die Lehrbuchpersonen vorgeführt werden, daß nicht mehr über sie gesprochen wird, sondern daß die Schüler als sie selbst sprachlich agieren. Sie geben Auskunft über sich, über ihre Welt und wollen das Entsprechende von ihrem Partner erfahren. In diesem persönlichen Kontext erleben sie den Inhalt ihrer Äußerungen dann auch nicht mehr als banal und uninteressant. Die Fragen sind für alle Schüler gleich, die Antworten können in Details verschieden ausfallen. Jeder Schüler fertigt ein individuelles Dialogblatt mit ca. 10 bis 15 Fragen und Antworten an. Diese Dialogblätter bilden die Grundlage für das eigene Lernen. Sie ersetzen gleichsam als Lernmaterial die Texte und vor allem die Übungen des traditionellen Lehrbuchs. Geübt werden immer wieder diese Schülerdialoge, die sowohl mündlich als auch schriftlich verfügbar sind und die meist in Partnerarbeit, aber auch im Gruppenwettbewerb oder als Leistungskontrolle abgerufen werden. Diese Sprech- und Schreibübungen umfassen sowohl das jeweils zuletzt behandelte Thema als auch die vorherigen Themen, so daß für ständige Wiederholung gesorgt ist.

Auf die Arbeit mit vorgegebenen Texten, die die mündliche und schriftliche Verstehensfähigkeit entwickeln, kann ich hier nicht eingehen. Nur soviel: Sie nimmt im Unterricht einen großen Raum ein. Durch die Texte, die von Anfang an über das jeweilige Produktionsniveau der Schüler hinausgehen, kommt vor allem die fremde Welt, die französische Kultur in das Blickfeld der Lernenden, so daß sich die Inhalte, über die die Schüler sprechen können und wollen, über ihre eigene kleine Welt hinaus erweitern.

Innerhalb dieses Unterrichts haben die 'Lernbausteine' nun die Funktion, dem Lernenden die Aneignung der Formenvielfalt der französischen Sprache zu ermöglichen, ohne daß – wie sonst üblich – die grammatischen Phänomene eines nach dem anderen systematisch behandelt werden, denn die traditionelle, durch das Lehrbuch vorgegebene grammatische Progression läßt sich ja in dem Augenblick nicht mehr realisieren, wo die Lernenden durch ihre Äußerungswunsche die Reihenfolge bestimmen.

Sprachliche Formgebilde, die das Pendant zu Ideen, Gedanken, Sinnkonzepten bilden, reichen über die Wortgrenze hinaus und schließen die Morpho-Syntax mit ein. Es handelt sich dabei um Syntagmen, um Wortgruppen mit grammatischen Markierungen in bestimmten syntaktischen Positionen. Eine Trennung von Lexik und Grammatik ist also in den 'Lernbausteinen' nicht mehr möglich – sowenig wie beim normalen lebendigen Sprachvollzug. Daß solche umfassenderen Formgebilde sozusagen als fertige Sprachmuster beim muttersprachlichen Sprechen eine große Rolle spielen, und zwar eine weitaus größere als bisher angenommen, das wird in der linguistischen, der psycho- und der neurolinguistischen Fachliteratur zunehmend diskutiert.

Die dort verwendeten Termini, *formulaic speech*, also etwa formelhafte Sprache, grammatikalisierte Lexik oder auch lexikalisierte Grammatik sowie Idiomatizität (s. Bibliographie), sind allerdings mißverständlich. Denn es handelt sich eben nicht nur um Idiomatismen im engeren Sinne, also um sprachtypische Wendungen, Redensarten u. ä., und auch nicht nur um jene kommunikativen Routineformeln, die bestimmte stereotype Sprechakte verbalisieren (*Merci beaucoup – Au revoir – Je regrette – De rien* etc.) Ebenfalls fallen nicht nur darunter verbindliche Floskeln (wie z.B. die für den Diskurs typischen Wendungen *Comment dire? – Tu sais/Vous savez – Je me trompe peut-être, mais – Il faut bien le dire – Je crois – Si j'ai bien compris*). Vielmehr ist – und das ist die eigentlich neue und wohl auch revolutionäre Hypothese – die gesamte Sprache betroffen. *Formulaic speech* – um diesen Ausdruck zu gebrauchen, denn es gibt noch keinen passenderen – ist nicht die Ausnahme, sondern die Regel. Der kompetente Sprecher kann normalerweise für alle Sinnkonzepte, d.h. für alles, was er sagen will, die entsprechenden Formgebilde als fertige Einheiten abrufen.

Ein kreativer Umgang mit diesen Einheiten, d.h. ihr Einsatz als Strukturmuster mit variabler lexikalischer Besetzung, scheint allerdings nur deshalb möglich, weil zuvor die zugrundeliegende Struktur 'erkannt' wurde, also ein analysierender Abstraktionsprozeß stattgefunden hat, der beim Muttersprachenerwerb unbewußt verläuft. Nach Abschluß des Spracherwerbs stehen dem kompetenten Sprecher weiterhin verschiedene Verarbeitungsmöglichkeiten zur Verfügung, sowohl holistische als auch analytische, sowohl bewußte als auch unbewußte, und diese verschiedenen Verarbeitungsarten sind nicht so streng voneinander zu trennen, wie es die dichotomischen Begriffspaare erscheinen lassen. Die Prozesse befinden sich vielmehr auf einem Kontinuum, auf einer beweglichen Skala zwischen zwei Polen des Mehr oder Weniger. Die Inanspruchnahme der einen oder der anderen Verarbeitungsmöglichkeit hängt von vielen verschiedenen, vor allem auch situationellen Faktoren ab. Wir können beim Sprechen einerseits auf sozusagen fertig vorliegende Formulierungen zurückgreifen, die wir nicht nach bestimmten Regeln erst noch 'generieren' müssen, wir können jedoch – bei auftretenden Schwierigkeiten – uns an gewisse Gesetzmäßigkeiten erinnern und dann, mehr oder weniger bewußt, unsere Äußerungen entsprechend konstruieren, überprüfen, korrigieren.

Was bedeutet das nun für das Erlernen von Fremdsprachen? Kann die muttersprachliche Kompetenz der Schüler, die in unseren Französischunterricht kommen, sie dazu befähigen, ihren Sinnkonzepten auch fremdsprachliche Formgebilde zuzuordnen, die sie ebenso holistisch speichern und verfügbar haben wie die muttersprachlichen? Dies scheint möglich zu sein, und zwar unter folgender Bedingung: Die Lernenden müssen die mit der Muttersprache erworbenen analytischen Kenntnisse in bezug auf sprachliche Formen und deren Funktionen nutzen, um auf dieser Folie nun die fremdsprachlichen Formen zu 'durchschauen'. Die 'Lernbausteine' werden zwar als Ganzheiten gelernt, sie können und müssen jedoch gleichzeitig von den Lernenden in ihrer Struktur erkannt werden. Sonst könnten sie nicht kreativ eingesetzt werden. Welche Verarbeitungsarten dabei von den einzelnen Schülern gewählt bzw. kombiniert werden, ob und wie sich das Strukturbewußtsein allmählich entwickelt, das sind offene Fragen für die empirische Unterrichtsforschung, die speziell den Faktor der Individualisierung des Lernprozesses ins Visier zu nehmen hat.

Anhand des Französisch-Curriculums unserer Erprobungsklassen möchte ich nun einige 'Lernbausteine' vorführen und die Arbeit mit ihnen erläutern. Ich greife dabei das grammatische Phänomen der Possessivbegleiter heraus.

"L'album de photos"

1. Qui est-ce sur la photo?   C'est **mon père**/grand-père/frère/ cousin/oncle/copain."

   C'est **ma mère**/grand-mère/sœur/ cousine/tante/copine.

   Ce sont **mes** parents/grands-parents/ frères/sœurs

2. Et là, c'est toi?   Oui, c'est moi.

   Non, c'est **ma sœur.**

3. Et là, c'est **ton frère**/père ...?   Oui, c'est **mon frère.**

   Non, c'est **mon oncle**

4. Et là, c'est **ta mère**/sœur/ ...?   Oui, c'est **ma mère.**

   Non, c'est **ma cousine.**

5. Et là, c'est **ton chien**/chat ...?   Oui, c'est **mon chien.**

   Non, c'est le chien **de ma copine.**

Die Possessivbegleiter erweisen sich beim Thema "*L'Album de photos*" als notwendig, wenn die Schüler ihre Photoalben mitbringen und kommentieren. Das natürliche Geschlecht der Personen macht die Unterscheidung zwischen *mon* und *ma* für die Schüler kognitiv leicht nachvollziehbar. Doch obwohl sie das Prinzip verstanden haben, sind Verwechslungen (*mon mère, *ma père) beim Sprechen nicht ausgeschlossen. Hier muß der Lernbaustein seine Wirksamkeit entfalten: Er besteht zunächst in der Verbindung zwischen dem Begleiter und dem spezifischen Substantiv. Diese Verbindung muß 'ins Ohr', um später als Ganzes abrufbar zu sein. Wichtig ist dabei, daß der Schüler die Personen, die er da benennt (Vater, Mutter, Schwester, Onkel usw.), auch tatsächlich als Wirklichkeiten erlebt. Denn nur so findet die eben erläuterte Verknüpfung von Sinnkonzept und Formentsprechung beim Schüler unter Einbeziehung seiner leiblich-seelisch-geistigen Totalität statt.

Das sprachliche Formgebilde *mon père* oder *ma mère* wird bei der Ersteinführung (also beim ersten Photo) fest mit dem weiteren Formgebilde *c'est* verbunden. Erst beide zusammen ergeben für den Schüler in diesem ersten Augenblick das Sinnkonzept, das er hier versprachlichen will, nämlich die Identifizierung einer bestimmten Person auf einem Photo. Folglich lernt er hier den ganzen Satz als Formentsprechung. Er kennt die Bestandteile des Satzes; sie sind ihm anhand der muttersprachlichen Umschreibung klargemacht worden; sein Gedächtnis speichert ihn jedoch als Ganzes. Spätestens bei der Identifizierung des nächsten Photos wird vom Schüler die erste Transferleistung verlangt; er begreift, daß sich das *c'est* auch mit anderen Formen verbinden läßt. Von *c'est mon père* kommt er also zu *c'est ma mère* oder umgekehrt. Damit hat er ein partiell verändertes Sinnkonzept versprachlicht, wobei ein Element gleich geblieben ist.

Der Umfang der 'Lernbausteine' paßt sich also dem fortschreitenden Lernprozeß an. Was zuerst als eine Einheit gelernt wird, wird später in weitere Bausteine aufgespalten, um kreativ verwendet werden zu können. Der Schüler erfährt also – manchmal sofort, manchmal erst später –, daß das zunächst als Ganzes Gespeicherte aus Formgebilden besteht, die mit anderen eine neue Einheit eingehen können. In der Anzahl der verschiedenen Kombinationsmöglichkeiten liegt dann die sozusagen 'produktive' Kraft der einzelnen Minimal-Bausteine. Die minimale Größe wird jedoch in der Regel mehr als ein Wort umfassen.

Der Unterschied zu den bekannten, inzwischen als veraltet geltenden *Exercices structuraux* liegt darin, daß die Aufmerksamkeit des Lernenden sich primär auf die Verknüpfung von erfahrbarem Sinnkonzept und Formgebilde richtet und daß er dabei mit seiner ganzen Person beteiligt ist. Genau dieses persönliche Engagement macht es möglich, die Form anhand manchmal nur eines einzigen Beispiels im Gedächtnis zu speichern. Es werden keine Batterien von gleichstrukturierten Übungen abgefeuert, um die Form per Wiederholung einzuschleifen. Die Habitualisierung erfolgt durch die wiederholte Verknüpfung von individuellen Sinnkonzepten mit lexikalisch variierbaren Strukturmustern.

Es ist diese Erlebnisqualität, die das Lernen mit 'Lernbausteinen' auch von den Übungen unterscheidet, die nach der Verteufelung des Behaviorismus im Zuge eines m.E. falsch verstandenen Kognitivismus in unseren Lehrbüchern fröhliche Urstände feiern, auch und gerade in der neuesten Lehrwerkgeneration, wie an drei Beispielen gezeigt werden soll.

> Nicole montre des photos à Valérie. Complète par *mon, ma, ton, ta.*
> Nicole: *Regarde, là, c'est ... frère Udo.*
> Valérie: *Ah, il est chouette! Et là, c'est ... mère?*
> Nicole: *Oui, et près de ... mère, il y a ... chat Bussi.* [...]
> (ETAPES 1, 1989, Carnet d'exercices, zu L3, S.17)

> *Chers parents,*
> *Je suis à Fès avec ... amis. On est dans la famille de ... copain Feisal ... grands-parents sont très gentils.* [...]
> (PASSAGES 1, 1998, Schülerbuch, L5, S. 61)

> *Chez les Lacroix:*
> *(le jean – sur le lit): Où est mon jean? – Ton jean? Il est sur le lit.*
> *(les cassettes – sur l'étagère): Où sont mes cassettes? – Tes cassettes? Elles sont sur l'étagère.* [...]
> (DÉCOUVERTES 1, 1994, Schülerbuch, L4, S. 34, Nr. 6)

Ob Einsetzübung innerhalb eines Dialogs oder eines als Fax-Text aufgemachten lückenhaften Briefes oder innerhalb von gleichstrukturierten Satzpaaren – der Schüler muß sich hier darauf konzentrieren, welche als Alternativen vorgegebenen Formen jeweils passen. Dazu muß er sein erworbenes Wissen auf die Beispiele anwenden: "Männliches Substantiv erfordert die Form *mon/ton*; weibliches Substantiv erfordert die Form *ma/ta*; Plural erfordert die Form *mes/tes*". Wenn er das Geschlecht des Substantivs nicht kennt (und es ihm auch nicht vorgegeben ist), kann er nur raten. Um die richtige Entscheidung zwischen den zwei bzw. drei Personen treffen zu können, ist eine Identifizierung mit den Lehrbuchpersonen erforderlich, wobei man wissen muß, wer wer ist. Geübt wird hier also die Anwendung von Wissen, eine kognitive Leistung, die – trotz aller kommunikativen Einkleidung – weder den Erlebnishorizont des Schülers berührt noch das Gedächtnis trainiert, um sprachliche Assoziationen zu festigen, die es ihm erleichtern würden, im Bedarfsfall die richtigen Formen für seine eigenen Äußerungswünsche verfügbar zu haben. Das, was durch diese sog. formzentrierten Übungen bewirkt werden soll, nämlich das unumgängliche Lernen der Formen, wird hier gerade nicht geleistet. Die darauf folgenden sog. mitteilungsbezogenen Übungen können folglich ebenso wenig funktionieren, weil die Basis, die Beherrschung der Formen, fehlt. Die allseits beklagten Sprechdefizite unserer Schüler zeigen dies zur Genüge.

In dem Konzept der 'Lernbausteine' tritt an die Stelle der expliziten Wissensanwendung der implizite Transfer bei der Erarbeitung neuer Sinnkonzepte, z.B. der Sinnkonzepte, die die Form des Possessivbegleiters erfordern. In unserem Curriculum ergaben sich nach dem Thema "*L'Album de photos*" weitere Gelegenheiten bei den Themen "*Où j'habite*" und "*Fiche amicale*", einem bei den Schülern z.Zt sehr beliebten 'Freundschaftssteckbrief', den wir auf Französisch erarbeiteten (s. Anhang).

Die jeweiligen Formen *ton, ta, mon, ma, tes, mes, notre, votre* begegnen innerhalb von 'Lernbausteinen' unterschiedlicher Größe. Sie werden also nicht etwa als Alternative aus zwei Möglichkeiten ausgewählt, sondern fest mit ihrer spezifischen Umgebung (dem Substantiv oder dem präpositionalen Ausdruck, z.B. *dans ma chambre*) verbunden. Da die Schüler sich die Formen nur in der Verknüpfung mit ihrem individuellen Sinnkonzept merken, kann es durchaus sein, daß sich die einzelnen Formen unterschiedlich stark einprägen. Das hängt nicht nur von der Auftretenshäufigkeit ab. Eine wichtige Rolle kann z.B. auch die emotionale Beziehung zu den versprachlichten Sinnkonzepten spielen, also zu den photographierten Personen, der Wohnumgebung, den Vorlieben usw. Hier ist wieder viel Raum für sensible empirische Erforschung des individuellen Lernprozesses.

Das angebliche Bedürfnis der Lernenden nach der systematischen Darstellung grammatischer Phänomene verliert viel von seiner Dringlichkeit, wenn der Schüler sein unmittelbares Äußerungsbedürfnis befriedigt sieht. Daß es noch weitere Zugehörigkeitsbeziehungen bei den grammatischen Personen gibt, die man sprachlich ausdrücken kann, das ist jedem Schüler aufgrund seiner muttersprachlichen Kompetenz bekannt. Er kann also auch die allmähliche Vervollständigung des Paradigmas der Possessivbegleiter kognitiv gut nachvollziehen und muß nicht in Panik geraten, wenn dies nicht sofort geschieht. Ob und wie dann schließlich am Ende des Lernprozesses, d.h. wenn die entsprechenden Formen für die Kommunikation zur Verfügung stehen, eine Systematisierung erfolgen kann, das ist eines der empirischen Forschungsthemen in unseren Erprobungsklassen. Unser Bestreben geht dahin, die Schüler hier eigene Wege finden zu lassen. Die Systematisierung wird sicherlich anders aussehen als die aktuelle Kästchengrammatik. In dieser stehen die einzelnen Formen des Paradigmas alle gleichberechtigt neben- bzw. untereinander. In einem den natürlichen Kommunikationsbedürfnissen folgenden Curriculum werden sich dagegen bestimmte Formen als relevanter, d.h. als notwendiger erweisen als andere. Es findet also eine ganz andere Gewichtung der Formen statt.

Eine mögliche Systematisierung anhand von 'Lernbausteinen' könnte z. B. wie folgt aussehen:

J'ai – douze/treize ans
J'ai – un frère/une correspondante française
J'ai – beaucoup de copines
J'ai – un cochon d'Inde
J'ai – une chambre pour moi
J'ai – les cheveux blonds/les yeux bleus
J'ai – cours/33 heures de cours
J'ai – froid/soif/ ...
J'ai – de la fièvre/de la chance
J'ai – le temps/la télé/la radio/le téléphone
J'ai – la chance de ...

Je n'ai pas de – frère/frères/chat/chambre pour moi/chance/fièvre

Je n'ai pas – le temps/la télé/la radio/le téléphone
Je n'ai pas – la chance de ...
Je n'ai pas – froid/soif/ ...
Je n'ai pas – cours/33 heures de cours

Tu habites – à Iéna?
Tu habites – en Allemagne/en Thuringe?
Tu habites – dans une grande ville/dans un beau quartier/dans un appartement moderne?
Tu habites – dans le nord de l'Allemagne?
Tu habites – près de/loin de l'école?
Tu habites – à combien de km de ...?

Il y a – combien d'élèves/de musées – dans votre classe/ville?
Dans ma ville/maison/chambre/école/classe – **il y a** – une université/un ascenseur/ deux étagères/beaucoup de salles de classe/cinq garçons et quinze filles

C'est – toi/ta cousine/votre jardin/un garçon/qui?
Mon chanteur/film préféré, – **c'est** ...
Ma chanteuse/chanson/couleur préférée, – **c'est** ...
Mon numéro de téléphone – c'est le ...

C'est – un quartier moderne/un club de foot?

C'est – où/près de Weimar/ici?
C'est – à Paris/à 10 km d'ici
C'est – en Thuringe

C'est – quand/à quelle heure/à huit heures/demain?
C'est – cet après-midi
C'est – à huit heures du soir

C'est – chouette/gentil/joli
C'est – vrai/exact
C'est – facile, mais pas intéressant
C'est – plus pratique/moins cher

Ce n'est pas – bien/gentil
Ce n'est pas – vrai/exact
Ce n'est pas – trop difficile
Ce n'est pas – plus cher

Il est – sept heures/(grand) temps/ tard/minuit

Eine solche oder ähnliche Zusammenstellung – die Form ist noch völlig offen – erfolgt erst, wenn die Schüler die Strukturmuster, d.h. die 'Lernbausteine' beherrschen. Die Präpositionen und Adverbien z.B., die hier vielfältig vorkommen, haben die Schüler innerhalb eines bestimmten, erlebten Kontextes gelernt. Dadurch sind die Formen gegen Verwechslungen sozusagen resistent geworden; sie sind fest mit den umgebenden Formen verbunden. Läßt man die Schüler die Präpositionen dagegen im Auswahlverfahren einsetzen, wie dies in manchen Lehrbuchübungen (s. unten) immer noch gängig ist, so wird die Verwechslungsgefahr in geradezu perfider Weise heraufbeschworen. Wer die Präpositionen nicht schon 'beherrscht', hat im Grunde keine Chance.

Chez Mme Audiard

Complétez par: *près de/pour (2x)/chez/avec/contre/dans/à (2x)/de*

1. Patrick est ... sa grand-mère ... David.
2. Mme Audiard habite ... Canteleu, ... Rouen.
3. Ils sont ... la salle de séjour et ils regardent un match ... foot: Canteleu ... Rouen. (etc.)

(ETAPES 1, Carnet d'exercices, S.18, Nr. 4a)

Die Tauglichkeit der lexiko-grammatischen Formgebilde als 'Lernbausteine' kann zum einen im curricularen Fortgang des Unterrichts in den Erprobungsklassen getestet werden. Der eigentliche Prüfstein ist und bleibt die Art und Weise, wie die Schüler das andersartige Angebot der Einführung von Wortschatz und Grammatik aufnehmen und für ihren Lernprozeß nutzen. Als flankierende Maßnahmen zur Eruierung der 'Lernbausteine' bieten sich Korpusanalysen an. In Jena wird gegenwärtig ein ca. 150.000 Wörter umfassendes Korpus gesprochener Spontansprache auf solche lexiko-grammatischen Formgebilde durchsucht, um empirisch abgesicherte Hinweise auf die Relevanz der 'Lernbausteine' für die Sprachwirklichkeit zu erhalten. Eine weitere Möglichkeit der Überprüfung der Lerntauglichkeit besteht in der Analyse von Fehlerkorpora. Wenn sich erweist, daß Fehler innerhalb der 'Lernbausteine' besonders häufig sind (etwa durch falschen Gebrauch von Präpositionen, Artikeln, Pronomen etc.), so könnte das ganzheitliche Lernen von lexiko-grammatischen Formgebilden, denen sich bestimmte Sinnkonzepte zuordnen lassen, solchen Fehlern vorbeugen und damit den Lernprozeß verbessern helfen.

Literaturangaben

Bolander, Maria. (1989): "Prefabs, patterns and rules in interaction? Formulaic speech in adult learners' L2 Swedish." In: Hyltenstam & Obler 1989, 73–86.

Cook, Vivian (1989): "Universal Grammar theory and the classroom." *System* 17, 169–181.

Coulmas, Florian (1985): "Lexikalisierung von Syntagmen." In: Dieter Wunderlich & Christian Schwarze (Hrsg.): *Handbuch der Lexikographie*. Königstein: Athenäum, 250–268.

Coulmas, Florian (1985): "Diskursive Routine im Fremdsprachenerwerb." *Sprache und Literatur in Wissenschaft und Unterricht* 56, 47–66.

Ellis, Rod (1984): "Formulaic speech in early classroom second language development." In: J. Handscombe, R. Owen & B. Taylor (Hrsg.): *On TESOL '83: The Question of Control.* Washington, DC: Teachers of English to Speakers of Other Languages, 53–65.

Hyltenstam, Kenneth & Obler, Loraine K. (Hrsg.) (1989): *Bilingualism Across the Lifespan. Aspects of Acquisition, Maturity and Loss.* Cambridge: Cambridge University Press.

Lewis, Michael (1993): *The lexical approach.* Hove: Language Teaching Publications.

Meisel, Jürgen M. (1989): "Early differentiation of languages in bilingual children." In: Hyltenstam & Obler 1989, 13–40.

Nattinger, James R. & De Carrico, Jeanette S. (1992): *Lexical Phrases and Language Teaching.* Oxford: Oxford University Press.

Nattinger, James R. & De Carrico, Jeanette S. (1989): "Lexical Phrases, Speech Acts and Teaching Conversation." *Vocabulary acquisition. AILA-Review,* 118–139.

Raupach, Manfred (1984): "Formulae in second language speech production." In: H. Dechert, D. Möhle & M. Raupach (Hrsg.): *Second Language Productions.* Tübingen: Narr, 114–137.

Sinclair, John (1991): *Corpus, concordance, collocation.* Oxford: Oxford University Press.

Stubbs, Michael (1997): "Eine Sprache idiomatisch sprechen: Computer, Korpora, kommunikative Kompetenz und Kultur." In: Klaus J. Mattheier (Hrsg.), *Norm und Variation. (Forum Angewandte Linguistik* 32.) Frankfurt a. M.: Lang, 151–176.

Vihmann, M. M. (1982): "Formulas in first and second language acquisition." In: L. Menn & L. Obler (Hrsg.): *Exceptional Language and Linguistics.* New York: New York Academic Press, 261–284.

Weinert, Regina (1994): "The role of formulaic language in second language acquisition." *Applied Linguistics,* 180–205.

Wray, Alison 1992. *The focusing hypothesis.* Amsterdam: John Benjamins.

Yorio, Carlos A. (1980): "Conventionalized forms and the development of communicative competence." *TESOL Quarterly,* 433–442.

Yorio, Carlos A. (1989): "Idiomaticity as an indicator of second language proficiency." In: Hyltenstam. & Obler 1989, 55–72.

Anhang

"Où j'habite"

1. Tu habites dans quelle ville? — J'habite à Iéna.
2. Tu habites dans une grande ville? — Oui, la ville où j'habite est grande.
   Oui, j'habite dans une grande ville.
   Non, je n'habite pas dans une grande ville.
3. Tu habites dans quel quartier? — J'habite à Winzerla/Lobeda.
   C'est un village où j'habite.
4. Tu habites dans un beau quartier? — Oui, **mon quartier** est beau.
   Oui, le quartier où j'habite est beau.
   Oui, j'habite dans un beau quartier.
   Non, **mon quartier** n'est pas (très) beau.
5. Tu habites dans un nouvel appartement? — Oui, j'habite dans un nouvel appartement.
   Oui, l'appartement où j'habite est nouveau.
6. **Votre appartement** a combien de pièces? — **Notre appartement** a (quatre) pièces:
7. Tu as une chambre pour toi? — Oui, j'ai une chambre pour moi.
   Non, je n'ai pas de chambre pour moi.
8. Tu partages ta chambre avec qui? — Je partage ma chambre **avec mon frère/ma sœur/mon cochon d'Inde.**
9. Qu'est-ce qu'il y a **dans ta chambre**? — **Dans ma chambre**, il y a ...
10. Iéna, c'est où? — C'est près d'Erfurt/C'est en Thuringe..
11. Qu'est-ce qu'il y a **dans ta ville**? — **Dans ma ville**, il y a ...
12. Vous avez une université? — Oui, nous avons une université.
13. Iéna a combien d'habitants? — Iéna a cent mille habitants.

"Fiche amicale"

1. Quel est **ton nom de famille**? — NN
2. Quel est **ton prénom**? — Je m'appelle .../Je suis ...
3. Quelle est **ton adresse**? — J'habite onze, rue de X à Iéna.
4. Quel est **ton numéro de téléphone**? — **Mon numéro de téléphone**, c'est le ...
5. **Ton anniversaire**, c'est quand? — Je suis né(e) le dix novembre 1983
   C'est le vingt mai dix-neuf cent quatre-vingt-quatre.
6. Qu'est-ce que tu aimes faire? — J'aime jouer du keyboard/au foot/avec mes perruches.
   J'aime faire de l'équitation/du bowling/du vélo/du patin à roulettes/de la gymnastique/de la boxe.
   J'aime lire/écouter de la musique/J'aime le bricolage.
7. Quelle est **la couleur de tes cheveux**? — J'ai les cheveux blonds/châtains/châtain-clair/roux/bruns.

8. Quelle est **la couleur de tes yeux**?   J'ai les yeux bleus/gris-vert/vert-marron/bleu-gris/marron.

9. Quel est **ton film préféré**?   Titanic./**Mon film préféré**, c'est .../C'est (le film) ... Je n'ai pas de film préféré.

10. Quel est **ton groupe préféré**?   **Mon groupe préféré**, c'est .../C'est le groupe ...

11. Quel est **ton chanteur préféré**?   **Mon chanteur préféré**, c'est .../C'est ... Je n'ai pas de chanteur préféré.

12. Quelle est **ta chanteuse préférée**?   **Ma chanteuse préférée**, c'est .../C'est ... Je n'ai pas de chanteuse préférée.

13. Quelle est **ta chanson préférée**?   **Ma chanson préférée**, c'est .../C'est (la chanson) ... Je n'ai pas de chanson préférée.

14. Quel est **ton animal préféré**?   J'aime les chiens/les phoques/les cochons d'Inde/... Je n'ai pas d'animal préféré.

15. Qu'est-ce que tu aimes porter comme vêtements?   J'aime porter des jeans (noirs/bleus)/des pull-overs/des pulls larges/des sweat-shirts/des foulards/...

16. Quelle est **ta couleur préférée**?   J'aime le vert/le brun/le bleu/le violet/le noir/le jaune/le rouge/le gris.

17. Quelles sont **tes matières préférées**?   J'aime (assez) l'anglais/le français/le dessin/la musique/la biologie/les mathématiques. J'adore le sport.

18. Quel est **ton professeur préféré**?   **Mon professeur préféré**, c'est .../C'est ... Je n'ai pas de professeur préféré.

19. Quel est **ton club de foot préféré**?   **Mon club de foot préféré**, c'est .../C'est le club ... Je n'ai pas de club de foot préféré.

20. Quel est **ton footballeur préféré**?   **Mon footballeur préféré**, c'est .../C'est ... Je n'ai pas de footballeur préféré.

Klaus Robra
Semantik und Fremdsprachendidaktik
Zur Kritik radikalkonstruktivistischer Fundierungsversuche

1. Einleitung

Wie sieht es in den Köpfen der Lernenden aus? Dies herausfinden zu können, scheint einer der ältesten Pädagogen-Träume zu sein. Mein Englisch-, Französisch- und Sportlehrer Egon Venzke gab vor, es zu wissen: "So, wie es in euren Heften aussieht, so sieht es auch in euren Köpfen aus", pflegte er schelmisch lächelnd zu sagen. Fraglos ist auch damit das Problem der Individualisierung des Fremdsprachenlernens im schulischen Unterricht[1] nicht gelöst, zumal die Objektivierbarkeit des Psychischen (vgl. Naatz 1997) bzw. der individuell-subjektiven neuronalen Kombinatorik des menschlichen Gehirns an diejenigen Grenzen stößt, die sich aus der Unendlichkeit bzw. Unüberschaubarkeit dieser Kombinatorik ergeben (Weisbuch 1989: 193). Verschärft wird dieses Problem durch die Notwendigkeit, Fremdsprachen nicht nur möglichst individualisiert, sondern stets auch interaktiv, und zwar im Hinblick auf das nach wie vor unbestreitbare Lernziel der kommunikativen Kompetenz, zu vermitteln. Umso mehr ist das von Marcus Reinfried – in diesem Band – vorgelegte Konzept eines neokommunikativen Fremdsprachenunterrichts zu begrüßen.

Um das Problem des individuellen Lernens – zunächst theoretisch – zu lösen, erscheint es sinnvoll, auf das Paradigma der Selbstorganisation zurückzugreifen, das die chilenischen Biologen Francisco Varela und Humberto Maturana schon während der 70er Jahre entwickelt haben, zumal es – in einigen Spielarten des Radikalen Konstruktivismus – inzwischen nicht nur neurowissenschaftliche, sondern auch sprachtheoretische und andere Adaptionen des Paradigmas gibt (s. Roth 1995; Glasersfeld 1997). Naheliegend und verständlich scheint es jedenfalls, dass Didaktiker wie Michael Wendt und Dieter Wolff versucht haben, Fremdsprachendidaktiken radikalkonstruktivistisch zu fundieren. Die Problematik solcher Versuche deutet sich allerdings an, wenn z.B. Wendt (1996: 11) erklärt, seine auf einem radikalkonstruktivistischen Erkenntnis- und "Denkmodell" beruhende Didaktik könne zwar nicht zugleich als Methode für den Fremdsprachenunterricht dienen, wohl aber als eine "Konzeption des Lernens von Fremdsprachen", durch die Lehrende befähigt werden könnten, ihre eigene Praxis theoretisch und methodenkritisch zu überprüfen. Dieser Konzeption entsprächen vor allem "die meisten handlungsorientierten Unterrichtsformen, wie sie etwa in der *Méthode Freinet* und anderen kreativen Ansätzen (z.B. Wernsing 1995) oder im Tandem-Lernen begegnen" (ebd.). Positiv bewertet Wendt auch das "Lernen durch Leh-

---

[1] Vgl. *Der fremdsprachliche Unterricht/Französisch* 31, H. 28, August 1997: Themenheft *Individualisierung*.

ren" (LdL) und authentische Sprachbegegnungen, sehr skeptisch jedoch Computer-Einsatz und "Multimedialernen" (ebd.: 75 f.).

Zumindest tendenziell laufen diese Empfehlungen auf völlige Lernerzentrierung hinaus. Dies in gebührender Ausführlichkeit zu diskutieren, ist hier leider nicht möglich. Dass Lehrende in der Lage sein sollten, adäquate Methoden anzuwenden, scheint jedenfalls kaum bestreitbar zu sein. Fraglich ist aber, ob es überhaupt erforderlich ist, diese Einsicht radikalkonstruktivistisch zu fundieren. Zu überprüfen sind jedenfalls diese Fundierungen selbst, und zwar nicht zuletzt mit dem Ziel, einseitige oder gar irreführende Folgerungen und Festlegungen didaktisch-methodischer Art zu vermeiden. Dabei fällt auf, dass das "weite Feld", das zwischen Erkenntnistheorie und Sprachdidaktik liegt, durch **Bedeutungstheorien** relativ leicht überbrückbar zu sein scheint.

2. Radikalkonstruktivistische Bedeutungstheorien

Der Neurowissenschaftler Gerhard Roth erklärt (1995: 225) Bedeutung zur höchsten Instanz jeglicher Gehirn- und Bewusstseinstätigkeit – was vor ihm allerdings schon der Psychologe Helmuth Benesch (1977) getan hat. Außerdem setzt Roth (1995: 95) Bedeutung und "Information" gleich, bezeichnet aber nichtsdestoweniger die Bedeutungsfaktoren nicht nur als die allen anderen übergeordneten und daher entscheidenden Steuerungsfaktoren der Gehirntätigkeit, sondern **zugleich** auch als das "Produkt" der Gehirntätigkeit: "Bedeutung wird den neuronalen Erregern erst innerhalb eines kognitiven Systems **zugewiesen**, und zwar in Abhängigkeit vom Kontext, in dem die Erregungen auftreten." (Ebd.) Für Roth gibt es daher – im Unterschied zu Benesch – keinerlei **objektive** Bedeutung, sondern nur das jeweils subjektive Konstruieren von Bedeutungen, und zwar nicht durch den Urheber ("Sender"), sondern durch den Empfänger einer Botschaft (sic!, ebd.: 94). Michael Wendt (1996a: 10) rechtfertigt diese Auffassung mit dem Hinweis, dass wir Menschen doch gar kein Sinnesorgan besäßen, mit dem wir Bedeutungs- und Sinn-Phänomene als solche "wahrnehmen" könnten, so dass wir völlig auf das jeweils neue subjektive Konstruieren von Bedeutungen angewiesen seien, die wir zudem stets ganz unterschiedlich "bewerten" würden.

Sprachtheoretisch hat Ernst von Glasersfeld (1996) versucht, das Bedeutungsproblem radikalkonstruktivistisch neu zu erklären. Unkritisch übernimmt er hierbei die von Saussure getroffene Unterscheidung zwischen "Lautbild" und "Begriff" (statt der inzwischen üblichen, eher neutralen Bezeichnungen Signifikant und Signifikat), um sodann das Zusammenwirken von Sprachformen und -inhalten darzustellen, allerdings unter der Prämisse, dass "dies nun keine Angelegenheit des Verhaltens, sondern des Denkens" sei und daher als "symbolisch" zu gelten habe (1996: 213). Als "wichtigste Ergänzung der Saussureschen Analyse" nennt Glasersfeld den von ihm eingeführten Begriff "Re-Präsentation", womit im Wesentlichen das gemeint ist, was man in der Linguistik traditionellerweise als **Evokation** bezeichnet. Neu ist hier, wie ich meine, jedoch nicht der Begriff Repräsentation als solcher, dem man, z. B. in dem neurowissenschaftlichen Sprachmodell von Antonio Damasio (1992) und anderswo, schon vor Glasersfeld allenthalben begegnet. Wirklich neu scheint mir nur die Schreibweise Re-Präsentation mit dem Bindestrich, durch die der Autor suggeriert, dass es sich bei den

"Bedeutungskonstruktionen" um rein individuelle **Denkakte** (s. oben) subjektiver Bedeutungszumessung (-gebung, -verleihung) handele. Unmittelbar verständlich wird aufgrund solcher Prämissen, warum Glasersfeld den Begriff DENOTATION rundweg ablehnt. Unter Denotation versteht Glasersfeld "die primäre Funktion von Wörtern", die aber einen "Bezug auf Objekte der realen Welt" unterstelle, einen Bezug, der nach radikalkonstruktivistischer Überzeugung nicht möglich bzw. unzulässig ist, weil nur auf die vom menschlichen Gehirn erzeugte "Wirklichkeit" (und nicht auf irgend eine äußerliche bzw. möglicherweise sogar als "bewusstseinsunabhängig" vorstellbare Realität, z. B. der Außenwelt) Bezug genommen werden könne. Demgemäß entwickelt v. Glasersfeld einen rein konnotativen Bedeutungsbegriff.

Ähnlich verfährt Michael Wendt (1996a, 1998), allerdings mit dem Ziel, Fremdsprachen-Didaktik radikalkonstruktivistisch zu fundieren. Um dem Radikalen Konstruktivismus als erkenntnistheoretischer Grundlage auch für den Fremdsprachenunterricht Geltung zu verschaffen, fordert Wendt ein "gründliches Umdenken" (1996a: 10) und beruft sich hierzu auf philosophische "Kronzeugen" wie Descartes, Heidegger, Sartre und Deleuze, die allesamt subjektivistische Auffassungen vertreten hätten, durch die insbesondere die Unterscheidung zwischen erkennbarer Gehirn-"Wirklichkeit" und prinzipiell nicht analysierbarer "Realität" (s. oben) zu rechtfertigen sei. Wie G. Roth und E. v. Glasersfeld bemüht Wendt sich folglich, einen rein subjektiv-konnotativen Bedeutungsbegriff zu erarbeiten. Diesen leitet er jedoch nicht aus einer Prüfung linguistischer, sprachphilosophischer, sprachtheoretischer oder neurowissenschaftlicher Bedeutungsbegriffe ab, sondern – in einer Art "ursprünglicher Konzeptualisierung" – aus angeblicher Alltagserfahrung: Ein großer Stein, der mir irgendwo den Weg versperrt, hat "für mich" eine ganz andere Bedeutung als etwa für einen Mineralogen, womit Wendt die Problematik allerdings – nahezu unmerklich – aus dem Bereich der Bedeutung in den der Bewertung verlagert. Dies ist umso gravierender, als er diese Verlagerung auch noch verallgemeinert und auf "alle semiotischen Systeme" (sic!) überträgt. Erst recht im Verbalsprachlichen könne das "nun genau Gemeinte" durchweg nur mittels der "Erfahrungswirklichkeit als Deutungshilfe" erschlossen werden (ebd.). Dagegen sei "Objektivität der Bedeutungszuschreibung weder als Ausgangspunkt der Rezeption noch als ihr endgültiges Ergebnis denkbar" (1996b: 130). Bedeutung existiert für Wendt nur als Teilaspekt rein subjektiver "Wirklichkeitskonstruktionen", so dass auch verbalsprachliche Bedeutung "primär im subjektiven Sinn konnotativ" sei.

In der zuletzt genannten Formulierung deutet sich aber bereits an, welche zusätzlichen Probleme Wendt durch seine subjektivistische "Kehre" verursacht. Was ist "sekundär", wenn das Konnotative angeblich als "primär" anzusehen ist? Hierauf kommt Wendt erst relativ spät zu sprechen, nämlich im Jahre 1995, d.h. drei Jahre nach dem ersten der fünf Vorträge, aus denen seine *Konstruktivistische Fremdsprachendidaktik* besteht. In diesem vierten Vortrag verweist der Autor plötzlich auf "Bedeutungskonstanten in der Rezeption und der 'kommunikativen Interaktion', die als Bestandteile eines erlernbaren **Kodes** anzusehen" seien (ebd.: 69, Hervorhebung durch mich). Dennoch hält er zunächst an seiner radikalkonstruktivistisch-konnotativen Sicht fest, um kurz danach jedoch einzuräumen, dass am jeweiligen Text selbst "Viabilitätsprüfungen" der eigenen Konnotationen durchzuführen seien, d.h. Verifikationen oder Falsifikationen der subjektiven Bedeutungsannahmen: "Und dazu verhilft als Korrektiv die denotative, also die auf der Grundlage semantischer Makrostrukturen gesellschaftlich ausgehandelte Bedeutung der Wörter, Strukturen und Textcharakteristika." (Ebd.: 70) Welch eine Überraschung! Auf den Begriff DENOTATION kann also doch nicht verzichtet werden! Wendt gerät damit allerdings in einen schroffen Widerspruch nicht nur zu seiner eigenen Bedeutungstheorie, sondern auch zu derjenigen seines radikalkonstruktivistischen "Mitstreiters" Dieter Wolff, dessen Behauptung, Sprache habe "keine denotative, sondern nur eine konnotative Funktion", Wendt nunmehr klar zurückweist, wenn auch nur in einer Fußnote (ebd.). Welche Konsequenzen sich unter anderem aus dieser erneuten "Kehrtwende" ergeben, wird im Folgenden näher zu untersuchen sein, und zwar im Rahmen einer kritischen Würdigung der von mir referierten radikalkonstruktivistischen Theoreme.

3. Bewertung der Theorien

3.1 Zu den philosophischen Grundlagen

Unklar scheint, ob und inwieweit Theorien des Radikalen Konstruktivismus zur Fundierung von Fremdsprachendidaktiken und -methodiken und somit auch zur Lösung schwieriger Detailprobleme, wie z.B. der Individualisierung des Unterrichts, beitragen können. Kritik am Radikalen Konstruktivismus gibt es mittlerweile in hier nicht referierbarem Umfang. Psychologisch bzw. philosophisch sind die Arbeiten von Ralf Nüse et al. (1995) und Günter Schulte (1993) besonders aufschlussreich. Fachdidaktische Auseinandersetzungen haben Franz-Joseph Meißner (1998, und im gleichen Band auch Lothar Bredella) sowie Marcus Reinfried (1998, 1999) beigesteuert. Mit den speziellen Problemen radikalkonstruktivistischer Bedeutungstheorien beschäftigen die genannten Autoren sich, soweit ich es überblicke, jedoch bisher nur peripher.

Für besonders fragwürdig halte ich folgende Theoreme des Radikalen Konstruktivismus: a) das Paradigma der "Selbstorganisation", b) die Trennung von Realität und Wirklichkeit und c) die Leugnung der Objektivität bzw. der Objekt-Aspekte von Realität und Wirklichkeit. Zu a): **Die Behauptung, in Natur und Geschichte organisiere sich alles selbst, ist nicht beweisbar.** Erkennbar ist zwar ein "Zeitpfeil" (S. Hawking), nicht jedoch dessen Ursache und daher auch nicht der Grund für die Zeitbedingtheit von Natur und Geschichte. Momente und Augenblicke des Zeitpfeils sind als Resultate früherer, vorgängiger Zustände und Entwicklungen analysierbar. Was darüber hinaus die "Gegenwart" beeinflusst, ist nicht nur das "Nicht-Mehr" der Vergangenheit, sondern auch das "Noch-Nicht" der Zukunft. Eine Reduktion auf das Hier und Jetzt der "Eigenkräfte", d.h. auf das "Selbst" der sogenannten Selbstorganisation, ist daher nicht zulässig. **Folglich verliert das Prinzip der Selbstorganisation den Status eines wissenschaftlichen oder philosophischen Fundamentes.**

Analysierbar sind anscheinend nur diejenigen Realitäten und Wirklichkeitszusammenhänge, die das "Selbst" determinieren und organisieren und möglicherweise über sich selbst hinaustreiben oder aber in seiner Entwicklung stagnieren oder gar verkommen, "degenerieren" lassen.

109

Zu b): Gerhard Roths Unterscheidung von Wirklichkeit und Realität (s. oben) ist schon sprachlich-terminologisch nicht zu rechtfertigen, weil die beiden Begriffe im Deutschen nahezu bedeutungsgleich sind. **Wirklich** vorhanden sind auch die realen Gegenstände der Außenwelt. Die Begriffsfelder des Wirklichen und des Realen überschneiden sich so, dass daraus Synonyme wie z. B. 'verwirklichen' und 'realisieren', 'Wirklichkeitssinn' und 'Realitätssinn' hervorgehen. Karl R. Popper lobt (1995: 89 f.) den "Realismus des Alltagsverstandes; das ist die Ansicht, dass es eine wirkliche Welt gibt, die wirkliche Menschen, Tiere und Pflanzen, Autos und Sterne enthält." Der tatsächlichen inneren und äußeren Dynamik der Welt-Gegenstände (der Außen- und Innenwelt!) wird der Begriff Wirklichkeit vielleicht besser gerecht als der eher versachlichende (oder zuweilen gar "verdinglichende"?) Begriff Realität. Fragwürdig ist daher auch die von Thomas von Aquin stammende Unterscheidung zwischen sprachlich erfassbarer "Wirklichkeit" und angeblich allumfassender "Realität", eine Unterscheidung, von der Gerhard Roth sich vielleicht hat inspirieren lassen.

Zu c): Definitionen dessen, was ein Objekt (im philosophisch-erkenntnistheoretischen und im grammatikalischen Sinne) ist, gibt es zur Genüge. Im Anschluss an Jean-Pierre Changeux (1984) verweist z. B. D. J. Amit (1989: 218) auf die (sub-)atomare Realität, in der es Objekte in Form von feststehenden, mathematisch bestimmbaren Größen und variablen Gestalten ("configurations") gibt. Changeux unterscheidet (1984: 164 ff.) zwischen mentalen Objekten der Wahrnehmung, der Vorstellung und der gedanklichen Operationen, Ideen und Begriffe (s. auch Robra 1992: 23 f.). "Isomorphie", oder besser: **Formähnlichkeit** ist in elementaren Prozessen der sinnlichen Wahrnehmung, z. B. bei der dioptrischen Erzeugung von Netzhautbildern, festzustellen. Zwischen den Objekten der Außenwelt und denen der Wahrnehmung gibt es – entgegen der immer wieder von Radikalkonstruktivisten vertretenen Auffassung – durchaus verlässliche Verbindungen und Entsprechungen (bzw. "Passungen"). Auf den Objekt-Begriff zu verzichten besteht jedenfalls kein Anlass. Gleiches gilt für den Subjekt-Begriff. (Näheres hierzu: Robra 1994: 138.)

Nicht zuletzt wegen der soeben unter a), b) und c) aufgewiesenen schwerwiegenden Mängel kann der Radikale Konstruktivismus nicht als erkenntnistheoretische Grundlage dienen. Als eher geeignet könnten sich – aus hier nicht näher angebbaren Gründen – schon Kantianismus und Phänomenologie, aber auch Kritischer Realismus und Kritischer Rationalismus erweisen.

3.2 Zu Sprachtheorie und Semantik
3.2.1 Sinn oder Bedeutung?

G. Roths (bzw. H. Beneschs) Behauptung, der Begriff Bedeutung könne als eine Art "Letztinstanz" dienen (s. oben), lässt sich nicht ohne weiteres sprachtheoretisch und -didaktisch anwenden. Nicht erst seit es eine "Linguistik des Sinns" (Coseriu 1981) gibt, scheint es vorrangig, jeweils den Sinn und nicht nur die Bedeutungen sprachlicher Äußerungen zu erschließen.[2] Coseriu hält den Sinn von Texten für "objektiv gegeben",

---
[2] Über Texterschließungstechniken und -strategien im Fremdsprachenunterricht informiert überblickartig Beate Helbig (1998), wobei es natürlich auch um den Text-**Sinn** geht.

und zwar als "Kombination aller Zeichenrelationen", schließt aber nicht aus, dass unlösbare Verstehensprobleme auftreten, so dass umso mehr eine "Erziehung zum Verstehen" zu fordern sei (1981: 102, 116).

Dies sehe ich anders. Vollständig objektive Gegebenheit, d. h. vollständige Erschließbarkeit von Textsinn, würde voraussetzen, dass man einen Autor genau so verstehen kann, wie er selbst seinen Text im Augenblick der Textproduktion verstanden hat. Dies scheint ausgeschlossen, weil Sinn stets in solchem Maße mit subjektiven, in und mit der Zeit veränderlichen Assoziationen verbunden ist, dass er nicht einmal für den Autor selbst, geschweige denn für andere Personen, immer vollständig nachvollziehbar sein dürfte. Dies spricht dafür, sprachtheoretisch nicht die Kategorie Sinn, sondern die der **kon- und kotextuellen Bedeutungen von Denotationen und Konnotationen** als vorrangig zu erachten. Da Sinn außerdem als "Bedeutung der Bedeutung" (Coseriu) definierbar ist, kann die Kategorie Bedeutung vielleicht tatsächlich als "Letztinstanz" auch von Sprachtheorie und -didaktik aufgefasst werden – was allerdings nichts an der Aufgabe ändert, in der Praxis nicht nur die Bedeutungen, sondern möglichst auch den Sinn – bzw. die (möglichen) Sinngehalte – von Texten zu ermitteln (bzw. zu erschließen, "auszuhandeln", zu vermitteln).

3.2.2 Subjektive und objektive Bedeutung

Wenn nun Roth, Wendt und andere behaupten, es gebe nur subjektive, keine objektiven Aspekte von Bedeutungen, so muss dem entschieden widersprochen werden. Für unlogisch halte ich Roths These, Bedeutungen seien zugleich Produkte und Letztinstanzen (höchste Steuerungsfaktoren) der Gehirn- und Bewusstseinstätigkeit (s. oben). Eine Wirkung kann nicht zugleich ihre eigene Ursache sein! Dieser Widerspruch unterläuft Roth unter anderem dadurch, dass er den frühkindlichen Bedeutungserwerb außer Acht lässt. Voraussetzung der Bedeutungsentstehung ist aber das, was Gerald Edelman (1995: 357) "Verkörperung" nennt, nämlich die Tatsache, dass frühkindlicher Objekt- und Sprachbezug zu neuronalen Repräsentationen und Speicherungen in Bildern, Prototypen und Kategorien führt, die sich im Zuge des Spracherwerbs zu relativ stabilen, intersubjektiv-gesellschaftlich konventionalisierten sprachlichen Bedeutungen erweitern. Bedeutungen entstehen also schon im frühkindlichen Entwicklungsstadium nicht als rein subjektive Erzeugnisse von Einzelgehirnen, sondern unter anderem aufgrund objektiver Gegebenheiten.

Um das Bedeutungsphänomen wirklich zu verstehen, ist, wie auch Gerald Edelman mit Recht betont, eine **evolutionäre Theorie der Bedeutungsentstehung** erforderlich. Eine solche Theorie habe ich im Rahmen meiner Arbeit *transcodierung – vom geheimnis der bedeutungen und ihrer vermittlung* (1991) vorgelegt und dabei zeigen können, dass Bedeutung nicht einfach als "Information" (Roth, s. oben), sondern als **Informationsvermittlung,** und zwar durchaus auch in einem objektiv-sachbezogenen Sinne, aufzufassen ist (ebd.: 8). Ich sah mich außerdem gezwungen und in der Lage, nicht vom subjektiven Einzelgehirn, sondern vom objektiv Gegebenen auszugehen. Jedenfalls können neurowissenschaftlich-radikalkonstruktivistische Erklärungen des Bewusstseins als einer rein subjektiven Instanz der Produktion von Wirklichkeit nicht darüber hinwegtäuschen, dass die Inhalte des Bewusstseins auf evolutionsgeschichtlicher Grundlage entstehen und daher auch alles Subjektive letztlich auf Objektivem beruht, zumal dann, wenn sowohl Subjekt als auch Objekt anhand neuerer Erkenntnisse definiert werden können (s. oben).

Objektiv sind die konventionalisierten Denotationen (Grund-, Kern-, Hauptbedeutungen), aber auch unter anderem die historisch-objektiven Konnotationen (z. B. 'la Défense' in Verbindung mit 'la Commune de Paris' oder auch: "333 – bei Issos Keilerei") aus mehreren Gründen: Sprache objektiviert grundsätzlich dadurch, dass die mentalen Objekte (Changeux, s. oben) sich mit objektiv vorhandenen, netzwerkartig gespeicherten Wortzeichen verbinden. Sowohl die Verarbeitungs- als auch die Speicherungsvorgänge sind in ihren Grundzügen bekannt (vgl. neben Changeux: Damasio 1992; Mohr-Pulvermüller 1996). Anzunehmen ist, dass nicht nur jedes Wort, sondern auch jede einzelne (denotative bzw. konnotative) Bedeutung durch bestimmte Neuronenverbände ("cell assemblies") gespeichert wird. Bei der Sprachproduktion verbinden sich Sprachinhalte (Signifikate) mit den dazu gehörigen Sprachformen (Signifikanten) und manifestieren sich als **bedeutungsvolles Material** (Mohr-Pulvermüller) in bestimmten, d. h. verbalsprachlich modulierten Ausdrucksformen (Phonemen, Graphemen, Morphemen), rein materiell-substanziell: als bedeutungsvoll modulierte Schall- bzw. Lichtwellen (in der Blindenschrift: die ertastbaren "erhabenen Punkte").

Bei der **Sprachproduktion** verwenden ("modulieren") natürlich die Sprachbenutzer/innen ("Sender") selbst die Bedeutungen, und zwar aufgrund ihrer **Bedeutungsauswahl**. Diese ermöglicht es ihnen, aus einer großen Fülle von gespeicherten Bedeutungen (z. B. Polysemien) auszuwählen und diejenigen zu verwenden, die dem entsprechen, was sie in einer bestimmten Situation und in einem bestimmten Kontext **meinen**, also dem, was sie in bestimmter Art und Weise sagen (oder verschweigen!?) wollen. Dabei können "unscharfe Bedeutungen", persönliche Gefühlstönungen, Mimik, Gestik usw. ins Spiel kommen. – Beim **Sprachverstehen** wird das objektiv-bedeutungsvolle Sprachmaterial vom Empfänger dekodiert ("entziffert"), und zwar zunächst mit Hilfe der entsprechenden **Sinnesorgane**. Das Nervensystem transcodiert (transformiert) die von den Sinnesorganen aufgenommenen Informationen über das bedeutungsvolle Sprachmaterial mittels bedeutungsvoller, objektiv-konventionalisierter Wiedererkennungsmuster in objektiv-konventionalisierte Bedeutungen. Diese können allerdings mit subjektiv unterschiedlichen Assoziationen und Bewertungen verknüpft werden, die jedoch nicht mit den tatsächlich-objektiven Bedeutungen verwechselt werden dürfen, auch wenn die (potentielle) Komplexität des Beziehungsgeflechtes subjektiver und objektiver Aspekte von Sprache, Denken und Handeln, sprachlicher und nicht-sprachlicher (inhaltlicher und formaler) Kombinatorik von Bedeutungen, Sinn(-gebungen) und Gefühlswerten nicht überschaubar ist (s. oben). – Bedeutungen sind jedenfalls in solchem Maße objektiv bzw. objektivierbar, dass das Ganze des Sprachgeschehens als ein vorrangig objektives Geschehen aufzufassen ist. Schon deshalb sind rein konnotativ-subjektivistische Bedeutungstheorien nicht akzeptabel.

4. Fazit: Das Scheitern der radikalkonstruktivistischen Fundierungsversuche

Die subjektivistischen Verzerrungen, die bei Radikalen Konstruktivisten wie Wendt und Glasersfeld auftreten, lassen sich nunmehr unschwer aufdecken und erklären. Unter "Objekten der realen Welt" versteht Glasersfeld (mit Roth und anderen) vor allem die angeblich nicht objektiv erkennbaren Objekte der Außenwelt. Denotationen können sich aber gar nicht unmittelbar auf solche Objekte beziehen, weil sie selbst **mentale** Objekte sind, in denen sich Referenz-Bezüge nur indirekt konkretisieren können. Als Grundbedeutungen beziehen Denotationen sich primär auf ein mentales Geschehen, nämlich das Zusammenwirken von *signifiants* und *signifiés*, wobei natürlich das *"arbitraire du signe"* stets zu beachten ist. Bei diesem Zusammenwirken handelt es sich nicht vorrangig um "Denkakte", sondern um konventionalisiert-habitualisierte (und auch hierdurch objektive!) Zuordnungen, die beim Erstspracherwerb bekanntlich bereits im zweiten Lebensjahr beginnen, d.h. schon **vor** der Periode des "voroperativen Denkens" und auch **vor** der Periode des "symbolischen Denkens" (Funke & Vaterrodt-Plünnecke 1998: 69). Glasersfelds Begriff der "Re-Präsentation" ist daher auch deshalb unzulänglich, weil es sich bei den Bedeutungs-Evokationen eben nicht um nur individuell-subjektive "Denkakte"[3] handelt. Beim Sprachverstehen geht jeglicher Re-Präsentation die **Präsentation** bedeutungsvollen Materials voran, was Glasersfeld einfach ignoriert. Sprachliche Repräsentation ist in dem von mir erläuterten Sinne objektiv und nur akzidentiell subjektiv (obwohl es im persönlichen Sprachempfinden und -gefühl oft umgekehrt sein mag).

Ähnliches gilt für Michael Wendts Bedeutungstheoreme, wobei gravierend hinzukommt, dass Wendt versucht, auf solchen Grundlagen eine Fremdsprachendidaktik zu entwickeln. Auch mit Descartes, Heidegger und Sartre kann man den puren Subjektivismus nicht rechtfertigen, denn in den Werken gerade dieser Philosophen finden sich zahlreiche Beispiele für objektivistische Auffassungen, so z.B. in Descartes' "mathesis universalis", Heideggers "Kehre" während der 1950er Jahre und Sartres ungefähr zur gleichen Zeit erfolgenden Hinwendung zum Marxismus. Die Widersprüche, in die Wendt aufgrund seiner radikalkonstruktivistischen Prämissen hinsichtlich des Bedeutungsproblems gerät, brauche ich nicht erneut zu analysieren. Es reicht wohl, den Nachweis geführt zu haben, dass Bedeutungen eben nicht "primär im subjektiven Sinn konnotativ" sind und "Objektivität der Bedeutungszuschreibung" (und der Bedeutungen!) nicht nur sehr wohl "denkbar", sondern auch faktisch vorhanden ist. Dies gilt erst

---

[3] Als "Denkakte" könnte man allenfalls die bewussten, zielgerichteten Akte der Sprachverwendung bezeichnen, aber nur dann, wenn man Sprache und Denken einfach gleichsetzt, was jedoch unzulässig bzw. inadäquat ist. – Zu Gunsten rein subjektivistischer Bedeutungstheorien könnte vielleicht anhand der von Herbert Bock (1990: 166) vorgeschlagenen Theorie der "subjektiv wirksamen Gebrauchsumstände" argumentiert werden. Aber: Auch diese Theorie ändert nichts an dem Objektivitätscharakter einer zu erlernenden Fremdsprache und auch nichts an der Tatsache, dass "Eigenwert" und "Feldbestimmtheit" (bzw. Feldbestimmbarkeit) von Lexemen ihrer Aktualisierung vorgeordnet sind, so dass man auch mit allem subjektiv Wirksamen zwar die Auswahl, Kombination und – gegebenenfalls – Veränderung oder Neuschaffung von Bedeutungen beeinflussen, nicht aber die Objektivität bereits vorhandener, natürlich oder künstlich gespeicherter Bedeutungen ignorieren kann (vgl. Gipper 1993).

recht für fremdsprachliche Bedeutungen, weil diese als solche, d. h. einzelsprachlichsystembedingte, ja nicht in den Köpfen der Fremdsprachenlerner, sondern in denen der *native speakers* einer bestimmten Sprachgemeinschaft existieren. Fazit: **Radikalkonstruktivistisch ist es nicht möglich, eine Fremdsprachendidaktik zu fundieren.**

Wohlverstandener, nicht "radikaler" Konstruktivismus wurzelt in andersartigen philosophischen Traditionen, und zwar schon bei Kant und in den vielfältigen Formen der Phänomenologie. Kant bezieht (1956: 203, 248 f.) Bedeutungen prinzipiell auf **Objekte** (im mentalen und referentiellen Sinne). Hegel verbindet in seiner Phänomenologie Subjekt und Objekt dialektisch miteinander, verpflichtet aber das Subjekt stets auf objektives Wissen und konstruiert auf dieser Grundlage die Entwicklung von Bewusstsein, Selbstbewusstsein, Verstand, Vernunft und Geist.

5. Syncodierung (syncodage)[4] und Bedeutung

Nicht originell ist Glasersfelds Idee, das Zusammenspiel von *signifiants* und *signifiés* durch einen dritten Faktor zu ergänzen. Triadisch ist schon die mittelalterliche (scholastische) These "verba significant (res) conceptibus mediantibus". Damasio (1992: 90 f.) unterscheidet zwischen einerseits linkshemissphärischen Neuronenverbänden, die für Wort- und Satzbildung, Lexik und Grammatik zuständig seien, und andererseits "verschiedenen neuronalen Strukturen, welche die Begriffe selbst repräsentieren" und über beide Gehirnhälften verteilt seien. Die "Begriffe selbst" nennt er auch "konzeptuelle Begriffe". Darüber hinaus postuliert er, als dritten Faktor, spezielle "neuronale Vermittlungsstrukturen", d. h. Neuronenverbände, die angeblich zwischen den "neuronalen Begriffsstrukturen" und den linkshemisspärischen Spracharealen vermitteln. Kurioserweise geht Damasio hier allerdings nicht auf die seit langem bekannten neuronalen Vermittlungsfunktionen z. B. des Thalamus und anderer subcorticaler Gehirnareale ein.

Mein triadisches Modell der Trans- und Syncodierung habe ich (1993a, 1995, 1996c) detailliert dargestellt und erläutert. Es beruht auf folgender Triade: Bezeichnung (*signifiant*) – Bedeutung/Sinn (*sens, signification*) – Signifikat (*signifié*). Bedeutungen manifestieren sich – denotativ und konnotativ – in Worten und Wörtern, Syntagmen, Sätzen und Texten, oft in vielfältigen Verbindungen mit Nicht-Verbalem. Codes, d. h. **Form-Inhalt-Relationen**, sind sowohl in den Sphären der *signifiants* (Phoneme/Grapheme und Morpheme) als auch in denen der *signifiés* (Extensionen und Intensionen von Denotaten und Konnotaten) feststellbar. Dass es sich hier um unterschiedliche, wenn auch faktisch und ursprünglich (evolutionsgeschichtlich) miteinander verbundene Codes handelt, ergibt sich schon aus dem *arbitraire du signe*, auf dem auch das Transcodage-Modell von Algirdas J. Greimas (1970: 43 ff.) beruht. Durch den Begriff **Syncodierung** berücksichtige ich stärker die Tatsache, dass *signifiants* und *signifiés* (Sprachformen und -inhalte) zwar unterschieden, aber nicht voneinander getrennt

---

[4] Von mir (1993) erfundener Neologismus.

werden können. Bestätigt wird dies durch neuere Forschungen zur neuronalen Wort-Speicherung (z. B. Mohr-Pulvermüller 1996).

Da der Begriff Syncodierung sich auf möglichst alle objektiven und subjektiven Bedeutungskomponenten bezieht und damit auch die Phänomene des (potentiellen) **Bedeutungswandels** umschließt, darf er nicht als "Normierungsbegriff" missverstanden werden. Wesentlich und vielleicht sogar entscheidend wichtig ist außerdem die Tatsache, dass Syncodierung grundsätzlich überall dort anzutreffen ist, wo sprachliche Form-Inhalt-Relationen **feststellbar** (objektivierbar) sind. Hierdurch wird die Gefahr eines infiniten Regresses – nicht zuletzt auch bei der Bestimmung des Begriffs Syncodierung – vermieden. Dies im Unterschied zum "Geheimnis der Bedeutung" (Mario Wandruszka). Bedeutung kann sich sowohl im Subjektiv-Unendlichen der individuellen neuronalen Kombinatorik als auch im Objektiv-Unendlichen des Sprachursprungs verlieren (vgl. Robra 1991: 13).

Gegen den Code-Begriff haben Linguisten wie Wandruszka und Coseriu zu bedenken gegeben, er sei "technizistisch" und könne daher dem Natürlich-Sprachlichen nicht gerecht werden. Tatsächlich stammt der Terminus *transcodage* aus der Fernseh-Technik, Syncodierung jedoch nicht. Begreift man "Code" mit Umberto Eco als Relation zwischen einem bestimmten Inhalt und einer bestimmten Form, ist kein Grund zu erkennen, den Begriff Syncodierung des Technizismus zu verdächtigen.

An meinem Sprachmodell der Syncodierung wurde bemängelt, dass es die **gesellschaftlichen** Komponenten der Sprache vernachlässige. Diese Komponenten impliziere ich jedoch mit Begriffen wie Kommunikation, Pragmatik (Kontext, Situation), Denotation und Konnotation, Vermittlung, Nicht-Verbales und Fremdspezifisches, deren Konkretisierung weitgehend geschichtlich bedingt ist. Explizit bleibt hier vielleicht noch einiges zu ergänzen.

6. Folgerungen für die Fremdsprachendidaktik, speziell des Französischen

Der Nachweis, dass eine radikalkonstruktivistische Fundierung der Fremdsprachendidaktik nicht haltbar ist, legt die Frage nahe, ob bzw. inwieweit Fremdsprachendidaktik überhaupt erkenntnistheoretisch begründet werden kann. Vor einer Entscheidung darüber, welche der bekannten Erkenntnistheorien denn geeignet wäre, müsste geklärt werden, ob die Fragestellung als solche sinnvoll ist angesichts der Tatsache, dass die erkenntnismäßige, d. h. kognitiv-analytische Funktion einer Sprache immer nur eine unter vielen ist. Selbst ein Wilhelm von Humboldt, der die Sprache als "das bildende Organ des Denkens" auffasste (und den Ergon-, den **Werk**-Charakter der Sprache leider unterschätzt hat), hielt Sprache, Denken und Erkennen nicht für identisch. Von der Sache her sind den erwähnten erkenntniskritischen Fundierungsversuchen offensichtlich enge Grenzen gesetzt.

Ähnliches gilt für das Ziel, Individualisierung und individuelles Fremdsprachen-Lernen radikalkonstruktivistisch zu erklären und zu beschreiben (vgl. Wendt 1996a: 16–18). Individualität ist ein Ergebnis nicht nur "selbstorganisierten" Konstruierens, sondern auch objektiver Gegebenheiten der Umwelt, der Sozialisation und – nicht zuletzt – genetischer Veranlagung durch den strikt individuellen genetischen Code. *Mutatis mutandis* trifft meine Kritik am radikalkonstruktivistischen Subjektivismus auch hier zu. Der Frage, ob hiervon die bekannten konkreten Vorschläge zur Individualisierung des Fremdsprachenunterrichts tangiert werden, kann ich an dieser Stelle leider nicht nachgehen (s. Fußnote 1). Ähnlich verhält es sich mit der Rolle der **Kognition**, z.B. beim entdeckenden Lernen. Die radikalkonstruktivistische Erklärung dieser Rolle ist bereits von Meißner (1998b) und Bredella (im gleichen Band) massiv kritisiert worden.

Wichtiger als ein Fundierungsversuch scheint mir die Besinnung auf die eigentlichen Aufgaben von Didaktik und Methodik. Reduktionen auf Lernerzentrierung und Individualisierung dienen diesem Zweck nur in geringem Maße. Ebenso sorgfältig sind die **Lehrperspektiven** (Lehr- und Vermittlungsstrategien) sowie die sprachlichen und sachlichen Gegebenheiten (**Sprach-, Sach- und Kultur-Orientierung**) zu beachten. Bestätigt wird dies durch neuere Untersuchungen, z.B. von Abendroth-Timmer 1998, Bleyhl 1998, Edmondson & House 1998, Meißner 1998a. Das Schüler-Lehrer-Verhältnis (der pädagogische Bezug) steht und fällt anscheinend mit dem, was Lehrende – an Stoff und an Interesse (Motivation) – "rüberzubringen" vermögen (vgl. Christiane Kallenbach, in: Meißner 1998a: 249).

In jeder der drei Hauptperspektiven Lern-, Lehr- und Gegenstandsorientierung (Sprach-/Sach-/Kulturorientierung) können die Begriffe Syncodierung und Bedeutung, ergänzt durch die der Bedeutungsvermittlung und des Bedeutungserwerbs, eine entscheidende Rolle spielen. Schon beim Spracherwerb kommt es darauf an, dass die Lernenden ihren Horizont durch neue, fremdartige Signifikanten und die damit verbundenen, großenteils andersartigen Signifikate erweitern, d.h. die entsprechenden Syncodierungen approximativ nachvollziehen können. In diesem Sinne ist Syncodierung ein durchaus kreativer, konstruktiver Vorgang, den die Lernenden zwar in individuell unterschiedlicher Weise, aber stets mit dem gleichen Ziel vollziehen: das Gelernte kommunikations- und situationsgerecht anwenden zu können.

Das Ziel der kommunikativen Kompetenz ist aber weder rein kognitiv-analytisch noch rein pragmatisch oder gar nur imitativ zu erreichen. Für den Aufbau eines neuen lernereigenen Diskursuniversums unter anderem in Form eines neuen "inneren Sprachsystems" (Bleyhl) ist es erforderlich, systematisch fremdsprachliches Wissen, d.h. vor allem adäquate praktische Kenntnisse auf den Gebieten des Wortschatzes, der Grammatik und der (sprachbezogenen) Landeskunde, zu vermitteln. Sprachliches Wissen ist insofern unabdingbare Grundlage von sprachlichem Können, "Kompetenz (...) die Voraussetzung für zufriedenstellende Performanz", wie Werner Bleyhl in seiner Arbeit über "Knackpunkte des Fremdsprachenunterrichts" (1998: 137) feststellt, in der er zudem ausdrücklich für einen **prozessorientierten Unterricht** plädiert.

Wie man didaktisch-methodische Konzepte dieser Art einzelsprachlich, d.h. z.B. für den Französischunterricht, konkretisieren kann, habe ich vor allem (1991) und in meinen Arbeiten über "Sachorientierung und Individualisierung" (1996a) sowie über "Das Fremdspezifische ..." (1999) dargestellt. Unter dem Fremdspezifischen verstehe ich sowohl die Fremdsprache selbst als auch das Fremdkulturspezifische. Bedeutungsvermittlung dient dazu, das **Lernziel des approximativen Nachvollzugs des Fremdspe-**

zifischen zu erreichen, ein Lernziel, das sogar denen des Fremdverstehens und der Interkulturalität übergeordnet werden kann.[5]

Darüber hinaus kann die Erforschung des Fremdspezifischen und seiner Didaktik dazu beitragen, eine bisher nur in Ansätzen erkennbare globale ("starke") Theorie des *métissage culturel* zu erarbeiten (vgl. Robra 1996c, 1999).

Im Übrigen möchte ich mit meinen durchgängig **semantisch-pragmatisch** fundierten Konzepten insbesondere das verbal Kulturspezifische (z. B. der '*mots de civilisation*', vgl. Reinfried 1995) schon für den Spracherwerb nutzbar machen und mit dem Landeskunde- und Literaturunterricht verbinden. Außerdem sehe ich in der Vermittlung der (erweiterten) Literatur – ähnlich wie beim "*métissage culturel*" – eine Schlüsselfunktion für die Erkundung der geschichtlichen Tiefendimensionen der frankophonen Sprach- und Kulturgemeinschaften. **Voraussetzung hierfür ist stets die Analyse der Schwierigkeiten und Probleme, die das Französische Lernenden (und Lehrenden!) bereitet.** (S. Meißner 1998a; Raabe 1995; Bleidistel 1992: 128 ff.; Robra 1993b.)

Schon hieraus erhellt, dass es mir bei meinen Konzepten um mehr geht als bloße "Trans- und Syncodierung". Fremdsprachenlernen betrifft nicht nur bestimmte Gehirnvorgänge bzw. Kommunikation(sbedürfnisse), sondern den ganzen Menschen, die ganze menschliche Person. Anzustreben scheint mir daher eine große Synthese aus Prozessorientierung und Personalismus (Robra 2001). Prozessorientierung bedeutet Orientierung an den Vorgängen der Trans- und Syncodierung und, damit verbunden und darüber hinaus: Schüler/-innen und Lehrer/-innen, Gegenstands- (Sprach-, Sach-, Kultur-), Anwendungs-, Handlungs-, Progressions-, Fertigkeits-, Begegnungs- und Ergebnis-Orientierung in einem (neo-)kommunikativen Unterricht. Vorschläge für einen personalistisch – und insofern natürlich auch interkulturell – orientierten Unterricht finden sich bei Etienne et al. (1992), Garcia-Debanc et al. (1996) und Przesmycki (1994). Der gemeinsame Nenner aller dieser Faktoren ist nur scheinbar das (Inter-)Kulturelle. In Wirklichkeit geht es wohl um mehr und weniger zugleich, nämlich um das, was das Erlernen fremder Sprachen und das Kennenlernen mit diesen verbundener fremder Personen, Sachen und Kulturen so übergreift, dass das Fremde vertraut werden kann.[6]

Literaturangaben

Abendroth-Timmer, Dagmar (1998): *Der Blick auf das andere Land. Ein Vergleich der Perspektiven in Deutsch-, Französisch- und Russischlehrwerken.* Tübingen: Narr.

---

[5] Laut Gabriele Kasper (1998: 110) konstruieren Fremdsprachenlerner/innen ein eigenes "Diskursuniversum, in das die Herkunftskultur bei Gelegenheit eingeht, aber kein sich ständig durchsetzendes Substratum ausmacht", wobei hinzufügen ist, dass angeblich David P. Shea diese Erkenntnis durch Beobachtung japanischer Englisch-Lerner gewonnen hat. Willis Edmondson & Juliane House empfehlen (1998) sogar, auf den Begriff "interkulturelles Lernen" in der fremdsprachendidaktischen Diskussion möglichst ganz zu verzichten.

[6] Weitere Literatur zum Thema *Semantik und Fremdsprachendidaktik*: s. Robra 1996b.

Amit, Daniel J. (1989): *Modelling Brain Function*. Cambridge: Cambridge University Press.

Benesch, Hellmuth (1977): *Der Ursprung des Geistes. Wie entstand unser Bewusstsein? Wie wird Psychisches in uns hergestellt?* Stuttgart: Deutsche Verlagsanstalt.

Bleidistel, Andreas (1992): *Neurolinguistische Aspekte des Spracherwerbs und des Sprachgebrauchs*. Bochum: AKS-Verlag.

Bleyhl, Werner (1998): "Knackpunkte des Fremdsprachenunterrichts. Zehn intuitive Annahmen." *Praxis des neusprachlichen Unterrichts* 45, 126–138.

Bredella, Lothar & Christ, Herbert (Hrsg.) (1996): *Begegnungen mit dem Fremden. (Gießener Diskurse* 15.) Gießen: Ferber.

Bock, Herbert (1990): *Semantische Relativität. Beiträge zu einer psychologischen Bedeutungslehre des Sprachgebrauchs*. Göttingen: Hogrefe.

Changeux, Jean-Pierre (1984): *Der neuronale Mensch*. Reinbek: Rowohlt. (Französische Originalausg. 1983.)

Coseriu, Eugenio (1994): *Textlinguistik. Eine Einführung*. Tübingen: Narr. (1. Aufl. 1981.)

Edelman, Gerald (1995): *Göttliche Luft, vernichtendes Feuer*. München: Piper.

Edmondson, Willis & House, Juliane (1998): "Interkulturelles Lernen: ein überflüssiger Begriff." *Zeitschrift für Fremdsprachenforschung* 9, H. 2, 161–188.

Etienne, Richard, et al. (1992): *Projet personnel de l'élève*. Paris: Hachette.

Funke, Joachim & Vaterrodt-Plünnecke, Bianca (1998): *Was ist Intelligenz?* München: Beck.

Garcia-Debanc, Claudine, et al. (Hrsg.) (1996): *Didactique de la lecture*. Toulouse: Presses universitaires du Mirail.

Glasersfeld, Ernst von (1996): *Radikaler Konstruktivismus*. Frankfurt a.M.: Suhrkamp. (Englische Originalausgabe 1995.)

Gipper, Helmut (1993): "Ist Bedeutung (meaning) kontext-, gebrauchs- oder feldbestimmt? Ein Beitrag zur Klärung alter Streitfragen." (1. Abdruck des Aufsatzes 1982.) In: ders., *Eigen- und Stellenwert der Wortinhalte in Feld und Wortschatz*. Münster: Nodus, 185–205.

Greimas, Algirdas J. (1970): *Du Sens*. Paris: Seuil.

Helbig, Beate (1998): "Lern- und Arbeitstechniken im bilingualen Sachfachunterricht, aufgezeigt am Beispiel von Texterschließungstechniken." *Der fremdsprachliche Unterricht/Französisch* 32, H. 34, 44–48.

Individualisierung (1997): Themenheft von *Der fremdsprachliche Unterricht/Französisch* 31, H. 28.

Kant, Immanuel (1956): *Kritik der reinen Vernunft*. Hamburg: Meiner. (Originalausg. 1781.)

Kasper, Gabriele (1998): "Datenerhebungsverfahren in der Lernersprachenpragmatik." *Zeitschrift für Fremdsprachenforschung* 9, H.1, 85–118.

Meißner, Franz-Joseph (1996): "Konnotationen in fremden Sprachen und die Didaktik des Fremdverstehens." In: Bredella & Christ 1996, 155–175.

Meißner, Franz-Joseph (1998a): "Zielsprache Französisch – zum Unterricht einer 'schweren' Schulsprache." *Französisch heute* 29, 241–257.

Meißner, Franz-Joseph (1998b): "Kognition – ein didaktischer Grundlagenbegriff und die Erforschung des Lehrens und Lernens fremder Sprachen." In: Karl-Richard Bausch et al.

(Hrsg.): *Kognition als Schlüsselbegriff bei der Erforschung des Lehrens und Lernens fremder Sprachen. Arbeitspapiere der 18. Frühjahrskonferenz zur Erforschung des Fremdsprachenunterrichts.* Tübingen: Narr, 123–133.

Mohr-Pulvermüller, Bettina (1996): *Dynamik der Aktivierung kortikaler Netzwerke: Behaviorale und psychophysiologische Untersuchungen zur Wortverarbeitung.* Diss. Universität Tübingen.

Naatz, Tilo (1997): *Psychoanalyse und wissenschaftliche Erkenntnis. Probleme und Lösungsversuche.* München: Reinhardt.

Nüse, Ralf, et al. (1995): *Über die Erfindung(en) des Radikalen Konstruktivismus. Kritische Gegenargumente aus psychologischer Sicht.* Weinheim: Deutscher Studien-Verlag, 2. Aufl.

Popper, Karl R. (1995): *Lesebuch.* Tübingen: Mohr.

Przesmycki, Halina (1994): *La pédagogie de contrat.* Paris: Hachette.

Raabe, Horst (1995): "Französisch." In: Karl-Richard Bausch, Herbert Christ & Hans-Jürgen Krumm (Hrsg.): *Handbuch Fremdsprachenunterricht.* Tübingen: Francke. 3., überarb. und erw. Aufl., 369–374.

Reinfried, Marcus (1995): "Psycholinguistische Überlegungen zu einer sprachbezogenen Landeskunde." In: Lothar Bredella & Herbert Christ (Hrsg.): *Didaktik des Fremdverstehens.* Tübingen: Narr, 51–67.

Reinfried, Marcus (1998): "Konstruktion als Erkenntnisproblem. Eine fächerübergreifende Unterrichtseinheit." *Der fremdsprachliche Unterricht/Französisch* 32, H. 32, 43–46.

Reinfried, Marcus (1999): "Der Radikale Konstruktivismus: eine sinnvolle Basistheorie für die Fremdsprachendidaktik?" *Fremdsprachen lehren und lernen* 28, 162–180.

Robra, Klaus (1991): *transcodierung. Vom geheimnis der bedeutungen und ihrer vermittlung.* Frankfurt a. M.: R. G. Fischer.

Robra, Klaus (1992): "Mentale Objekte als verbalsprachliche Signifikate. Zur Neubegründung von Bedeutungstheorien." *KODIKAS/CODE* 15, 21–29.

Robra, Klaus (1993 a): "Sprache und Fremdsprachenunterricht. Semantik – Pragmatik – Semiotik, Transcodierung, SYNCODIERUNG." *KODIKAS/CODE* 16, 373–392.

Robra, Klaus (1993 b): Rezension zu Bleidistel (1992, s. oben.) *Französisch heute* 24, 306–308.

Robra, Klaus (1994): "Denken in der Fremdsprache?" *Französisch heute* 25, 126–152.

Robra, Klaus (1995 a): "Nochmals: Funktionale, landeskundlich orientierte Semantisierung." In: Lothar Bredella (Hrsg.) (1995): *Verstehen und Verständigung durch Sprachenlernen? Dokumentation des 15. Kongresses für Fremdsprachendidaktik, veranstaltet von der Deutschen Gesellschaft für Fremdsprachenforschung (DGFF), Gießen, 4–6. Oktober 1993.* (*Beiträge zur Fremdsprachenforschung 3.*) Bochum: Brockmeyer, 236–241.

Robra, Klaus (1995 b): "Transcodage, >Syncodierung<, Fremdsprachenunterricht. Semantische Grundlagen und praktische Folgerungen." *Neusprachliche Mitteilungen aus Wissenschaft und Praxis* 48, 142–148.

Robra, Klaus (1996 a): "Sachorientierung und Individualisierung. Ei des Kolumbus oder Quadratur des Kreises? Zu Theorie und Praxis des Französischunterrichts." *Französisch heute* 27, 39–47.

Robra, Klaus (1996 b): *Semantik und Didaktik. Eine annotierte Auswahlbibliographie.* Düsseldorf (zu beziehen durch die Vereinigung der Französischlehrer, Universität Gießen).

Robra, Klaus (1996 c): "Zur Theorie der (Fremd-)Sprache(n) und des Fremdsprachenunterrichts." *Fremdsprachen und Hochschule* 47, 77–92.

Robra, Klaus (1999): "Das Fremdspezifische und der Französischunterricht. Zur Kritik der Didaktik des Fremdverstehens." *Französisch heute* 30, 182–193.

Robra, Klaus (2001): "Emmanuel Mounier und der Personalismus – cinquante ans après." (Erscheint in *lendemains*).

Roth, Gerhard (1995): *Das Gehirn und seine Wirklichkeit. Kognitive Neurobiologie und ihre philosophischen Konsequenzen.* Frankfurt a. M.: Suhrkamp.

Schulte, Günter (1993): *Der blinde Fleck in Luhmanns Systemtheorie.* Frankfurt a. M./New York: Campus.

Weisbuch, Gérard (1989): *Dynamique des systèmes complexes.* Paris: InterEditions.

Wendt, Michael (1996 a): *Konstruktivistische Fremdsprachendidaktik. Lerner- und handlungs- orientierter Fremdsprachenunterricht aus neuer Sicht.* Tübingen: Narr.

Wendt, Michael (1996): "L'Etranger und andere Fremde im Französischunterricht." In: Bredella & Christ 1996, 127–154.

Wendt, Michael (1998): "Fremdsprachenlernen ist konstruktiv." *Der fremdsprachliche Unterricht/Französisch* 32, H. 32, 4–10.

Wernsing, Armin Volkmar (1995): *Kreativität im Fremdsprachenunterricht.* Berlin: Cornelsen.

Heidemarie Sarter

Gestern, heute – und morgen?

Fremdsprachliche Ausbildung vor neuen Anforderungen

1. Ausgangsüberlegungen

Diejenigen, die zum Wintersemester 1998/99 ein Französischstudium mit dem Ziel aufnehmen, später als Lehrer bzw. Lehrerin an einer Schule zu unterrichten, werden – sofern Studium, Prüfungen und Referendariat zügig absolviert werden und eine Einstellung in den Schuldienst sich ebenso zügig anschließt – in der Zeit zwischen 2040 und 2045 in Pension gehen. Das heißt zum gegenwärtigen Zeitpunkt, daß die universitäre Ausbildung, deren Aufgabe es ja ist, als erstes Stadium der Ausbildung inhaltlich und methodisch die wissenschaftlichen Kenntnisse, Fähigkeiten und Fertigkeiten zu vermitteln, Grundlagen für die schul- und unterrichtsbezogene Weiterentwicklung dieser Bereiche zu legen hat, die bis zu diesem Zeitpunkt, d.h. während der nächsten 40 Jahre, tragen. Denn zur Zeit ist keine institutionalisierte fachwissenschaftliche oder wissenschaftlich-didaktische Weiterbildung vorgesehen, durch die ebenso kontinuierlich wie generalisiert ein den neuen Entwicklungen angepaßtes *update* von Kenntnissen und Fähigkeiten gewährleistet wird. Daß dies mehr und mehr zu einem unhaltbaren Zustand geworden ist, sollen die folgenden Ausführungen aufzeigen.

Eigentlich entstünde für die universitäre Ausbildung implizit die Forderung, vorausschauend die Entwicklung der nächsten 40, 50 Jahre zu antizipieren, und zwar sowohl politisch und bildungspolitisch als auch wissenschaftlich und im Bereich der Technologie, insbesondere der Medien. Dies ist allerdings – nicht zuletzt angesichts der Entwicklung vor allem der letzten Jahre – schlechterdings unmöglich. Aber im folgenden soll es auch nicht so sehr um die Problematik einer angemessenen Erstausbildung gehen. Denn diese war in letzter Zeit bereits des öfteren Gegenstand unterschiedlicher Veröffentlichungen (vgl. beispielsweise die Artikel von Meißner, Reinfried, Burk und Zydatiß in *französisch heute* 1997, H. 3, aber auch Meißner 1995) – wenngleich auch die dort angemahnten notwendigen Änderungen bislang noch nicht zu einer Verbesserung der Erstausbildung geführt haben. Die folgenden Ausführungen wollen weitere Aspekte in die Diskussion einbringen, indem sie zum einen aufzeigen, daß 'Französischunterricht' inzwischen zu einem Oberbegriff geworden ist, der derartig vielfältige Lernsituationen umfaßt, daß die dadurch entstehenden Anforderungen an die Lehrkraft nicht mit einer Erstausbildung in einem herkömmlichen Studium zu bewältigen sind. Zum anderen geht es um den geänderten Stellenwert, der Französischunterricht als Fremdsprachenunterricht inzwischen zuzuweisen ist.

Doch blicken wir zunächst zurück, um die gegenwärtige Situation nicht losgelöst von der Entwicklung, in die sie ja eingebunden ist, zu sehen, und versuchen wir, aus dieser Einbindung eine Standortbestimmung zu entwickeln, die es erlaubt, Indizien für eine sinnvolle zukünftige inhaltliche und organisatorische Strukturierung von Aus- und Weiterbildung zu gewinnen.

Als ich vor fast demselben Zeitraum, den wir heute perspektivisch ins Auge fassen, mit dem Erlernen von Fremdsprachen begann, schien die Welt noch geordnet: Französisch war als zweite Fremdsprache obligatorisch an neusprachlichen Gymnasien, wurde im Klassenverband durchgehend von der 7. Klasse bis zum Abitur gelernt; an Realschulen stand Französisch fakultativ als zweite Fremdsprache zur Wahl. Klassenfahrten ins französischsprachige Ausland waren ebenso die Ausnahme wie individueller Schüleraustausch und Auslandsreisen. Computer hatten raumfüllende Größe, und ihr Einsatz an Schulen und im Unterricht wäre in Gesprächen, so sie denn den Beteiligten in den Sinn gekommen wären, in den Bereich der *science fiction* verwiesen worden, von Dingen wie dem Internet und E-mail ganz zu schweigen. Ich erwähne dies, um die Tatsache ins Gedächtnis zu rufen, daß die Entwicklung der letzten Jahrzehnte nicht nur rasant war, sondern gerade in den letzten fünf bis zehn Jahren eine Eigendynamik entwickelt hat, deren weitere Geschwindigkeit und Resultate für die nächsten 40 Jahre kaum hochzurechnen sind. Und wenngleich sich die Schule oft aus den unterschiedlichsten Gründen auch schwertut, neue und neueste Entwicklungen einzubeziehen und umzusetzen, so bleibt sie doch davon nicht unberührt. Die Schüler und Schülerinnen bringen die Außenwelt in die Schule – wenngleich auch dort in den meisten Fällen nicht ein. Denn dies ist im normalen Unterrichtsverlauf und im Rahmen der generellen Konzeption von Schule kaum vorgesehen, würde 'stören', wie beispielsweise Surf-Erfahrungen im Internet, die nicht nur außerunterrichtliche fremdsprachliche Aktivitäten als ganz normal, als nicht mehr **fremd**-, sondern einfach **anders**sprachig erscheinen lassen, sondern die die Schüler auch zu Gesprächspartnern in einer weitaus weniger asymmetrischen Rollenverteilung als gemeinhin praktiziert machen.

Verändert hat sich die politische und wirtschaftliche Entwicklung, die auf Mobilität und Mehrsprachigkeit der Bürger Europas – als Teil einer immer enger zusammenrückenden Welt – hinarbeitet und unter Umständen bewirkt, daß der Begriff 'Fremdsprachen' für die Sprachen der europäischen Nachbar- und Partnerländer in absehbarer Zeit obsolet geworden sein wird. Bereits in den vergangenen Jahrzehnten hat die gewachsene Mobilität es mit sich gebracht, daß zwei- und mehrsprachige Schüler auch in unseren Schulen keine Ausnahmen mehr sind. Außerdem ist das fremdsprachliche Angebot nicht nur dahingehend ausgeweitet worden, daß in vielen Gymnasien auch andere als die traditionellen Fremdsprachen Englisch, Französisch, Latein und Griechisch gewählt werden können. Hauptschulen sehen eine obligatorische, manchmal auch zusätzlich eine fakultative Fremdsprache vor. Neben dem fremdsprachlichen Unterricht wird bilingualer Unterricht an vielen Schulen mehr und mehr zum 'Normalfall'.[1] Und nicht zu vergessen ist die neue Entwicklung, die Fremdsprachen in die Grundschule bringt und damit die Ausgangssituationen in den weiterführenden Schulen in den kommenden Jahren nachhaltig verändern wird (vgl. Sarter 1997, 1999).

---

[1] So zum Beispiel die INTERREG-Initiative der Einrichtung bilingualen Unterrichts in allen Schulen und Schularten in den Grenzgebieten Baden-Württembergs, der Pfalz, der Nordwestschweiz und im Elsaß und die damit einhergehenden Anstrengungen zur Ausbildung der Euregio-Lehrkräfte.

Versucht man eine historische Standortbestimmung der Didaktik des Französischen, so kann die Entwicklung der Wissenschaft nicht außen vor bleiben. Wenn wir im Moment den Bereich der didaktisch relevanten Fachwissenschaft ausklammern und uns lediglich auf das Gebiet der sprachwissenschaftlichen Forschungen beschränken, das ebenfalls grundlegend ist für didaktisch-methodische Überlegungen – ich spreche von der Spracherwerbs- bzw. -lernforschung –, so gilt es auch hier, auf die große Anzahl und Vielfalt der auch für die fremdsprachliche Didaktik wichtigen Forschungen und Erkenntnisse der letzten Jahrzehnte hinzuweisen. Es darf aber nicht verschwiegen werden, daß Umfang und Komplexität der Entwicklung bestimmt werden durch die Tatsache, daß es sich um Forschungsbereiche, z. B. die Kognitionswissenschaften, handelt, die bei weitem noch nicht ausgelotet sind und deren Relevanz für die Diskussion auch in der Fremdsprachendidaktik der kommenden Jahre und Jahrzehnte nicht zu unterschätzen ist, deren Entwicklung also verfolgt und in fachdidaktische Überlegungen noch angemessen umgesetzt werden muß.

2. Schwerpunktverlagerung in der fremdsprachendidaktischen Diskussion

Die fremdsprachendidaktische Diskussion der letzten Jahre trägt dem bereits Rechnung, wenngleich entsprechende schulspezifische fremdsprachenlernorientierte Forschungen, die sie eigentlich untermauern müßten, bislang noch nicht in ausreichendem Maße vorhanden sind. Nehmen wir als Ausgangspunkt der nun folgenden Gegenüberstellung wieder einen Zeitpunkt, der etwas zurückliegt und deshalb erlaubt, die Veränderungen, die sich seitdem in der fachdidaktischen Diskussion ergeben haben, klarer herauszuarbeiten. Wir finden Schwerpunktverlagerungen (die hier nur stichpunktartig angegeben werden können) in folgenden Bereichen:

Tabelle 1

Von Fremdsprachenkenntnissen zur Kommunikation in der Fremdsprache: Schwerpunktverlagerungen

von	*langue*	zu	*langage – parole*
			• sprachliches Handeln in kommunikativ-fremdsprachlichen Situationen
			• *codes écrit et parlé*
			• Kommunikationsstrategien
			• sprachliche Angemessenheit
			• (inter-)kulturelle Angemessenheit
			• 'Performanzgrammatik' (s. unten)
vom	Lehrer	zum	**Lerner**
			• Individualisierung
			• Lernerautonomie
			• Erwerbsstrategien
			• Lerntechniken
			• lerner- und situationsorientierte metasprachliche Erklärungen

von	Lehren = Lernen	zum	Unterrichten als Hilfestellung Berücksichtigung u. a. folgender Ebenen (vgl. Schmidt 1994, Harley 1994): • explizites/implizites Lernen • zufälliges/beabsichtigtes Lernen
vom	**Französischlehren und -lernen**	**zum**	**Fremdspracherwerb**
vom	Lehren und Lernen der französischen Sprache als einer (einzelnen) Fremdsprache	zum	Erwerb und Lernen des Französischen als einzelsprachliche Konkretisierung von Fremdsprachenlernen bzw. -erwerb allgemein • Aufbau auf bereits vorhandenen Fremd- und Zweitsprachlern- bzw. -erwerbserfahrungen • perspektivischer Auf- bzw. Ausbau von Fremdspracherwerbs- und -lernfähigkeiten auch für weitere Sprachen
vom	**Wissen**	**zum**	**Können**
vom	deklarativen Wissen	zum	prozeduralen Wissen • (auch) implizit • nur bedingt situationsunabhängig explizierbar • 'Performanzgrammatik' • Prinzipien der kognitiven Sprachver- und -bearbeitung
von	**Sprache**	**zum**	**sprachlichen Verhalten**
von	Sprachkennern	zu	in der Fremdsprache interagierenden Subjekten mit angemessenem Verhalten in der anderen Sprache und Kultur • erhöhter Stellenwert der Sprachrezeption in der Mündlichkeit • erhöhter Stellenwert von angewandter Phonetik-Phonologie-Prosodie • Fähigkeit zu sprachlicher Empathie • Situationseingebundenheit der sprachlichen Äußerung als Verständnishilfe nutzen können • 'mit den Ohren stehlen'[2] • Fähigkeit zu kultureller Empathie
von	Sprache = Ziel	zu	Sprache = Mittel • Objekt im und als Medium

Es sei darauf hingewiesen, daß die rechte Spalte in ihren wichtigsten Grundlagen sich speist bzw. gespeist hat durch die reflektierte Integration von Forschungsergebnissen

---

[2] Hier wäre der von Winnykamen 1990 dargelegte Begriff von "Imitation" zugrunde zu legen. Imitation ist danach als eine kreative Aneignung durch (bearbeitende) Übernahme der Modelle anderer zu betrachten; in unserem Fall von Lexikon und morpho-syntaktischen Modellen von Muttersprachlern bzw. Lehrkräften.

aus Nachbar- und Bezugswissenschaften sowie von bildungspolitischen Notwendigkeiten und damit die Diskussion auch der Didaktik des Französischen eingebunden worden ist in eine weitergreifende, allgemein fremdsprachendidaktische Perspektive. Nicht zuletzt aufgrund der Breite des Ansatzes, der notwendigen grundlegenden theoretischen Überlegungen und der – zum großen Teil eben noch ausstehenden – empirischen Forschungen sowie der Verbreitung und Umsetzung ihrer Ergebnisse steht zu vermuten, daß im Gegensatz zur linken Spalte, die eine konventionelle fachdidaktische Auffassung widerspiegelt, die rechte Spalte eine zukunftsweisende Konzeption umreißt, die in den meisten heutigen Klassenzimmern auch noch nicht ansatzweise verwirklicht ist.

3. Konkrete Situation des Französischunterrichts an Schulen

Ein wesentlicher Anstoß zur Diskussion über den Französischunterricht in unseren Schulen ging von der Tatsache aus, daß die Zahl derjenigen Schüler und Schülerinnen, die Französisch wählen, zurückgeht. Meldungen über abnehmende Teilnehmerzahlen, ja über Leistungskurse, die aufgrund akuten Desinteresses der Schüler nicht zustande kommen, haben in letzter Zeit – nicht zu Unrecht – die interessierte Fachwelt alarmiert. Diesen Tatsachen steht jedoch eine andere Entwicklung entgegen, die in den letzten Jahre eine erstaunliche Differenzierung im Unterrichtsangebot Französisch ausweist. (Ich weiß nicht, ob – berücksichtigt man diese Entwicklung – die absolute Zahl derjenigen Schüler und Schülerinnen, die sich für eines der im folgenden aufgezeigten Französischangebote entscheiden, tatsächlich sinkt, oder ob hier nicht der – zu Recht – besorgte Blick aufs Gymnasium den Blick für die Gesamtheit der Unterrichtsmöglichkeiten verstellt.)

Der Beginn einer Unterrichtstätigkeit konfrontiert die Lehrkraft, die eine neue Klasse übernimmt, mit einer Vielzahl möglicher fremdsprachlicher Ausgangssituationen und Zielsetzungen. Betrachten wir die verschiedenen Konstellationen, in denen Französisch allein in der Sekundarstufe I unterrichtet wird, so erstaunt die Größenordnung. Selbst wenn man neuere Entwicklungen wie das Konzept der bilingualen Euregio-Lehrkraft oder besondere Schulformen in einzelnen Bundesländern, wie die Regionalschule und die Duale Oberschule in Rheinland-Pfalz, außer acht läßt, ergeben sich 92 unterschiedliche Möglichkeiten des Französischunterrichts in der Sekundarstufe I (vgl. Tabellen 2 und 3).

Tabelle 2

Sekundarstufe I/1
Orientierungsstufe
mögliche didaktische Situationen (FLE)

Klasse 5
Sit. 1: 1. FS Frz.
Sit. 2: "1." FS Frz.
 (Grundlage: Sit. 2 bzw. 4 bis 11 der Grundschule, vgl. Tab. 4)
Sit. 3: Erweiterter FSUnterricht (Vorbereitung für bilingualen Unterricht)

Klasse 6
Sit. 4: 1. FS Frz. 2. Lj.
Sit. 5: "1." FS Frz.
 (Grundlage: Sit. 2 bzw. 4 bis 11 der Grundschule) 2. Lj.
Sit. 6: Erweiterter FSUnterricht (Vorbereitung für bilingualen Unterricht) 2. Lj.
Sit. 7: Frz. 2. FS (Vorg. 2. FS in Klasse 6)
Sit. 8: Frz. "2." FS (Vorg. "2." FS in Klasse 6)

Tabelle 3

Sekundarstufe I/2
mögliche didaktische Situationen (FLE)

Klasse 7
Sit. 9: Frz. 1. FS 3. Lj. G
Sit. 10: Frz. 1. FS 3. Lj. RS
Sit. 11: Frz. 1. FS 3. Lj. GS
Sit. 12: Frz. "1." FS 3. Lj. Gymnasium
Sit. 13: Frz. "1." FS 3. Lj. Realschule
Sit. 14: Frz. "1." FS 3. Lj. Ges.schule
Sit. 15: Frz. Bilingual 1. Jahr G
Sit. 16: Frz. Bilingual 1. Jahr RS
Sit. 17: Frz. Bilingual 1. Jahr GS
Sit. 18: Frz. Vorg. 2. FS 2. Lj. G
Sit. 19: Frz. Vorg. 2. FS 2. Lj. RS
Sit. 20: Frz. Vorg. 2. FS 2. Lj. GS
Sit. 21: Frz. Vorg. "2." FS 2. Lj. G
Sit. 22: Frz. Vorg. "2." FS 2. Lj. RS
Sit. 23: Frz. Vorg. "2." FS 2. Lj. GS
Sit. 24: Frz. 2. FS 1. Lj. G
Sit. 25: Frz. 2. FS 1. Lj. RS
Sit. 26: Frz. 2. FS 1. Lj. GS
Sit. 27: Frz. 2. FS 1. Lj. HS (AG, u. U. jahrgangsübergreifend)

Klasse 8
Sit. 28: Frz. 1. FS 4. Lj. G
Sit. 28: Frz. 1. FS 4. Lj. RS
Sit. 29: Frz. 1. FS 4. Lj. GS
Sit. 30: Frz. "1." FS 4. Lj. G
Slt. 31: Frz. "1." FS 4. Lj. RS
Sit. 32: Frz. "1." FS 4. Lj. GS
Sit. 33: Frz. Vorg. 2. FS 3. Lj. G
Sit. 34: Frz. Vorg. 2. FS 3. Lj. RS
Sit. 35: Frz. Vorg. 2. FS 3. Lj. GS
Sit. 36: Frz. Vorg. "2." FS 3. Lj. G
Sit. 37: Frz. Vorg. "2." FS 3. Lj. RS
Sit. 38: Frz. Vorg. "2." FS 3. Lj. GS
Sit. 39: Frz 2 . FS 2. Lj. G
Sit. 40: Frz. 2. FS 2. Lj. RS
Sit. 41: Frz. 2. FS 2. Lj. GS
Sit. 42: Frz. 2. FS 2. Lj. HS (AG)
Sit. 43: Frz. 2. FS 1. Lj. HS (AG)
Sit. 44: Frz. 2. FS 1. u. 2. Lj. HS (AG)
Sit. 45: Frz. Bilingual 2. Jahr G
Sit. 46: Frz. Bilingual 2. Jahr RS
Sit. 47: Frz. Bilingual 2. Jahr GS

Klasse 9
Sit. 48: Frz. 1. FS 5. Lj. G
Sit. 49: Frz. 1. FS 5. Lj. RS
Sit. 50: Frz. 1. FS 5. Lj. GS
Sit. 51: Frz. "1." FS 5. Lj. G
Sit. 52: Frz. "1." FS 5. Lj. RS
Sit. 53: Frz. "1." FS 5. Lj. GS
Sit. 54: Frz. Vorg. 2. FS 4. Lj. G
Sit. 55: Frz. Vorg. 2. FS 4. Lj. RS
Sit. 56: Frz. Vorg. 2. FS 4. Lj. GS
Sit. 57: Frz. Vorg. "2." FS 4. Lj. G
Sit. 58: Frz. Vorg. "2." FS 4. Lj. RS
Sit. 59: Frz. Vorg. "2." FS 4. Lj. GS
Sit. 60: Frz. 2. FS 3. Lj. G
Sit. 61: Frz. 2. FS 3. Lj. RS
Sit. 62: Frz. 2. FS 3. Lj. GS
Sit. 62: Frz. 2. FS 3. Lj. HS (AG)
Sit. 63: Frz. 2. FS HS (AG, u. U. jahrgangsübergreifend)
Sit. 64: Frz. Bilingual 3. Jahr G
Sit. 65: Frz. Bilingual 3. Jahr RS
Sit. 66: Frz. 3. FS 1. Lj. G
Sit. 67: Frz. "3." FS 1. Lj. G
Sit. 68: Frz. 3. FS 1. Lj. GS
Sit. 69: Frz."3." FS 1. Lj. GS

Klasse 10
Sit. 70: Frz. 1. FS 6. Lj. G
Sit. 71: Frz. 1. FS 6. Lj. RS
Sit. 72: Frz. 1. FS 6. Lj. GS
Sit. 73: Frz. "1." FS 6. Lj. G
Sit. 74: Frz. "1." FS 6. Lj. RS
Sit. 75: Frz. "1." FS 6. Lj. GS
Sit. 76: Frz. Vorg. 2. FS 5. Lj. G
Sit. 77: Frz. Vorg. 2. FS 5. Lj. RS
Sit. 78: Frz. Vorg. 2. FS 5. Lj. GS
Sit. 79: Frz. Vorg. "2." FS 5. Lj. G
Sit. 80: Frz. Vorg. "2." FS 5. Lj. RS
Sit. 81: Frz. Vorg. "2." FS 5. Lj. GS
Sit. 82: Frz. 2. FS 4. Lj. G
Sit. 83: Frz. 2. FS 4. Lj. RS
Sit. 84: Frz. 2. FS 4. Lj. GS
Sit. 85: Frz. 2. FS 4. Lj. HS (AG)
Sit. 86: Frz. 2. FS HS (AG, u. U. jahrgangsübergreifend)
Sit. 87: Frz. Bilingual 4. Jahr G
Sit. 88: Frz. Bilingual 4. Jahr RS
Sit. 89: Frz. 3. FS 2. Lj. G
Sit. 90: Frz. "3." FS 2. Lj. G
Sit. 91: Frz. 3. FS 2. Lj. GS
Sit. 92: Frz. "3." FS 2. Lj. GS

Diese Darstellung bezieht sich ausschließlich auf **Klassen** oder **Gruppen** von Schülern, gesehen jeweils als homogene Einheiten. Berücksichtigt man nun die in der fremdsprachendidaktischen Diskussion erfolgte Hinwendung zum Lerner, so gilt es, für jede Klasse, für jede Gruppe die individuellen Ausgangspositionen der Lerner hinzuzunehmen. Dies bedeutet eine Differenzierung nach zwei Gesichtspunkten: Zum einen nach den fremdsprachlich-grundschulischen Ausgangsdispositionen der Schüler (wenngleich die momentan auch von einer ganzen Reihe von Lehrkräften der weiterführenden Schulen noch nicht so recht ernst genommen zu werden scheinen); zum anderen sollte die Differenzierung die individuellen sprachlichen Ausgangssituationen der Schüler und Schülerinnen berücksichtigen, die ja zu einem hohen Prozentsatz bei Einsatz der ersten schulischen Fremdsprache bereits nicht mehr monolingual sind.

Tabelle 4

Grundschule (vierjährig)	
Schulisches Sprachangebot	**Sprachliche Ausgangssituation der Schüler/-innen (außerschulisch)**
Sit. 1: keine FS	Sit. A: einsprachig in Schulsprache Deutsch
Sit. 2: Begegnungssprachen ('sensibilisation aux langues') ab Kl. 1	Sit. B: einsprachig in anderer Sprache
Sit. 3: Begegnungssprachen ('sensibilisation aux langues') ab Kl. 3	Sit. C: zweisprachig (Deutsch – Frz.)
Sit. 4: 1 Fremd-/Begegnungssprache, jedoch nicht Frz., ab Kl. 1	Sit. D: zweisprachig (Deutsch – andere Sprache)
Sit. 5: 1 Fremd-/Begegnungssprache, jedoch nicht Frz. ab Kl. 3	Sit. E: dreisprachig
Sit. 6: Frz. als F.-/Begegnungssprache ab Kl. 1	
Sit. 7: Frz. als F.-/Begegnungssprache ab Kl. 3	
Sit. 8: AG "FS", jedoch nicht Frz., ab Kl. 1	
Sit. 9: AG "FS", jedoch nicht Frz., ab Kl. 3	
Sit. 10: AG Frz., ab Kl. 1	
Sit. 11: AG Frz., ab Kl. 3	

Damit sind zum Ende der Grundschule bereits 55 unterschiedliche Möglichkeiten für die sprachliche Ausgangsbasis gegeben. Nehmen wir für den Beginn der Sekundarstufe die Schülerinnen und Schülern aus, die einsprachig in einer anderen Sprache als Deutsch, also 'Seiteneinsteiger', sind. Damit bleiben für den Französischunterricht ab der 5., 6. oder 7. Klasse immer noch 44 Ausgangspositionen, die sich durch die Hinzunahme der anderen Fremdsprachen[3] im Verlauf der folgenden Schuljahre weiter differenzieren:

---

[3] Die in den letzten Jahren begonnenen Untersuchungen im Bereich der Tertiärsprachen belegen die Wichtigkeit bereits vorhandener Fremdsprachenkenntnisse für jede weitere; vgl. beispielsweise Hufeisen (1993) sowie (1995) Hufeisen & Lindemann (1998).

Tabelle 5

Sprachliche Ausgangssituationen der Schüler/-innen (zu Beginn der Sekundarstufe I bzw. zu Beginn des FLE auf Sek. I)	
FLE als 1. Fremdsprache	
Sit. F_{1-11}:	• ausgangssprachlich einsprachig (D) plus: • Sit. 1 – 11 (Sprachangebot Grundschule)
Sit. G_{1-11}:	• ausgangssprachlich zweisprachig (D/F) plus: • Sit. 1 – 11 (Sprachangebot Grundschule)
Sit. H_{1-11}:	• ausgangssprachlich zweisprachig (D/?) plus: • Sit. 1 – 11 (Sprachangebot Grundschule)
Sit. I_{1-11}:	• ausgangssprachlich dreisprachig (D/?/?) plus: • Sit. 1 – 11 (Sprachangebot Grundschule)
FLE als 2. Fremdsprache (7. bzw. 6. Kl.)	
Sit. $J_{1-?}$:	• Situationen F_{1-11} bis I_{1-11} plus: • 1. Fremdsprache • diese kann den Sit. 4, 5, 8 oder 9 des Sprachangebots der Grundschule entsprechen, und/oder: • diese kann im bilingualen Unterricht verwendet werden bzw. als Erweiterter FSU erteilt werden
FLE als 3. Fremdsprache	
Sit. K:	• Sit. J plus: • 2. Fremdsprache

"Seiteneinsteiger" sind nicht berücksichtigt.

Bei der Auflistung all dieser unterschiedlichen sprachlichen Dispositionen von Schülern und Schülerinnen handelt es sich weniger um ein akribisches Rechenexempel als vielmehr darum, die außerordentliche Komplexität zu verdeutlichen, die eine unterrichtsbezogene Anwendung fachdidaktischer Überlegungen allein zu einem der wichtigen neuen Termini wie "Lernerautonomie" mit sich bringt – und mit der die Französischlehrer in der Sekundarstufe I sich in der Praxis *de facto* konfrontiert sehen. (Sollte sich ein *effet déstabilisant* eingestellt haben, so ist dies im Sinne Sorels 1992 in Hinsicht auf eine angemessene Restrukturierung fachdidaktischer Überlegungen gewollt.[4])

Zur Komplexität der Unterrichtssituation kommt hinzu, daß am Ende der Sekundarstufe I die Schüler unterschiedliche Wege verfolgen werden: Die einen werden ins Berufsleben eintreten und eine Berufsschule besuchen, die anderen werden in einer allgemein- oder berufsbildenden Schule auf der Sekundarstufe II ihre Schullaufbahn fortsetzen.

Tabelle 6:

Didaktische Zielsituationen in der Sek. I

1. FS	GS	
2. FS	HS	Berufsleben
3. FS	RS	BBS
BiLi	G	Sek. II

Es ist mehr als fraglich, ob jemals Lehrwerke in entsprechender Differenziertheit zur Verfügung stehen werden, d. h. Lehrwerke, die beispielsweise auch und gerade fremdsprachliche Lernerfahrungen vor Beginn des Französischunterrichts und parallel zu seinem Verlauf (wie Auslandsreisen, Austauscherfahrungen, Internet-Surfing der Schüler) berücksichtigen. Ausgehend von vorhandenen Lehrwerken und anderen hinzugezogenen Materialien soll nun die Lehrkraft die jeweilige Lehrsituation als für die Lerner **individuell** optimale Lernsituation gestalten. Vieles lehrt die Erfahrung und verfestigt die Routine; vieles wird durch Anregungen über fachdidaktische Weiterbildung und individuelle Lektüre verbessert. Ob dies jedoch – als Prinzip – ausreicht, sei bestritten.

---

[4] Sorel (1992: 10) weist im Zusammenhang ihrer Ausführungen zur Weiterbildung auf drei unterschiedliche Möglichkeiten des Umgangs mit neuen, verunsichernden Informationen hin: "Ce que l'on constate, c'est que l'assimilation d'un ensemble de connaissances nouvelles a bien souvent, chez le sujet, un **effet déstabilisant** qui peut être suivi:
- d'un effet de **restructuration**: il y a nouvelle organisation interne qui tient compte des informations et qui permet la production d'un corps de connaissance propre au sujet;
- d'un rejet (cela dérange trop, donc on refuse l'information nouvelle);
- d'un détournement: le sujet essaye de replacer l'acquis récent dans son système antérieur en ramenant l'inconnu au déjà connu et en le déformant par un système d'analogie.

Dans les deux derniers cas, il n'y a pas de formation puisqu'on ne constate ni modification, ni changement, mais un maintien du système antérieur de connaissances."

4. Mehrsprachigkeitsdidaktik als grundlegender Perspektivenwechsel

Der in Tabelle 1 aufgezeigte Paradigmenwechsel überschreitet in der Einordnung der einen Fremdsprache Französisch den Rahmen dieser Fremdsprache; die Didaktik und Methodik der einen Fremdsprache wurde (auch) Teil einer breiter angelegten Fremdsprachendidaktik. Diese gilt es nun einzuordnen in die neue Perspektive der Mehrsprachigkeit – notwendiges Ziel der Ausbildung junger Europäer. Wenngleich hier nicht Raum ist, die sich durch die neue Bezeichnung ändernden Bezugspunkte im einzelnen zu erörtern, so sei doch in aller Kürze darauf hingewiesen, daß es sich nicht um mehr Wein in mehr Schläuchen handeln kann, sondern ein grundlegend anderer Ansatz und Zielpunkt verfolgt wird. Der Perspektivenwechsel zeigt sich bereits in der Wortwahl: von der Didaktik **einer** Fremdsprache zur Fremdsprachendidaktik, von der Fremdsprachendidaktik zu einer **Mehrsprachigkeits**didaktik (vgl. Meißner & Reinfried 1998). Diese Bezeichnung weist nicht nur den Bezug auf mehrere Sprachen aus, die nun jedoch nicht mehr (einschüchternd?) als 'Fremd'-Sprachen konzipiert werden. Sie bezieht auch die Erst- bzw. Muttersprache mit ein und setzt Mehrsprachigkeit als bildungspolitischen 'Normalfall'. Dies bedeutet, daß die Frage nach der Sprachtypologie, nach Sprachfamilien(-ähnlichkeiten und -parallelitäten), nach sprachlichen Universalien ins Blickfeld sprachdidaktischer Reflexion gerückt wird. Die Problematik von Transfer und Interferenz erhält neue Relevanz. Im Zentrum der Überlegungen zur Schaffung von Mehrsprachigkeit steht das Subjekt, der Lerner, und die Herstellung von fremd- bzw. mehrsprachlichen Kommunikationsfähigkeiten. Dabei muß – bei genauer Betrachtung – auch **funktionale Mehrsprachigkeit**[5], d.h. der Verzicht auf die (als Möglichkeit vorgestellte) Vermittlung einer umfassenden, muttersprachensprechergleichen Sprach- und Kommunikationskompetenz unter schulischen Bedingungen, gemeint sein. Diese neue Zielsetzung erfordert – nicht nur in ihrer Funktionalität – angemessene Lern- und Erwerbstheorien und anwendbare Vermittlungsmodelle für den Unterricht.

5. Notwendigkeit der Professionalisierung der Aus- *und* Weiterbildung der Lehrkräfte

Betrachten wir die vorangegangenen Ausführungen auf der Folie der gegenwärtigen institutionellen und verpflichtenden Aus- und Weiterbildungsmöglichkeiten, so steht außer Zweifel, daß Veränderungen dringend geboten sind. Wenngleich diese Forderung keineswegs neu ist, sei sie hier nochmals dadurch bekräftigt, daß die Rahmenbedingungen der gegenwärtigen Situation ins Gedächtnis gerufen werden.

Bekanntlich sehen die Prüfungs- und Studienordnungen an vielen deutschen Universitäten nur zwei Semesterwochenstunden Fachdidaktik für das gesamte Studium vor (ausgenommen das Lehramt an Grund-, Haupt- und Realschulen). Diese zwei SWS müssen nicht nur die wissenschaftliche (Grund-)Ausbildung in "Allgemeiner Fremd-

---

[5] Vgl. dazu Lüdi 1999; vgl. auch die unterschiedlichen Wege der Schüler nach Abschluß der Sekundarstufe I, die in Tabelle 6 aufgezeigt werden.

sprachendidaktik" im Sinne der oben aufgezeigten Schwerpunktverlagerung umfassen, sondern selbstverständlich auch Methodik und Methodologie des Französischunterrichts, deren Spannbreite allein in der Sekundarstufe I oben implizit aufgezeigt wurde. Und vergessen wir neben den jeweiligen unterschiedlich möglichen Zielsetzungen des Unterrichts (produktive und rezeptive Sprach- und Kommunikationskompetenz im Schriftlichen und Mündlichen) vor allem auch nicht Reflexion der unterschiedlichen Möglichkeiten und Notwendigkeiten einer Didaktisierung der Inhalte, die später im Unterricht zu vermitteln sein werden.[6] Muß nochmals eigens auf die Lächerlichkeit der zwei SWS Fachdidaktik hingewiesen werden?

Nicht nur die unterschiedlichen Situationen aus dem Spektrum der vorangegangenen Aufstellungen müssen pädagogisch und methodisch-didaktisch 'in den Griff bekommen' werden. Auch der in Tabelle 1 aufgezeigte Paradigmenwechsel will umgesetzt sein. Dazu braucht es – ebenso wie für didaktische Fragestellungen im engeren Sinn, insbesondere im Bereich der Landeskunde – ein planvoll strukturiertes Angebot an Weiterbildungsveranstaltungen. Es ist nicht möglich, die Weiterbildung wie bisher ins Belieben der einzelnen Lehrkräfte zu stellen. Denn für diejenigen, die aus Einsicht und Interesse ihre eigene Weiterbildung betreiben, gilt es, diese Aufgabe durch entsprechende Angebote zu erleichtern und zu optimieren. Und für diejenigen, die dies nicht tun ... nun ja, da muß wohl der Gesetzgeber seiner gesellschaftlichen Verpflichtung und Verantwortung für eine bestmögliche Ausbildung der nachfolgenden Generationen nachkommen.

Will man, will die Gesellschaft, wollen die Bildungspolitiker eine gute, d.h. professionelle und praxisbezogene Lehrerausbildung, so müssen Veränderungen geplant und vorgenommen werden. Und dies kann nicht, wie bereits hier und dort (u.a. auch in der Hochschulrektorenkonferenz) 'angedacht', die Verlagerung der Lehrerausbildung für den Bereich der Primar- und Sekundarstufe I an Fachhochschulen bedeuten. Vielmehr gilt es, in einem ersten Schritt eine saubere Aufgabendifferenzierung und -verteilung vorzunehmen zwischen genuin universitärer, d.h. wissenschaftlicher Ausbildung, eingeschlossen "Fachdidaktik" (zu dem Begriff s. unten), zweiter Ausbildungsphase in Praxis und Studienseminar und (*professional lifelong*) Weiterbildung. Elementare Tatsache ist für alle drei Bereiche, daß es sich um **Lehrer**aus- und -weiterbildung handelt. D.h. das **direkte** Zielpublikum aller drei Ebenen sind die Lehrer, sie müssen erworbene Erkenntnisse, Fähigkeiten und Fertigkeiten umsetzen, anwenden und vermitteln.

---

[6] Die Entwicklung hat es mit sich gebracht, daß die fremdsprachendidaktische Diskussion auf der Grundlage gemeinsamer Fragestellungen durch Erkenntnisse in anderen Wissenschaftsbereichen (Sprachlern- und -erwerbstheorie, Kognitionswissenschaften, Neurophysiologie) fruchtbar vorangetrieben wurde. Gilt dies auch in gleicher Weise für die Fachwissenschaft? So meint eine Gruppe von Referendaren und Referendarinnen in *französisch heute* 3/1997: "Landeskundliche Kenntnisse bleiben während der universitären Ausbildung ebenfalls auf der Strecke. Schon das Hintergrundwissen für viele in Lehrbüchern behandelte Themen fehlt." (Bauer et al. 1997: 207). Ich halte dies leider nicht für einen bedauerlichen Ausnahmefall. Wäre es nicht an der Zeit, daß die Fachdidaktik – oder -didaktologie – genügend Selbstbewußtsein entwickelte, um auch als überzeugend-fordernde (im doppelten Wortsinn) Disziplin aufzutreten, beispielsweise darauf hinzuarbeiten, daß die Teildisziplinen der Fachwissenschaft sich durch entsprechende Lehrangebote verstärkt der Verantwortung auch in der Lehreraus- und -weiterbildung stellen?

Aus dieser Verantwortung können und sollen sie nicht durch das Bereitstellen von "Rezepturen" entlassen werden. Je größer das auch persönliche Engagement der (zukünftigen) Lehrkräfte ist, je mehr sie Weiterbildung auch als eigene Weiter-Bildung [sic] verstehen, desto mehr werden die Schüler als indirektes Zielpublikum davon profitieren.

Die vorgeordnete Einteilung in erste und zweite Ausbildungsphase weist beiden unterschiedliche Zielsetzungen zu. Feststeht, daß eine bessere Zusammenarbeit und gegenseitige Ergänzung, wahrscheinlich auch eine teilweise Verzahnung beider Phasen notwendig ist; feststeht aber ebenso, daß es sich um eine begründete, institutionenbezogene Aufgabenverteilung handelt, wobei die eine für die wissenschaftliche, **praxisorientierte theoretische** Grundlegung zu sorgen hat – wenngleich sie dies aufgrund des geringen Stellenwerts, der der universitären Fachdidaktik beigemessen wird, gegenwärtig nur in Ansätzen zu leisten in der Lage ist. Die andere ist für die **theoriegeleitete praktische** Ausbildung zuständig. Beides ist gleichermaßen wichtig und muß sich gegenseitig ergänzen.

Auf der Grundlage dieser institutionsabhängigen Aufgabenverteilung, die sich aus den Möglichkeiten und Beschränkungen beider ergibt, steht eine stärkere Professionalisierung gerade auch der Französischlehreraus- und -weiterbildung dringend an. "Zentren für fachdidaktische Forschung und Lehrerausbildung", wie sie beispielsweise von Reinfried (1997: 219 f.) diskutiert werden, scheinen hierzu geeignete Instrumentarien. Sie müßten aus meiner Sicht allerdings auch für die Weiterbildung im oben aufgeführten Sinn in die Pflicht genommen werden.

Struktur und Funktion dieser Zentren müssen sich auf der Grundlage einer sauberen Abgrenzung der Möglichkeiten und Grenzen aller Beteiligten ergeben. Das bedeutet auch eine Differenzierung im Bereich der Fachdidaktik. Sie wäre einerseits einzuteilen in "Allgemeine Fremdsprachendidaktik" und "Didaktik des Französischen". Andererseits wäre aber auch eine klarere Differenzierung in ihre sie wissenschaftlich fundierenden Teile – nicht zuletzt auch auf der Grundlage empirischer Forschung – und deren Anwendungsbereiche notwendig. Unter Umständen ergibt sich ein Teil der Problematik, vor der wir stehen, aus der Tatsache, daß der Begriff der "Fachdidaktik" sehr weit, vielleicht zu weit, gespannt ist (Fachwissen, Methodik, Methodologie, Sprachlern- und -erwerbstheorie und deren jeweilige methodisch-didaktische Umsetzung, um nur die großen Bereiche zu nennen) und eine klarere, auch namengebende Strukturierung unserem Anliegen der Schaffung institutioneller Möglichkeiten zu einer besseren Ausbildung in diesem grundlegenden Gebiet dienlicher ist. Aus diesem Grund halte ich eine Differenzierung, die diese Aufgabenverteilung auch *expressis verbis* benennt, für sinnvoll. Der Terminus "Didaktik" sollte dem Bereich der direkten Anwendung und Praxis vorbehalten sein. Für die universitäre Disziplin, die die zu vermittelnden theoretischen Kenntnisse, die grundlegenden Fähigkeiten und Fertigkeiten für Reflexion und Anwendung in den einschlägigen Gebieten vermitteln muß und die die Studierenden bzw. Lehrkräfte in der Weiterbildung unter anderem auch in praxisbezogene Forschung integrieren sollte, bietet sich der – nicht von mir gefundene – Begriff der "Didaktologie" an.

Literaturangaben

Bauer, E., et al. (1997): "Erste Phase und Referendariat: Französischlehrer-Ausbildung 1997." *Französisch heute* 28, 206–209.

Burk, Heike (1997): "Der Studiengang: Lehramt an Grundschulen für das Fach Französisch." *Französisch heute* 28, 228–229.

Harley, Birgit (1994): "Appealing to consciousness in the L2 classroom." *AILA Review* 11, 57–68.

Hufeisen, Britta (1993): "L3-Spezifika." *GAL-Bulletin* 19, 14–20; 22, 31–36.

Hufeisen, Britta & Lindemann, Beate (Hrsg.) (1998): *Tertiärsprachen. Theorien, Modelle, Methoden.* Tübingen: Stauffenberg.

Lüdi, Georges (1999): "Mehrsprachigkeit im Europa der Zukunft." *Bulletin* 1. Universität Koblenz-Landau, Abteilung Koblenz. Fernstudiengang "Fremdsprachen in Grund- und Hauptschule", 27–40.

Meißner, Franz-Joseph (1995): "Zur Ausbildung von Fremdsprachenlehrern in der 1. Phase. Ausbildungsanforderungen und hochschuldidaktischer Nachwuchs." *Die Neueren Sprachen* 94, 682–690.

Meißner, Franz-Joseph (1997a): "Mehrsprachigkeit in Europa – Woher kommen die Fremdsprachenlehrer?" *Französisch heute* 28, 194–196.

Meißner, Franz-Joseph (1997b): "Zur Ausbildung von Französischlehrerinnen und -lehrern in der ersten Phase. Zwischen Überkommenem und Notwendigem." *Französisch heute* 28, 196–205.

Meißner, Franz-Joseph & Reinfried, Marcus (Hrsg.) (1998): *Mehrsprachigkeitsdidaktik. Konzepte, Analysen, Lehrerfahrungen mit romanischen Fremdsprachen.* Tübingen: Narr.

Peltzer-Karpf, Annemarie & Zangl, Renate (1998): *Die Dynamik des frühen Fremdsprachenerwerbs.* Tübingen: Narr.

Reinfried, Marcus (1997): "Die Ausbildung zum neusprachlichen Gymnasiallehrer: eine Reform ist überfällig." *Französisch heute* 28, 210–227.

Sarter, Heidemarie (1997): *Fremdsprachenarbeit in der Grundschule. Neue Wege, neue Ziele.* Darmstadt: Wissenschaftliche Buchgesellschaft.

Sarter, Heidemarie (1999): "Fremdsprachen in der Grundschule als Progression in der Mündlichkeit." In: Manfred Prinz (Hrsg.): *FFF–Frühes Fremdsprachenlernen Französisch.* Tübingen: Narr, 29–44.

Schmidt, Richard (1994): "Deconstruction consciousness in search of useful definitions for applied linguistics." *AILA Review* 11, 11–26.

Sorel, Maryvonne (1992): "L'éducabilité de l'appareil cognitif: de quoi parle-t-on? Pourquoi?" *Éducation permanente* 88/89, 7–19.

Winnykamen, Fayda (1990): *Apprendre en imitant?* Paris: PUF.

Zydatiß, Wolfgang (1997): "Die desolate Situation des wissenschaftlichen Nachwuchses in der Fremdsprachendidaktik. Eine Bedrohung für die Ausbildung der künftigen Fremdsprachenlehrerinnen und -lehrer." *Französisch heute* 28, 230–235.

Dagmar Abendroth-Timmer

Konzepte interkulturellen Lernens und ihre Umsetzung in Lehrwerken

1. Einleitung: Interkulturelles Lernen als Teilaspekt des neokommunikativen Fremdsprachenunterrichts

Der neokommunikative Fremdsprachenunterricht, so verdeutlichen die Ausführungen von Reinfried im vorliegenden Band, kann als eine Kombination der Ziele und Verfahren der früheren kommunikativen Methode mit neueren Zielen betrachtet werden. Dazu gehören vorrangig die Förderung der Ganzheitlichkeit, die Reflexion der Lernhandlungen und die Individualisierung der Lernwege und -methoden. Eine Begründung finden diese Ziele in der Erkenntnis, daß Lernprozesse nicht das Produkt eines Lehrprozesses sind (vgl. Bastien 1997): Die Verarbeitung eines angebotenen Stoffes erfolgt allein durch den Lernenden. Insbesondere die konstruktivistisch begründete Fremdsprachendidaktik trägt dieser Subjektivität der Kognition Rechnung (vgl. Wendt 1996). Mit der Einführung des Begriffs der Ganzheitlichkeit ist eine eingehendere Betrachtung affektiver neben kognitiven Lernprozessen verbunden (vgl. Geisler & Hermann-Brennecke 1997; Schwerdtfeger 1997).

Dieser Paradigmenwechsel betrifft genauso die Diskussion um landeskundliches und interkulturelles Lernen wie die Fortentwicklung der allgemeinen Vermittlungsmethoden. Die Frage nach Möglichkeiten der Initiierung von affektiven und kognitiven Lernprozessen bei der Betrachtung der eigenen und der anderen Kultur ist ein zentraler Aspekt der Diskussion im deutschsprachigen Raum. Hierbei handelt es sich insofern um einen Wandel, als die frühere landeskundliche Wissensvermittlung stärker auf das kognitive Lernen fokussierte. Dies ist historisch zu verstehen, wobei man mit der Ablösung des früheren Kulturbegriffs und der Kulturkunde durch den Länderbegriff und die Landeskunde versuchte, diese auf eine objektive Basis zu stellen. Aber auch mit der Alltagskunde (vgl. Picht 1995: 69 f.) im Zuge der Pragmadidaktik und der kommunikativen Methode blieb man der Idee einer erfaßbaren und vermittelbaren Wirklichkeit im anderen Land verhaftet (vgl. Abendroth-Timmer 1997: 77 f.). Erst mit der interkulturellen Ausrichtung änderte sich diese Betrachtungsweise, wie Buttjes (1995: 143) treffend faßt:

> Bei dem hier gemeinten Aufgabengebiet des Fremdsprachencurriculums geht es aber weniger um einen Raum oder eine Region ('Land') als vielmehr um eine sprachlich artikulierte kulturelle Praxis. Es geht dabei auch weniger um einen abgrenzbaren Wissensbestand ('Kunde') als vielmehr um eine sprachlich vermittelte interkulturelle Kompetenz.

Ziel des interkulturellen Lernprozesses ist die Befähigung, sich und seine Gefühle und Einstellungen unter Berücksichtigung der möglicherweise individuell und anderskulturell geprägten Wahrnehmung des Gesprächspartners diesem zu vermitteln und umgekehrt dessen Äußerungen innerhalb eines anderen kulturellen Rahmens zu erfassen. Damit erfolgt eine neue Ausrichtung auf das emotionale Erleben der eigenen und anderen Kultur. Eine Individualisierung wird dabei insofern ermöglicht, als die Lernenden ihre eigenen Wahrnehmungen und Interpretationen darlegen sollen und dürfen. Allgemeingültige Interpretationen eines Textes gibt es damit nicht mehr. Auch auf einer anderen Ebene erfolgt eine Individualisierung, nämlich bei der Definition des Kulturbegriffs als ein zwar unter Übernahme von sozialen Standardisierungen erworbenes, dennoch aber letztlich individuell geprägtes Orientierungsschema (vgl. Hansen 1995). Dies führt zu neuen Inhalten. Interkulturelles Lernen ist damit nicht die Beschäftigung mit einer genau definierbaren eigenen und anderen Kultur, sondern die Entwicklung einer Sensibilität für die Möglichkeit von kultureller Fremdheit, die nur als "relationale Größe" (vgl. Christ 1994: 31) im Kontrast zum Eigenen existieren kann.

Es ist jedoch zu bemerken, daß diese Entwicklung der Fremdsprachendidaktik als spezifisch für den deutschsprachigen Raum zu betrachten ist. Dies wird häufig – und bemerkenswerterweise gerade in der Diskussion um interkulturelles Lernen – übersehen (vgl. Sandhaas 1988: 424). Der Begriff "interkulturelles Lernen" ist in der internationalen Diskussion nicht einheitlich definiert. Dies ist zum einen damit zu begründen, daß ihm jeweils verschiedene Definitionen von Sprache und Kultur zugrundeliegen. Zum anderen bezieht die jeweilige Diskussion über interkulturelles Lernen länderspezifische, institutionell und gesellschaftlich bedingte Lernprozesse und -bedingungen ein.

Exemplarisch sollen im folgenden die Diskussionen im deutsch-, französisch- und russischsprachigen Raum illustriert werden (vgl. Abendroth-Timmer 1998: 30–163), um neue Aspekte in die deutschsprachige Diskussion einzubringen. Dies soll konkret an einer Aufgaben- und Übungstypologie[1] erfolgen, die eines der Ergebnisse einer Analyse von Französisch-, Deutsch- und Russischlehrwerken aus Deutschland, Frankreich und der ehemaligen Sowjetunion für den Anfangsunterricht mit Erwachsenen ist.

Die Bedeutung einer genaueren Betrachtung von Aufgaben und Übungen, die in Lehrwerken dem interkulturellen Lernen dienen können, soll an dieser Stelle betont werden. Interkulturelles Lernen kann nicht allein über die entsprechenden Texte eingeleitet werden. Es bedarf angemessener Übungen und Aufgaben, die sich an diese anschließen. Daneben gibt es auch Übungen und Aufgaben, die interkulturelles Lernen initiieren, da sie den Lernenden ohne Textgrundlage Überlegungen zum eigenen und anderen Land abverlangen. Ein Schwerpunkt vieler Lehrwerkanalysen zur Landeskunde oder zum interkulturellen Lernen sind allerdings überwiegend Inhalte und deren Richtigkeit (Sauer 1975: 7–17; Krauskopf 1985; Ammer 1988; Schmitz 1989; Krampikowski 1991; Mennecke 1992; Thimme 1996). Wenige Analysen unternehmen auch konkretere Einbezüge der Lernerperspektive wie jene von Piepho (1989) oder Pauldrach (1987). Auch innerhalb der Diskussion um interkulturelles Lernen wurden konkrete unterrichtliche Vorgehensweisen noch nicht zur Genüge dargelegt.

---

[1] Es wird von Übungen und Aufgaben gesprochen, um gleichzeitig sowohl geschlossenere und zielgerichtete als auch offenere, von den Lernenden variierbare Formen zu erfassen (vgl. Segermann 1992: 7–12, Rösler 1994: 126–128, Schwerdtfeger 1995).

Die folgende Betrachtung gliedert sich daher in zwei Teile. In einem theoretischeren Abschnitt werden die Diskussionen um interkulturelles Lernen in den drei Sprachräumen geschildert. Diese Ausführungen dienen dann dazu, die in einem zweiten, praxisorientierteren Abschnitt aufgeführten Aufgaben und Übungen in ihrem länderspezifischen Kontext zu verstehen. Nur auf diesem theoretischen Hintergrund können Überlegungen zur Übernahme von Aufgaben aus den Lehrwerken anderer Länder erfolgen.

2. Interkulturelles Lernen im internationalen Vergleich

2.1 Interkulturelles Lernen im deutschsprachigen Raum

Sprache und Kultur werden in der fremdsprachendidaktischen Diskussion im deutschsprachigen Raum überwiegend von Individuen aus definiert. Hier kann Hansen (1995) genannt werden, der Kultur als gesellschaftlich geprägte Standardisierungen auffaßt, deren Auslebungen aber individuell verschieden sein können. Die Mitglieder einer Gesellschaft verbindet die Tatsache, die typischen Verschiedenheiten der Umsetzung von Standardisierungen zu kennen (vgl. Abendroth-Timmer 1998: 38 ff.). Sprache wird ihrerseits als prägend für die Identität des Individuums betrachtet (vgl. Fix 1991: 136 ff.; Kaiser 1992: 19 ff.; Raasch 1992: 227).

In der fremdsprachendidaktischen Diskussion ist demzufolge der Verstehensbegriff eine zentrale Größe, die aus radikal oder gemäßigt konstruktivistischer sowie aus hermeneutischer Sicht unterschiedlich beurteilt wird. Indem zugleich die präferierten Sprachvermittlungsmethoden die Lernenden ins Zentrum rücken, folgert für das interkulturelle Lernen, bei der Erfahrungswelt und dem (stereotypen) Wissen der Lernenden anzusetzen. Analysiert und im Unterricht thematisiert werden daher besonders die Wahrnehmungsprozesse der Lernenden bezüglich des anderen (vgl. Baumgratz et al. 1989: 42; Dethloff 1993: 38; Meißner 1996: 156; Picht 1995: 70). Affektive Lernprozesse mit den Zielen "Perspektivenwechsel" und "Empathiefähigkeit" (vgl. Müller 1988: 60; Ropers 1990: 15, 116; Schinschke 1995) stehen gegenüber kognitiven Prozessen der landeskundlichen Wissensaneignung im Vordergrund (vgl. Christ 1994: 31; Raddatz 1996: 247 f.).

2.2 *Enseignement de la civilisation* oder Landeskunde im französischsprachigen Raum

Im französischsprachigen Raum liegt mit der Definition des Kultur- und Sprachbegriffs, wie sie auf dem Symposium von Santiago de Chili geliefert wurde, eine Bezugsgröße vor, welche Kultur nicht wie oftmals im deutschsprachigen Raum auf eine Ebene des psychologischen Orientierungsschemas reduziert. Kultur wird auf drei Ebenen betrachtet: der Ebene der *réalités*, der Erscheinungsformen und des Systems. Die *réalités* werden in Bezug auf das Individuum als sein Wissen über die erfaßbare Wirklichkeit erklärt. Erscheinungsformen sind individuelle Vorstellungen und menschliche Verhaltensweisen. Die Systemebene umfaßt schließlich Werte, Normen, Mythen und Ideologien (vgl. Labadie 1973: 18 ff.; Reboullet 1973a: 10 f., 1973b: 51). Die Ebenen entwickeln sich niemals synchron. Es gibt Überschneidungen und Rückbezüge. Besondere Aufmerksamkeit genießt außerdem zur Zeit der Kulturbegriff von Bourdieu (1989: 277–286), demgemäß der Lebensstil eines Individuums durch die Lebensbedingungen seines Kollektivs bestimmt werden. Diese führen ihrerseits zur Ausprägung eines Habitus als "strukturierende und strukturierte Struktur". Der Habitus liegt im Unbewußten vor und dient der Klassifizierung anderer Lebensstile.

Für den Fremdsprachenunterricht bedeuten diese Konzepte ein Ansetzen bei den Erscheinungsformen, um zur erklärenden Ebene der Werte vorzudringen, zugleich aber ebenso ein Vermitteln landeskundlicher Fakten. Die Bezugsgrößen Geschichtswissenschaft und Soziologie bewirken eine Tendenz zur Beschreibung von Strukturen und ihres Werdungsprozesses. Methodisch wird insgesamt weniger von den Lernenden ausgegangen, sondern von Inhalten und Lehrprozessen.

2.3 *Lingvostranovedenie* oder sprachbezogene Landeskunde im russischsprachigen Raum

Im russischsprachigen Raum wird durch die besondere Bedeutung der Linguistik (vgl. Baur 1984: 820) die Betonung auf die Sprache gelegt. Hier entwickelte sich in den 70er Jahren die sprachbezogene Landeskunde mit der Veröffentlichung des Werkes *Jazyk i kul'tura* (*Sprache und Kultur*) von Kostomarov und Vereščagin. Dieses stützt sich auf das marxistisch-leninistische Weltbild und das Kulturmodell der materiellen Basis und des geistigen Überbaus. Da mit diesem Konzept jenes des kommunistischen Internationalismus verbunden ist (vgl. Helmert 1982: 27), d.h. die Idee einer nationenübergreifenden Arbeiterkultur, deren Sprachen nach und nach durch das Russische abgelöst werden (vgl. Lenin 1973b: 4–10), hat sich in den letzten Jahren eine Gegentendenz herausgebildet, die eigene Muttersprache gegenüber dem Russischen zu favorisieren und die eigene Sprache, Kultur und Nationalität als Aspekte einer Entität zu betrachten.

In der fremdsprachendidaktischen Diskussion sind bis heute prozeßbezogene Fragen zu Didaktik und Methodik zentral. Im einzelnen handelt es sich um den Prozeß der Textkomprimierung durch die Lernenden, den Einbezug von Anschauungsmaterial, die Arbeit mit aktuellen Historismen, die Theorie zur landeskundlichen Hintergrundinformation zu Verhaltenssituationen und -taktiken und deren sprachlichen Ausdruck zwecks Heranführen an Mentalitäten sowie den Einbezug der non-verbalen Sprache. Die sprachbezogene Landeskunde wird aber auch mit neueren Modellen verbunden (vgl. Rachmankulowa 1997: 79). Die Lernenden werden im Fremdsprachenunterricht mit dem Prinzip des "entdeckenden Lernens" aufgefordert, Hypothesen über das andere Land zu generieren und selbständig weitergehende Informationen zu sammeln. Im sogenannten "fächerübergreifenden Unterricht" (vgl. Ponomarev 1996: 20 f.) werden neben landeskundlichen Fakten des Zielsprachenlandes die Mitglieder der anderen Kultur in ihrem "Nationalcharakter" betrachtet. Es gibt damit erste Ansätze, von der Oberflächenebene der Kultur stärker in die Tiefenebene vorzudringen. Wichtig ist hervorzuheben, daß nun – im Gegensatz zu den Zeiten des kommunistischen Internationalismus – das andere Land im Mittelpunkt steht. Dennoch werden die Lernenden selbst als Individuen mit ihren affektiven Haltungen gegenüber dem Anderen kaum betrachtet. Auch der Vergleich ist nur implizit in den neuen Konzepten angelegt.

2.4 Ableitung von Desideraten der deutschsprachigen Diskussion

Die Ausführungen haben verdeutlicht, daß die Begriffe interkulturelles Lernen, *enseignement de la civilisation* und *lingvostranovedenie* (sprachbezogene Landeskunde) sehr unterschiedliche Ansätze meinen. Die Verschiedenheit ist in der jeweils unterschiedlichen Akzentuierung der zentralen Größen "Lernende", "Inhalte", "Lehrprozesse" und "Sprache" zu sehen. Dies liegt an den unterschiedlichen Basistheorien in den betrachteten Sprachräumen. Es hindert aber nicht daran zu überdenken, welche Defizite die Diskussion im deutschsprachigen Raum im internationalen Vergleich aufweist.

Die sehr detaillierte französische Definition von Kultur sollte im deutschsprachigen Raum rezipiert werden, da sie für den Fremdsprachenunterricht eine theoretische Begründung für die Verzahnung landeskundlicher und interkultureller Lerninhalte darstellt. Gleichzeitig findet hier eine Einbindung eines definierten Sprachbegriffs statt. Fremdsprachendidaktisch nähert sich die französische Diskussion in dieser Frage an die Diskussion in der ehemaligen Sowjetunion an. Im deutschsprachigen Raum ist Sprache als Lerngegenstand zunächst Mittel zum Zweck der Persönlichkeitsdarstellung (vgl. Meißner 1994). Zwar wird über die Relevanz von Konnotationen für den Fremdsprachenerwerb geforscht und werden mit der Mehrsprachigkeitsdidaktik neue Arbeitsinhalte und -formen entwickelt, doch liegen in der Theorie zum *implicite culturel* oder dem Bourdieu'schen Konzept der Sprache als Orientierungsmittel im sozialen Feld (ebenso wie in der durch Kostomarov & Vereščagin begründeten sprachbezogenen Landeskunde) noch zu rezipierende Konzepte vor. Hieraus können Anregungen zum einen für den fachsprachlichen Unterricht, zum anderen für die theoriegeleitete Erstellung von sprachbezogen-landeskundlichen Kommentaren zur Semantisierung von Wortschatz abgeleitet werden.

Die Unterschiede zwischen den drei Diskussionen sind besonders eklatant hinsichtlich der Inhaltsauswahl. Die Diskussion im deutschsprachigen Raum betrachtet diesen Aspekt kaum auf Grund einer starken Orientierung am individualisierten Konzept des Fremdsprachenunterrichts. Dennoch ist die im französischsprachigen Raum vorgeschlagene Betrachtung der Sprache im Hinblick auf durch sie und in ihr tradierte kulturelle Werte und Erfahrungen sowie die Verwendung einer Sozialanalyse zur Datenerhebung prinzipiell mit dieser Tendenz vereinbar. Diese Sozialanalyse nähert uns dem fächerübergreifenden Konzept Ponomarevs (vgl. Abendroth-Timmer 1998: 148–150) an, das jedoch noch kaum praktisch umgesetzt und auch nur in ersten Ansätzen theoretisch entwickelt ist.

Hinsichtlich unterrichtlicher Verfahren ist zu bemerken, daß überwiegend im französischsprachigen Raum der Einbezug einer geschichtlichen Perspektive breit diskutiert wird. Auch hier wird die diachronische Entwicklung der Begriffsbedeutung betrachtet, wobei das Ziel die Feststellung sprachlicher und pragmatischer Rahmenbindungen der Kommunikation ist. Ein anderes Verfahren, das allein für den französischsprachigen Raum ermittelt wurde, ist die Kombination von Objektivierung und Subjektivierung. Es geht dabei einerseits darum, kulturkundliches Wissen in seiner subjektiven Bedeutung für das Individuum zu erheben (vgl. Abdallah-Pretceille 1983: 43). Für den interkulturellen Vergleich sollen den Lernenden aber ebenso objektive Vergleichskategorien geliefert werden. Bei einem solchen Vergleich lernen die Lernenden laut Porcher (1986b: 128), das wechselseitige Verhältnis zwischen der eigenen und der anderen Kultur zu erfassen. Dies ist ein Aspekt, der bei der Diskussion im deutschsprachigen Raum um die Möglichkeit der Erstellung eines universellen Themenrasters betrachtet werden kann. Ein weiterer Bereich, der nutzbringend sein kann, ist schließlich die Vielzahl an konkreten Verfahren zum Umgang mit Stereotypen (vgl. Pugibet 1983).

Die Lernerzentrierung und Individualisierung im deutschsprachigen Raum – so ist insgesamt zu bemerken – führt zu einer Konzentrierung auf die Wahrnehmungsschulung und auf die Betrachtung des Eigenen und gleichzeitig zu einer Vernachlässigung der Frage nach der Darstellung des Anderen. Hierzu können die erhobenen Desiderate einen Beitrag leisten.

Die konkrete Umsetzung dieser verschiedenen Konzepte in Lehrwerken wird allerdings durch äußere Faktoren bestimmt, die von maßgeblicher Relevanz für das Aufgabenangebot sind. Die Wirkung der Bedingungsfaktoren soll im folgenden dargestellt werden, um dann zu einer vergleichenden Auswertung der Typologie überzugehen.

3. Interkulturelles Lernen mit Lehrwerken
3.1 Zur Wirkung äußerer Bedingungsfaktoren auf die Umsetzung der Konzepte interkulturellen Lernens in Lehrwerken

Die Umsetzung der dargestellten Konzepte interkulturellen Lernens wird von gesellschaftlich vorgegebenen Möglichkeiten und Formen des Kontaktes mit anderen Kulturen bestimmt. Wenn russische Lernende weniger Gelegenheiten haben, ins Zielsprachenland zu fahren, dafür aber häufiger Kontakte durch Reiseleitertätigkeiten im eigenen Land haben, müssen andere Schauplätze, Themen und Situationen im Lehrwerk dargeboten werden. Wenn Deutsche eher aus touristischen Gründen nach Frankreich fahren, Franzosen dagegen häufiger aus beruflichen Gründen nach Deutschland kommen, so resultieren daraus andere sprachliche und inhaltliche Ziele. Dies hat auch Auswirkungen auf die Übungen.

Ein weiterer Aspekt sind die editorialen Traditionen und Möglichkeiten. In Lehrwerken aus der ehemaligen Sowjetunion gibt es kaum Bildmaterial, was den entsprechenden Bereich von Übungstypen ausschließt. Aber auch Sprachvermittlungsmethoden wie die audio-linguale Methode in den analysierten Lehrwerken aus Frankreich führen zur Einengung im Übungsbereich. Aus den französischen Lehrwerken konnten daher nur zu einem geringeren Prozentsatz Aufgaben erhoben werden.

Die für die Lehrwerke vorgesehenen Lehrinstitutionen bestimmen das Sprachniveau und den Grad an Abstraktheit der Aufgaben. Die Bedeutung der Institutionen gibt weiterhin die finanziellen Möglichkeiten der Lehrwerkgestaltung vor, die in Deutschland aufwendiger und lernerspezifischer sein kann als in Frankreich, wo die Lehrwerke zugleich für Regelschulen und Weiterbildungsinstitute konzipiert werden. In der ehemaligen Sowjetunion bedeutet die Gestaltung von Lehrwerken an Universitäten und für Universitäten, daß die Lernerschaft und Lehrerschaft genau bestimmbar ist. Das methodische Vorgehen ist eindeutig vorgegeben, und das Material weist einen hohen lexikalischen und grammatikalischen Steilheitsgrad auf. Demgemäß sind sehr schwierige und komplexe Aufgaben in den Lernmaterialien zu finden.

Im folgenden Teil soll dies an konkreten Übungen und der vergleichenden Auswertung der Aufgaben- und Übungstypologie illustriert werden.

3.2 Auswertung einer Übungs- und Aufgabentypologie im Ländervergleich

Die Übungs- und Aufgabentypologie (vgl. Abendroth-Timmer 1998: 366–407) gruppiert sich um Kategorien, die den länderspezifischen Definitionen übergeordnet sind. Diese Kategorien sind das eigene und das andere Land, die eigene und die andere Kultur, die eigene und die andere Sprache sowie die Mitglieder der eigenen und der anderen Kultur. Diese Abstraktion von Lernzielen ermöglicht die Integration und Nutzbarmachung verschiedener Konzepte.

Übungen zur kulturellen Bedeutung der Sprache werden in Lehrwerken aller drei Länder angeboten. Dies sind Übungen wie "geschichtlich konnotierte Straßennamen herausfinden" (*Rendez-vous*, AD-ZF[2]), "Vergleich von Sprichwörtern" (*Pont NeuF*, AD-ZF; *Voie Express*, AF-ZD) oder "Erkennen und Verwendung von Etiketten der Anrede und Begrüßung im Zielsprachenland" (*Pont NeuF*, AD-ZF; *Deutsch im täglichen Umgang* AR-ZD). Da in der Theorie hier ein Defizit im deutschsprachigen Raum vorliegt, verwundert in positiver Weise die Anzahl entsprechender Übungen in deutschen Lehrwerken. Übungen und Aufgaben, welche die Ziele der Mehrsprachigkeitsdidaktik anstreben, sind noch zu entwickeln.

Zur Kategorie **Übungen zum emotiven Gehalt der Sprache** liefert allein ein russisches Deutschlehrwerk eine Aufgabe. Die Relevanz dieses Aspektes in der russischen Fremdsprachendidaktik kann mit den besonderen emotiven Ausdrucksmöglichkeiten des Russischen begründet werden. Hier findet ein sprachenspezifischer Transfer statt. Konkret wird in *Deutsch im täglichen Umgang*, AR-ZD, den Lernenden vorgeschlagen, emotive sprachliche Wendungen auf unterschiedliche Textsorten und Gesprächsformen anzuwenden. Diese Aufgabenkategorie ist ein eindeutiges Desiderat in deutschen Lehrwerken, obgleich in der Theorie von Meißner (1994) bereits die nötige Entwicklung von Nähe- und Distanzsprache bei den Lernenden betont wird.

Übungen und Aufgaben mit Bezug auf die fiktive Ebene, solche **ohne deutliche Eingrenzung auf das eigene oder andere Land** und solche **zum Einbezug weiterer Kulturen** erscheinen überwiegend in Lehrwerken, denen eine kosmopolitische und interpretatorisch offene Konzeption zugrunde liegt und die auf die individuelle Dimension kultureller Identität abheben. Dies sind neben einem französischen und einem russischen Lehrwerk insbesondere die zwei neueren deutschen Französischlehrwerke. Hier sind Aufgaben zu nennen wie "eine Stadt entwerfen" (*Rendez-vous*, AD-ZF; *Pont NeuF*, AD-ZF), "über einen fiktiven Inselaufenthalt berichten" (*Pont NeuF*, AD-ZF)

---

[2] Die Abkürzungen stehen für die jeweilige intendierte Ausgangs- und Zielsprache, bezogen auf ein Lehrwerk: AD = Ausgangssprache Deutsch, AF = Ausgangssprache Französisch, AR = Ausgangssprache Russisch, ZD = Zielsprache Deutsch, ZF = Zielsprache Französisch, ZR = Zielsprache Russisch.

oder "Bekanntschaftsanzeigen für abgebildete Personen verfassen" (*Pont NeuF*, AD-ZF). Die ersten Aufgaben geben den Lernenden Anlaß, sich selbst einzubringen, die letzte Aufgabe erfordert das Generieren von Hypothesen und einen Perspektivenwechsel. Die Ergebnisse geben ferner über die Wahrnehmungsprozesse der Lernenden Aufschluß. Weitere Kulturen werden einbezogen, wenn beispielsweise Nationalitäten mittels Äußerungen über das Zielsprachenland zu bestimmen sind oder ein Porträt des zukünftigen Europäers zu entwerfen ist (*Pont NeuF*, AD-ZF).

Die Übungen und Aufgaben mit Bezug auf das andere Land sind in den Lehrwerken von den gesellschaftlichen Bedingungen abhängig. Kontakte zwischen Frankreich und der ehemaligen Sowjetunion sowie Deutschland und der ehemaligen Sowjetunion sind weniger konkret als deutsch-französische Kontakte. Die Lernenden sind daher in *Pont NeuF*, AD-ZF, gefordert, eine Reise zu planen, während sie in *Most*, AD-ZR, eine dargestellte Fahrt beschreiben sollen. Während hier Annahmen und eventuell Einstellungen von den Lernenden eingebracht werden, sollen die Lernenden in der ehemaligen Sowjetunion häufiger Wissen reaktivieren.

Bei **Übungen und Aufgaben mit Bezug auf die Sprecher der Zielsprache** ist festzustellen, daß eine intensive und komplexe Auseinandersetzung mit anderen Individuen stattfinden muß. Dabei werden Perspektiven übernommen. Sie sind in Lehrwerken zu finden, deren Schwerpunkt Themen und nicht Sprechhandlungen sind. Beispielsweise können Lernende anhand von Photos Hypothesen über ein Thema zum anderen Land und die Sprecher der Zielsprache generieren (*Voie Express*, AF-ZD), durch gezieltes Fragen lernen, Gewohnheiten und Einstellungen herauszufinden (*Deutsch im täglichen Umgang*, AR-ZD), Hypothesen über die Einstellungen der Sprecher der Zielsprache zum Ausgangs- und zum Zielsprachenland generieren (*Pont NeuF*, AD-ZF), dargestellte Erfahrungen eines Sprechers der Zielsprache aus dessen Sicht kommentieren (*Francuzskij jazyk*, AR-ZF) oder Perspektiven von dargestellten Protagonisten in einer Konfliktsituation übernehmen (*Rendez-vous*, AD-ZF; *Zdravstvujte!*, AD-ZR). Unter dieser Kategorie befinden sich einige Übungen und Aufgaben aus den deutschen Lehrwerken.

Unter der Rubrik **Übungen und Aufgaben zur Vorbereitung des Kontaktes mit Sprechern der Zielsprache** finden sich speziell die Lehrwerke, die die Förderung der Gesprächsfähigkeit mit Menschen anderer Kulturen anstreben, d. h. situationsorientiert sind. Einige dieser Übungen und Aufgaben erfordern das Nachspielen von Kontaktsituationen aus der eigenen oder anderen Perspektive (*Rendez-vous*, AD-ZF; *Zdravstvujte!*, AD-ZR; *Most*, AD-ZR; *Sprechen Sie Deutsch!*, AF-ZD; *Voie Express*, AF-ZD; *Francuzskij jazyk*, AR-ZF). Neuere Lehrwerke weisen hier ein Defizit auf.

Die **Übungen und Aufgaben zur Ermittlung der eigenen Einstellung zum anderen Land** zeigen Hinweise auf die Lehrwerkkonzeptionen und auf mögliche Kontaktsituationen. *Rendez-vous*, AD-ZF, das eine multikulturelle Orientierung aufweist, fragt nach dem Integrationswunsch und läßt die touristische und alltägliche Sicht auf das andere Land miteinander vergleichen. Das situationsorientierte Lehrwerk *Sprechen Sie Deutsch!*, AF-ZD, fragt nach dem Wunsch nach Kontakten. *Pont NeuF*, AD-ZF, das sehr lernerzentriert ist, fragt nach Einstellungen, und *Davajte izučat' francuzskij*, AR-ZF, geht von einem Reisewunsch, nicht aber unbedingt von einem konkreten Kontakt aus. In diesem Sinne stammen die **Übungen und Aufgaben mit Bezug auf Mitglieder der eigenen Kultur** ebenfalls nur aus russischen Lehrwerken/-büchern, könnten aber übernommen werden. Dies sind Übungen wie "Aussagen zu angeblich typischem Verhalten im eigenen Land kommentieren" (*Deutsch im täglichen Umgang*, AR-ZD; *Francuzskij jazyk*, AR-ZF).

Übungen und Aufgaben zur Bewußtwerdung der eigenen kulturellen Identität sind beispielsweise folgende: "seine Familie beschreiben" (*Rendez-vous*, AD-ZF; *Zdravstvujte!*, AD-ZR; *Most*, AD-ZR; *Davajte izučat' francuzskij*, AR-ZF), "seine Freizeit- und Urlaubsaktivitäten nennen" (*Zdravstvujte!*, AD-ZR; *Most*, AD-ZR; *Sprechen Sie Deutsch!*, AF-ZD; *Deutsch im täglichen Umgang*, AR-ZD; *Francuzskij jazyk*, AR-ZF), "etwas über sich mit einem Test herausfinden" (*Pont Neuf*, AD-ZF), "sich die Kulturgeprägtheit seiner Interpretation von Photos aus dem anderen Land bewußt machen" (*Voie Express*, AF-ZD). Hier zeigen sich länderspezifische thematische Präferenzen, die auszugleichen wären.

Diese Übungen ebenso wie **Übungen und Aufgaben zur Erprobung der Kontaktsituation unter Relativierung der eigenen Perspektive innerhalb der Lernergruppe** werden hauptsächlich von den themenorientierten Lehrwerken gestellt. Hier sind die Lernenden gefordert, über Diskussionen, Bildmaterial oder eigene Fragebögen ihre Einstellungen zu verschiedenen Themen und Lebensbereichen zu vergleichen (*Pont Neuf*, AD-ZF; *Deutsch im täglichen Umgang*, AR-ZD; *Francuzskij jazyk*, AR-ZF). Sie können auch ein dargestelltes Verhalten eines Protagonisten aus dem eigenen Land diskutieren (*Voie Express*, AF-ZD) oder Stellung beziehen zu Einstellungen von Mitgliedern der eigenen Kultur, die einer anderen Generation angehören (*Francuzskij jazyk*, AR-ZF). Schließlich bereiten sich die Lernenden vor, indem sie über ihre Interpretation von Photos aus der anderen Lebenswirklichkeit und von landeskundlichen Texten diskutieren (*Voie Express*, AF-ZD).

Insgesamt überwiegen bei den letzten drei Kategorien die deutschen und russischen Lehrwerke. Übungen und Aufgaben aus den situationsorientierten Lehrwerken bewegen sich auf der Ebene von Gewohnheiten und der Oberflächenebene der Lebenswirklichkeit. Es zeigen sich überdies unterschiedliche Themen, die bezüglich des Kontaktes mit einer bestimmten Kultur oder im Ausgangssprachenland relevant sind (z. B. nationale Identität der Menschen der ehemaligen Sowjetunion).

Es verwundert nicht, daß die einzige **Aufgabe mit Bezug auf das eigene nähere Umfeld**, die der Relativierung von Verhaltensweisen dient, aus *Rendez-vous*, AD-ZF, stammt. Es soll hier eine Umfrage zu Freizeitaktivitäten durchgeführt werden. Es zeigt sich der nachweislich enge Bezug zwischen impliziter und expliziter Lehrwerkkonzeption, derzufolge besonders die Multikulturalität von Gesellschaften zu betonen ist.

Abermals auf mögliche Kontakte ausgerichtet sind die **Übungen und Aufgaben mit Bezug auf das eigene Land**. Während sich ein Teil dieser Übungen überwiegend auf die Tätigkeit als Reiseleiter ausrichtet (z. B. zu einem Besichtigungsprogramm der eigenen Stadt Stellung nehmen, *Francuzskij jazyk*, AR-ZF), bezieht sich der andere Teil auf eigene Aktivitäten (z. B. zum Wunsch, im eigenen Land Urlaub zu machen, Stellung nehmen (*Sprechen Sie Deutsch!*, AF-ZD), oder über Restaurants der anderen Kultur im eigenen Land berichten (*Pont Neuf*, AD-ZF)). Hier zeigen sich länderspezifische Unterschiede hinsichtlich des erwarteten Kontaktes mit der anderen Kultur und der Relevanz der eigenen Kultur.

Die Kategorie **Übungen und Aufgaben zum interkulturellen Vergleich** liefert eine besondere Breite. Die jeweils zum Vergleich vorgeschlagenen Themen unterscheiden sich allerdings nach gesellschaftlich geprägten Interessen. Vergleiche von Festen findet man in den deutschen Französischlehrwerken (*Rendez-vous*, AD-ZF; *Pont NeuF*, AD-ZF), wohingegen in russischen Lehrwerken und Russischlehrwerken vor allem Fragen nach der Familie und der Ausbildung relevant sind (*Most*, AD-ZR; *Francuzskij jazyk*, AR-ZF; *Davajte izučat' francuzskij*, AR-ZF). Zurückhaltung gegenüber dem (in der deutschen Didaktik vielbeachteten, aber dennoch umstrittenen) Vergleichen übt *Rendez-vous*, AD-ZF. Der Vergleich wird nämlich im deutschsprachigen Raum sehr kontrovers und kritisch diskutiert. *Rendez-vous*, AD-ZF, strebt einen "wertfreien" Vergleich an. Verbunden mit dem Prinzip des entdeckenden Lernens und einer vorsichtigen Haltung gegenüber Stereotypen führt dies zu einer geringen Zahl an Aufgaben zum Vergleich. Allein ein russisches Lehrwerk läßt die Lernenden diese Problematik reflektieren, indem ein Rollenspiel über das Thema "Kulturen vergleichen" angeboten wird (*Deutsch im täglichen Umgang*, AR-ZD).

4. Kritische Schlußbetrachtung

Der einleitend festgestellte Wandel der Fremdsprachendidaktik im deutschsprachigen Raum hin zu einer neokommunikativen Methode, deren zentrale Spezifika Lerner- und Handlungsorientierung, Ganzheitlichkeit und Bewußtmachung sind, ist im Hinblick auf das landeskundliche und interkulturelle Lernen und seine Umsetzung in Lehrwerken nach einzelnen Prinzipien gesondert zu betrachten.

Die ausgeprägte Lernerorientierung und die damit verbundene Orientierung an individualisierenden Unterrichtsformen führt dazu, daß in Lehrwerken eine größtmöglich interpretatorische Offenheit angelegt wird. Bildmaterial ist vielfach Ausgangspunkt für Aufgaben, die Lernenden eine Hypothesengenerierung abverlangen. Gleichzeitig werden landeskundliche Informationen reduziert und ins Lehrerhandbuch verlagert. Es besteht hierbei die Gefahr, daß die Darstellung des Anderen zu stark über Hypothesenbildungen durch die Lernenden erfolgt und eine Veri- oder Falsifizierung von Annahmen unterbleibt. Wie unter 2.4 bemerkt, ist die Frage nach der Darstellung des Anderen auch in der didaktischen Diskussion nicht geklärt. In diesem Zusammenhang steht ferner die Tatsache, daß Sprache im lernerorientierten Unterricht vor allem als Mittel zur Persönlichkeitsdarstellung des Lernenden betrachtet wird. In der französischsprachigen Diskussion dagegen wird Sprache eher als Quelle zur kulturspezifischen Bedeutungserschließung angesehen. Da im deutschsprachigen Raum alle Argumentationen von den Lernenden ausgehend erfolgen, werden intersubjektive Aspekte der sprachbezogenen Landeskunde zu wenig einbezogen und nur in Ansätzen in Lehrwerken umgesetzt.

Insgesamt sollte also bei der Erstellung neuer Lehrwerke auf ein ausgewogenes Verhältnis vom Eigenen und Anderen, Kultur und Sprache, von Hypothesenbildung und Informationsvermittlung geachtet werden. Die französische Fremdsprachendidaktik greift hierzu auf die Sozialanalyse zurück. Dennoch zeigen sich in den französischen wie in den russischen und deutschen Lehrwerken länderspezifische Themen. Dies kann sowohl als Lernerorientierung als auch als Einengung und Verzerrung des Blicks auf das eigene und andere Land verstanden werden. Die Typologie gibt Hinweise hierauf und ist daher als wertvoll für die theoretische Diskussion um die Darstellung des Eigenen und des Anderen zu betrachten. Ferner kann sie zur Lehrwerkerstellung herangezogen werden.

Verbunden mit der Lernerorientierung und Individualisierung ist in den Lehrwerken aller drei Sprachräume eine Entwicklung von der Situationsorientierung hin zur Themenorientierung festzustellen. Dies führt bezüglich des fremdsprachendidaktischen Ziels der kommunikativen Handlungsfähigkeit zu einer Reduzierung handlungsrelevanter Situationen, gleichzeitig aber auch zu einer Befähigung der Lernenden, ihre individuellen Ausdruckswünsche sprachlich umzusetzen.

Hieran schließt sich das Ziel der Ganzheitlichkeit an. Die Lernenden werden dazu veranlaßt, nicht allein auf einer kognitiven Ebene die Auseinandersetzung mit der eigenen und anderen Kultur durchzuführen. Verschiedene Aufgaben dienen in aktuellen Lehrwerken einer affektiven Konfrontation mit dem Eigenen und Anderen. Diese wird durch entsprechende Aufgaben durchaus reflektiert. Die Bewußtmachung ist damit ein zentraler Bestandteil des interkulturellen Lernens. Das gilt für die Lehrwerke aller drei Sprachgebiete.

5. Literaturangaben

5.1 Analysierte Lehrwerke

Adler, Irma, et al. (1993): *Modernes Russisch. Most 1. Arbeitsbuch* mit *Lösungsheft.* Stuttgart: Klett.

Adler, Irma, et al. (1993): *Modernes Russisch. Most 1. Ein Russisch-Lehrwerk für Anfänger.* (Brücke.) Stuttgart: Klett.

Bauer-Negenborn, Gaby & Krist, Renate (1996): *Zdravstvujte!* Ein Russischlehrwerk für Erwachsene. Lehrerhandbuch 1. Bearbeitung der russischsprachigen Ausgabe von M. Horváth. 4. Auflage Ismaning: Hueber.

Becker, Heliane (1994): *Modernes Russisch Most 1. Lehrerhandbuch.* Stuttgart: Klett.

Bernard, Sylvie (1996): *Pont NeuF. Guide pédagogique.* Stuttgart u. a.: Klett.

Boiron, Michel, et al. (1996): *Pont NeuF 1. Französisch für Erwachsene.* Stuttgart u. a.: Klett.

Bruchet, Janine, et al.: *Pont NeuF. Arbeitsbuch.* Stuttgart u. a.: Klett.

Gall, Colette (1991): *Sprechen Sie Deutsch! 1. Initiation. Recyclage.* Paris: Nathan.

Gall, Colette (1992): *Sprechen Sie Deutsch! 1. Guide d'utilisation.* Paris: Nathan.

Horváth, M. (1987): *Zdravstvujte! Kniga dlja prepodavatelja. (Guten Tag! Lehrerhandbuch.)* Budapest: International House.

Jatschmenjowa, T.I. (1992): *Deutsch im täglichen Umgang. Intensivkursus für Anfänger. Posednevnyj nemeckij v situacii obščenija. Intensivnyj kurs dlja načinajuščich*. Moskva: Tipografika.

Kitajgorodskaja, Galina Aleksandrovna (1992): *Francuzskij jazyk: Intensivnyj kurs obučenija: Učebnoe posobie dlja vuzov*. (*Französisch: Intensivkurs: Lehrbuch für Hochschulen*). 3., verb. und erw. Aufl. Moskva: Vysšaja škola.

Köllö, Márta & Vujovits, Inessa (1995): *Zdravstvujte! Ein Russischlehrwerk für Erwachsene. Arbeitsbuch 1*. 4. Auflage Ismaning: Hueber.

Köllö, Márta, Osipova, Irina & Vujovits, Inessa (1995): *Zdravstvujte! Ein Russischlehrwerk für Erwachsene*. Lehrbuch 1. (*Guten Tag!*). 4. Auflage Ismaning: Hueber.

Lubouckine, Marina & Strycek, Alexis (1992): *Pratique du (...) russe parlé*. 2 tomes: *Niveau 1, Niveau 2. Textes et exercices*. Paris: Hachette Education.

Norman, Natalia & Norman, Peter (1991): *Le russe vite et bien. Russkij jazyk bystro i uspešno*. 3., verb. und erw. Aufl. London: Sydney Stevens Publications und Paris: Omnivox.

Opitz, Hilke, Paul, Barbara & Vogel, Eva-Maria (1991): *Voie Express. Cours individuel d'allemand*. Paris: Nathan.

Osipova, Irina (1988): *Zdravstvujte! Ein Russischlehrwerk für Erwachsene*. Phonetisches Beiheft. 1. Auflage Ismaning: Hueber.

Runge, Annette (1995): *Rendez-vous 1*. Nouvelle édition. *Kursleiterhandbuch*. Berlin: Cornelsen.

Samochotskaja, Iraida Stefanovna (1995): *Davajte uzučat' francuzskij jazyk. Posobie dlja načinajuščich*. Moskva: Vlados.

Sommet, Pierre & Wernsing, Armin Volkmar (1994): *Rendez-vous 1. Französisch für Erwachsene*. Nouvelle édition. *Manuel*. Berlin: Cornelsen.

– (1994): *Rendez-vous 1*. Nouvelle édition. *Carnet d'exercices*. Berlin: Cornelsen.

– (1994): Rendez-vous 1. Nouvelle édition. *Vocabulaire*. Berlin: Cornelsen.

– (1991): *Voie Express. Traductions, solutions, grammaire*. Paris: Nathan.

– (1992): *Voie Express. Livret de l'enseignant. Conseils d'utilisation en classe de langue*. Paris: Nathan.

5.2 Sekundärliteratur

Abdallah-Pretceille, Martine (1983): "La perception de l'Autre. Point d'appui de l'approche interculturelle." *Le Français dans le Monde* 23, H. 181, 40–44.

Abendroth-Timmer, Dagmar (1997): "Zum Potential von Lehrwerken für das Verstehen anderer Kulturen." In: Bredella, Christ & Legutke 1997, 76–100.

Abendroth-Timmer, Dagmar (1998): *Der Blick auf das andere Land. Ein Vergleich der Perspektiven in Deutsch-, Französisch- und Russischlehrwerken*. Tübingen: Gunter Narr.

Ammer, Reinhard (1988): *Das Deutschlandbild in den Lehrwerken für Deutsch als Fremdsprache. Die Gestaltung des landeskundlichen Inhalts in den Deutschlehrwerken der Bundesrepublik Deutschland von 1955–1985 mit vergleichenden Betrachtungen zum Landesbild in den Lehrwerken der DDR*. München: iudicium.

Bastien, Johannes (1997): "Schülerinnen und Schüler als Lehrende." *Pädagogik* 11, 6–10.

Baumgratz, Gisela, et al. (1989): *Entdeckende Landeskunde. Sprachenlernen in der interkulturellen Begegnung (unter besonderer Berücksichtigung von Kursen im Nachzertifikatsbereich Englisch und Französisch)*. Frankfurt/Main: Deutscher Volkshochschulverband.

Baur, Rupprecht S. (1984): "Sowjetische Sprachlehrforschung." In: Jachnow 1984, 820–852.

Bausch, Karl-Richard, Christ, Herbert & Krumm, Hans-Jürgen (Hrsg.) (1994): *Interkulturelles Lernen im Fremdsprachenunterricht. Arbeitspapiere der 14. Frühjahrskonferenz zur Erforschung des Fremdsprachenunterrichts*. Tübingen: Narr.

Bausch, Karl-Richard, Christ, Herbert & Krumm, Hans-Jürgen (Hrsg.) (1995): *Handbuch Fremdsprachenunterricht*. Tübingen, Basel: Francke.

Bourdieu, Pierre (1989): *Die feinen Unterschiede: Kritik der gesellschaftlichen Urteilskraft*. 3. Auflage. Frankfurt/Main: Suhrkamp.

Bredella, Lothar & Christ, Herbert (Hrsg.) (1995): *Didaktik des Fremdverstehens*. Tübingen: Narr.

Bredella, Lothar & Christ, Herbert (Hrsg.) (1996): *Begegnungen mit dem Fremden*. Gießen: Ferber.

Bredella, Lothar, Christ, Herbert & Legutke, Michael K. (Hrsg.) (1997): *Thema Fremdverstehen*. Tübingen: Narr.

Brusch, Wilfried (Hrsg.): *Englischdidaktik: Rückblicke – Einblicke – Ausblicke*. Festschrift für Peter W. Kahl. Berlin u. a.: Cornelsen.

Buttjes, Dieter (1995): "Landeskunde-Didaktik und landeskundliches Curriculum." In: Bausch, Christ & Krumm 1995, 142–149.

Christ, Herbert (1994): "Fremdverstehen als Bedingung der Möglichkeit interkulturellen Lernens." In: Bausch, Christ & Krumm 1994, 31–42.

Dethloff, Uwe (1993): *Interkulturalität und Europakompetenz: die Herausforderung des Binnenmarktes und der Europäischen Union*. Tübingen: Stauffenburg.

Erdmenger, Manfred (Hrsg.) (1992): *Interkulturelle Bildung und Sprachen. Festschrift für Peter Doyé*. Braunschweig: Schmidt.

Fix, Ulla (1991): "Sprache: Vermittler von Kultur und Mittel soziokulturellen Handelns. Gedanken zur Rolle der Sprache und der Sprachwissenschaft im interkulturellen Diskurs 'Deutsch als Fremdsprache'." *Info DaF* 18, 136–147.

Geisler, Wilhelm & Hermann-Brennecke, Gisela (1997): "Fremdsprachenlernen zwischen Affekt und Kognition – Bestandsaufnahme und Perspektivierung." *Zeitschrift für Fremdsprachenforschung* 8, H. 1, 79–93.

Hansen, Klaus P. (1995): *Kultur und Kulturwissenschaft: Eine Einführung*. Tübingen, Basel: Francke.

Helmert, Gundula (1982): *Schule unter Stalin 1928–1940. Über den Zusammenhang von Massenbildung und Herrschaftsinteressen*. Diss. Kassel.

Jachnow, Helmut (Hrsg.) (1984): *Handbuch der Russistik: Sprachwissenschaft und angrenzende Disziplinen*. Wiesbaden: Harrassowitz.

Kaiser, Rudolf (1992): "Den Horizont erweitern. Sprachen lernen, ein Weg zur Relativierung der muttersprachlichen Weltsicht." In: Erdmenger 1992, 19–29.

Kostomarov, Vitalij G. & Vereščagin, Evgenij M. (1990): *Jazyk i kul'tura. Lingvostranovedenie v prepodavanie russkogo jazyka kak inostrannogo. (Sprache und Kultur. Sprachbe-

zogene Landeskunde im Russisch-als-Fremdsprache-Unterricht.) 4. Auflage. Moskva: Russkij jazyk.

Krampikowski, Frank (1991*): Das Deutschlandbild im Deutschunterricht am amerikanischen College: ein Beitrag zur Landeskunde und ihrer Vermittlung im Unterricht in Deutsch als Fremdsprache.* Tübingen: Narr.

Krauskopf, Jürgen (1985): *Das Deutschland- und Frankreichbild in Schulbüchern. Deutsche Französischbücher und französische Deutschbücher von 1950–1980.* Tübingen: Narr.

Labadie, Michel (1973): "Choix pour un enseignement de la civilisation." In: Reboullet 1973a, 16–28.

Lenin, Vladimir I.(1973a): "Kritische Bemerkungen zur nationalen Frage." In: ders. 1973b, 3–37.

Lenin, Vladimir I. (1973b): *Werke 20: Dezember 1913 – August 1914.* Berlin: Dietz.

Meißner, Franz-Joseph (1994): "Interkulturelles Lernen im Fremdsprachenunterricht? Zu Stellung und Leistung eines didaktischen Begriffs." In: Bausch, Christ & Krumm 1994, 140–154.

Meißner, Franz-Joseph (1996): "Konnotationen in fremden Sprachen und die Didaktik des Fremdverstehens." In: Bredella & Christ 1996, 155–175.

Mennecke, Armin (1992): "Nicht-linguistische Inhalte in Lehrwerken und interpretative Lehrwerkkritik." In: Erdmenger 1992, 183–192.

Müller, Bernd-Dietrich (1988): "Interkulturelle Verstehensstrategien. Vergleich und Empathie." In: Neuner 1988b, 33–84.

Neuner, Gerhard (Hrsg.) (1988): *Kulturkontraste im DaF-Unterricht.* 2. Auflage. München: iudicium.

Pauldrach, Andreas (1987): "Landeskunde in der Fremdperspektive. Zur interkulturellen Konzeption von DaF-Lehrwerken." *Zielsprache Deutsch* 18, 30–42.

Picht, Robert (1995): "Kultur- und Landeswissenschaften." In: Bausch, Christ & Krumm 1995, 66–73.

Piepho, Hans-Eberhard (1989): "Das Lehrwerk im Englischunterricht." In: Brusch 1989, 57–78.

Ponomarev, M.V. (1996): "Gumanitarisacija obrazovanija i koncepcija integrativnogo kursa po stranovedeniju." ("Geisteswissenschaftliche Orientierung der Ausbildung und Konzeption fächerübergreifender Landeskundekurse.") Inostrannye jazyki v škole 2, 19–22.

Porcher, Louis (1986a): "Interrogations finales." In: ders.1986b, 119–143.

Porcher, Louis (1986b): *La civilisation.* Paris: Clé International.

Porcher, Louis (1994): "L'enseignement de la civilisation." *Revue française de pédagogie* 108, 5–12.

Pugibet, Véronica (1983): "Des stéréotypes de la France et des Français chez des étudiants mexicains." *Le français dans le Monde* 23, H. 181, 45–53.

Raasch, Albert (1992): "Die Sprachen und die Entwicklung eines europäischen Bewußtseins." *Neusprachliche Mitteilungen* 45, 226–235.

Raasch, Albert (Hrsg.) (1997): *Sprachenpolitik Deutsch als Fremdsprache. Länderberichte zur internationalen Diskussion.* Amsterdam, Atlanta: Editions Rodopi B.V.

Rachmankulowa, Erika S. (1997): "Deutschunterricht in der Russischen Föderation als Ausdruck der neuen Trends in der Sprachpolitik." In: Raasch 1997, 79–81.

Raddatz, Volker (1996): "Fremdsprachenunterricht zwischen Landeskunde und Interkulturalität. Die Entwicklung didaktischer Parameter im Spannungsfeld von Produkt und Prozeß." *Fremdsprachenunterricht* 40 (49), 242–252.

Reboullet, André (1973a): "Présentation." In: ders. 1973c, 1–15.

Reboullet, André (1973b): "Pour un enseignement comparatif en civilisation." (Erstmals 1971 erschienen.) In: ders. 1973c, 45–57.

Reboullet, André (Hrsg.) (1973c): *L'enseignement de la civilisation française*. Paris: Hachette.

Rösler, Dietmar (1994): *Deutsch als Fremdsprache*. Stuttgart: Metzler.

Ropers, Norbert (1990): "Vom anderen her denken. Empathie als paradigmatischer Beitrag zur Völkerverständigung." In: Steinweg & Wellmann 1990, 114–150.

Sandhaas, Bernd: "Interkulturelles Lernen – zur Grundlegung eines didaktischen Prinzips interkultureller Begegnung." *International Review of Education – Internationale Zeitschrift für Erziehungswissenschaft – Revue Internationale de Pédagogie* 34, 415–438.

Sauer, Helmut (1975*): Analysekriterien für landeskundliche Inhalte von Lehrwerken für den Englischunterricht*. Dortmund: Lensing.

Schinschke, Andrea K. (1995): "Perspektivenübernahme als grundlegende Fähigkeit im Umgang mit Fremdem." In: Bredella & Christ 1995, 36–50.

Schmitz, Manfred (1989): "'Landeskunde' aus politikwissenschaftlicher Sicht." *Info DaF* 16, 199–211.

Schwerdtfeger, Inge C. (1995): "Arbeits- und Übungsformen: Überblick." In: Bausch, Christ & Krumm 1995, 223–226.

Schwerdtfeger, Inge C. (1997): "Der Unterricht Deutsch als Fremdsprache. Auf der Suche nach den verlorenen Emotionen." *Info DaF* 24, 587–606.

Segermann, Krista (1992): *Typologie des fremdsprachlichen Übens*. Bochum: Brockmeyer.

Steinweg, Reiner & Wellmann, Christian (Hrsg.) (1990)*: Die vergessene Dimension internationaler Konflikte: Subjektivität*. Frankfurt/Main: Suhrkamp.

Thimme, Christian (1996*): Geschichte in Lehrwerken. Deutsch als Fremdsprache und Französisch als Fremdsprache für Erwachsene. Ein deutsch-französischer Lehrbuchvergleich*. Hohengehren: Schneider.

Wendt, Michael (1996): *Konstruktivistische Fremdsprachendidaktik. Lerner- und handlungsorientierter Fremdsprachenunterricht aus neuer Sicht. (Giessener Beiträge zur Fremdsprachendidaktik.)* Tübingen: Narr.

Mark Bechtel
Aspekte interkulturellen Lernens beim Sprachenlernen im Tandem. Eine Sequenzanalyse.

Der Französischunterricht hat sich gewandelt. Handlungsorientierung, Lernerzentrierung, fächerübergreifendes Lernen, Ganzheitlichkeit gelten als Eckpunkte eines modernen kommunikativen Fremdsprachenunterrichts. Das Sprachenlernen im Tandem, das im Rahmen des schulischen Fremdsprachenunterrichts im Schüleraustausch (Alix & Kodron 1988) und (bei entsprechender Ausstattung) durch die Integration von E-mail-Tandemphasen in den herkömmlichen Unterricht (vgl. Brammerts & Little 1996) einsetzbar ist, liegt in diesem Trend. Vom Sprachenlernen im Tandem spricht man, wenn zwei Lerner unterschiedlicher Muttersprache zusammenkommen, z. B. eine Deutsche/ein Deutscher (D) und ein Franzose/eine Französin (F), um sich im direkten Kontakt gegenseitig zu unterrichten und so gemeinsam mit- und voneinander jeweils die Sprache des anderen zu lernen, wobei die Muttersprache des einen die Zielsprache des anderen ist und umgekehrt (vgl. Herfurth 1993: 22). Im Rahmen des Lehrens und Lernens fremder Sprachen bietet sich das Lernen im Tandem immer dort als Methode an, wo es zu Begegnungen zwischen unterschiedlichsprachigen Personen kommt, die ein beidseitiges Sprachlerninteresse haben.

Ausgangspunkt für die Tandemarbeit sind die Interessen, Meinungen, Erfahrungen der Tandempartner, über die sie kompetent berichten können; Lernstil und Lernrhythmus bestimmen die Tandempartner weitgehend selbst (Lernerzentrierung). Kooperatives partnerschaftliches Lernen steht im Mittelpunkt, bei dem beide Tandempartner aktiv werden und – geleitet von eigenen Mitteilungsbedürfnissen – ihre Fremdsprachenkenntnisse anwenden, ausprobieren und festigen (Handlungsorientierung). Durch den direkten authentischen Kontakt mit einem Muttersprachler entsteht eine komplexe Lernsituation, bei der sich beide Tandempartner als Personen mit ihren Sinnen und Emotionen einbringen; sie stellt insofern eine Herausforderung besonderer Art dar, als in der konkreten Tandemarbeit der Muttersprachler-Input nicht vorhersagbar ist und das Gespräch von einer eigenen Logik bestimmt wird, die weitgehend (obwohl eingebettet in einen didaktischen Rahmen) außerhalb des Einflusses des Kursleiters/der Kursleiterin liegt (Ganzheitlichkeit).

Prinzipiell können zwei Ausprägungen des Lernens im Tandem unterschieden werden: das Individualtandem[1] und der Tandemkurs[2]. Für den schulischen Fremdsprachen-

---

[1] Von Individualtandem spricht man immer dann, wenn zwei Lerner unterschiedlicher Muttersprache von einer Vermittlungsstelle zusammengebracht werden oder sich durch Aushänge an Schwarzen Brettern finden und sich in ihrer Freizeit treffen, um sich gegenseitig beim Sprachenlernen zu helfen. Individualtandems finden außerunterrichtlich statt und unterliegen keiner didaktischen Steuerung von außen. Es obliegt allein den Lernenden, Zeitpunkt, Zeitdauer, Ort, Ziele, Inhalte ihrer Arbeitstreffen sowie die Vorgehensweise zu bestimmen. Zu Individualtandems siehe Wolff (1994); Herfurth (1993:

unterricht ist wichtig zu betonen, dass sich bei der in einen Unterricht eingebetteten Form des Sprachenlernens auf Gegenseitigkeit die Rolle des Lehrers ändert: Der/die Lehrer/in bestimmt weiterhin den didaktischen Rahmen (Aufgabenstellung), gibt jedoch in der Tandemarbeitsphase seine/ihre Rolle an die anwesenden Muttersprachler ab, fungiert als Berater und moderiert die Plenumsphasen.

Die Tandempartner kommen zusammen, um sich in der jeweiligen Fremdsprache zu üben, um ihre Fremdsprachenkenntnisse anzuwenden und zu erweitern. Sie kommen aber auch zusammen, um sich als Personen mit ihren Vorlieben, Interessen, Ansichten zu erfahren und sich als Individuen aus einem anderen Kulturkreis kennenzulernen. Neben der Anwendung und Erweiterung der fremd**sprachlichen** Kenntnisse ist offensichtlich, dass diese besondere Form interkultureller Kommunikation als Ort für **interkulturelles Lernen** von besonderem Interesse ist. Ich möchte in meinem Beitrag ein im Rahmen des Graduierten-Kollegs "Didaktik des Fremdverstehens" (Justus-Liebig-Universität Gießen) bearbeitetes Forschungsprojekt vorstellen, dessen Ziel es ist, die Möglichkeiten und Grenzen interkulturellen Lernens beim Sprachenlernen im Tandem zu untersuchen.

1. Interkulturelles Lernen beim Sprachenlernen im Tandem als Forschungsfrage

Bislang haben sich empirische Untersuchungen im Bereich Tandem, die auf der Basis transkribierter Tonbandaufnahmen das Ziel verfolgen, die Interaktionsprozesse zu beschreiben, wie sie tatsächlich im Tandem ablaufen, auf die fremdsprachliche Dimension konzentriert. Rost-Roth (1995) zeigt zum Beispiel in ihrer Studie (Sprachenpaar Deutsch-Italienisch), welche Verfahren Tandempartner auf Anfängerniveau anwenden,

---

246-251) sowie zahlreiche Beiträge in den Kongressbänden der Internationalen Tandemtage, die seit 1989 stattfinden: Künzle & Müller (1990); Tandem e.V. (1991); Rosanelli (1992); Wolff & Zimmermann (1994); Pelz (1995). Seit geraumer Zeit werden Individualtandems auch über das Internet vermittelt (Brammerts 1995; Brammerts & Little 1996); anders als bei herkömmlichen Individualtandems ist die Email-Tandeminteraktion keine *face-to-face*-Kommunikation und verläuft (bislang) vorwiegend schriftlich und zeitversetzt. Ausführliche Informationen zur Vermittlung von und der Arbeit mit Tandempartnern im Internet unter http://www.ruhr-uni-bochum.de/rub-slf/ oder http://marvin.uni-trier.de.

[2] Anders als bei Individualtandems kommen bei Tandemkursen zwei Lernergruppen zu einem Kurs zusammen, der innerhalb eines institutionellen Rahmens (z.B. in privaten Sprachenschulen, Universitäten sowie in Schulen, wenn es um Schüleraustausch geht) von einem Kursleiter (oder einem Kursleiterteam) geleitet wird und somit einer didaktischen Planung und Ausgestaltung unterliegt (vgl. Herfurth 1993). In Tandemkursen stellt die Arbeit im Tandem anders als beim Individualtandem nicht die einzige Sozialform dar, sondern ist hier lediglich eine der möglichen, wohl aber die am häufigsten angewendete. Neben der (z.B. deutsch-französischen) Partnerarbeit im Tandem ist die Einzelarbeit möglich sowie weitere auf dem Prinzip der Spracharbeit auf Gegenseitigkeit beruhende Sozialformen wie das Tridem (z.B. in Franzose und zwei Deutsche arbeiten zusammen oder umgekehrt), die (z.B. deutsch-französische) Kleingruppe oder das (z.B. deutsch-französische) Plenum (vgl. Bechtel 1997: 128). Tandemkurse lassen sich außerdem danach unterscheiden, ob sie in intensiver (z.B. täglich mehrere Stunden während zwei Wochen) oder extensiver (z.B. ein Mal pro Woche anderthalb Stunden ein Semester lang) Form ablaufen.

um mit sprachlichen Schwierigkeiten (Ausdrucks- und Verständnisschwierigkeiten) sowie mit Korrekturen im Tandem umzugehen. Apfelbaum (1993) beschreibt Sprachlernaktivitäten im Tandem bei fortgeschrittenen Lernern (Sprachenpaar Deutsch-Französisch). Hänni et al. (1994) beleuchten Themenverlaufsmuster, Reparatursequenzen und den Sprecherwechsel im Tandem. Empirische Untersuchungen zur interkulturellen Dimension des Sprachenlernens im Tandem fehlen bisher.

Das Erkenntnisinteresse des vorliegenden Forschungsprojektes kann in folgende Frage gefasst werden: Liegt in der besonderen Form direkter interkultureller Kommunikation, wie sie die Tandemarbeit darstellt, ein Lernort für interkulturelles Lernen vor, der es beiden Tandempartnern gestattet, die eigene und die fremde Perspektive zu erkennen und in Beziehung zu setzen, sich mit der fremden Wirklichkeit und den Lebensbedingungen im anderen Land auseinanderzusetzen, Werte zu konfrontieren und in Frage zu stellen? Wenn ja, wie laufen diese Prozesse im einzelnen ab? Im Mittelpunkt des fremdsprachendidaktischen Erkenntnisinteresses steht dabei die Frage nach dem Vollzug eines "Perspektivenwechsels", der nach Bredella & Christ (1995: 16; 1994: 65 ff.) als ein zentraler Punkt interkulturellen Lernens gilt. Ausgehend von der Begrifflichkeit "Innenperspektive" und "Außenperspektive" wird ein Modell vorgestellt, das es ermöglicht, den Perspektivenbegriff zu konkretisieren und für eine Analyse handhabbar zu machen.

Forschungsmethodisch reiht sich die Untersuchung in diskursanalytische Untersuchungen ein. Als Datenmaterial liegen in Form von Primärdaten Tonbandaufzeichnungen von Tandeminteraktionen vor, die während ausgewählter Sitzungen im Rahmen eines deutsch-französischen Tandemkurses an der Universität Gießen (s. unten) gemacht wurden. Bisher sind Ausschnitte davon als Sekundärdaten transkribiert worden, die für die vorliegende Fragestellung relevant erscheinen. Eine kurze Sequenz (s. unten) soll hier vorgestellt und im Hinblick auf die Möglichkeiten und Grenzen interkulturellen Lernens beim Sprachenlernen im Tandem analysiert werden.

Um nachvollziehen zu können, in welchem Rahmen das Datenmaterial entstanden ist, soll die Konzeption des deutsch-französischen Uni-Tandemkurses kurz skizziert werden. Zunächst erscheint es jedoch sinnvoll, sich zu vergegenwärtigen, welche Elemente das Sprachenlernen im Tandem konstituieren und worin die Besonderheit dieser Kommunikationssituation besteht (vgl. auch Herfurth 1993: 29).

2. Konstitutive Elemente des Sprachenlernens im Tandem

Wie im Schaubild ersichtlich, sind an der Interaktion im Tandem immer zwei Individuen (Individuum 1 und Individuum 2) unterschiedlicher Muttersprache beteiligt. Beide möchten die Sprache des anderen (Sprache 1 bzw. Sprache 2) lernen, d.h. jeder ist Lerner einer Fremdsprache (die zugleich die Muttersprache des anderen ist). Die Interaktion findet in einem reziproken Lehr-Lern-Kontext statt: Beide befinden sich abwechselnd in der Rolle des Lerners der Fremdsprache oder in der des Muttersprachlers, der dem Partner gegenüber als "Lehrer" für die eigene Muttersprache fungiert.³ Die beiden Sprachen sind sowohl Kommunikationsmedium als auch Lerngegenstand.

Die interkulturelle Dimension des Lernens im Tandem lässt sich daran festmachen, dass die an der Interaktion Beteiligten nicht nur eine jeweils andere Muttersprache sprechen, sondern auch aus einer anderen Kultur stammen, ein anderes Referenzsystem haben, in einem anderen Orientierungssystem sozialisiert sind (Referenz-/Orientierungssystem 1 bzw. Referenz-/Orientierungssystem 2).

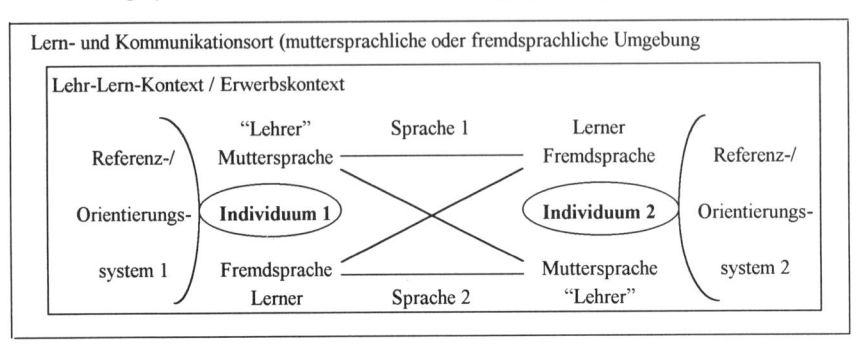

```
Lern- und Kommunikationsort (muttersprachliche oder fremdsprachliche Umgebung

 Lehr-Lern-Kontext / Erwerbskontext

                    "Lehrer"       Sprache 1       Lerner
     Referenz-/     Muttersprache ─────────────── Fremdsprache      Referenz-/

     Orientierungs- (Individuum 1)        ><        (Individuum 2)  Orientierungs-

     system 1       Fremdsprache ─────────────── Muttersprache      system 2
                    Lerner         Sprache 2       "Lehrer"
```

Durch das Aufeinandertreffen zweier Individuen unterschiedlicher Muttersprache und kultureller Prägung kommt es im Tandem somit zu einer direkten **sprachlichen** und **kulturellen** "Überschneidungssituation".⁴ Wichtig ist auch, dass beim *face-to-face*-Tandem diese Überschneidungssituation immer an **einem** bestimmten Ort, in **einem** bestimmten Land stattfindet. Das bedeutet, dass sich einer der Tandempartner in einer muttersprachlichen, der andere in einer fremdsprachlichen Umgebung befindet.⁵

Das Tandem ist keine alltägliche interkulturelle Situation, sondern ein Sonderfall, der nicht häufig vorkommt. Was sie von "normalen" interkulturellen Situationen unterscheidet, in die man zum Beispiel kommt, wenn man im Zielsprachenland mit Muttersprachlern zusammentrifft, ist der Umstand, dass (a) der Interaktion ein (impliziter oder expliziter) Lehr-Lern-Kontext zugrunde liegt⁶, d.h. sich die Teilnehmer wechselseitig als Lerner und "Lehrer" begreifen, (b) das Lerninteresse nicht einseitig, sondern beidseitig ist und im Fall der Einbettung in einen Tandemkurs (c) ein didaktischer Rahmen vorgegeben ist.

Die Beteiligung von zwei Muttersprachen, die Möglichkeit des Sprachwechsels, der zugrundeliegende Lehr-Lern-Kontext sowie die unterschiedlichen Referenz-/Orientierungssysteme, die die Teilnehmer als kulturellen Hintergrund in die Kommunikation

---

³ Zu Lehrer- und Lerner-Rollen im Tandem siehe Herfurth (1996: 171); speziell mit der Lehrerrolle im Tandem beschäftigt sich Gick (1994).

⁴ Der Begriff "Überschneidungssituation" stammt von Thomas (1988: 86).

⁵ Bei E-mail-Tandems, bei denen Lerner normalerweise über große Distanzen hinweg miteinander in Kontakt treten, ist dies nicht der Fall. Beide verbleiben hier in ihrer muttersprachlichen Umgebung.

⁶ Man spricht in diesem Zusammenhang von einem *contrat didactique* (Rost-Roth 1991: 36) oder einer "didaktischen Vereinbarung" (Herfurth 1993: 144, 1996: 172).

mit einbringen, scheinen aus dem Tandem einen idealen Lernort für interkulturelles Lernen zu machen.

3. Untersuchungsgruppe: Deutsch-französischer Uni-Tandemkurs

Den Rahmen für die Untersuchung bildete ein extensiver deutsch-französischer Tandemkurs, der (mit wechselnden Teilnehmern) von Sommersemester 1996 bis Sommersemester 1998 am Institut für Didaktik der Romanischen Sprachen und Literaturen (Justus-Liebig-Universität Gießen) angeboten wurde. Dieser Kurs war als anderthalbstündige Veranstaltung einmal pro Woche organisiert. Deutsche Studierende mit Haupt- oder Nebenfach Französisch (Romanisten/innen) und französische Studentinnen und Studenten, die in Gießen ein Auslandssemester absolvierten (Germanisten/innen), stellten die **Teilnehmer**. Das **Ziel** des Kurses war, diese beiden Gruppen in einer Begegnungssituation zusammenzubringen, damit sie im direkten Kontakt von- und miteinander lernen können, sowohl auf der Ebene der Sprachpraxis in der (jeweiligen) Fremdsprache (vor allem im Hinblick auf die Fertigkeiten mündlicher Ausdruck und Hörverstehen) als auch auf interkultureller Ebene.

Deutsch-französischer Tandemkurs
Justus-Liebig-Universität Gießen

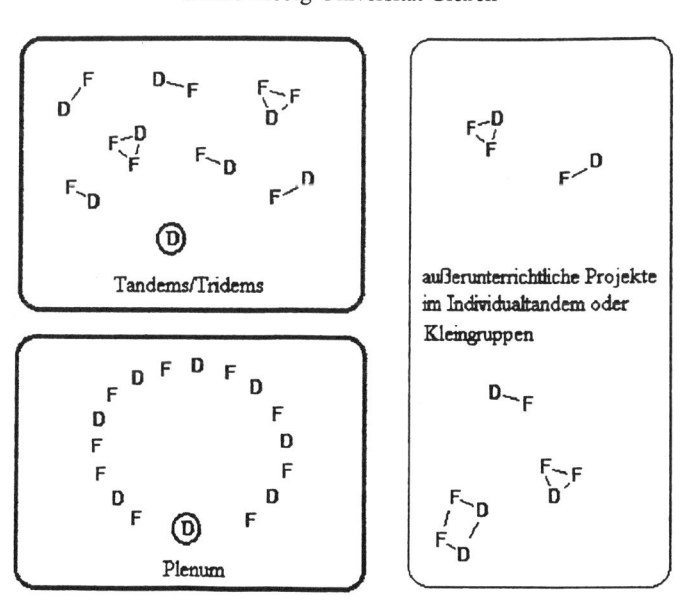

Tandems/Tridems

Plenum

außerunterrichtliche Projekte im Individualtandem oder Kleingruppen

Methodisch war der anderthalbstündige Kurs so angelegt, dass sich die Studierenden nach einer kurzen Einzelarbeitsphase (10 Minuten), die zur Vorbereitung auf das jeweilige Thema dient, zu Tandems zusammenfinden, um sich für ca. 50 Minuten (ohne Unterbrechung von außen) in Partnerarbeit über das Thema auszutauschen. Alle Tandems arbeiten gleichzeitig. Als Anregung zur Bearbeitung des jeweiligen Themas diente ein Arbeitsblatt, das eine kurze Einführung ins Thema sowie Fragen, Texte, Karikaturen usw. enthielt. Am Ende der Tandemsitzung bestand im deutsch-französischen Plenum die Gelegenheit, das eben Erfahrene, neue Erkenntnisse, Fragen usw. zur Diskussion zu stellen (30 Minuten). Was die **Bildung der Tandems** anbetrifft, gab es keine feste Zuordnung der Tandempartner. Es wurde angeregt, am Anfang des Semesters mit möglichst vielen unterschiedlichen Teilnehmern im Tandem zu arbeiten, um zu sondieren, mit wem man am besten zusammenarbeiten kann. Hinsichtlich der **Sprachenwahl** wurde darauf hingewiesen, dass die beiden Sprachen in gleichem Maße zum Zuge kommen sollen. Die drei prinzipiell möglichen Sprachenkonstellationen wurden am Anfang bewusst gemacht.[7] Es blieb den Tandems überlassen, welche Sprachenkonstellationen sie ausprobieren mochten und auf welche sie sich von Sitzung zu Sitzung einigten. In den einzelnen Veranstaltungen stand während des Semesters jede Woche ein anderes **Thema** auf dem Programm. Einige Themen lagen schon im voraus fest, andere wurden zu Beginn des Semesters je nach Interessenlage im Kurs ermittelt (u. a. Studieren in Frankreich und Deutschland, Gleichberechtigung, Umwelt, Medien, kulturelle Unterschiede und Besonderheiten, Werbung). Die **Aufgabe des Kursleiters** bestand darin, das Zusammenkommen der deutschen Französischstudenten und der französischen Deutschstudenten (möglichst in gleicher Anzahl) zu organisieren, die Bildung von Tandems zu initiieren, die Aufgabenstellung zu formulieren, Vorgaben zum zeitlichen Rahmen zu machen sowie die Diskussion im Plenum zu moderieren. Ansonsten hielt sich der/die Kursleiter/in im Hintergrund, damit die Teilnehmer Raum und Zeit hatten, im Tandem von und mit ihrem jeweiligen Tandempartner zu lernen. Seine/ihre Lehrerrolle gibt der/die Kursleiter/in während der Tandemarbeitsphasen – wie bereits erwähnt – zum großen Teil an die Muttersprachler ab. Um sich mit einem bestimmten Thema über einen längeren Zeitraum intensiver auseinandersetzen zu können und den Tandempartner auch in anderen Kontexten näher kennenzulernen, gehörte zur Kurskonzeption die zusätzliche Bearbeitung von **Projekten** in Individualtandems oder Kleingruppen außerhalb der wöchentlichen Tandemsitzungen.[8]

---

[7] Die drei grundsätzlich möglichen Sprachenkonstellationen im Tandem sind: (1) Jeder kommuniziert in seiner Fremdsprache, (2) Beide kommunizieren in einer der beiden Sprachen (und wechseln nach einer bestimmten Zeit, z. B. nach 15 Minuten), (3) Beide kommunizieren in ihrer Muttersprache; (siehe dazu Bechtel 1997: 123 ff.). Zur Sprachenvorgabe und Sprachenwahl in vier ausgewählten Tandemkurs-Konzeptionen siehe die Ergebnisse der Untersuchung von Herfurth (1993: 101 ff.). Bei Individualtandems wird den Beteiligten empfohlen, sich an eine Sprachentrennung zu halten, d. h. Möglichkeit (2) zu wählen. Natürlich können die Tandempartner auch in einer ihnen gemeinsamen Drittsprache (z. B. auf Englisch) kommunizieren. Im Kontext eines deutsch-französischen Tandems wäre dies jedoch eher als eine Kommunikationsstrategie anzusehen, auf die man zurückgreift, wenn man weder mit dem Französischen noch mit dem Deutschen weiterkäme (vgl. Herfurth 1993: 139).

[8] Die Aufgabenstellung bei der Projektarbeit, die im WS 1996/97 und SS 1997 durchgeführt wurde, sah wie folgt aus: a) sich in deutsch-französischen Tandems oder Kleingruppen zusammenfinden, b) sich auf ein bestimmtes Thema einigen, mit dem man sich intensiver beschäftigen möchte, c) die gemeinsame Vorgehensweise planen, d) das Projekt gemeinsam durchführen und inhaltlich auswerten, e) die Präsentation der Ergebnisse vorbereiten (z. B. auf Plakaten), f) die Ergebnisse der Gesamtgruppe (in der jeweiligen Fremdsprache) vorstellen. Als Anregungen für Projekte galten u. a. Begriffsrecherchen (siehe Sichtwechsel 1995a: 12 f., 1995b: 37 f.), Umfragen, landeskundlicher Vergleich, Presseschau.

4. Perspektivenmodell

Um (erste) Antworten auf das bei diesem Forschungsprojekt zugrunde liegende fremdsprachendidaktische Erkenntnisinteresse nach Prozessen interkulturellen Lernens beim Sprachenlernen im Tandem geben zu können, soll – wie bereits erwähnt – die Perspektivendarstellung als ein zentraler Punkt interkulturellen Lernens genauer betrachtet werden. Kategorien, die der Beschreibung von Perspektiven dienen, die sich die Tandempartner während der Tandeminteraktion verdeutlichen, wurden an das Datenmaterial herangetragen und in der Auseinandersetzung mit diesem präzisiert.[9] Beim Perspektivenwechsel spielen zwei Aspekte eine Rolle (vgl. Bredella & Christ 1995: 16, 1994: 65 ff.): Zum einen geht es um die Bereitschaft und Fähigkeit, sich in den anderen "hinein zu versetzen" und dessen Perspektive zu übernehmen (Einnahme einer Innenperspektive). Zum anderen geht es darum, sich der eigenen Perspektive auf das Fremde bewusst zu werden (die eigene Außenperspektive). Ziel ist es, beide Perspektiven in Beziehung zu setzen. Der Vollzug eines Perspektivenwechsels ist eine geistige und empathische Operation, die nicht verbalisiert werden **muss**. Es ist zu vermuten, dass er in Fragen, Wiederaufnahmen, Vermutungen seinen sprachlichen Ausdruck finden **kann**. Nur wenn er sprachliche Spuren in der Interaktion hinterlässt, ist er mit Hilfe einer diskursanalytischen Analyse auffindbar.[10]

Nach den ersten Sequenzanalysen zeigte sich, dass der zugrunde gelegte Perspektivenbegriff für eine diskursanalytische Analyse präziser gefasst werden musste, um am Datenmaterial intersubjektiv nachprüfbar zu sein. Es schien daher sinnvoll, auf den Perspektivenbegriff von Graumann & Sommer (1986: 5) zurückzugreifen, der es außerdem gestattet, die Begriffe "Innenperspektive" und "Außenperspektive" in einem Perspektivenmodell zu konkretisieren und voneinander abzugrenzen. Nach Graumann & Sommer sagt die Perspektive etwas aus über das Verhältnis des Blickpunkts einer Person zum Aspekt einer Sache (oder Person). Durch eine bestimmte Perspektive werden Sachen (oder Personen) in ihren Aspekten wahrgenommen. Indem ich meine Perspektive darstelle, wird sie potentiell für mein Gegenüber zugänglich. Die Darstellung meiner Perspektive auf einen Sachverhalt geschieht nicht im "luftleeren" Raum, sondern ist immer auf meinen Gesprächspartner bezogen, auf den ich mich einstelle, und dies hat wiederum Auswirkungen darauf, wie ich meine Perspektive auf einen Sachverhalt darstelle. Nehmen wir an, mein Tandempartner und ich beziehen uns auf einen Sachverhalt, eine Situation, die sich in Deutschland abspielt (oder auf Verhaltensweisen von Deutschen); wenn sich mein französischer Tandempartner auf einen solchen Sachverhalt usw. bezieht, so ist das für mich ein Blick "von außen". Es ist eine Perspektive, die von anderen Standards, von anderen Normen ausgeht als denen, die für mich als "normal" gelten. Diese Perspektive kann mich z. B. auf Aspekte aufmerksam machen,

---

[9] Um den Interaktionsablauf im Tandem, der als Transkript vorliegt, als solchen nachzuvollziehen und adäquat beschreiben zu können, wird auf Analyseprinzipien der Diskursanalyse (Henrici 1995) und auf Kategorien der linguistischen Gesprächsanalyse (Brinker & Sager 1996) als Werkzeuge zurückgegriffen. Zur Beschreibung der Verfahren, die die Tandempartner einsetzen, um Ausdrucks- und Verständnisschwierigkeiten zu beheben oder speziell an der (Fremd-)Sprache zu arbeiten, dienen die von Apfelbaum (1993), Münch (1990) und Rost-Roth (1995) verwendeten Kategorien.

[10] Nicht verbalisierte mentale Repräsentationen können nur mit ergänzenden Forschungsmethoden wie Introspektion und Retrospektion untersucht werden.

die mir bisher noch nicht aufgefallen sind (= Außenperspektive). Wenn ich (in Deutschland sozialisiert) Sachverhalte usw. betrachte und beurteile, die sich in Deutschland abspielen (oder Verhaltensweisen von Deutschen), dann ist das für meinen französischen Tandempartner ein Blick "von innen", der Blick eines "Insiders" (= Innenperspektive).

Diese unterschiedlichen Perspektiven können im Modell wie folgt dargestellt werden:

Sachverhalt in Deutschland,
Verhaltensweisen von Deutschen

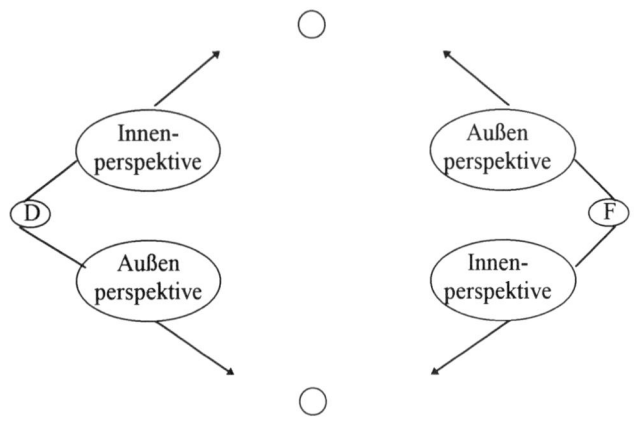

```
         ○
       ↗   ↖
 ╭─────────╮   ╭─────────╮
 │  Innen- │   │  Außen  │
 │perspektive│   │perspektive│
 ╰─────────╯   ╰─────────╯
(D)                      (F)
 ╭─────────╮   ╭─────────╮
 │  Außen  │   │  Innen- │
 │perspektive│   │perspektive│
 ╰─────────╯   ╰─────────╯
       ↘   ↙
         ○
```

Sachverhalt in Frankreich,
Verhaltensweisen von Franzosen

Die Begriffe "innen" bzw. "außen" lassen sich vom Gegenüber aus begründen. Geht es um einen Sachverhalt in Frankreich, so ist mein Blick auf diese Sache für meinen französischen Tandempartner ein Blick "von außen", sein Blick auf dieselbe Sache für mich der Blick eines Insiders, ein Blick "von innen".

Voraussetzung für einen Perspektivenwechsel ist, dass Perspektiven der Interaktionspartner auf eine Sache erfragt und dargestellt werden. Man kann davon ausgehen, dass für Fragen interkulturellen Lernens im Tandem besonders die Momente interessant sind, in denen sich die Tandempartner in ihren Äußerungen auf Frankreich bzw. Deutschland, auf das Verhalten von Franzosen bzw. Deutschen beziehen.

5. Sequenzanalyse einer Tandeminteraktion: *Les Français sont plus fiers de la nationalité*

Bevor in einer Sequenzanalyse eine ausgewählte Tandeminteraktion beschrieben werden soll, sind einige Informationen über die Rahmenbedingungen angebracht. Danach soll in einem kurzen Überblick die Sequenz vorgestellt werden. Nach der Detailanalyse werden im letzten Abschnitt die in der Sequenz vorliegenden Sprachlehr- und -lernaktivitäten sowie Aspekte interkulturellen Lernens zusammengefasst.

5.1 Rahmenbedingungen

Bei der vorliegenden Sequenz handelt es sich um eine Tandeminteraktion zwischen Johanna (Deutsche)[11] und Véronique (Französin)[12] in der Sitzung "Kulturelle Besonderheiten und Unterschiede" (SS 1997). Folgende Aufgabenstellung lag der Tandemarbeit zugrunde: Jede Teilnehmerin bzw. jeder Teilnehmer sollte in Einzelarbeit zunächst ein Assoziogramm zur Frage "Was ist mir in Frankreich aufgefallen?" (für die deutschen Teilnehmenden) bzw. "Was ist mir in Deutschland aufgefallen?" (für die französischen Teilnehmenden) erstellen. Sie sollten dabei an Ereignisse und Verhaltensweisen im anderen Land denken, die ihnen seltsam, fremd vorkamen, an Situationen, die sie erstaunt, schockiert, amüsiert haben, an Dinge, mit denen sie "nichts anfangen" konnten, die sie nicht gewohnt waren. Das Assoziogramm sollte als Basis für die Arbeit im Tandem dienen. In der ausgewählten Sequenz *Les Français sont plus fiers de la nationalité*, die 75 Sekunden dauert und mit der das Tandemgespräch eröffnet wird, geht es um das Unterthema "Nationalstolz".[13]

5.2 Überblick über den Sequenzverlauf

Die Sequenz beginnt damit, dass Johanna aus ihrem Assoziogramm das Stichwort "Nationalstolz" auswählt und das Gespräch mit einem Vergleich beginnt: Franzosen seien stolzer auf ihre Nation. Véronique reagiert erstaunt, woraufhin Johanna aus einer persönlichen Erfahrung von einer Begebenheit berichtet, die sie während eines Schüleraustauschs in Frankreich gemacht habe. Bei einem Treffen zwischen Franzosen und Deutschen habe jemand auf einem Klavier die beiden Nationalhymnen gespielt, wobei die Franzosen bei ihrer Nationalhymne mitsangen, während die Deutschen bei der deutschen Nationalhymne nicht mitsangen. Das sei immer das gleiche, kommentiert Johanna. Die *Marseillaise* sei eben hübscher als die deutsche Nationalhymne, deshalb könne man sich besser an sie erinnern, meint Véronique und lacht. Johanna entgegnet

---

[11] Die Namen wurden geändert. Johanna ist 23 Jahre alt, im 8. Semester (Hauptfach Englisch, Nebenfach Französisch). Insgesamt hatte sie 11 Jahre Französischunterricht (davon 7 in der Schule, 4 an der Universität), 13 Jahre Englisch, ein halbes Jahr Spanisch; sie war zweimal 14 Tage im Schüleraustausch und außerdem mehrmals während der Ferien in Frankreich.

[12] Véronique ist 26 Jahre alt, im 4. Studienjahr bereitet sie die *maîtrise* in LEA (Englisch/Deutsch) vor. Sie hatte 12 Jahre Deutschunterricht (davon 6 in der Schule, 6 an der Universität, einen Monat an einer Sprachschule in Deutschland), 14 Jahre Englisch, 4 Jahre Spanisch; in Deutschland war sie neben dem einen Monat Sprachschule zum Kurzaufenthalt (zweimal eine Woche) und während zweier Betriebspraktika (einen Monat und 3 Monate).

[13] Folgende Transkriptionszeichen wurden verwendet:

/	= Abbruch		xxx	=	unverständliche Passage
c'est	= Dehnung		UNMÖGLICH	=	Betonung
.	= leere Pause		(lacht)	=	Angabe zu paraverbalem
euh	= gefüllte Pause				und nonverbalem Verhalten
?	= Intonationsfrage		,	=	steigende Intonation

dem, dass sie glaube, dass dies an der Geschichte liege: Man sage den Deutschen immer, sie sollten nicht stolz sein. Diese Bemerkung erstaunt Véronique, und sie fragt direkt nach: man sage ihnen "seid nicht stolz!"? Man sage es ihnen nicht direkt, nuanciert Johanna, aber so eben. Véronique registriert Johannas Bemerkung, nach einer kurzen Pause schließt Johanna das Thema mit einem Lachen ab. Anhand des Stichpunktes *"les bisous"* leitet Johanna zu einem neuen Unterthema über.

5.3 Detailanalyse

In der Gesprächseröffnungssequenz (1) klären Johanna und Véronique zunächst ab, wer beginnen soll. Johanna wählt aus ihrem Assoziogramm das Stichwort "Nationalstolz" aus und leitet mit einem verallgemeinernd gebrauchten *"les Français"* (1) einen Vergleich ein, der eine Darstellung ihres Fremdbildes über Franzosen enthält (Heterostereotyp). Sie bezeichnet Franzosen als "stolzer auf ihre Nation" (*les Français sont plus fiers de la nationalité*, 1/2).

Da sich Johanna (NMS) bei der Aussprache von *fiers* jedoch unsicher ist, sucht sie durch die Wiederholung der lernersprachlichen Version (*[fje]?*, 2) mit ansteigender Intonation Hilfe bei ihrer Tandempartnerin Véronique (MS).[14] Johanna leitet damit die erste Nebensequenz ein, in der ein sprachliches Problem bearbeitet wird: sie initiiert eine Fremdkorrektur, Véronique kommt ihrer Rolle als MS nach und liefert die von Johanna gesuchte richtige Aussprache von *fiers* (*[fjɛʀ]*, 2), was von Johanna wiederholt und von Véronique ratifiziert wird (*mhm*, 2).

Johanna nimmt die thematische Hauptsequenz wieder auf und vollendet ihren Satz, der einen Vergleich enthält und mit dem sie ihren Stichpunkt "Nationalstolz" paraphrasiert. Die zweite Bezugsgröße des Vergleichs (*que les Allemands*) wird wohl nicht explizit genannt, Véronique ist sie aber aus dem Kontext klar. Véronique macht durch ihr *"ah bon?"* (mit steigender Intonation) deutlich, dass sie über diesen Vergleich erstaunt ist. Sie wird hier mit einer Außenperspektive einer Deutschen auf Franzosen konfrontiert. Johanna bekräftigt ihre Behauptung durch ein *"oui"* (2) und schildert nach einer kurzen leeren Pause eine persönliche Erfahrung während eines Schüleraustauschs in Frankreich (*quand j'étais en échange avec l'école'*, 3), die zum Beleg für ihr zu Beginn formuliertes Fremdbild (*les Français sont plus fiers de la nationalité*, 1) wird. Johanna breitet vor beiden eine interkulturelle Situation aus. Gleich zu Anfang macht Johanna mit dem Präsentativ *"il y avait"* (3) deutlich, an welcher Erfahrung sie ihr Fremdbild konkret festmacht: Es geht um die *Marseillaise* und die deutsche Nationalhymne.

Da Johanna die französische Übersetzung für "Nationalhymne" nicht parat hat (*la Marseillaise et la la xx em*, 3/4), kommt es zunächst zu einer zweiten Nebensequenz, in der die NMS bei der MS Hilfe bei einem sprachlichen Problem sucht. In einer Wortsuchphase unterbricht die NMS ihren Redezug in Französisch, markiert das ge-

---

[14] Als NMS (Nichtmuttersprachler/in) werden Personen dann bezeichnet, wenn sie in einer Interaktion eine ihnen fremde Sprache anwenden; verwenden sie dabei dagegen ihre Muttersprache, werden sie MS (Muttersprachler/in) genannt.

suchte Wort auf Deutsch mit steigender Intonation (*die Nationalhymne?*, 4), wechselt dann wieder in die Fremdsprache, um eine explizite Frage anzuschließen (*comment/ qu'est-ce qu'on dit?*, 4), mit der sie sich an die MS wendet, damit sie ihr bei der Wortsuche hilft, was ihr auch gelingt, da die MS der NMS die französische Entsprechung (*l'hymne national*, 4/5) liefert. Die NMS ist sich zunächst unsicher, das erste Wort richtig verstanden zu haben und fragt nach (**hytme?*, 5), was von der MS mit einem zweifachen "*l'hymne l'hymne*" (5) korrigiert und dann von der NMS zweifach korrekt wiederholt wird (*l'hymne l'hymne*, 5). Johanna wechselt in ihre Muttersprache und sagt zu sich, dass es "dasselbe Wort wie im Deutschen" (6) sei, notiert das französische Wort, fragt nach, ob sie es richtig geschrieben habe (*so?*, 6), was Véronique auf deutsch mit "ja" (6) bestätigt. Johanna ist in der Rolle der Lernerin, Véronique in der der "Lehrerin". Beide arbeiten hier an der Fremdsprache, es geht ihnen um korrekte Lexis, Aussprache und Schreibung. Nun wechselt Johanna in die Lehrerrolle und initiiert eine "Lehrsequenz", indem sie Véronique explizit auf die deutsche Aussprache von "Hymne" aufmerksam macht (*im Deutschen sagt man "Hymne" [hymnə]*, 6/7). Véronique geht auf Johannas Lehrsequenz zur deutschen Aussprache nicht ein. Sie übernimmt nicht die Lernerrolle, sondern verbleibt in der Lehrerrolle und startet ihrerseits eine Lehrsequenz bezüglich der französischen Aussprache von "*l'hymne*": Véronique wiederholt das französische Wort, Johanna bestätigt (*mhm*, 7), Véronique wiederholt es ein zweites Mal, diesmal sogar besonders deutlich gedehnt (*l'hymne*, 7), worauf Johanna mit einem Lachen reagiert (7) und die Nebensequenz abschließt.

Johanna nimmt nach einer leeren Pause die thematische Hauptsequenz wieder auf, indem sie die Schilderung ihrer persönlichen Erfahrung fortsetzt und das Bild der interkulturellen Situation vervollständigt. Die zu Anfang nicht explizierte zweite Bezugsgröße markiert Johanna dabei deutlich: Bei einem Treffen von Deutschen und Franzosen hat jemand auf einem Klavier gespielt, wobei die Franzosen mitsangen, während die Deutschen ... (*et les Français ont ont [tu] chanté' et les Allemands' .*, 8/9). Johanna lässt offen, was die Deutschen tatsächlich gemacht haben. Aus dem nachfolgenden Redezug von Véronique (10) kann jedoch rekonstruiert werden, wie sich für Véronique die interkulturelle Situation darstellt: Während die Franzosen zur französischen Nationalhymne sangen, sangen die Deutschen zur deutschen Nationalhymne nicht. Im Unterschied zur Verwendung von "*les Français*" zu Anfang in einem verallgemeinernden Sinn (1) sind hier mit "*les Français*" (8) ganz spezifische Franzosen gemeint, nämlich die in der interkulturellen Situation Anwesenden, im Vergleich zu den ebenfalls anwesenden Deutschen (*les Allemands'*, 9). Zu den Gründen, warum die Deutschen nicht bei ihrer Nationalhymne mitsangen, sagt Johanna zunächst nichts. Sie macht jedoch klar, dass dies aus ihrer Innenperspektive "typisch" sei (*c'est toujours . la même chose*, 9). Mit dem Generalisierer "immer" verlässt Johanna die konkrete Ebene der geschilderten Situation und wechselt auf eine allgemein kulturelle Ebene. Sie macht eine Aussage über ein aus ihrer Sicht generelles Verhalten von Deutschen (Autostereotyp).

Nach ihrem erstaunten "*ah bon?*" zu Anfang (3) beschränkte sich Véronique darauf zuzuhören und ihre Rolle als MS wahrzunehmen, indem sie ihrer Tandempartnerin bei Formulierungsschwierigkeiten hilft. In Zeile (9) nimmt Véronique zum ersten Mal Bezug auf die von Johanna geschilderte Situation. Sie bezieht sich auf ihre eigenen Landsleute und gibt eine Erklärung (*c'est parce que*, 9) für deren Verhalten, die sie mit einem Lachen abschließt: Die *Marseillaise* sei schöner als die deutsche Nationalhymne, deshalb könne man sich besser an sie erinnern.

In Zeile (10) überlagert Johanna (*mm*) das Lachen Véroniques und äußert mit einem Subjektivierer (*je crois que*, 11) eine Vermutung über die Gründe (*c'est à cause de*, 11) des Verhaltens der Deutschen (das Nichtsingen der Nationalhymne): es sei geschichtlich begründet (*c'est à cause de l'histoire*, 11). Auch Johanna bezieht sich hier auf ihre eigenen Landsleute: Man sage den Deutschen immer, sie dürften nicht stolz [auf ihre Nation] sein (*toujours on dit à les All/ euh aux Allemands n'ê n'êtes pas fiers .. de/*, 12). Hier bekommt Véronique einen Einblick in eine Innenperspektive einer Deutschen auf das Verhalten von Deutschen.

Dass diese Innenperspektive für Véronique etwas bisher Unbekanntes ist, zeigt sich daran, dass Véronique ihre fremdinitiierte Fremdkorrektur (*ne soyez pas fiers*, 13), mit der sie den lernersprachlichen Satz (*n'êtes pas fiers .. de/*, 12, falsch gebrauchter Indikativ) mit der korrekten Form (*soyez*, im *subjonctif*) verbessert, gleichzeitig als Nachfrage mit steigender Intonation reformuliert (*ne soyez pas fiers?*, 13) und nach Johannas Bestätigung (*oui*, 13) sowie einer längeren leeren Pause nochmals explizit (und betont) nachfragt (*on leur dit: NE soyez pas fiers?*, 13). Johanna differenziert ihre Beschreibung daraufhin mit "*pas directement mais*" (14), führt dies jedoch nicht weiter aus.

Véronique registriert Johannas Bemerkung mit einem "*ah oui*" (14). Nach einer leeren Pause beendet Johanna das Unterthema "Nationalstolz" mit einem kurzen Lachen. Nach einer weiteren leeren Pause wählt Johanna aus ihrem Assoziogramm das nächste Stichwort (*les .. bisous*, 14) und setzt das Gespräch mit diesem Unterthema fort.

5.4 Sprachlehr- und -lernaktivitäten und interkulturelles Lernen im Tandem

Bevor auf den interkulturellen Aspekt eingegangen werden soll, sollen zunächst die Aktivitäten kurz zusammengefasst werden, die hinsichtlich des rein sprachlichen Lernens von Bedeutung sind.

5.4.1 Sprachlehr- und -lernaktivitäten

Neben den bekannten Universalia der gesprochenen Sprache wie leeren und gefüllten Pausen, repetitiven Wiederholungen (*ont ont*, 9), Abbrüchen (*fiers de/*, 14) kann man feststellen, dass die Tandempartnerinnen in vorliegender Sequenz das Tandem dazu nutzen, um an der Fremdsprache zu arbeiten. Dies geschieht in Nebensequenzen: Die thematische Hauptsequenz wird unterbrochen, weil ein sprachliches Problem aufgetaucht ist; das Problem wird in einer Nebensequenz bearbeitet, woraufhin man wieder zum eigentlichen Thema zurückkommt. In der ersten Nebensequenz (2) geht es um die Aussprache von frz. *fiers*: die NMS markiert ihre Unsicherheit durch steigende Intonation (*[ffje/fje?]*), was die MS veranlasst, die korrekte Aussprache zu liefern (*[ffjɛʀ]*), die die NMS in der Rolle der Lernerin korrekt wiederholt (*[ffjɛʀ]*). Die zweite ausgedehntere Nebensequenz (4–7) beinhaltet zunächst eine Wortsuche, bei der die NMS durch eine transkodische Markierung das gesuchte Wort "Nationalhymne" hervorhebt und explizit nach der französischen Entsprechung fragt, die ihr die MS gibt. Danach wird gemeinsam an der korrekten Aussprache des gefundenen Wortes *l'hymne* gearbeitet. Hier geht die Arbeit an der Fremdsprache soweit, dass die NMS das Wort notiert und sich bei der MS sogar der korrekten Schreibung versichert. Erweitert wird die zweite Nebensequenz durch eine Lehrsequenz Johannas, die aus ihrer Rolle als Lernerin in die der "Lehrerin" wechselt, um ihre Tandempartnerin an dem von ihr festgestellten Kontrast in der Aussprache der deutschen Entsprechung zu frz. *hymne* teilhaben zu lassen (7). Ihre französische Tandempartnerin geht jedoch auf diese Lehrsequenz nicht ein, übernimmt nicht die von Johanna kurzzeitig verlassene Lernerrolle, sondern verbleibt vielmehr in der Rolle der "Lehrerin", indem sie die Aussprache von frz. *l'hymne* mehrmals und deutlich wiederholt (*l'hymne ... l'hymne*). In der dritten Nebensequenz (13) kommt es zu einer fremdinitiierten Fremdkorrektur: Die NMS verwendet einen falschen Modus (Indikativ), was die MS von sich aus (mit der richtigen *subjonctif*-Form) nicht explizit, sondern implizit korrigiert, da sie die lernersprachliche Aussage in eine inhaltliche Nachfrage kleidet (*ne soyez pas fiers?*, 13).

Es stellt sich nun die Frage, was in dieser Sequenz über die Arbeit an der Fremdsprache hinaus geschieht. Inwieweit geht hier die Arbeit im Tandem über das reine Sprachenlernen hinaus?

5.4.2. Aspekte interkulturellen Lernens

Jenseits der eben beschriebenen Nebensequenzen, die der Bearbeitung fremdsprachlicher Probleme dienen, können in der thematischen Hauptsequenz Spuren nachgezeichnet werden, die für interkulturelles Lernen relevant sind. Welche Perspektiven kommen in dieser Sequenz ins Spiel? Können Spuren eines Perspektivenwechsels nachgezeichnet werden?

Sprachliche Spuren eines Perspektivenwechsels sind in der vorliegenden kurzen thematischen Hauptsequenz nicht auffindbar. Was man nachzeichnen kann, das sind Perspektivendarstellungen, eine Voraussetzung dafür, dass ich mich in das Gegenüber "hineinversetzen" oder in anderer Form reagieren kann. Prinzipiell könnte die Perspektivendarstellung im Tandem wechselseitig sein. Sie ist im vorliegenden Fall einseitig. Der Blick Johannas und Véroniques ist auf den Sachverhalt "Nationalstolz" gerichtet. Durch Johannas Formulierung (*les Français sont plus fiers de la nationalité*, 1) bekommt Véronique in Form eines Heterostereotyps einen Einblick in die persönliche Außenperspektive Johannas auf Franzosen. Implizit im Vergleich enthalten ist neben der Außenperspektive auf Franzosen auch eine Innenperspektive auf Deutsche (die Deutschen seien weniger nationalstolz). Dies ist insofern nicht unbedeutend, als es Johanna im weiteren Verlauf des Gesprächs weniger um ihr Fremdbild von Franzosen geht, mit dem sie die Thematik eröffnet hatte, als vielmehr um den Versuch, ihrer französischen Tandempartnerin eine Erklärung für das Verhalten der eigenen Landsleute zu geben. Auch hier produziert Johanna ein Stereotyp, ein Autostereotyp diesmal. Mit diesem Autostereotyp macht sie auf einer allgemein kulturellen Ebene eine Aussage über das Verhalten der Deutschen hinsichtlich des Nationalstolzes (es sei immer das gleiche, sie hätten Probleme mit dem Singen der eigenen Nationalhymne). Durch Johannas Bemerkung, man sage den Deutschen, sie dürften nicht stolz sein, wird Véronique eine Innenperspektive einer Deutschen auf Deutsche zugänglich. Auf beide

Perspektiven, der "von außen" auf ein Verhalten von Franzosen und der "von innen" auf die eigenen Landsleute, reagiert die französische Tandempartnerin beidesmal erstaunt (2 bzw. 13), was darauf schließen lässt, dass sie mit ihr bisher unbekannten Perspektiven konfrontiert wurde. Der einzige längere Redezug der französischen Tandempartnerin, der eine mit einem Lachen abgeschlossene Interpretation des Verhaltens ihrer Landsleute (das Singen der Nationalhymne) beinhaltet, ist dabei weniger als inhaltlicher Beitrag zu der von der deutschen Tandempartnerin angesprochenen Problematik des Nationalstolzes zu verstehen als vielmehr als ein Signal, mit dem die französische Tandempartnerin andeutet, dass sie einen Gesprächsstil bevorzugt, bei dem scherzhafte und ironische Bemerkungen erlaubt sind. Auffällig ist dennoch, dass sich die französische Tandempartnerin bei ihrer Verhaltensinterpretation – genauso wie ihre deutsche Tandempartnerin – auf die eigenen Landsleute bezieht. Beide Tandempartnerinnen gestehen sich jeweils die Erklärungskompetenz für Verhaltensweisen der eigenen Landsleute zu, die französische Tandempartnerin bezieht sich bei ihrer Erklärung auf Franzosen, die deutsche Tandempartnerin auf Deutsche (und nicht umgekehrt).

Zusammenfassend kann man sagen, dass neben den Sprachlehr- und -lernaktivitäten das Potential sichtbar wird, das in dieser extrem kurzen Sequenz die Arbeit im Tandem für interkulturelles Lernen bietet. Der direkte Kontakt mit einer Muttersprachlerin im Tandem wird von der deutschen Tandempartnerin genutzt, um eine persönliche Fremdwahrnehmung darzustellen, es werden Kulturvergleiche gezogen, ein Hetero- und ein Autostereotyp produziert, die zum Umgang mit ihnen auffordern; das Tandem ist hier ein Ort, der es der deutschen Tandempartnerin erlaubt, ihrer französischen Tandempartnerin eine Außen- und eine Innenperspektive zugänglich zu machen und es der französischen Tandempartnerin ermöglicht, darauf (hier mit Erstaunen) zu reagieren.

Legt man die potentielle Wechselseitigkeit der Perspektivendarstellung als Maßstab an, so bleibt das Potential für interkulturelles Lernen in dieser Sequenz insofern unausgeschöpft, als (a) die französische Tandempartnerin wohl auf die Darstellung der Außenperspektive und der Innenperspektive ihrer deutschen Tandempartnerin reagiert, ihre eigene Sicht zur Thematik jedoch nicht anspricht (die deutsche Tandempartnerin erfährt z. B. nicht, ob die französische Tandempartnerin ihre eigenen Landsleute als nationalstolz und wie sie sich selbst – vielleicht in Abgrenzung dazu – bezeichnen würde) und (b) die deutsche Tandempartnerin ihre Innen- und Außenperspektiven nur andeutet, nicht aber vertieft bzw. vertiefen kann, da das Interesse für die von ihr angesprochene Thematik bei ihrer Tandempartnerin geringer zu sein scheint als bei ihr selbst.

Die Einbettung der Tandemarbeit in einen Tandemkurs hat den Vorteil, einerseits von den Stärken dieser Sozialform zu profitieren, die darin liegen, den Lernern einen Raum zu geben, ihre Erfahrungen mit der fremden und eigenen Kultur sowie ihr Fremd- und Selbstbild im direkten persönlichen Kontakt mit Muttersprachlern zu thematisieren und Erfahrungen mit dem interkulturellen Dialog zu machen; andererseits erlaubt der didaktische Rahmen eines Tandemkurses dem Lehrer, bestimmte Punkte, die in den Tandems nur angedeutet wurden, in der Plenumsphase wiederaufzunehmen und zu problematisieren.

LES FRANÇAIS SONT PLUS FIERS DE LA NATIONALITÉ

Beteiligte: Johanna (Deutsche) und Véronique (Französin)
Thema der Sitzung: "Kulturelle Besonderheiten und Unterschiede" (SS 97)
Aufgabenstellung: Assoziogramm zur Frage "Was ist dir in Frankreich bzw. Deutschland aufgefallen?"
Unterthema: Nationalstolz
Dauer der Sequenz: 75 Sek.
SS97JOHVERO1

1	Johanna	je dois commencer? alors j'ai mis "Nationalstolz" les Français sont plus
	Véronique	oui
2	Johanna	em [fje/] [fje/]? fiers [fjɛʀ] de la nationalité oui ..
	Véronique	fiers [fjɛʀ] mhm ah bon?
3	Johanna	quand j'étais en échange avec l'école' em il y avait des/la marseillaise et la
4	Johanna	la xx em .. die Nationalhymne? comment/ qu'est-ce qu'on dit?
	Véronique	& l'hymne
5	Johanna	l'hytme [litmə]? l'hymne [limn] l'hymne
	Véronique	[limn] national l'hymne l'hymne
6	Johanna	(zu sich) dasselbe Wort wie im Deutschen (notiert) .. so? im Deutschen
	Véronique	ja
7	Johanna	sagt man "Hymne" [hymnə] mhm (lacht) .. et
	Véronique	l'hymne [limn] l'hymne
8	Johanna	quelqu'un a joué em au piano' et les Français ont ont [tu] chanté'
	Véronique	mhm mhm
9	Johanna	et les Allemands' . c'est toujours . la même chose je crois ça/
	Véronique	ah c'est parce
10	Johanna	mhm peut-être
	Véronique	que la Marseillaise elle est plus jolie que l'hymne allemand c'est pour ça
11	Johanna	je crois que c'est à cause . de l'histoire ..
	Véronique	qu'on s'en rappelle mieux (lacht)
12	Johanna	toujours on dit em à les All/ euh aux Allemands, n'ê/ n'êtes pas fiers [fjɛʀ]
13	Johanna	. de/ oui .. . pas
	Véronique	ne soyez pas fiers? on leur dit NE soyez pas fiers?
14	Johanna	directement mais comme ça (lacht) .. les bisous
	Véronique	mhm ah oui .. ah oui

6. Literaturangaben

Alix, Christian & Kodron, Christoph (1988): *Zusammenarbeiten: Gemeinsam Lernen*. Themenzentrierte Zusammenarbeit zwischen Schulen verschiedener Länder am Beispiel Deutschland–Frankreich. Ein Beitrag zu dialogischem Austausch und interkultureller Kommunikation. Bad Honnef: Deutsch-Französisches Jugendwerk

Apfelbaum, Birgit (1993): *Erzählen im Tandem*. Sprachlernaktivitäten und die Konstruktion eines Diskursmusters in der Fremdsprache (Zielsprachen: Französisch und Deutsch). Tübingen: Narr.

Bechtel, Mark (1997): "Hypothesen zum interkulturellen Lernen im Tandem." In: Lothar Bredella, Herbert Christ & Michael Legutke (Hrsg.): *Thema Fremdverstehen*. Tübingen: Narr, 120–136.

Brammerts, Helmut & Little, David (Hrsg.) (1996): *Leitfaden für das Sprachenlernen im Tandem über das Internet*. (Manuskripte zur Sprachlehrforschung 52). Bochum: Brockmeyer.

Brammerts, Helmut (1995): "Tandem Learning and the Internet. Using New Technology to Acquire Intercultural Competence." In: Annie Aarup Jensen, Kirsten Jaeger & Annette Lorentsen (Hrsg.): *Intercultural Competence. A New Challenge for Language Teachers and Trainers in Europe*. Vol. II: The Adult Learner. Aalborg: Aalborg University Press, 209–222.

Bredella, Lothar & Christ, Herbert (1994): "Didaktik des Fremdverstehens – Ein Forschungsprogramm im Rahmen der Graduiertenförderung." *Anglistik* 5, H. 2, 63–79.

Bredella, Lothar & Christ, Herbert (1995): "Didaktik des Fremdverstehens im Rahmen einer Theorie des Lehrens und Lernens fremder Sprachen." In: Lothar Bredella & Herbert Christ (Hrsg.): *Didaktik des Fremdverstehens*. Tübingen: Narr, 8–19.

Brinker, Klaus & Sager, Sven F. (1996): *Linguistische Gesprächsanalyse*. Eine Einführung. Berlin: Erich Schmidt. 2., durchges. u. erg. Aufl.

Graumann, Carl F. & Sommer, C. M. (1986): "Perspektivität und Sprache: I. Perspektivische Textproduktion." (Arbeiten der Forschergruppe "Sprechen und Sprachverstehen im sozialen Kontext." Heidelberg/Mannheim.)

Gick, Cornelia (1994): "Rollen im Sprachentandem und Veränderung der LehrerInnenrolle durch TANDEM." *Bulletin suisse de linguistique appliquée* 60, 147–169.

Hänni, Rolf, Roncoroni, Francesca & Winiger, Elisabeth (1994): "Dialoge im Tandem. Empirische Untersuchungen zu Themenverlaufsmuster, Reparatursequenzen und Sprecherwechsel." *Bulletin suisse de linguistique appliquée* 60, 109–137.

Henrici, Gert (1995): *Spracherwerb durch Interaktion?* Eine Einführung in die fremdsprachenerwerbsspezifische Diskursanalyse. Hohengehren: Schneider.

Herfurth, Hans-Erich (1996): "Tandem – ein Verfahren zum Fremdsprachenlernen und Fremdsprachenerwerb in Sprachbegegnungen." *Fremdsprachen Lehren und Lernen* 25, 160–180.

Herfurth, Hans-Erich (1995): "Zum Stellenwert von Sprachbegegnungen nach dem Tandem-Verfahren im deutsch-französischen Kontext." *Zielsprache Französisch* 27, H. 4, 195–201.

Herfurth, Hans-Erich (1994): "Individualtandem und binationale Begegnungen. Ein Überblick über Verbreitung, Organisation und Konzeptionen des Sprachenlernens in binationalen Kontexten." *Info DaF* 21, H. 1, 45–68.

Herfurth, Hans-Erich (1993): *Möglichkeiten und Grenzen des Fremdsprachenerwerbs in Begegnungssituationen*. Zu einer Didaktik des Fremdsprachenlernens im Tandem. München: iudicium.

Künzle, Beda & Müller, Martin (Hrsg.) (1990): *Sprachenlernen im Tandem*. Beiträge und Materialien zum interkulturellen Lernen. Fribourg/Schweiz: Universitätsverlag.

Münch, Beat (1990): "Exolinguale Kommunikation – Sprache in Kontaktsituationen." *Materialien Deutsch als Fremdsprache* 29, 286–313.

Pelz, Manfred (Hrsg.) (1995): *Tandem in der Lehrerbildung, Tandem und grenzüberschreitende Projekte.* Dokumentation der 5. Internationalen Tandem-Tage 1994 in Freiburg i. Br. Frankfurt a.M.: Verlag für Interkulturelle Kommunikation.

Rosanelli, Maurizio (Hrsg.) (1992): *Lingue in Tandem.* Autonomie und Spracherwerb. III. International Tandem Congress. Meran: Alpha & Beta.

Rost-Roth, Martina (1995): *Sprachenlernen im direkten Kontakt.* Autonomes Tandem in Südtirol. Eine Fallstudie. Meran: Alpha & Beta.

Rost-Roth, Martina (1991): "Interkulturell und interlingual bedingte Verständnisschwierigkeiten als Chance für den Lernprozess im Tandem." In: Tandem e.V. (Hrsg.): *Sprachenlernen im interkulturellen Austausch.* Dokumentation der 2. Europäischen Tandem-Tage 1990. Frankfurt a. M.: Verlag für Interkulturelle Kommunikation, 31–44.

Scherfer, Peter (1982): "Zur Erforschung von Sprachlehr- und -lernprozessen auf Gegenseitigkeit." *Zeitschrift für Literaturwissenschaft und Linguistik* 12, 72–99.

Sichtwechsel Neu (1995a): *Allgemeine Einführung.* München: Klett Edition Deutsch.

Sichtwechsel Neu (1995b): *Unterrichtsbegleiter 1.* München: Klett Edition Deutsch.

Tandem e.V. (Hrsg.) (1991): *Sprachenlernen im interkulturellen Austausch.* Dokumentation der 2. Europäischen Tandem-Tage 1990. Frankfurt a. M.: Verlag für Interkulturelle Kommunikation.

Thomas, Alexander (1988): "Psychologisch-pädagogische Aspekte interkulturellen Lernens im Schüleraustausch." In: Alexander Thomas (Hrsg.): *Interkulturelles Lernen im Schüleraustausch.* Saarbrücken: Breitenbach, 77–99.

Wolff, Jürgen & Zimmermann, Petra (Hrsg.) (1994): *Sprachenlernen und soziale Wirklichkeit.* Donostia/San Sebastian: Tandem-Fundazioa.

Wolff, Jürgen (1994): "Ein Tandem für jede Gelegenheit? Sprachlernen in verschiedenen Begegnungssituationen." *Die Neueren Sprachen* 93, 374–385.

Daniela Caspari
Fremdverstehen durch literarische Texte – der Beitrag kreativer Verfahren

1. Kreative Verfahren als Unterstützung oder Verhinderung von Fremdverstehen?

Kreative Verfahren erfreuen sich nicht nur in der Unterrichtswirklichkeit ständig wachsender Beliebtheit, sondern gehören nach gut fünfzehnjähriger Diskussion nun auch höchst offiziell zu den empfohlenen Verfahren im Umgang mit literarischen Texten im Fremdsprachenunterricht (vgl. z.B. Hessisches Kultusministerium 1996: 37). Dies ist sehr zu begrüßen, denn mit Hilfe kreativer Verfahren lassen sich nicht nur Ziele der Textlektüre, Textanalyse und Textinterpretation im engeren Sinne erreichen. Sie enthalten darüber hinaus das Potential, zentrale allgemeine Ziele des fremdsprachlichen Unterrichts wirkungsvoll anzubahnen (vgl. Caspari 1994; Wernsing 1995). Angesichts der ständig zunehmenden Bedeutung von Zielsetzungen des interkulturellen Lernens bzw. Fremdverstehens stellt sich die Frage, ob und wie kreative Verfahren auch diese Ziele im Umgang mit literarischen Texten unterstützen können.

Die Meinung der Fachdidaktiker/innen ist gespalten. Hellwig (1991) und Nünning (1997) sind von der Eignung kreativer Verfahren für Ziele interkulturellen Lernens überzeugt:

> Schließt doch ein vollständiges Globalziel "Kommunikative Kompetenz" die Teilaspekte Können in den Fertigkeiten [...], Erwerb von Sprach- und Textwissen [...], Erlebnis und Erkenntnis von Landeskunde und Literatur (**interkulturelle** und ästhetische **Kompetenz** – sowohl effektiv [sic!] als auch kognitiv) sowie die Förderung von Solidarität und Mitmenschlichkeit ein [...]. Alle diese Zielsetzungen lassen sich bei kreativer Textarbeit verwirklichen. (Hellwig 1991: 162; Hervorhebung durch die Autorin).
>
> Die skizzierten Verfahren alternativer Textarbeit ermöglichen es Lehrenden, im Literaturunterricht Sprachtraining, Hinführung zur Beschäftigung mit einer längeren Ganzschrift, methodische Textarbeit und **interkulturelle Kommunikationsschulung** Gewinn bringend zu verbinden. (Nünning 1997: 9; Hervorhebung durch die Autorin).

Andere Didaktiker/innen vertreten genau die gegenteilige Auffassung: Kreative Verfahren behinderten interkulturelle Lernprozesse, denn sie verstellten die unmittelbare Beziehung zwischen Text und Leser. Daher könnten die Verstehensprobleme der Leser/innen, die als Anstoß zur Entdeckung von Andersartigkeit fungierten, nicht produktiv genutzt werden (vgl. Schrader 1995: 161).

Weitere Einwände lauten, daß kreative Verfahren die literarischen Texte auf das Gegenständliche reduzierten und daß die Texte beim Einsatz kreativer Verfahren von den fremdsprachlichen Leser/innen mangels fremdkulturellem Weltwissen sowie mangels

Wissen um fremdliterarische Deutungskonventionen lediglich vor dem Hintergrund des Eigenen, nicht jedoch vor dem Hintergrund des Fremden gelesen werden könnten (vgl. Ehlers 1988 und 1994).

Um angesichts dieser gegensätzlichen Einschätzungen das tatsächliche Potential kreativer Verfahren für Ziele des Fremdverstehens bzw. interkulturellen Lernens im Umgang mit Texten genauer bestimmen zu können, werde ich im folgenden zunächst darlegen, wie "Fremdverstehen" allgemein und in bezug auf fremdsprachige literarische Texte bestimmt werden kann. Nach einer Definition "kreativer Verfahren" werde ich dann konkret untersuchen, welche für "Fremdverstehen" konstitutiven Teilziele und Einzelaktivitäten durch kreative Verfahren unterstützt werden können. Eine Auseinandersetzung mit den oben genannten Einwänden ist Teil der abschließenden, kritischen Würdigung des Beitrags kreativer Verfahren für Ziele des Fremdverstehens im Umgang mit literarischen Texten im Fremdsprachenunterricht.

2. Fremdverstehen im Umgang mit literarischen Texten

2.1 Fremdverstehen als Prozeß der Auseinandersetzung mit verschiedenen Perspektiven

Da "Fremdheit" nicht auf sprachliche und, daran geknüpft, kulturelle Fremdheit begrenzt werden kann, ist trotz inhaltlicher Überschneidungen der Begriff "Fremdverstehen" dem des "interkulturellen Lernens" vorzuziehen (vgl. Schinschke 1995: 19). Aus erkenntnistheoretischer Sicht kann "Fremdheit" all das umfassen, was nicht zum bisherigen Erfahrungs- und Wissensstand eines Individuums 'paßt' und daher eine Dissonanz bewirkt, die die eigenen Erfahrungen grundsätzlich oder zumindest zeitweise relativieren und in Frage stellen kann (vgl. Wendt 1996: 136). Diese Auffassung von Fremdheit impliziert, daß es sich um eine relationale und dynamische Kategorie handelt, die sich je nach eingenommener Perspektive des Individuums verändert (vgl. Bredella et al. 1997: 11).

Das Verstehen von Fremdheit(en), Fremdem und Fremden, im folgenden kurz "Fremdverstehen" genannt, wird sowohl in der hermeneutischen Tradition (vgl. Bredella & Christ 1995 und Bredella et al. 1997) als auch im sozial-kognitiven Ansatz (vgl. Selmann 1982 und Edelstein et al. 1982) als Prozeß aufgefaßt, in dem sich die Auseinandersetzung mit Neuem bzw. Fremdem auf der Basis des Eigenen, d.h. auf der Basis subjektiver Erfahrung und individuellen Wissens, vollzieht. Der hermeneutische Ansatz betont den dialogischen Charakter dieses Prozesses (vgl. auch Habermas 1983), indem er ihn als Fähigkeit zur kommunikativen Verständigung im Spannungsfeld von fremdsprachlichen und fremdkulturellen sowie eigensprachlichen und eigenkulturellen Lebenswelten bestimmt (vgl. Funke 1990). Die sozial-kognitive Forschung betont dagegen den konstruktiven Charakter des Prozesses, der sich gemäß den Prinzipien der Assimilation, Akkommodation und Äquilibration vollzieht (vgl. von Glasersfeld 1994).

Um Fremdes nicht vorschnell nach den eigenen Vorstellungen zu beurteilen oder gar zu verurteilen, ist für Fremdverstehen ein Perspektivenwechsel bzw. eine zeitweilige Perspektivenübernahme erforderlich. Dies ist der Versuch, vom Eigenen zu abstrahieren und virtuell die fremde Perspektive einzunehmen. Für die Einnahme einer solchen "Innensicht", die Rekonstruktion einer Situation aus der Sicht des anderen, ist sowohl kognitives Hineindenken als auch affektives Einfühlen in den anderen, die andere Situation, die andere Tradition vonnöten ("Empathie")[1].

Ziel des Fremdverstehens ist die Perspektivenkoordination. Hierunter versteht man entweder die Fähigkeit, aus einer übergeordneten Perspektive gleichzeitig die eigene und die fremde(n) Perspektive(n) sehen und begründen zu können (vgl. Müller 1986: 47), oder die Korrektur der eigenen ursprünglichen Position und den Gewinn einer neuen Position durch das Verstehen (vgl. Bredella et al. 1997).

2.2 Fremdverstehen im Zusammenhang mit literarischen Texten

Gemeinhin wird literarischen Texten ein reiches Potential zur Anbahnung und Einübung von Prozessen des Fremdverstehens zugesprochen (vgl. Hermes 1998), das Nünning (1999) in seinen Prolegomena zu einer literaturdidaktischen Theorie des Fremdverstehens in drei Begründungsansätze unterteilt. Versteht man Fremdverstehen, wie oben dargestellt, als Bundel kognitiver und affektiver Fähigkeiten zum Perspektivenwechsel und zur Perspektivenkoordination, dann besteht der wichtigste Begründungsansatz für den Nutzen literarischer Texte darin, daß für die Lektüre literarischer Texte genau diese Fähigkeiten nötig sind und bei der Lektüre eingeübt werden. Prozesse des Perspektivenwechsels und der Perspektivenkoordination müssen nämlich sowohl auf der Ebene der Figuren und der Handlung als auch auf der Ebene der Interaktion zwischen Text und Leser stattfinden.[2] Die perspektivische Darstellung literarischer Texte fordert nach Nünning (1999) zusätzlich zur Auseinandersetzung mit dem Phänomen der Perspektivengebundenheit und der Beziehung zwischen verschiedenen Perspektiven heraus.

Die Lektüre fremdsprachiger literarischer Texte verlangt von Leserinnen und Lesern komplexe und vielschichtige Fremdverstehensprozesse. Sie betreffen (vgl. hierzu auch Bredella & Christ 1995: 11 und Nünning 1999):

– die fremde Sprache ("fremdsprachige Verstehensdimension")
– das Verstehen eines literarischen Textes, der mit literarischen Mitteln ein Wirklichkeitsmodell entwirft ("literarische Verstehensdimension")
– das Verstehen eines literarischen Textes, der in einer fremden literarischen Tradition steht, (teilweise) andere Darstellungsmittel verwendet und andere Rezeptionsgewohnheiten voraussetzt ("fremdliterarische Verstehensdimension")
– das Verstehen einer fremden Kultur bzw. ihrer Darstellung in Form eines fiktiven Wirklichkeitsmodells ("fremdkulturelle Dimension", vgl. Funke 1990: 592)

---

[1] Zur Problematik des Empathie-Begriffes vgl. Schinschke 1995: 43-47.

[2] Nünning (1999) vertritt die These, daß die große Bedeutung literarischer Texte für die Didaktik des Fremdverstehens sich erst dann erschließen läßt, wenn die bislang vorherrschende thematisch-inhaltliche Betrachtungsweise durch eine stärkere Berücksichtigung der spezifisch literarischen Formen fiktionaler Wirklichkeitsdarstellung ergänzt wird. Hierzu nimmt er die Ebene des "inszenierten Fremdverstehens" durch die erzählerische Vermittlung in den Blick.

- das Verstehen von fiktionalen Figuren aus einer fremden Kultur, "also eine komplexe Mischung von personalen, literarischen und fremdkulturellen Verstehensprozessen" (vgl. Nünning 1999).

Wie Nünning (1999) ausführt, sind alle Dimensionen in sich bereits sehr komplex und vielschichtig. Außerdem überlappen sie sich zum Teil gegenseitig, was die Anforderungen an die Fremdverstehensfähigkeiten der Rezipient/innen nochmals erhöht.

Diese Auflistung zeigt, daß "Fremdverstehen" im Zusammenhang mit der Lektüre literarischer Texte nicht auf die Dimension des "fremdkulturellen Verstehens" verkürzt werden darf, wie dies manchmal geschieht. Ein Grund für diese Verkürzung dürfte darin liegen, daß die fremdkulturelle Dimension oft am deutlichsten ins Auge fällt. Sie prägt häufig den gesamten Geschichteninhalt und damit die 'offensichtlichen' Komponenten wie Figuren, Raum, Zeit, Handlungen, Geschehnisse, Beziehungen, Situationen. Daß diese "Fremdheiten" aber ebenfalls durch andere Verstehensdimensionen bewirkt bzw. unterstützt werden, z.B. durch andere literarische Darstellungsweisen, sollte dabei nicht übersehen werden. Gerade für den schulischen Bereich muß außerdem berücksichtigt werden, daß den auch in der Primärsprache oft wenig leseerfahrenen Schüler/innen der ausgehenden Mittel- und beginnenden Oberstufe die literarische Verstehensdimension oft mindestens ebenso "fremd" ist wie die fremdkulturelle.

In bezug auf die "fremdkulturelle Verstehensdimension" sollte weiterhin beachtet werden, daß es sich hierbei nicht nur um eine ethnische bzw. im engeren Sinne zielkulturelle Dimension handelt. Legt man einen der schulischen Rezeptionssituation angemessenen weiten Kulturbegriff zugrunde, umfaßt diese Dimension ebenfalls historisch oder soziokulturell bedingte Fremdheiten, wobei alle drei Dimensionen miteinander verwoben sein können.

Die fremdliterarische Verstehensdimension, die aktuell wie historisch zielkulturell geprägt sein kann, wird nach meinen Beobachtungen im schulischen Kontext bislang kaum berücksichtigt. Es bleibt zu untersuchen, wie bedeutend diese Dimension für den Rezeptionsprozeß tatsächlich ist: ob die relative Nähe der europäischen Literaturen dazu führt, daß die Fremdheiten tatsächlich weniger störend oder ob die Störungen nur weniger augenfällig sind, als dies Ehlers (1988) für die Rezeption deutschsprachiger Literaturen in ganz fremden literarischen Traditionen, z.B. in Asien, festgestellt hat.

3. Kreative Verfahren und Fremdverstehen

Die skizzierte Komplexität von Fremdverstehensprozessen im Umgang mit literarischen Texten und die defizitäre Forschungslage (vgl. Nünning 2000) erlauben es zum gegenwärtigen Zeitpunkt nicht, ein differenziertes Modell für den Beitrag kreativer Verfahren zu entwickeln. Statt dessen unternehme ich auf der Basis der dargestellten Überlegungen zum Fremdverstehen nun den Versuch, erstmals systematisch darzulegen, worin das Potential kreativer Verfahren für Prozesse des Fremdverstehens im Umgang mit literarischen Texten besteht.[3]

Dabei verwende ich eine weite Definition "kreativer Verfahren". Während die 'traditionellen' Verfahren der Textanalyse und -interpretation am Ideal des Literaturwissenschaftlers bzw. der Literaturwissenschaftlerin orientiert sind und einen primär distanznehmenden, analytischen und verobjektivierenden Umgang mit dem literarischen Text fordern, regen kreative Verfahren zu einer eher subjektiv-individuellen, intuitiven, imaginativen und teilweise auch spielerischen und/oder emotionalen Auseinandersetzung an. Dabei werden analytische und reflexive Prozesse jedoch nicht prinzipiell ausgeschlossen. Diese weite Definition kreativer Verfahren umfaßt nicht nur die verschiedensten Aktivitäten und Ausdrucksformen kreativen Textumgangs vom "*creative writing*" über "Standbilder bauen" bis "einen Erzähltext in ein Hörspiel umwandeln". Sie beinhaltet auch ganz verschiedene Ansätze kreativen Textumgangs, die schwerpunktmäßig entweder den Originaltext, die Subjektivität des Rezipienten oder den Prozeß- und Spielcharakter der Rezeption in den Mittelpunkt rücken. Gemeinsam ist allen Ansätzen und Arbeitsformen dabei, daß sie schwerpunktmäßig die oben genannte Art der Auseinandersetzung mit Texten anzielen (zur Definition und zur Unterscheidung der verschiedenen Ansätze vgl. Caspari 1994).

3.1 Kreative Verfahren und die verschiedenen Verstehensdimensionen

Wie bereits oben dargestellt wurde, sind die verschiedenen Dimensionen des Fremdverstehens bei literarischen Texten vielfach miteinander verwoben. Die skizzierte Auffassung von Fremdverstehen als Prozeß der Auseinandersetzung mit verschiedenen Perspektiven ist zudem so allgemein, daß es sich – zumindest zum gegenwärtigen Stand der Forschung – anbietet, bis auf die fremdsprachige Verstehensdimension alle Dimensionen gemeinsam zu untersuchen. Dafür spricht auch die große Flexibilität der kreativen Verfahren, deren Grundmuster sich in aller Regel in Hinblick auf die verschiedenen Dimensionen konkretisieren lassen. So können z.B. der Textlektüre vorgeschaltete vorverständnisaktivierende Arbeitsformen sowohl auf den Inhalt, die Figuren oder das kulturelle Umfeld als auch auf verschiedenste Spezifika der Textsorte ausgerichtet werden.

Daß bei den folgenden Überlegungen die fremdsprachige Verstehensdimension ausgegliedert wird, hat den Grund, daß als entscheidende Determinante fremdsprachigen Lesens neben universellen, sprachunabhängigen Lesefertigkeiten die Fremdsprachenkompetenz angesehen wird. Ohne die kulturelle Dimension von Sprache vernachlässi-

---

[3] Der Einsatz kreativer Verfahren für Ziele des Fremdverstehens im Umgang mit literarischen Texten ist meines Wissens bis jetzt noch nicht systematisch untersucht worden. Folgende Arbeiten befassen sich mit Einzelaspekten oder mit anderen Textsorten: Für die Verwendung kreativer Verfahren bei anderen Textsorten hat Melde (1997) grundlegende Überlegungen angestellt, Schüle (1988) listet verschiedene sprachspielerische Verfahren auf, Schinschke (1995) liefert Beispiele, wie unter anderem mit kreativen Verfahren die traditionellen Grenzen von Landeskunde- und Literaturunterricht aufgehoben werden können, Nünning (1998) bestimmt den Wert kreativer Verfahren für die Perspektivenübernahme in dramatischen Texten, Wotschke & Himmelsbach (1997) geben Beispiele für den Einsatz kreativer Verfahren für Texte ethnischer Minderheiten in den USA.

gen zu wollen, halte ich es daher nicht für sinnvoll, diese für ein erstes, grobes Textverstehen notwendigen Kenntnisse und Prozesse mit den Fremdverstehensprozessen der anderen Verstehensdimensionen gleichzusetzen. Zwar wird fremdsprachiges Lesen heutzutage nicht mehr als eine reduzierte Form muttersprachigen Lesens, sondern zunehmend als eigener Prozeß gewürdigt (vgl. Ehlers 1998). Trotzdem bleibt festzustellen, daß fremdsprachiges Lesen tendenziell verlangsamt abläuft und daß dabei weniger *top-down*-Prozesse aktiviert werden, so daß häufig ein textnahes bzw. auf die Textbasis begrenztes Verstehen erreicht wird. Vor allem vor Beginn der Lektüre und lektürebegleitend eingesetzte kreative Verfahren können hier in vielfacher Hinsicht sprachlich und psychologisch entlastend wirken (vgl. Caspari 1994). Sobald fehlendes sprachliches, thematisches und kulturelles Wissen zu Interferenzen führt, sind schwerpunktmäßig andere Verstehensdimensionen betroffen, so daß diese Aspekte des fremdsprachigen Verstehens in die folgenden Ausführungen miteingeschlossen sind.

3.2 Kreative Verfahren und die vier Teilprozesse des Fremdverstehens

Versteht man Fremdverstehen als Auseinandersetzung zwischen Eigenem bzw. Bekanntem und Fremdem, Fremden bzw. Unbekanntem mit dem Ziel der Perspektivenkoordination, so sind in der Auseinandersetzung mit fremdsprachigen literarischen Texten folgende Prozesse notwendig:

- Bewußtwerdung und Artikulation des Eigenen mit dem Ziel, sich der eigenen Perspektive bewußt bzw. bewußter zu werden

- Wahrnehmung, Deutung und Beurteilung des Fremden mit dem Ziel des Perspektivenwechsels

- Inbeziehungsetzung von Eigenem und Fremdem mit dem Ziel der Perspektivenkoordination.

Im Gegensatz zu Hunfeld (1992) und Schrader (1995), die die verschiedenen Formen der Fremdheit in Texten ausschließlich als positive Herausforderung für Leserinnen und Leser verstehen, werden Kinder und Jugendliche nach meiner Erfahrung durch unverständlich Fremdes, sei es sprachlicher, kultureller oder literarischer Art, oft so abgeschreckt, daß es einer gewinnbringenden Auseinandersetzung mit dem Text und seinen Fremdheiten zumindest nicht förderlich ist. Für den schulischen Bereich ist es daher unumgänglich, zunächst und immer wieder

- Prozesse anzustoßen, die die Bereitschaft für die Auseinandersetzung mit dem Text und seinen Fremdheiten wecken.

Auch für die oben aufgezählten Prozesse des Fremdverstehens darf die Bereitschaft nicht einfach vorausgesetzt werden. Schließlich kann es zunächst sehr verunsichernd sein, wenn das Eigene, Vertraute, für sicher und überlegen Geglaubte ins Bewußtsein gehoben und im Vergleich mit Fremdem auf den Prüfstand gestellt wird. Daher ist das Wecken der immer wieder neuen Bereitschaft zu den Prozessen des Fremdverstehens eine wichtige Voraussetzung für ihr Gelingen.

Anders als es diese Aufzählung suggerieren mag, laufen diese vier Prozesse nicht automatisch und nicht unbedingt nacheinander ab. Sie dürften im Verlauf der Auseinandersetzung mit einem Text in der Art eines hermeneutischen Zirkels vielmehr mehrfach angestoßen werden müssen, damit die abschließende Perspektivenkoordination tatsächlich ein vertieftes Selbst- und Fremdverständnis beinhaltet.

Um das 'fremdverstehensunterstützende' Potential kreativer Verfahren zu analysieren, bestimme ich für jeden der vier Prozesse zunächst die für ihn konstitutiven Teilziele und Einzelaktivitäten. Auf dieser relativ konkreten Ebene kann ich dann an Beispielen darlegen, ob und wie kreative Verfahren diese Einzelaktivitäten und Teilziele anregen bzw. anbahnen können.[4]

3.2.1 Die Bereitschaft für die Auseinandersetzung mit dem Text und seinen Fremdheiten wecken

Um mögliche Barrieren und Vorbehalte gegenüber Neuem abzubauen und zu verhindern, daß eine Lesehaltung erzeugt wird, mit der der Text ausschließlich auf der Folie des Eigenen gelesen wird, sind im wesentlichen folgende Teilziele bzw. -aktivitäten notwendig:

Die Schülerinnen und Schüler sollen

- neugierig werden
- sensibel werden
- Erwartungen aufbauen
- vorschnelle Adaptationen vermeiden.

Für die ersten drei Zielsetzungen eignen sich aus dem Repertoire kreativer Verfahren viele der sogenannten 'pre-reading-activities', die der Lektüre vorgeschaltet werden. Besonders günstig sind zum einen Verfahren, die mit Hilfe visueller Medien, akustischer Impulse, Gegenstände oder kleiner Texte auf Thema, Zeit, Situation oder Stimmung des anschließend zu lesenden Textes bzw. Textteils einstimmen. Zum anderen können hierfür Verfahren eingesetzt werden, die einzelne Elemente des Textes vorgeben (z. B. Titel, Kapitelüberschriften, Handlungs- und Inhaltselemente, Textteile oder Personenlisten), anhand derer die Schüler/innen über Thema, Inhalt, Konflikte, Struktur, Raum, Zeit etc. spekulieren bzw. den Fortgang des Textes antizipieren. Häufig werden solche Verfahren ausschließlich zur sprachlichen und psychologischen Vorentlastung genutzt. Um sie zusätzlich für Ziele des Fremdverstehens nutzbar zu machen, sollten in den entsprechenden Aufgaben die Aspekte in den Mittelpunkt gestellt werden, die für die Schüler/innen (vermutlich) Fremdes, Unbekanntes bzw. Ungewohntes enthalten. Durch die Vielfalt der Überlegungen in der Schülergruppe wird das Fremde nicht nur interessant gemacht, sondern man kann durch die Bewußtmachung der Vielfalt innerhalb der Schülergruppe generell für die Vielfalt möglicher Perspektiven sensibilisieren.

Um vorschnelle Adaptationen zu vermeiden, ist außer einer solchen Vorphase genaues und intensives Lesen erforderlich. Welche Verfahren hierfür im einzelnen hilfreich sind, stelle ich unter 3.2.3 dar.

---

[4] Nähere Erläuterungen zu einzelnen Verfahren und weitere Verfahren finden sich in Caspari 1994.

3.2.2 Bewußtwerdung und Artikulation des Eigenen

Die oben genannten Verfahren eignen sich mit etwas anderer Akzentsetzung ebenfalls für Prozesse der Bewußtwerdung und Artikulation des Eigenen. Folgende Teilziele und Teilprozesse sind hierfür erforderlich:

- eigenes Vorverständnis aktivieren
- Kenntnisse rekapitulieren
- sich die eigenen Erfahrungen vergegenwärtigen
- sich eigener Vorurteile bewußt werden
- eigene Affekte und Emotionen zu bestimmten Bereichen ausdrücken.

Bei der Perspektive des Lerners, seinen Wahrnehmungen, Deutungen, Gefühlen und seinem Wissen anzusetzen, gehört inzwischen zum Standard leserorientierter Textarbeit. In Hinblick auf Ziele des Fremdverstehens erhält dieser Bereich nun eine noch größere Bedeutung. Da Fremdverstehen sowohl kognitive wie affektiv-emotionale Prozesse beinhaltet, werden zur "Bewußtmachung und Artikulation des Eigenen" beide Dimensionen angesprochen. Als Arbeitsformen bieten sich neben den eben genannten auch solche an, die den Schüler/innen Gelegenheit geben, die während der Erstlektüre ausgelösten Emotionen, Reaktionen und unvollständigen persönlichen Sinnentwürfe zu thematisieren und in verschiedenste Formen kreativer Auseinandersetzung mit dem Text umzusetzen. Solche Verfahren können entweder vor Beginn oder während der Textlektüre eingesetzt werden, denn selbstverständlich bietet gerade die Auseinandersetzung mit den 'Fremdheiten' im Text vielfältige Anlässe, sich des Eigenen bewußt(er) zu werden. Mögliche Verfahren hierfür sind u.a.:

- zeilen- oder abschnittsweises Lesen mit Hypothesenentwicklung
- Füllen zuvor hergestellter Textlücken
- Lesetagebücher, fortlaufende Kommentare
- Formulierung von und Stellungnahme zu Thesen
- Ausführen von Elementen, die im Text ausgespart oder nur angedeutet sind.

Diese "subjektive Aneignung" kann ebenfalls mit Hilfe nicht-verbaler Produkte erfolgen, z.B. ein Bild malen, den Text illustrieren, Bilder auswählen, Musik zusammenstellen oder ein Standbild bauen bzw. eine Pantomime vorführen.

Das Ziel, "Kenntnisse zu rekapitulieren", kann sich sowohl auf sprachliche, landeskundliche als auch auf literarische Kenntnisse beziehen. Als Beispiel für literarische Kenntnisse sei die Möglichkeit genannt, die Schüler/innen durch das Selbsterfinden oder Selberschreiben von Märchen die ihnen bekannten Märchenstrukturen und -topoi reaktivieren oder durch das Trennen eines fortlaufend geschriebenen Textes in Verse Kenntnisse über Gedichtformen anwenden zu lassen.

Auch wenn die für die Bewußtmachung des Eigenen genannten Tätigkeiten selbstverständlich, vielleicht sogar etwas banal klingen mögen, darf man nicht davon ausgehen, daß sie bei Schülerinnen und Schülern automatisch stattfinden. Im Gegenteil, Hermes (1998: 130) weist unter Berufung auf Kramsch darauf hin, daß Schüler/innen und Studierenden nicht nur fremdkulturelles Hintergrundwissen fehle, sondern daß sie sich ebenfalls ihrer eigenen kulturellen Identität noch zu wenig bewußt seien. Da es sich bei dieser Bewußtwerdung m.E. um ein wichtiges Erziehungsziel handelt, ist es auch für über die konkrete Textarbeit hinausgehende langfristige Ziele wichtig, bei der Auseinandersetzung mit Texten immer wieder Anstöße und Möglichkeiten für Meinungsäußerungen und persönliche Stellungnahmen zu schaffen. Innerhalb der konkreten Textarbeit sind solche Phasen Grundlage für expliziten Vergleich des Eigenen bzw. der verschiedenen eigenen und fremde(n) Perspektiven.

3.2.3 Wahrnehmung, Deutung und Beurteilung des Fremden mit dem Ziel des Perspektivenwechsels

Um den Text nicht nur unter der Perspektive des Eigenen, des bereits Bekannten zu lesen, sondern Fremdes überhaupt als solches wahrzunehmen, müssen die Schüler/innen dazu gebracht werden, intensiv zu lesen. Hierzu gehören folgende Teilziele und -aktivitäten:

- aufmerksam sein
- suchen
- bestimmte Fragestellungen, Figuren, Motive ... verfolgen
- (eigene) Fragen stellen
- Hypothesen bilden
- Annahmen und Urteile revidieren.

Für diese Prozesse bieten sich kreative Verfahren an, die den Text verfremden und damit ein 'Überlesen' und vorschnelles Übertragen stören. Hierzu gehören z.B. die Verfahren des "verzögerten Lesens", bei dem der Text nicht als Ganzes vorliegt, sondern erst nach und nach aufgedeckt wird, vom Unterrichtenden geschaffene "Textlücken" oder die "Puzzletechnik", bei der der Text den Schüler/innen in Form von Textschnipseln gegeben wird, die sie selbst zusammensetzen. Während diese Arbeitsformen im Fall der "Bewußtwerdung des Eigenen" dazu provozieren, die eigene Lesart zu artikulieren ("Wie verstehe ich das?", "Welches ist meine Lösung?"), muß der Akzent hier anders gesetzt werden: "Warum steht im Originaltext etwas anderes, als ich erwartet habe?" Mit diesen Verfahren soll zu einer detaillierten und hinterfragenden Lektüre angeregt werden, wobei die individuellen Ergebnisse unbedingt in Gruppen oder im Klassenverband ausgetauscht und am Text abgearbeitet werden müssen. An diesen Stellen ergibt sich für die Lehrenden dann auch die Gelegenheit, funktional sprachliches, literarisches oder kulturelles Hintergrundwissen einzugeben.

Zur Beurteilung und Deutung des Fremden sind u.a. folgende Teilziele und -aktivitäten vonnöten:

- nachvollziehen
- imaginieren
- sich hineinversetzen
- Gefühle zeigen
- vergleichen
- begründen
- Wissen anwenden
- empathisch sein.

Für diese Zielsetzungen sind kreative Verfahren geradezu prädestiniert. Handelt es sich schwerpunktmäßig um kulturell Fremdes, dann eignen sich dazu ganz besonders Rollenspiele und Theaterformen, vor allem Formen des literarischen Rollenspiels, Arbeitsformen, die die Schüler/innen dazu auffordern, aus fremder Perspektive zu schreiben und zu sprechen (wie z. B. "heißer Stuhl"), Aufgaben zur Ausgestaltung von Handlungsfiguren oder Aufgaben, die für die dargestellten Personen oder Sachverhalte Partei ergreifen lassen (z. B. eine Verteidigungsrede halten). Nünning (1999) bewertet das Verstehen von Figuren aus einer fremden Kultur als komplexeste Verstehensdimension, bei der personale, literarische und fremdkulturelle Verstehensprozesse zusammenwirken. Daher ist es hilfreich, daß diese Fremdverstehensdimension in der Regel ein hohes Identifikationspotential enthält, das durch die genannten Arbeitsformen noch vergrößert wird.

Liegt die Fremdheit des Textes vor allem in seiner literarischen Form, so sollte man kreative Verfahren wählen, die die Aufmerksamkeit schwerpunktmäßig auf diesen Bereich lenken. Wie oben eignen sich dazu z. B. "Textlücken", "Puzzletechnik", "verwobene Texte" (zwei oder mehr Texte werden zu einem zusammengefügt und müssen von den Schüler/innen wieder getrennt werden) oder "Original und Fälschung" (der Originaltext wurde vom Unterrichtenden, z. B. durch Hinzufügungen und Weglassungen, verändert, die Schüler/innen müssen die Veränderungen und den Originaltext identifizieren). Ebenso hilfreich sind Aufgaben zur Umgestaltung in eine andere Textsorte oder eine Parallelversion mit anschließendem Vergleich. Nicht zuletzt sollte an Formen des spielerischen Umgangs mit sprachlichen und literarischen Elementen gedacht werden, z. B. die *Réécriture* oder Formen des Umschreibens nach Regeln à la Raymond Queneau.

3.2.4 Inbeziehungsetzung von Eigenem und Fremdem mit dem Ziel der Perspektivenkoordination

Dieser Prozeß beinhaltet u. a. folgende Aktivitäten und Teilziele:
- übertragen
- vergleichen[5]
- in Frage stellen
- (begründet) widersprechen
- die eigene Sichtweise erweitern
- die eigene Sichtweise verändern
- Verschiedenheiten aushalten.

Zur Unterstützung dieser Aktivitäten eignen sich viele der bekannten *"post-reading-activities"*, das sind weiterführende Aufgaben im Anschluß an die Textlektüre und -erarbeitung. In Frage kommen z. B. folgende Verfahren:
- inhaltliche Alternativen entwickeln, z. B. Vor-/Nachgeschichte, anderen Schluß, neue Szenen, Parodie verfassen

---

[5] Zur Problematik des Vergleichs vgl. Müller 1986.

- Text umschreiben, z. B. Handlung verändern, Personen verändern, zusätzliche Personen einführen, Handlung an einen anderen (auch: eigenen) Ort oder in eine andere Zeit versetzen
- Elemente ausführen, die im Text ausgespart oder nur angedeutet sind
- spielerischer Umgang mit sprachlichen und literarischen Elementen
- persönliche Kommentare in Form von Buchbesprechungen, Leseempfehlungen, persönlichen Wertungen, Lese-Malbildern
- urteilende Auseinandersetzung mit Personen und Tatbeständen, z. B. in Form einer Gerichtsverhandlung
- Rekapitulation der Lese-Tagebücher
- Erstellen eines Portfolio ("Was war für mich im Rahmen der Arbeit mit dem Text wichtig? Was möchte ich behalten?").

Die schulische Rezeptionssituation unterstützt die Teilziele dieses Prozesses, denn durch den Austausch der einzelnen Rezeptionsprodukte und ihren Vergleich untereinander sowie mit dem Text werden die Schüler/innen sowohl zur kritischen Betrachtung der eigenen Produkte als auch der der Mitschüler/innen aufgefordert. Zudem werden sie auch durch die Produkte der anderen dazu angeregt, die eigene Sichtweise zu erweitern bzw. zu verändern und Verschiedenheiten, z. B. in der Sichtweise, der Auffassung oder der Darstellungsart, auszuhalten.

4. Das Potential kreativer Verfahren für Prozesse des Fremdverstehens im Umgang mit literarischen Texten

Wie diese Ausführungen zeigen, können durch den Einsatz kreativer Verfahren grundsätzlich alle vier der für Fremdverstehen im Umgang mit literarischen Texten notwendigen Prozesse unterstützt werden: die Bereitschaft zur Auseinandersetzung mit dem Text und seinen Fremdheiten, die Bewußtwerdung und Artikulation des Eigenen mit dem Ziel, sich der eigenen Perspektive bewußt bzw. bewußter zu werden, die Wahrnehmung, Deutung und Beurteilung des Fremden mit dem Ziel des Perspektivenwechsels sowie die Inbeziehungsetzung von Eigenem und Fremdem mit dem Ziel der Perspektivenkoordination. Prinzipiell können diese Prozesse von all den kreativen Verfahren gefördert werden, die die verschiedenen Rezeptionsprozesse und damit die vielfältigen Beziehungen zwischen Text und Leser anbahnen und unterstützen. Nicht geeignet erscheinen dagegen solche kreativen Verfahren, die literarische Texte lediglich als Stimulans zur eigenen Textproduktion instrumentalisieren, so daß der Text selbst nahezu bedeutungslos wird.

Ein wesentlicher Vorteil kreativer Verfahren gegenüber traditionellen textanalytischen Verfahren besteht darin, daß sie, richtig dosiert und funktional eingesetzt, die Motivation für die Lektüre und die Auseinandersetzung mit dem literarischen Text und seinen Fremdheiten zu wecken vermögen. Der oben genannte Nachteil, daß durch vorgeschaltete und lektürebegleitende kreative Verfahren die unmittelbare Auseinandersetzung des Lesers/der Leserin mit dem Text verstellt und somit die Möglichkeit verschenkt wird, Verstehensprobleme der Leser/innen für die Entdeckung von Andersartigkeit zu nutzen, muß dabei in Kauf genommen werden. Ich halte diesen Nachteil aber zumindest für den schulischen Bereich für weniger gravierend als die Gefahr, daß ohne solche 'Einstiegshilfen' der Zugang zum Text und seinen Fremdheiten für die Schülerinnen und Schüler unnötig erschwert wird oder gar nicht erst zustandekommt. Nach meinen Beobachtungen geben leseungeübte und leseunlustige Schüler/innen in ihren Verstehensbemühungen nämlich viel schneller auf als Erwachsene – die Leser/innen, von denen Hunfeld (1992) und Schrader (1995) in ihren Überlegungen ausgehen. Trotzdem sollten kreative Verfahren selbstverständlich nicht als neuer Zwang begriffen werden, wenn für die Schüler/innen bereits die Fremdheiten des Textes als herausfordernder und produktiver Verstehensanreiz zu wirken vermögen.

Der zweite große Vorteil kreativer gegenüber traditionellen textanalytischen Verfahren besteht darin, daß sie gezielt affektive und emotionale Prozesse anregen und unterstützen. Wie Hermann-Brennecke (1991: 77) in ihrem Aufsatz über Vorurteile belegt, reicht "ein bloßer Zuwachs an Sachkenntnissen nicht aus, Vorurteilsbefangenheit zu verringern". Eine Einstellungsveränderung setze voraus, daß Lernende sich persönlich betroffen fühlten (vgl. ebd.: 83). Auf den Umgang mit literarischen Texten bezogen bedeutet dies, daß das Bereitstellen von Sachinformationen und die Aufmerksamkeitslenkung auf mögliche Mißverstehensmomente durch entsprechende Inhalts- und Interpretationsfragen, wie dies Delanoy (1993) vorschlägt, für das Fremdverstehen allein nicht ausreicht. Vermutlich ist keiner der vier Prozesse des Fremdverstehens ohne die Beteiligung affektiver und emotionaler Komponenten erfolgreich zu durchlaufen; ganz besonders dürfte dies aber für die Prozesse des Perspektivenwechsels und der Perspektivenkoordinierung gelten. Wotschke & Himmelsbach (1997: 40) haben denn auch die Erfahrung gemacht, daß "die Identifikationsmöglichkeiten [...] durch die kreativen Aufgaben [...] erhöht [werden], so daß die Betroffenheit, die einen Text über den bloßen Unterrichtsgegenstand hinaushebt, gesteigert und für die Erreichung affektiver und sozialer Lernziele genutzt werden kann".

Der dritte wesentliche Vorteil kreativer Verfahren besteht darin, daß sie in besonderem Maße die Teilziele und -aktivitäten beim Fremdverstehen unterstützen, für die das Einbringen des Eigenen, der Subjektivität notwendig ist.

Auch wenn Fremdverstehen immer nur auf der Basis des Eigenen stattfinden kann, besteht natürlich grundsätzlich die Gefahr, bei der Lektüre fremdsprachiger literarischer Texte so in der eigenen Perspektive verhaftet zu bleiben, daß keine Fremdverstehensprozesse möglich sind. Ehlers (1988 und 1994) kritisiert an kreativen Verfahren daher auch, daß sie das Eigene, die Subjektivität so stark unterstützen: Dies fördere die Tendenz, im Eigenen zu verharren, und könne dazu führen, daß die so angenehm-vertraute eigene Perspektive sogar als Fremdheits-Perspektive mißverstanden werde. Diese Gefahr, literarische Texte mangels fremdkulturellen Weltwissens sowie mangels Wissen um fremdliterarische Deutungskonventionen lediglich vor dem Hintergrund des Eigenen, nicht jedoch vor dem Hintergrund des Fremden zu lesen, betrachte ich im Gegensatz zu Ehlers jedoch nicht als Hinderungsgrund, sondern als Begründung für den Einsatz kreativer Verfahren: Indem sie dazu auffordern, das Eigene nicht nur in den Rezeptionsprozeß einzubringen, sondern es in den Rezeptionsprodukten auch zum Ausdruck kommen zu lassen, ermöglichen sie die Dokumentation des eigenen, individuellen Leseprozesses. Nur wenn der Prozeß der Auseinandersetzung mit dem Text im Unterricht danach beendet ist, kann ich Ehlers Bedenken teilen. Ich betrachte die Rezeptionsprodukte dagegen als Ausgangspunkt und Motivation für die Weiterarbeit, denn erst die Dokumentation und die Reflexion der ersten, "subjektiven Aneignung" eines Textes kann deutlich machen, wo unreflektierte Übertragungen stattgefunden haben und wo die Lücken und die Grenzen eines Rezeptionsprozesses aus der Perspektive des Eigenen liegen. Nötig sind daher weiterführende Aufgaben, die zu einer erneuten Auseinandersetzung mit den Rezeptionsprodukten und zu einer vertieften Auseinandersetzung mit dem Text führen. Dort ist dann auch der richtige Ort, fehlendes sprachliches, kulturelles oder fremdliterarisches Wissen einzugeben, denn, wie Ehlers (1994) betont, sollte Wissen nicht vorab, sondern "an den Stellen innerhalb des Leseprozesses eingegeben werden, wo es für das Verständnis erforderlich ist und aus dem Text selbst nicht abgeleitet werden kann". Eine weitere Möglichkeit, die Begrenztheit der eigenen Perspektive erfahrbar zu machen, besteht darin, zu einem bestimmten Thema verschiedene Texte mit möglichst unterschiedlichen Perspektiven einzusetzen (vgl. Melde 1997; Wendt 1996).

Der andere Einwand, daß kreative Verfahren die literarischen Texte auf das Gegenständliche reduzierten (vgl. Ehlers 1988), ist nicht auf kreative Verfahren zu beschränken. Diese Tendenz ist m. E. in der schulischen Rezeptionssituation generell zu beobachten. Kreative Verfahren wirken hier aber nicht automatisch verstärkend, sondern sie können der zu geringen Berücksichtigung der literarischen Form sogar entgegenwirken. Bei der traditionellen Vorgehensweise stehen Aufgaben zu formalen und stilistischen Aspekten zwischen den Aufgaben zum Textverständnis und den Aufgaben zur eigenen Stellungnahme. Da sie oftmals pflichtschuldig und höchst formal 'abgehakt' werden, können die Ergebnisse weder für das eigene Textverstehen noch für den persönlichen Textkommentar genutzt werden. Dagegen sehe ich im Einsatz entsprechender, auf die formale Gestaltung gerichteter kreativer Verfahren die Chance, Schüler/innen für Stilelemente und ihre Funktionen zu sensibilisieren und der Betrachtung der literarischen Form einen neuen, diesmal funktionalen Stellenwert zu geben. Dies ist die Voraussetzung dafür, daß es zu einer Integration von inhaltlichen und formalen Sinnzusammenhängen kommen kann.

Diese entscheidenden Vorteile kreativer Verfahren gegenüber den traditionellen textanalytischen sollen nun nicht dazu veranlassen, letztere ganz aus dem Unterrichtsgeschehen zu verbannen. Es kann viele Gründe dafür geben, analytische Verfahren für die Textarbeit zu wählen: die Art des Textes, Interessen und Fähigkeiten der Schüler/innen, die zur Verfügung stehende Zeit, die Stellung des Textes bzw. Textabschnitts in einer Unterrichtsreihe und anderes mehr. Selbstverständlich können sich primär kreativ und primär analytisch ausgerichtete Aufgabenstellungen bei der Textarbeit auch vorzüglich ergänzen. Warnen möchte ich aber davor, das in kreativen Verfahren steckende analytische Potential zu ignorieren und sie lediglich zur Motivationssteigerung und zur Belohnung einzusetzen, während die 'richtige', ergebnisorientierte Textarbeit mit den traditionellen analytischen Verfahren erfolgt. Gerade der Vergleich der Rezeptionsprodukte der einzelnen Schüler/innen (und des/der Unterrichtenden!) sowie der Vergleich der Rezeptionsprodukte mit dem literarischen Text löst automatisch analytische Prozesse aus, die zu einer wiederholten, vertieften Lektüre unter neuen Gesichtspunkten genutzt werden sollten, z. B. "Warum nimmt bei meinen Mitschüler/innen die Episode ein ganz anderes Ende als bei mir?", "Warum hat der Illustrator/die Illustratorin die Hauptperson anders gezeichnet als ich?", "Wie gelingt es dem Autor/der Autorin das Dilemma der Hauptperson nicht nur zu beschreiben, sondern als Dilemma wirken zu lassen?" Mit einem entsprechenden Schwerpunkt in der Aufgabenstellung und einer entsprechenden Weiterarbeit mit den Rezeptionsprodukten der Schüler/innen dürften die allermeisten Ergebnisse textanalytischer Aufgaben ebenfalls durch kreative Verfahren bewirkt werden können. Daher halte ich Nünnings (1999) getroffene Unterscheidung der Aufgabenbereiche textanalytischer und kreativer Verfahren in bezug auf Fremdverstehen für zu starr.

Die Tatsache, daß sich kreative Verfahren prinzipiell in hohem Maße dazu eignen, Prozesse des Fremdverstehens im Umgang mit fremdsprachigen literarischen Texten zu unterstützen, darf ebenfalls nicht dazu verleiten, sie beliebig auszuwählen oder einzusetzen. Gerade in der großen Bandbreite und der Flexibilität kreativer Verfahren liegt die Gefahr, daß ihr jeweils spezifisches Potential nicht ausreichend genutzt wird und statt einer zielgerichteten Aktivität lediglich eine Aktivität um der Aktivität willen stattfindet.

Daher kommt den Lehrenden beim Einsatz kreativer Verfahren eine besonders hohe Verantwortung zu. Als Anwält/innen des Textes obliegt ihnen zu erkennen, wo die Deutungen der Schüler/innen auf objektiv falschen Einschätzungen, fehlendem Wissen oder fehlenden Fähigkeiten beruhen, und sie müssen die Kunst beherrschen, die notwendigen sprachlichen, kulturellen oder literarischen Kenntnisse und Fähigkeiten funktional zu vermitteln. Als Anwälte der Schüler/innen haben sie die Aufgabe, deren Kenntnisstand und Motivationsstatus so genau zu analysieren, daß sie aus dem breiten Angebot kreativer und analytischer Verfahren die für ihre Lerngruppe bzw. die für die einzelnen Lernenden hilfreichsten und motivierendsten Verfahren auswählen können. Als Anwälte beider Seiten obliegt ihnen nicht nur, durch möglichst präzise Aufgabenstellung möglichst zielgerichtete Rezeptions- und Produktionsprozesse zu initiieren, sondern auch, die Rezeptionsprodukte der Schüler/innen auf deren Text- und Fremdverständnis hin zu analysieren, um entsprechende weiterführende Aufgaben zu stellen.

Berücksichtigt man diese Grundsätze, dann dürfte dem gezielten und damit gewinnbringenden Einsatz kreativer Verfahren für Ziele des Fremdverstehens nichts mehr im Wege stehen. Im Idealfall entsteht durch die Aufgabenstellung und die Weiterarbeit an den Rezeptionsprodukten der Lerngruppe ein ständiges Hin und Her zwischen individuellen und kollektiven Prozessen, zwischen subjektiv-aneignenden und analytisch-distanznehmenden Aktivitäten, zwischen Emotion und Kognition. Dabei darf jedoch nicht nur von den Schülerinnen Perspektivenerweiterung erwartet werden, auch die Unterrichtenden müssen dazu bereit sein – denn kreative Verfahren enthalten nicht nur ein Potential zur Textinterpretation und zum Fremdverstehen, sondern sie können die Kreativität der Schülerinnen und Schüler prinzipiell auch in ganz andere, unerwartete Richtungen freisetzen.

Literaturangaben

Bredella, Lothar & Christ, Herbert (1995): "Didaktik des Fremdverstehens im Rahmen einer Theorie des Lehrens und Lernens fremder Sprachen." In: Dies. (Hrsg.): *Didaktik des Fremdverstehens*. Tübingen: Narr, 8–19.

Bredella, Lothar, Christ, Herbert & Legutke, Michael K. (1997): "Einleitung." In: Dies. (Hrsg.): *Thema Fremdverstehen. Arbeiten aus dem Graduiertenkolleg "Didaktik des Fremdverstehens"*. Tübingen: Narr, 11–33.

Caspari, Daniela (1994): *Kreativität im Umgang mit literarischen Texten im Fremdsprachenunterricht. Theoretische Studien und unterrichtspraktische Erfahrungen*. Frankfurt/M.: Lang.

Delanoy, Werner (1993): "'Come to Mecca' – Assessing a literary text's potential for intercultural learning." In: Werner Delanoy, Johann Köberl & Heinz Tschachler (Hrsg.): *Experiencing a Foreign Culture. Papers in English, American and Australian Studies*. Tübingen: Narr, 275–299.

Edelstein, Wolfgang, Keller, Monika & Wahlen, Karl (1982): "Entwicklung sozial-kognitiver Prozesse: Eine theoretische und empirische Rekonstruktion." In: Geulen 1982, 181–204.

Ehlers, Swantje (1988): "Sehen lernen. Zur ästhetischen Erfahrung im Kontext interkultureller Literaturvermittlung." In: Alois Wierlacher et al. (Hrsg.): *Jahrbuch Deutsch als Fremdsprache* 14, 171–197.

Ehlers, Swantje (1994): "Gegenrede." *Fremdsprache Deutsch* 2, 11.

Ehlers, Swantje (1998): *Lesetheorie und fremdsprachliche Lesepraxis aus der Perspektive des Deutschen als Fremdsprache*. Tübingen: Narr.

Funke, Peter (1990): "Das Verstehen einer fremden Kultur als Kommunikationsprozeß." *Die Neueren Sprachen* 89, 584–596.

Geulen, Dieter (Hrsg.) (1982): *Perspektivenübernahme und soziales Handeln. Texte zur sozial-kognitiven Entwicklung*. Frankfurt/M.: Suhrkamp.

Glasersfeld, Ernst von (1994): "Piagets konstruktivistisches Modell: Wissen und Lernen." In: Gebhard Rusch & Siegfried J. Schmidt (Hrsg.): *Piaget und der radikale Konstruktivismus*. Frankfurt/M.: Suhrkamp, 16–42.

Habermas, Jürgen (1983): *Moralbewußtsein und kommunikatives Handeln*. Frankfurt/M.: Suhrkamp.

Hellwig, Karlheinz (1991): "Nach- und Neugestaltung als sprachfördernde Kraft. Kreativitätsimpulse im Fremdsprachenunterricht." *Neusprachliche Mitteilungen* 44, 160–168.

Hermann-Brennecke, Gisela (1991): "Vorurteile: Eine Herausforderung an den Fremdsprachenunterricht." *Zeitschrift für Fremdsprachenforschung* 2, H. 1, 64–98.

Hermes, Liesel (1998): "Fremderfahrung durch Literatur. Ein Beitrag zum interkulturellen Lernen." *Fremdsprachenunterricht* 42 (51), 129–134.

Hessisches Kultusministerium (Hrsg.) (1996): *Rahmenplan Neue Sprachen, Sekundarstufe I*. Frankfurt/M.: Diesterweg.

Hunfeld, Hans (1992): "Fremdsprache Literatur." *Der Fremdsprachliche Unterricht/Englisch* 26, H. 5, 4–9.

Melde, Wilma (1997): "Aspekte einer Didaktik des Fremdverstehens – erläutert am Thema 'Marseille, une ville riche en couleurs et en contrastes'." In: Wolfgang Börner & Klaus

Vogel (Hrsg.): *Kulturkontraste im Universitären Fremdsprachenunterricht.* Bochum: AKS, 142–158.

Müller, Bernd-Dietrich (1986): "Interkulturelle Verstehensstrategien – Vergleich und Empathie." In: Gerhard Neuner (Hrsg.): *Kulturkontraste im DaF-Unterricht.* München: Iudicium, 33–84.

Nünning, Ansgar (1997): "Literatur ist, wenn das Lesen wieder Spaß macht!" *Der Fremdsprachliche Unterricht/Englisch* 31, H. 27, 4–12.

Nünning, Ansgar (1998): "Von 'Teaching Drama' zu 'Teaching Plays'." *Der Fremdsprachliche Unterricht/Englisch* 32, H. 31, 4–13.

Nünning, Ansgar (2000): "'Intermisunderstanding': Prolegomena zu einer literaturdidaktischen Theorie des Fremdverstehens: Erzählerische Vermittlung, Perspektivenwechsel und Perspektivenübernahme." In: Lothar Bredella et al. (Hrsg.): *Wie ist Fremdverstehen lehr- und lernbar? Vorträge aus dem Graduiertenkolleg "Didaktik des Fremdverstehens".* Tübingen: Narr, 84–132.

Schrader, Heide (1995): "Umgang mit Fremdheit. – Verstehensprobleme beim Lesen als produktives Element." *Französisch heute* 26, 158–169.

Schinschke, Andrea (1995): *Literarische Texte im interkulturellen Lernprozeß. Zur Verbindung von Literatur und Landeskunde im Fremdsprachenunterricht Französisch.* Tübingen: Narr.

Schüle, Klaus (1988): "Fremdsprachenlernen und Fremdverstehen." *Französisch heute* 19, 28–42.

Selmann, Robert L. (1982): "Sozial-kognitives Verständnis. Ein Weg zu pädagogischer und klinischer Praxis." In: Geulen 1982, 223–256.

Wendt, Michael (1996): "Zum Thema 'Fremdheit' in Texten für den späteinsetzenden Spanischunterricht." In: Herbert Christ & Michael K. Legutke (Hrsg.): *Fremde Texte verstehen. Festschrift für Lothar Bredella zum 60. Geburtstag.* Tübingen: Narr, 135–147.

Wernsing, Armin Volkmar (1995): *Kreativität im Französischunterricht.* Berlin: Cornelsen.

Wotschke, Sharon & Himmelsbach, Barbara (1997): "Kreatives Arbeiten mit multikulturellen Texten. Eine Unterrichtskonzeption zum Thema 'Solidarity: Societies with Minorities'." *Praxis des neusprachlichen Unterrichts* 44, 33–40.

Eynar Leupold
Intertextuelle Konnotationen als Gegenstand interkultureller Erfahrung im Fremdsprachenunterricht

1. Einleitung

Der französische Germanist Jean-Marie Zemb unterscheidet in einem Beitrag unter dem Titel "Langue" zwei Stufen des Erlernens der deutschen Sprache durch französische Muttersprachler. Auf der ersten Stufe geht es um das Erlernen von Deklinationen, Konjugationen u. ä. Und er fährt fort:

> Mais lorsque ces difficultés sont vaincues, lorsque le *dialogue des langues* peut enfin s'établir, on s'aperçoit que surgissent partout sur la voie du *dialogue des paroles* des obstacles autrement menaçants: les brumes cèdent la place aux icebergs, les formulations approximatives ne cachent plus les préjugés, ni les favorables, ni les inavouables. (Zemb 1990: 367)

Fremdverstehen im Vollzug der Kommunikation und als Gegenstandsbereich fachdidaktischer Forschung ist, um das Bild von Zemb aufzunehmen, ein *iceberg*: interessant, verlockend, gefährlich, und es erscheint kaum möglich, das Phänomen in seiner Ganzheit zu erfassen. So, wie sich beim Eisberg bekanntlich der weitaus größte Teil der Masse unterhalb der Oberfläche befindet, so harrt mancher Teilbereich des Komplexes "Fremdverstehen" noch der Analyse und Beschreibung.

Die gegenwärtige wissenschaftliche Diskussion zum Fremdverstehen im Fremdsprachenunterricht steht in engem Zusammenhang mit anderen Forschungsparadigmen, die deutlich erkennen lassen, daß, wie Dieter Wolff (1997: 106) schreibt, "sich die allgemeine Didaktik und die Fachdidaktiken zur Zeit in einer Phase befinden, in der sie grundlegende Veränderungen im Unterricht anstreben".

Ich will in diesem Zusammenhang nur knapp die folgenden Forschungsbereiche skizzieren.

1. Im Zuge der Diskussion zur Ausbildung einer interkulturellen Kompetenz im Fremdsprachenunterricht kommt der Beschreibung der Wahrnehmungs- und Verstehensprozesse, insbesondere dem Zusammenwirken von Sprache und Kultur, besondere Bedeutung zu. (Reinfried 1995; Lüsebrink 1995; Bredella & Christ 1995).
2. "Mentales Lexikon", "Lernerorientierung" und "Wortschatzlernen als kulturelles bzw. interkulturelles Lernen" markieren Gegenstandsbereiche fachdidaktischer und psycholinguistisch orientierter Forschung, die in engem Zusammenhang mit der Frage des Fremdverstehens stehen. Ich verweise hierzu auf die Arbeiten von De Florio-Hansen (1994) sowie von Bausch, Christ, Königs & Krumm (1995).
3. Die Erforschung subjektiver Konstruktionsprozesse beim Fremdsprachenlernen, also auch beim Fremdverstehen, ist in der Fremdsprachendidaktik ein Forschungsanliegen, das seinen Ausgangspunkt in der Erkenntnistheorie des Konstruktivismus

hat. Für den deutschsprachigen Raum vgl. die Arbeiten von Wolff (1994), Wendt (1996) und Diesbergen (1998).

4. Vor dem Hintergrund der Zielbereiche "Lernerautonomie" und "Lernen lernen" bildet die Diskussion zur Einbeziehung von Phasen selbstgesteuerten Lernens in den Fremdsprachenunterricht und in diesem Zusammenhang auch die Frage nach einer Lernerautonomie sowie der Vermittlung von Lerntechniken und Lernstrategien (Rampillon & Zimmermann 1997) zum Fremdverstehen einen weiteren wichtigen Forschungsbereich.

5. Das Konzept der Mehrsprachigkeit gewinnt in der fachdidaktischen Diskussion zunehmend an Schärfe und Prägnanz. Innerhalb einer rezeptiven Mehrsprachigkeitsdidaktik kommt dem fremdsprachlichen Leseverstehen besondere Bedeutung zu. (Meißner 1995; Leupold 1995; Meißner & Reinfried 1998).

Diese knappe Bezugnahme auf relevante fachdidaktische Forschungsbereiche zeigt erstens, daß Untersuchungen zum Fremdverstehen – statt isoliert – eher "in Anbindung an", "im Kontext von", "im Zusammenhang mit" weiteren fachdidaktischen Forschungsbereichen zum Fremdsprachenunterricht durchzuführen sind. Fachdidaktische Aussagen zum Fremdverstehen bedürfen sowohl der Einbeziehung psycholinguistischer als auch textlinguistischer und gegebenenfalls literaturwissenschaftlicher Forschungsarbeiten.

Zweitens ist es an der Zeit, eher auf dem Wege praxisnaher, empirischer Studien als durch programmatische Forderungen Aufmerksamkeit und Interesse für das Fremdverstehen – gerade auch auf Seiten der Unterrichtenden – auszulösen und damit den Weg für Innovationen in der pädagogischen Praxis aufzuzeigen.

Die nachfolgenden Ausführungen, die einen ausgewählten Aspekt des Fremdverstehens, nämlich das Phänomen der Intertextualität in französischen Zeitungsüberschriften, zum Gegenstand haben, versuchen diesen Forderungen nachzukommen. Während die damit verbundenen fachdidaktischen Aspekte der Lernzielbestimmung, der Teilfertigkeit des Leseverstehens sowie des Interkulturellen Lernens auf den Kontext "Fremdsprachenunterricht" verweisen, erfolgt mit der Orientierung an den Konzepten "Intertextualität" und "Konnotation" eine Bezugnahme auf Arbeiten aus den Bereichen Literaturwissenschaft und Textlinguistik.

2. Text und Intertextualität

Grundlage für fremdsprachliches Lernen bilden Texte: schriftliche Texte, Hörtexte, visuelle Texte. Wir unterscheiden im Kontext "Fremdsprachenunterricht" Sachtexte von literarischen Texten und sogenannte "didaktisierte" Texte von "authentischen" Texten. Texte werden im Fremdsprachenunterricht eingesetzt, um Wissen auf verschiedenen Ebenen bei den Lernern auszubilden: lexikalisches Wissen, grammatisches Wissen, Handlungswissen und Weltwissen. Zu letzterem zählt auch das "landeskundliche Wissen". Auch im begrenzten Feld des Fremdsprachenunterrichts bewahrheitet sich die These von Antos, nach der "die moderne Evolution des Wissens mit ihrer kulturellen, historischen und funktionalen Vielfalt (...) ohne die Existenz von Texten nicht möglich (wäre)" (Antos 1997: 44).

Wie die Beobachtung von Unterricht zeigt, erfolgt Textarbeit im Fremdsprachenunterricht überwiegend auf der Grundlage eines "Behälter-Konzeptes von Texten" (Hartung 1997: 16). Damit ist gemeint, daß Texte als geschlossene Ansammlung sprachlicher Zeichen bzw. Strukturen – teilweise vom Unterrichtenden vermittelt – angesehen und von dem Lerner verarbeitet werden. Ein Musterbeispiel für das "Behälter-Konzept" stellt der didaktisierte Lektionstext in Lehrbüchern dar, der mit ausgewählten lexikalischen und grammatischen Strukturen für die unterrichtliche Verwendung angereichert ist. Aber auch im fortgeschrittenen Unterricht sprechen Lehrerinnen und Lehrer mit Bezugnahme auf authentische Texte oft von einem mehr oder weniger "ergiebigen Text", also einem Text, der wie ein Container mit Strukturen für die Sprachvermittlung gefüllt ist.

Die Begegnung mit Texten im Fremdsprachenunterricht als Moment des Fremdverstehens bleibt bei diesem Ansatz notwendigerweise reduktionistisch. Das ist zum einen deshalb der Fall, weil der Text als autonome Einheit angesehen und "behandelt" wird. Texte aber haben "keine Bedeutung an sich, keine Funktion an sich, sondern immer nur zu bestimmten Interaktionstexten" (Heinemann 1997: 28). Zweitens vernachlässigt der Ansatz die Forderung, "daß Schüler und Studenten in einer Gruppe erfahren, wie sie ein und denselben Text unter unterschiedlichen Perspektiven deuten können und wie sie an der Sinnkonstitution beteiligt sind, so daß sie angeregt werden, die eigenen Vorstellungen zu reflektieren" (Bredella 1995: 65).

Texte, die zugleich implizite Verweise auf andere Texte enthalten, stellen – wie wir zeigen werden – einen Gegenstand dar, der zu einem veränderten Verständnis von Texten führen kann.

Mit dem Begriff "Intertextualität" wird die Relation zwischen Texten bezeichnet. Forschungsansätze zum Konzept der Intertextualität, ein Begriff, der Ende der 60er Jahre durch Julia Kristeva geprägt wurde, haben in den letzten Jahren ihren Niederschlag in zahlreichen Publikationen gefunden. Da es im Rahmen dieser Ausführungen nicht darum gehen kann, den Stand der Forschung zum Phänomen aufzuarbeiten, sei u.a. auf die Arbeiten von Kristeva (1974), Holthuis (1993) sowie die Beiträge in den von Antos (1997), Haßler (1997), Klein & Fix (1997) und Stierle & Warning (1996) herausgegebenen Sammelbänden verwiesen. Nachfolgend werden einige Diskussionspunkte, die für die weiteren Ausführungen relevant sind, knapp skizziert.

Intertextualität hat ihren Ursprung in der impliziten oder expliziten Wiederverwendung von Texten in Texten. Die Formen von Intertextualität reichen von der Verwendung einzelner sprachlicher und/oder visueller Strukturen über Parodien bis hin zur Übersetzung. Stierle (1996: 146) spricht im Zusammenhang mit Intertextualität von dem "Hereinspielen" eines Textes in einen anderen Text und weist mit dem Hinweis, daß der hereingespielte Text "gar nicht als Text hereingespielt" wird, "sondern als Erinnerung an die Lektüre eines Textes, das heißt als angeeigneter, umgesetzter, in Sinn oder Imagination übergeführter Text" auf die psychologische Dimension des Phänomens hin.

Kontrovers wird unter anderem die Frage diskutiert, inwieweit die Intertextualität ein Konzept ist, das an den Textproduzenten anzubinden ist oder ob vielmehr von einem rezipientenorientierten Konzept (Holthuis 1997) auszugehen ist. So sehr einerseits die Notwendigkeit dieser Dichotomie aus methodologischen Gründen plausibel erscheint, so scheint es mit Blick auf den Kommunikationsprozeß sinnvoll, anstelle des "Entweder-Oder" Intertextualität als eine Relation anzusetzen, die gerade auch den Textproduzenten und den Textrezipienten in eine Beziehung bringt, und Intertextualität als Resultat dieser beiden "Einflußsphären" zu definieren (Linke & Nussbaumer 1997: 114).

Intertextualität tritt sowohl in literarischen Texten als auch in Sach- oder Gebrauchstexten auf. Dabei sind "literarische Texte vor allem deshalb intertextuell (...), weil sie Gedanken früherer Texte in gleichen **Formen** aufgreifen" (Haßler 1997: 24). Während für literarische Texte umfangreiche Analysen vorliegen, ist der Bereich der nicht-literarischen Texte bisher eher wenig bearbeitet.

Was den Rezeptionsprozeß von Intertextualität betrifft, so sind "un traitement 'vertical' et (...) un traitement 'horizontal'" (Adam 1990: 116) des Textes notwendig. Da sich unser Interesse an der Intertextualität im vorliegenden Aufsatz auf französische Zeitungsüberschriften bezieht, wollen wir diese Operationen an dem folgenden Beispiel, das aus unserem Textkorpus französischer Zeitungsüberschriften stammt, verdeutlichen.

Die Überschrift eines Artikels aus *Le Monde* lautet: "*Sous le pont Clémenceau coule la Saône*". Die Bedeutung/en dieser Überschrift ergibt bzw. ergeben sich nicht nur aus der Summe der Teilbedeutungen der Lexeme (horizontale Analyse), sondern der Leser ist auch aufgefordert, die Beziehung zu einem "Vortext" herzustellen (vertikale Analyse), um den Bezug zu Apollinaires "*Sous le pont Mirabeau coule la Seine*" als zusätzliche Bedeutungskomponente zu erfassen.

Der Status der miteinander in Beziehung stehenden Texte ist unterschiedlich. Nach Stierle (1996: 144) ist "einer von beiden (...) denotativ gegeben, der andere unartikuliert, konnotativ".

3. Exkurs zum Begriff der Konnotation

Diese Bestimmung Stierles führt uns zu dem Konzept der Konnotation im Zusammenhang mit dem Konzept der Intertextualität.

Auf die Rolle der konnotativen Bedeutung für das Fremdverstehen ist in der deutschen fremdsprachendidaktischen Literatur mehrfach eingegangen worden. Zu erwähnen sind in dem Zusammenhang insbesondere die Publikationen von Raasch (1992, 1994), Reinfried (1995), Christ & Bredella (1995) und Meißner (1996).

Für Raasch sind

> Konnotate (...) Indizien, die für die Diagnose eines Wertesystems essentiell sind, und die Kenntnis eines Wertesystems ist die Voraussetzung dafür, daß ich die Präsuppositionen, die man im Diskurs macht und deren allgemeine Akzeptierung

die Voraussetzung für das Gelingen von Kommunikation ist, kalkulierbar werden. (Raasch 1994: 127)

Die von Raasch in der Publikation von 1994 geschilderten Untersuchungen der Saarbrücker Studenten zeigen, daß Konnotate als Bedeutungselemente einzelner Lexeme verstanden werden. Die Ausweitung auf größere Texteinheiten erfolgt bei Bredella & Christ (1995: 12), die Konnotate definieren als

> Notate, die Sprechern einer Sprache ebenso wie die denotativen oder definitorischen Merkmale eines Wortes oder einer Wendung geläufig sind und die von diesen aktiviert werden, wenn sie das Wort oder die Wendung gebrauchen oder wenn sie es hörend/lesend aufnehmen.

Meißner (1996) betont in seinem Beitrag die psychologische und eine soziale Dimension des Fremdverstehens. Konnotationen sind mit ihrem affektiven Potential Anzeichen für eine "Nähesprache" (Meißner 1996: 164 ff.). Dieses Konzept verbindet sich mit dem Konzept der Intertextualität in zweifacher Weise. Der Textrezipient wird erstens als ein "Mitwisser" im positiven Sinne betrachtet, als jemand, der in der Lage ist, die Perspektive des Textautors einzunehmen und auf diese Weise die Beziehung zwischen einem denotativen und einem konnotativen Text zu erkennen und zu verstehen. Zweitens wird vom Autor unterstellt, daß der Leser in der Lage ist, der Verwendung des Textes im Text eine wertende Interpretation zuzuweisen. Wir werden nachfolgend von intertextuellen Konnotationen sprechen, die dann vorliegen, wenn Bedeutungselemente innerhalb eines Textes auf einen Referenztext verweisen mit der Folge einer wertenden, zusätzlichen Information, die als Konnotat bezeichnet wird.

Intertextuelles Konnotieren bezeichnet den Prozeß des Erkennens und Verstehens eines Textes zu einem Referenztext durch eine Leserin bzw. einen Leser und die wertende Interpretation des Resultats des Intertextualität.

4. Fremdverstehen als interkulturelle Teilkompetenz

Noch in den 70er Jahren galten das Leseverstehen und das Hörverstehen als rezeptive Fertigkeiten, nachdem sie vorher – unter dem Einfluß behavioristischer Lerntheorien – gar als passive Fertigkeiten klassifiziert worden waren. Kognitionspsychologisch orientierte Arbeiten zum Leseverstehen (Wolff 1990; Westhoff 1995; Grotjahn 1995) sowie die Publikationen zum Hörverstehen (z.B. von Ott 1995 und Vollmer 1997) machen hingegen deutlich, daß beiden Fertigkeiten kognitive Prozesse zugrunde liegen. Damit rückt die Person des Sprachenlerners in den Mittelpunkt des Geschehens. Er, der Sprachenlerner, muß beim Fremdverstehen, wie Christ & Bredella (1995: 10) formulieren, "sein Weltwissen und seine Wertvorstellungen aktivieren und aufs Spiel setzen".

Fremdverstehen als Ziel fremdsprachlicher Unterweisung, so wollen wir vorläufig definieren, bezeichnet einen aktiven Vorgang des Lerners, sich über die Auseinandersetzung mit sprachlichen und nicht-sprachlichen Zeichen einer anderen Kultur verstehend zu nähern, Einblick in Strukturen, Gebräuche und Verhaltensweisen zu gewinnen, sie innerhalb eines Wertesystems einzuordnen und mit dem eigenen Wissens- und Wertesystem in Beziehung zu setzen. Diese Definition weist Fremdverstehen als eine dynamische, individuelle Aktivität und zugleich als ein Element interkultureller Kommunikation aus.

Für das Erkennen, Verstehen und Wiedererkennen von Intertextualität durch einen Leser ist nach Haßler (1997: 50) "textuelle Erfahrung maßgeblich, die einen Intertextualitätshorizont eröffnet". Die von Haßler geforderte "textuelle Erfahrung" sehen wir als Resultat eines Verstehensprozesses, an dem eine fremdsprachlich lexikalische Kompetenz, eine logisch-diskursive Kompetenz, eine pragmatische Kompetenz sowie ein kulturspezifisch ausgeprägtes enzyklopädisches Wissen beteiligt sind.

5. Die enzyklopädische Wissenskompetenz

Die enzyklopädische Kompetenz, so Eco (1985: 17), "se fonde sur des données culturelles socialement acceptées en raison de leur constance statistique". Nach Westhoff (1995) sind in ihr "Informationen ganz unterschiedlicher Art" gespeichert. Für Kerbrat-Orecchioni handelt es sich um "un vaste réservoir d'informations extra-énonciatives portant sur le contexte, ensemble de savoirs et de croyances, système de représentations, interprétations et évaluations de l'univers référentiel" (1986: 162).

Bei der Bedeutungserschließung eines Textes kommt es zu einer Aktivierung von deklarativen und prozeduralen Wissensstrukturen und "les compétences linguistiques et encyclopédiques se prêtent mutuellement leur concours et un va-et-vient s'effectue entre les informations internes et externes" (Kerbrat-Orecchioni 1986: 165).

Dieser Abgleichungsprozeß des Lesers zwischen seinem Wissensbestand einerseits und einer Textvorlage andererseits ist Voraussetzung, um intertextuelle Konnotationen als die die denotative Bedeutung ergänzenden Elemente einer Aussage aufzudecken, zu verstehen und zu interpretieren. Mit Bezugnahme auf das Beispiel *Sous le pont Clémenceau coule la Saône* wollen wir für das Fremdverstehen der intertextuellen Konnotation folgende Annahme formulieren: Dem männlichen oder weiblichen Sprachenlerner, der in seinem *savoir encyclopédique* nicht auf den Apollinaire-Vers zurückgreifen kann, entgeht ein für das Gesamtverständnis wichtiges implizites Bedeutungselement, das umgangssprachlich wie folgt expliziert werden kann: Durch die lexikalische Entsprechung und den syntaktischen Parallelismus zu dem sich auf die Stadt Paris beziehenden Gedicht von Apollinaire wird Lyon auf eine Stufe mit der Hauptstadt Frankreichs gestellt. Damit einher geht eine positive Bewertung dieser französischen Stadt.

6. Darstellung der Grundlagen der empirischen Studie
6.1 Relevanz und Zielsetzung

Eine über einen längeren Zeitraum erfolgte Beobachtung der französischen Presse zeigt, daß implizite Verweise auf andere Texte bei Zeitungsüberschriften so häufig auftreten, daß sie eine besondere Aufmerksamkeit innerhalb des Forschungsbereichs "Fremdverstehen" verdienen. Das Phänomen ist offensichtlich nicht auf bestimmte

Printmedien beschränkt. Belege für Intertextualität finden sich in sehr unterschiedlichen Presseerzeugnissen: so im *Journal des enfants*, einer Zeitung für Schülerinnen und Schüler, in regionalen Zeitungen wie *L'Est Eclair* bis hin zu den nationalen Publikationen *Nouvel Economiste, Libération, Le Monde* und *L'Equipe*. Intertextualität läßt sich als Stilmittel auch im Bereich der französischen Werbung nachweisen.

Neben einer kleineren Arbeit von Geneviève Bender-Berland (1997), die in ihrem Beitrag Vorschläge für eine linguistische Analyse von intertextuell geprägten Zeitungsüberschriften macht und diese in den Bereich des Sprachspiels rückt, verdient die Arbeit von Rößler (1997) eine genauere Betrachtung. Im Mittelpunkt ihrer Untersuchungsperspektive steht der Textrezipient. Sie bewertet die intertextuellen Signale "als **textuelles Angebot** und **Anweisungspotential** an Leser, die entsprechenden Bezüge unter Hinzunahme textuellen Vorwissens (sowie situativer Merkmale) im Leseakt herzustellen und zu verarbeiten" (Rößler 1997: 236).

Über Wiedergabeexperimente und eine nicht näher beschriebene Fragebogenaktion mit Studenten der Universität Potsdam kommt sie u. a. zu dem Ergebnis, daß

> ein hoher Explizitheitsgrad intertextueller Verweisung im Sinne deutlicher Markierung und geringer Abänderung der Quelle (...) einen größeren intertextuellen Effekt in der Weise bewirken (kann), daß deutliche und wiederholte Signale eine Erleichterung in der Erkennung der konkreten Bezugsquellen als auch Verständnishilfen für die Kohärenzbildung im Textverstehen bieten. (Rößler 1997: 253)

Das Interesse meiner Untersuchung galt – wie bei Rößler – der Rezeptionsseite und der Frage, ob die "double lecture", von der Bender-Berland (1997: 378) spricht (die manchmal sogar eine *triple lecture* sein kann) und die für das Erschließen von intertextuellen Konnotationen notwendig ist, von den muttersprachlichen Lesern geleistet wird.

Dabei liegt meiner Untersuchung zum Erschließen von intertextuellen Konnotationen in französischen Zeitungsüberschriften folgende Hypothese zugrunde: Ich vermute, daß muttersprachliche Leser aufgrund ihrer enzyklopädischen Kompetenz in der Lage sind, intertextuelle Konnotationen eher zu erkennen, zu verstehen und ihnen eine wertende Interpretation zuzuweisen als Leserinnen und Leser, die nicht Muttersprachler sind und die folglich nicht über dasselbe enzyklopädische Wissen verfügen.

Wenn gezeigt werden kann, daß innerhalb der Gruppe der Muttersprachler tatsächlich eine signifikante Häufigkeit in der Aufdeckung von intertextuellen Konnotationen als Komponente des Verstehens festgestellt werden kann, wird zu überlegen sein, ob, und wenn "ja", in welcher Weise es möglich ist, das Phänomen der intertextuellen Konnotation als Gegenstand in einen Unterricht aufzunehmen, der als Ziel das Fremdverstehen als ein Element interkulturellen Lernens postuliert.

6.2 Gegenstand

Gegenstand der Studie sind intertextuelle Konnotationen in Zeitungsüberschriften französischer Presseerzeugnisse. Sie lassen sich in 5 Klassen unterteilen, je nachdem, in welchem Bereich der Referenztext angesiedelt ist. Die Textbeispiele ließen sich zu folgenden Gruppen zusammenfassen:

- littérature
- dictons
- films
- locutions
- chansons.

Aus dem Gesamtkorpus von 126 Belegen wurden jeweils 2 Beispiele der genannten Gruppen von Referenztexten für die Untersuchung ausgewählt.

6.3 Untersuchungsmethode

Die Untersuchung erfolgte mittels eines Fragebogens, der 12 ausgewählte Zeitungsüberschriften enthielt (s. Anlage, S. 205).

Der Fragebogen wurde von insgesamt 101 Probanden der ESC Troyes, 45 jungen Männern und 56 jungen Frauen, alles französische Muttersprachler mit höherer Schulbildung (bac+2) und einem Durchschnittsalter zwischen 20 und 25 Jahren, zur Bearbeitung vorgelegt. Außerdem wurde eine Kontrollgruppe mit 9 nicht-französischen Studentinnen und Studenten gebildet, die im Rahmen des ERASMUS-Programms zur Zeit an der ESC studierten. Es handelte sich um einen spanischen Studenten, 2 deutsche Studentinnen, 2 finnische Studentinnen, 2 Studentinnen aus Irland sowie je eine Studentin und einen Studenten aus England. Alle Fragebögen wurden im Rahmen von Unterrichtsveranstaltungen von mir ausgeteilt und von den Studentinnen und Studenten individuell bearbeitet. Die durchschnittliche Bearbeitungszeit lag bei 20 Minuten.

Die Auswertung erfolgte sowohl quantitativ als auch qualitativ in den beiden Untersuchungsbereichen, ohne daß in diesem Stadium der Arbeit eine stringente statistische Analyse angestrebt worden wäre. Angesichts des derzeit schwach bearbeiteten Forschungsbereichs und der begrenzten Datenbasis kommt dieser Untersuchung der Status einer explorativen Studie zu.

6.4 Darstellung und Kommentierung der Ergebnisse

Nachfolgend werden in einem ersten Abschnitt die Ergebnisse dargestellt, die sich auf das Erkennen und Verstehen der vorgelegten Beispiele aus dem Fragebogen ergeben haben. In einem zweiten Teil werden die Ergebnisse referiert, die zeigen inwieweit die Probanden in der Lage waren, wertende Urteile mit dem Verfahren zu verbinden.

6.4.1. *Littérature*

Die Textbeispiele 2 und 46 waren bestimmt, um festzustellen, inwieweit die Schülerinnen und Schüler im ersten Beispiel "*La Fontaine*", "*Fable*", "*Le chêne et le roseau*" konnotieren und ob das zweite Beispiel die Konnotationen "*Apollinaire*", "*Le pont Mirabeau*" oder "*Sous le pont Mirabeau coule la Seine*" auslöst.

Die Ergebnisse in der Versuchsgruppe waren sehr unterschiedlich. Während bei dem Beispiel 2 "*Salaires. La politique du roseau plutôt que celle du chêne*" 47 Schülerinnen und Schüler von den 101 Probanden den Bezug zu La Fontaine bzw. zur Fabel herstellen konnten, gleichwohl aber 32 ohne Antwort blieben, ist das Ergebnis zu dem Beispiel 46 *"Sous le pont Clémenceau coule la Seine"* weitaus schwächer. Nur 14 Probandinnen und Probanden der Versuchsgruppe entschlüsselten Apollinaire bzw. den Gedichtanfang, 72 Schülerinnen und Schülern blieb diese Intertextualität verschlossen. Relativ unerwartet war, daß 7 Schülerinnen und Schüler als Referenztext den Liedanfang "Sous le pont d'Avignon" nannten.

Kein Mitglied der Kontrollgruppe der nicht-französischen Studentinnen und Studenten war in der Lage, den Referenztext zu erkennen.

Die relativ hohe Zahl im Erkennen des Referenztextes im ersten Beispiel ist vermutlich damit zu erklären, daß die Fabeln von La Fontaine zum Pflichtprogramm der französischen Schülerinnen und Schüler gehören und auf verschiedenen Schulstufen behandelt werden, was zu einer Verankerung im enzyklopädischen Speicher führt. Dies ist bei Apollinaire offenbar nicht in demselben Maße der Fall.

6.4.2 *Dictons*

Dictons spielen im französischen Alltag dieselbe Rolle wie in Deutschland. Sie sind – bei unterschiedlicher Frequenz – Bestandteil der Alltagskommunikation. Die unterschiedliche Verbreitung eines *dicton*, die Differenzen im Bekanntheitsgrad werden durch die Ergebnisse der Befragung belegt. Beispiel 37 des Fragebogens (*"La nuit, tous les polars sont gris"*) erhielt mit der Nennung des Referenztextes *"La nuit, tous les chats sont gris"* durch 86 Probanden das höchste Maß an Aktualisierung. Offensichtlich weniger präsent ist bei den Schülerinnen und Schülern der Versuchsgruppe die "Wettervorhersage" *"Noël au balcon, Pâques aux tisons"*. Nur 42 Schülerinnen und Schüler erkannten diesen Referenztext im Beispiel 47. Allerdings mag der Unterschied in der Häufigkeit des Erkennens zwischen beiden Beispielen auch aus dem unterschiedlichen Grad der Abweichung vom Referenztext in der Überschrift herrühren, der in dem Beispiel 47 sehr viel stärker ist, während in dem Beispiel 37 nur ein Lexem ausgetauscht wurde.

Ein spanischer Student konnotierte *"proverbe"*. Zwei finnische Studentinnen sowie eine deutsche Studentin verzeichneten auf dem Fragebogen *"dicton"*. Eine deutsche Studentin nannte explizit die deutsche Redensart "Nachts sind alle Katzen grau", was einen interessanten Beleg für interkulturell verankerte Intertextualität darstellt.

6.4.3 Film

Intertextuelle Anspielungen in Zeitungsüberschriften zu Filmtiteln sind sehr verbreitet, und der Textautor wird in einem Land, in dem das Filmemachen als *septième art* gilt, vermutlich damit rechnen, daß die implizite Referenz vom Leser erkannt wird.

Die Antworten zu den Beispielen 21 (*"Un tramway nommé fromage"*) und 38 (*Le bonheur est dans le court*) aus dem Fragebogen zeigen, daß die jungen Erwachsenen die Referenztexte erkennen. Für das Beispiel 21 sind es 75 muttersprachliche Schülerinnen und Schüler, die den Bezug zu den Filmtitel *"Un tramway nommé désir"* von Elia Kazan aus dem Jahr 1951 herstellten. Angesichts des Produktionsdatums dieses Films ist die hohe Bestätigung gleichwohl überraschend. Aber die Befragung brachte noch 2 weitere Referenztexte zu Tage, indem 8 Probanden den Bezug zu dem Film aus dem Jahr 1989 "*Un poisson nommé Wanda*" herstellten, und 3 Schülerinnen den Werbeslogan zu dem im französischen Fernsehen laufenden Werbefilm der Kaffeemarke '*Carte Noire*' nannten, der lautet: "*Un café nommé désir*".

Die Ergebnisse geben Anlaß zu den folgenden Anmerkungen: Erstens zeigen die zuletzt erwähnten Referenztexte die Stärke, die von der gegebenen syntaktischen Struktur auf das Erkennen der intertextuellen Relation ausgeht. Ich sehe darin einen wichtigen Anhaltspunkt für die Arbeit mit Konnotationen im Rahmen der Ausbildung des Fremdverstehenskompetenz. Zweitens wird das Phänomen der multiplen Intertextualität weiter zu untersuchen sein.

Noch eindeutiger fiel das Ergebnis zum Beispiel 38 aus. 89 Schülerinnen und Schüler nannten den Filmtitel des populären französischen Films aus dem Jahr 1995 *Un bonheur est dans le pré*. 3 Probanden bezogen sich auf ein aktuelles Ereignis, nämlich auf den Sieg des französischen Davis-Cup Teams über Schweden im Jahr 1996.

Nur der spanische Student sowie eine der deutschen Studentinnen gelangten mit Bezug auf das Beispiel 21 zu der Angabe "Film". Der französische Erfolgsfilm war offensichtlich allen Teilnehmerinnen und Teilnehmern der Kontrollgruppe unbekannt.

6.4.4. *Locutions*

40 Probandinnen und Probanden der Versuchsgruppe nannten als Konnotation auf das Beispiel 9 ("*Femmes au bord de la crise des chefs*") den Ausdruck "*au bord des nerfs*". Aber – und dies zeigt erneut die Bedeutung des Films im französischen Alltag – 41 Probanden stellten die Beziehung her zu dem Filmtitel "*Femmes au bord de la crise des nerfs*" von Almodova. Der Rückverweis auf den Film erfolgte auch durch den spanischen Studenten sowie eine deutsche und eine finnische Studentin der Kontrollgruppe. Eine weitere deutsche Studentin der Kontrollgruppe notierte "*Patriarchat en France*", was eher als Assoziation zu werten ist.

Bei dem Beispiel 15 ("*Générale des Eaux: Le téléphone à grande vitesse*") schien die Intertextualität zu dem französischen TGV eindeutig. Das Ergebnis der Untersuchung unterstreicht mit 62 intertextuellen Konnotationen zum TGV die Erwartung. Aber es waren immerhin 33 Probanden der Versuchsgruppe, die offensichtlich keine Intertextualität erkannten.

Mit den Beispielen 18 ("*Les petits plats dans l'écran*") und 30 ("*Faites vos 'je '*") wurden Zeitungsüberschriften in den Fragebogen aufgenommen, die jeweils geringe phonetisch-orthographische Varianten zu den Originaltexten aufwiesen, die als "*Les petits plats dans les grands*" und "*Faites vos jeux*" verbreitet sind. 78 Probanden im Falle des ersten Beispiels bzw. 73 Mitglieder der Versuchsgruppe im zweiten Beispiel erkannten die jeweilige Redensart. Ein französischer Student nannte bei Beispiel 30 keinen Referenztext, sondern stellte nüchtern fest "*faute de français*".

Nur der spanische Student der Gruppe der Nicht-Muttersprachler vermerkte "*Faites vos jeux*".

6.4.5 Chansons

Das Beispiel 6 (*"Elle court, elle court, la grève générale"*) des Fragebogens weist mit der Bezugnahme sowohl auf ein französisches Chanson von Michel Sardou aus dem Jahre 1973 mit dem Titel "*La maladie d'amour*" als auch auf ein Kinderlied, dessen Anfangszeile lautet "*Il court, il court le furet*" eine multiple intertextuelle Struktur auf.

Mehr als die Hälfte, nämlich 53 Schülerinnen und Schüler der Versuchsgruppe, gaben den Titel von Michel Sardou an, während 25 Schülerinnen und Schüler den Titel des Kinderliedes nannten. 6 Mitglieder der Versuchsgruppe bezogen sich wiederum auf einen Filmtitel, nämlich "*Elle court, elle court, la banlieue*".

Ein Amalgam aus dem Chansontitel von Johnny Halliday "*Que je t'aime*" und dem "*Chelem*", womit die Summe von großen Siegen im Tennis bzw. Rugby bezeichnet wird, ist das Beispiel 20, das die Hauptüberschrift der Nummer 638 der Zeitung, "*Journal des enfants*" (aus dem Jahre 1997) war, die sich ausschließlich an Jugendliche richtet.

62mal wurde das Chanson erkannt, während nur von 8 männlichen Teilnehmern "Rugby" notiert wurde.

Von der Kontrollgruppe erkannten nur die beiden finnischen Studentinnen den Bezug zu dem Chanson von J. Halliday.

6.4.6 Zusammenfassung

Die Ergebnisse aus diesem ersten Teil der Untersuchung lassen folgende Aussagen zu: Die Zahlen der Antworten der Schülerinnen und Schüler der Versuchsgruppe (Muttersprachler) im Vergleich zu denen der Kontrollgruppe (Nicht-Muttersprachler) zeigen, daß es sich bei den intertextuellen Konnotationen überwiegend um ein sprach- und kulturspezifisches Phänomen handelt. Die Ergebnisse zu den einzelnen Items lassen die Annahme zu, daß für die Aufdeckung der intertextuellen Konnotationen dem Grad der lexikalischen Verfremdung sowie der Tiefe der kulturellen Verankerung eines Phänomens entscheidende Bedeutung zukommt.

6.5 Die Zuordnung von Konnotaten

Mittels einer Vorgabe von 4 französischen wertenden Adjektiven wurde versucht, einen Eindruck davon zu bekommen, welche Wertungen die Probanden mit der intertextuellen Konnotation verbinden. Die Vorgabe wertender Elemente ist ein problematisches Vorgehen, da erstens die Aufmerksamkeit auf dieses Phänomen gelenkt und zweitens die Möglichkeit der individuellen wertenden Aussage eingeschränkt wird. Da diesem Teil der Studie nur eine begrenzte Aussagekraft zukommt, werde ich mich auf einige kommentierende Anmerkungen beschränken.

Alle Probanden der Versuchsgruppe haben zu der Überschrift 30 ("*Faites vos 'je'*") eine wertende Aussage getroffen, indem sie eines der vorgeschlagenen Adjektive genannt haben. Die Überschrift 46 ("*Sous le pont Clémenceau coule la Saône*") weist mit nur 41 Stellungnahmen den schwächsten Grad der Äußerungen auf.

Mit der Einschätzung *"amusant"* von 66 Probanden aus insgesamt 88 Antworten provozieren der Titel 20 (*"Que che..lem"*) eine relativ einheitliche positive Bewertung ebenso wie der Titel 18 (*"Les petits plats dans l'écran"*) mit 71 aus insgesamt 91 Nennungen. Dieses Ergebnis zeigt, daß die Textsorte des Originals (*chanson* vs. *dicton*) offensichtlich eine untergeordnete Rolle spielt.

Die Beispiele 2 und 6 nehmen in ihrem Denotat beide Bezug auf ein schwieriges sozialpolitisches Thema (Löhne – Streiks). Die Frage war, inwieweit die Nennung der Konnotate eventuell dadurch beeinflußt werden würde.

Im ersten Beispiel fällt die Einschätzung deutlich kritischer aus, da 34 Schülerinnen und Schüler *"critique"* nennen, 15 *"negatif"* anführen, also 49mal aus insgesamt 86 Nennungen ein negatives Konnotat auftaucht. Im zweiten Fall sind es hingegen insgesamt nur 34 von 93 Äußerungen, die negativ erscheinen. Hat das Chanson im zweiten Beispiel einen Einfluß auf die Einschätzung gehabt?

Im Hinblick auf die Äußerungen zum Beispiel 21 (*"Un tramway nommé fromage"*) konnotieren mehr als die Hälfte der Schülerinnen und Schüler, die eine Zuordnung vorgenommen haben, das Adjektiv *"amusant"*. Gleichwohl stehen dieser Zahl 24 Probandinnen und Probanden gegenüber, die *"negatif"* konnotieren. Ein Proband war explizit und notierte *"Ça pue"*, was in seiner Doppeldeutigkeit zutreffend die denotative Bedeutung illustriert.

Die überwiegende Konnotation *"positif"* für den Titel 15 (*"Générale des Eaux: le téléphone à très grande vitesse"*) ist vermutlich zu erklären durch die intertextuelle Konnotation zum TGV, der in der öffentlichen Meinung als Erfolg der französischen Industrie angesehen wird.

Die Teilnehmerinnen und Teilnehmer der Kontrollgruppe haben in sehr viel stärkerem Maße wertende Konnotate zugeordnet als intertextuelle Konnotationen erschlossen. Wie die nachfolgenden Ergebnisse zeigen, war der Bezug für ihre Entscheidung die denotative Bedeutung. So konnotieren 5 der 9 Studentinnen und Studenten zur Überschrift 5 *"critique"* und zum Titel 6 (*"Elle court ... la grève générale"*) *"negatif"*. Alle 6 Mitglieder der Kontrollgruppe, die ein wertendes Urteil zur Zeitungsüberschrift 21 (*"Un tramway nommé fromage"*) abgaben, fanden dies *"amusant"*. 5 von 9 Probandinnen und Probanden der Kontrollgruppe konnotierten *"amusant"* auch bei Beispiel 37 (*"La nuit, tous les polars sont gris"*). Als *"positif"* empfanden 5 der 9 Studentinnen und Studenten die Überschrift 38 (*"Le bonheur est dans le court"*).

7. Intertextualität und Fremdverstehen im Fremdsprachenunterricht

Ziel der Studie war es, festzustellen, inwieweit französische Muttersprachlerinnen und Muttersprachler aufgrund ihres enzyklopädischen Wissens in der Lage sind, Intertextualität in französischen Zeitungsüberschriften zu perzipieren.

Die Ergebnisse der Befragung sind differenziert zu bewerten. Zwar hat sich – wie vermutet – einerseits deutlich gezeigt, daß die Muttersprachler den Fremdsprachlern in dem Erkennen, Verstehen und Zuweisen von Konnotaten deutlich überlegen sind.

Aber andererseits sind innerhalb der Gruppe der Muttersprachler erhebliche Unterschiede in dem Erkennen von Intertextualität festzustellen. Wir erklären dieses Ergebnis so, daß das Aufdecken von Intertextualität offensichtlich ein individueller Vorgang ist, ein Vorgang, der aufgrund unterschiedlicher Wissenskompetenz auch zu unterschiedlichen Ergebnissen führt. Auf jeden Fall läßt das Ergebnis dieser Studie es nicht zu, pauschal die Arbeit mit Intertextualität als Element der Ausbildung des Fremdverstehens mit der Begründung zu fordern, sich dem Kompetenzniveau der Muttersprachler anzunähern. Das Ergebnis der Untersuchung muß im Hinblick auf die Ausbildung des Fremdverstehens im institutionellen Rahmen des Fremdsprachenunterrichts differenziert interpretiert werden.

Für das Verstehen intertextueller Konnotationen – diese Vermutung wird durch die Einzelergebnisse unterstrichen – kommt der enzyklopädischen Kompetenz eine große Rolle zu. Deklaratives Wissen, auch wenn es sprachlich und kulturell an die Muttersprache gebunden ist, scheint allein nicht ausreichend, um intertextuelle Konnotationen zu verstehen. Wenn aber Fremdverstehen als wichtiger Teil der auszubildenden interkulturellen Kompetenz im Fremdsprachenunterricht angesehen wird, stellt sich die Frage, in welcher Weise die Ausbildung enzyklopädischen Wissens im Fremdsprachenunterricht gefördert werden kann.

Eine Antwort darauf ist, den Fremdsprachenunterricht zu öffnen hin auf ein interkulturelles Lernen. Interkulturelles Lernen ist aktives Sprachenlernen und ein Beitrag zur Erweiterung der enzyklopädischen Kompetenz. Wenn es einerseits richtig ist, daß – wie es im Weißbuch der Europäischen Kommission heißt – *"on assiste à un retour de force de la culture générale comme instrument de compréhension du monde en dehors des cadres de l'enseignement"* (Commission Européenne 1995: 27) und wir andererseits den Standpunkt teilen, daß *"la culture de demain sera (...) une culture plus acquise que transmise"* (Dollot 1990: 121), dann kommt dem Fremdsprachenunterricht die Aufgabe zu, Schülerinnen und Schülern auch Lernmöglichkeiten zu geben für die Ausbildung und die Erweiterung eines breiten kulturellen Wissens, das sich auf die Kultur des Zielsprachenlandes bezieht. Der Konfrontation und Auseinandersetzung mit authentischen Texten, Sachtexten und literarischen Texten, gerade auch in den Fällen, in denen intertextuelle Konnotationen die denotative Bedeutung anreichern, kommt deshalb eine wichtige Rolle zur Erweiterung des enzyklopädischen Wissens zu.

Vor dem Hintergrund der Ergebnisse der Befragung bedarf auch die Art des Umgangs mit Texten im Fremdsprachenunterricht der Reflexion.

In dem Überblicksartikel zur "Language Awareness" formuliert Claus Gnutzmann (1997) fünf Thesen zum "Nachdenken über Sprache", die insgesamt ein Plädoyer für eine stärkere Kognitivierung des Fremdsprachenunterrichts darstellen. Wenn Albert Raasch "ein klares Votum für einen Sprachunterricht formuliert, der das Sprachenlernen und nicht das Vermitteln bzw. Aneignen von Wissen zum Ziel hat" (Raasch 1997: 18), dann steht diese Forderung weder im Widerspruch zu dem Plädoyer für die Ausbildung kultureller Wissensstrukturen noch zu der Position einer stärkeren Kognitivierung. Im Gegenteil: Sprachenlernen wird als aktiver Prozeß gesehen, in dessen Mittelpunkt "Beziehungen erkennen, evaluieren, benennen, benutzen" (Raasch 1997: 16) steht. Aber diese Operationen gehen weit über die enge Analyse des Sprachsystems hinaus, sie werden eingeübt an Texten in ihrem pragmatischen Kontext.

Intertextuelle Konnotationen in Texten stellen einen Gegenstand dar, der nach Teiloperationen wie der Exploration, nach Analyse und Vergleich verlangt, der die Frage nach der Intention der Doppelkodierung und den Rezeptionsvoraussetzungen aufwirft. Damit kann die Forderung nach stärkerer Kognitivierung im Zuge des Sprachlernprozesses an diesem Phänomen ein Anwendungsfeld finden.

Und eine dritte fachdidaktisch orientierte Schlußfolgerung erlaubt die Studie. Johannes Peter Timm (1995: 187) plädiert dafür, daß im Unterricht "Lernkontexte angeboten werden, ein 'rich environment' mit so vielen ganzheitlichen, handlungs- und prozeßorientierten Chancen für eigenaktives Lernen wie nur irgend möglich". In der Tat zeigt das Phänomen der Intertextualität, daß wir im Fremdsprachenunterricht eher vielfältige Textbegegnung brauchen als eintönige Textarbeit. Damit ist einerseits gemeint, daß Sprachenlerner sowohl inhaltlich als auch sprachlich vielfältigen Texten im Unterricht begegnen können müssen. Andererseits ist damit auch gemeint, über methodische Verfahren Anreize für Schülerinnen und Schüler zu schaffen, die Perspektivenöffnung und persönliche Stellungnahme, das Herantragen von Erfahrungen und die Erweiterung des Wissens ermöglichen.

In diesem Sinne plädiere ich dafür, daß auch in den Lehrwerken Schülerinnen und Schüler bereits mit dem Phänomen der intertextuellen Konnotation konfrontiert werden sollen. Und um auf das Beispiel der Stadt Lyon (*"Sous le pont Clémenceau ..."*) zurückzukommen: In dem Lehrbuch für die Oberstufe *Horizons 1* trägt im 2. Kapitel der Text über Lyon die Überschrift *"Lyon ou la joie de vivre tranquille"*. Eine Überschrift wie *"Sous le pont Clémenceau coule la Seine"* hingegen eröffnete vermutlich mehr Möglichkeiten eines aktiven, entdeckenden, interkulturellen Lernens.

Unterrichtende tun sich oft schwer, die Brücke, die im Sprachunterricht von dem Ufer des Normativen und Verbindlichen hinüberführt zum Ufer des Möglichen, Individuellen, zu begehen.

Es zeichnet sich ab, daß das Beharren auf dem normativen Ufer die Situation des institutionellen Fremdsprachenunterrichts in Zukunft schwierig machen wird.

8. Schluß

Aber das Fenster, aus dem ich den Blick auf den Eisberg Fremdverstehen mit der Untersuchung intertextuellen Konnotation geworfen habe, gibt zugleich den Blick frei auf Fragen, die Forschungsperspektiven für eine fremdsprachendidaktisch orientierte Forschung markieren und die ich abschließend formulieren will:

– Gibt es Strategien für das Erkennen und Verstehen intertextueller Konnotationen?
– Wie erfahren sie die Schüler? Durch Instruktion? Konstruktion? *Trial and error?*
– Welche außersprachlichen Erfahrungsbereiche (Film, Musik, Sport u.a.) eignen sich im Hinblick auf ein sprachlich-kulturelles Fremdverstehen von Schülerinnen und Schülern?

- Ist es wünschenswert, eine Progression des sprachlich-kulturellen Fremdverstehens zu entwickeln, und wenn "ja", wie läßt sie sich entwickeln?

Fremdverstehensprozesse im Unterricht setzen Lehrerinnen und Lehrer voraus, die die Möglichkeiten haben und die willens sind, Einblicke, Erfahrungen, Kenntnisse und Kompetenzen ständig zu aktualisieren. *Donc, il faut être plutôt fourmi que cigale, être à la recherche du temps gagné pour vivre que le bonheur n'est pas seulement dans le pré mais aussi dans la salle de classe.*

Literaturangaben

Adam, Jean-Michel (1990): *Eléments de linguistique textuelle. Théorie et pratique de l'analyse textuelle.* Liège: Mardaga.

Antos, Gerd (1997): "Texte als Konstitutionsformen von Wissen." In: Antos & Tietz 1997, 43–63.

Antos, Gerd & Tietz, Heike (Hrsg.) (1997): *Die Zukunft der Textlinguistik. Traditionen, Transformationen, Trends.* Tübingen: Niemeyer.

Aquien, Michèle & Molinié, Georges (1996): *Dictionnaire de rhétorique et de poétique.* Paris: La Pochothèque.

Bausch, Karl-Richard, Christ, Herbert, Königs, Frank G. & Krumm, Hans-Jürgen (Hrsg.) (1995): *Erwerb und Vermittlung von Wortschatz im Fremdsprachenunterricht. Arbeitspapiere der 15. Frühjahrskonferenz zur Erforschung des Fremdsprachenunterrichts.* Tübingen: Gunter Narr Verlag.

Baylon, Christain & Fabre, Paul (1990): *Initiation à la linguistique.* Paris: Nathan.

Bender-Berland, Geneviève (1997): "Jeux de mots à la une." *Französisch heute* 28, 375–388.

Börner, Wolfgang (1995): "Einige Bemerkungen zu Erwerb und Gebrauch des Lernerwortschatzes." In: Bausch, Christ, Königs & Krumm 1995, 32–39.

Bredella, Lothar (1990): "Das Verstehen literarischer Texte im Fremdsprachenunterricht." *Die Neueren Sprachen* 89, 562–583.

Bredella, Lothar (1995): "Literaturwissenschaft." In: Bausch, Christ, Königs & Krumm 1995, 58–66.

Bredella, Lothar (1996): "Postkoloniale Literatur und interkulturelles Lernen: Toni Morrisons The Bluest Eye im fortgeschrittenen Englischunterricht." *FMF-Mitteilungsblatt der Landesverbände Hessen und Thüringen* 11, 11–30.

Bredella, Lothar & Christ, Herbert (Hrsg.) (1995): *Didaktik des Fremdverstehens.* Tübingen: Narr.

Burkhardt, Livia (1995): *Unbekannte Wörter in fremdsprachigen Texten. Eine Untersuchung zur Rolle des Kotextes in Bedeutungserschließungsprozessen am Beispiel des Französischen. (Manuskripte zur Sprachlehrforschung 47).* Bochum: Brockmeyer.

Christ, Herbert (1995): "Wortschatz – ein Querschnittbereich im Faktorenkomplex Lehren und Lernen fremder Sprachen." In: Bausch, Christ, Königs & Krumm 1995, 48–54.

Commission Européenne (Hrsg.) (1995): *Enseigner et apprendre. Vers la société cognitive.* Luxembourg.

De Florio-Hansen, Inez (1994): *Vom Reden über Wörter. Vokabelerklärungen im Italienischunterricht mit Erwachsenen.* Tübingen: Narr.

Diesbergen, Clemens (1998): *Radikal-konstuktivistische Pädagogik als problematische Konstuktion.* Bern/Berlin: Lang.

Dollot, Louis (1996): *Culture individuelle et culture de masse (Que sais-je?* 1552). 6. Aufl. (1. Aufl. 1974). Paris: Presses Universitaires de France.

Eco, Umberto (1985): *Lector in fabula.* Paris: Livre de Poche.

Erdmenger, Manfred (1996): *Landeskunde im Fremdsprachenunterricht.* Ismaning: Hueber.

Gnutzmann, Claus. (1997): "Language Awareness." *Praxis des neusprachlichen Unterrichts* 44, 227–236.

Grotjahn, Rüdiger (1995): "Zweitsprachliches Leseverstehen. Grundlagen und Probleme der Evaluation." *Die Neueren Sprachen* 94, 533–555.

Grotjahn, Rüdiger (1997): "Strategiewissen und Strategiegebrauch. Das Informationsverarbeitungsparadigma als Metatheorie der L2-Strategieforschung." In: Rampillon & Zimmermann 1997, 33–76.

Haßler, Gerda (Hrsg.) (1997): *Texte im Text. Untersuchungen zur Intertextualität und ihren sprachlichen Formen.* Münster: Nodus.

Hartung, Wolfdietrich (1997): "Text und Perspektive." In: Antos & Tietz 1997, 13–25.

Heinemann, Wolfgang (1997): "Zur Eingrenzung des Intertextualitätsbegriffs aus textlinguistischer Sicht." In: Klein & Felix 1997, 21–37.

Holthuis, Susanne (1993): *Intertextualität. Aspekte einer rezeptionsorientierten Konzeption.* Tübingen: Stauffenburg (*Stauffenburg Colloquium* 28).

Jeandillou, Jean-François (1997): *L'analyse textuelle.* Paris: Colin.

Kerbrat-Orecchioni, Catherine (1977): *La connotation.* Lyon: Presse Universitaire.

Kerbrat-Orecchioni, Catherine (1980): *L'énonciation de la subjectivité dans le langage.* Paris: Colin.

Kerbrat-Orecchioni, Catherine (1986): *L'implicite.* Paris: Colin.

Kerbrat-Orecchioni, Catherine (1996): "Sémantique." *Encyclopaedia Universalis* 20, 873–879.

Klein, Josef & Fix, Ulla (Hrsg.) (1997): *Textbeziehungen. Linguistische und literaturwissenschaftliche Beiträge zur Intertextualität.* Tübingen: Stauffenburg.

Kristeva, Julia (1974): *La révolution du langage poétique.* Paris: Editions Seuil.

Krumm, Hans-Jürgen (1995): "Interkulturelles Lernen und interkulturelle Kommunikation." In: Karl-Richard Bausch, Herbert Christ & Hans-Jürgen Krumm (Hrsg.): *Handbuch Fremdsprachenunterricht*, 3., überarb. und erw. Aufl. Tübingen/Basel: Francke, 156–161.

Leupold, Eynar (1995): "L'intercompréhension: Une perspective européenne dans l'enseignement des langues étrangères." In: AELPL (Hrsg.): *Comprendre les langues aujourd'hui.* Paris: La TILV, 240–255.

Leupold, Eynar (1999): "Lernerevaluation." *Praxis des neusprachlichen Unterrichts* 46, 164–174.

Linke, Angelika & Nussbaum, Markus (1997): "Intertextualität." In: Antos & Tietz 1997, 109–126.

Lüsebrink, Hans-Jürgen (1995): "Romanische Kulturwissenschaft und interkulturelle Kommunikation." In: Hans-Jürgen Lüsebrink & Dorothee Röseberg (Hrsg.): *Landeskunde und Kulturwissenschaft in der Romanistik. Theorieansätze, Unterrichtsmodelle, Forschungsperspektiven*. Tübingen: Narr, 23–39.

Meißner, Franz-Joseph (1995): "Umrisse der Mehrsprachigkeitsdidaktik." In: Bredella, Lothar (Hrsg.): *Verstehen und Verständigung durch Sprachenlernen. Akten des 15. Kongresses für Fremdsprachendidaktik der Deutschen Gesellschaft für Fremdsprachenforschung. Gießen, 4.–6.10.1993*. Bochum: Brockmeyer, 173–187.

Meißner, Franz-Joseph (1996): "Konnotationen in fremden Sprachen und die Didaktik des Fremdverstehens." In: Lothar Bredella & Herbert Christ (Hrsg.): *Begegnung mit dem Fremden*. Gießen: Ferber'sche Universitätsbuchhandlung, 155–175.

Meißner, Franz-Josef & Reinfried, Marcus (Hrsg.) (1998): *Mehrsprachigkeitsdidaktik. Konzepte, Analysen, Lehrerfahungen mit romanischen Fremdsprachen*. Tübingen: Narr

Moirand, Sophie (1990): "Pour une linguistique de discours adaptée à des objectifs didactiques." *Journal of Applied Linguistics* 6. 59–74.

Ott, Jürgen-H. (1995): "Hören-Verstehen-Begreifen: eine interkulturelle Analyse einer HV-Sequenz." *Die Neueren Sprachen* 94, 514–532.

Raasch, Albert (1992): "Kulturspiele und Euphonie." *Zielsprache Französisch* 24, 142–150.

Raasch, Albert (1994): "Interkulturelle Kommunikation." *Nouveaux Cahiers d'Allemand* 12. 123–138.

Raasch, Albert (1995): "Neue Ansätze im Fremdsprachenlernen – Sprache in deutsch-französischen Begegnungen." In: Deutsch-Französisches Jugendwerk (Hrsg.): *Fremdsprache – Partnersprache*. Baden-Baden: Nomos, 77–87.

Raasch, Albert (1997). "Lernen von Sprachen: Diskussion und Perspektiven." In: Michael Müller-Verweyen (Hrsg.): *Neues Lernen – Selbstgesteuert – Autonom. New Developments in Foreign Language Learning – Self-management – Autonomy*. München: Goethe Institut, 9–31.

Rampillon, Ute & Zimmermann, Günther (Hrsg.) (1997): *Strategien und Techniken beim Erwerb fremder Sprachen*. Ismaning: Hueber.

Reinfried, Marcus (1995). "Psycholinguistische Überlegungen zu einer sprachbezogenen Landeskunde." In: Bredella & Christ 1995, 51–67.

Rößler, Elke (1997): "Intertextualität in Zeitungstexten – Ein rezeptionsorientierter Zugang." In: Klein & Fix 1997, 235–255.

Stierle, Karlheinz & Warning, Rainer (Hrsg.) (1996): *Das Gespräch*. 2. Aufl. (1. Aufl. 1984). (*Poetik und Hermeneutik* 11.) München: Fink.

Stierle, Karlheinz (1996): "Werk und Intertextualität." In: Stierle & Warning 1996, 139–150.

Timm, Johannes-Peter (1995): "Wortschatz erwerben: Lebenswelten strukturieren – Wortschatz vermitteln: 'Natürliche' Lernkontexte anbieten." In: Bausch, Christ, Königs & Krumm, 183–191.

Vollmer, Helmut Johannes. (1997): "Strategien der Verständnis- und Verstehenssicherung in interkultureller Kommunikation." In: Ute Rampillon & Günther Zimmermann (Hrsg): *Strategien und Techniken beim Erwerb fremder Sprachen*. Ismaning: Hueber, 216–269.

Wendt, Michael (1996): *Konstruktivistische Fremdsprachendidaktik. Lerner- und handlungsorientierter Unterricht aus neuer Sicht.* Tübingen: Narr.

Westhoff, Gerard J. (1995): "Kognitive und metakognitive (Lern-)Handlungen und ihr Effekt auf die Leseleistung in der Fremdsprache." *Die Neueren Sprachen* 94, 489–504.

Wolff, Dieter (1990): "Zur Bedeutung des prozeduralen Wissens bei Verstehens- und Lernprozessen im schulischen Fremdsprachenunterricht." *Die Neueren Sprachen* 89, 610–625.

Wolff, Dieter (1994): "Der Konstruktivismus: Ein neues Paradigma in der Fremdsprachendidaktik?" *Die Neueren Sprachen* 93, 407–429.

Wolff, Dieter (1997): "Strategien des Textverstehens: Was wissen Fremdsprachenlerner über den eigenen Verstehensprozeß?" In: Rampillon & Zimmermann 1997, 270–289.

Zemb, Jean-Marie. (1990): "Langue." In: Jacques Leenhaardt & Robert Picht (éds.): *Au jardin des malentendus.* Paris: Actes Sud, 363–367.

Johannes Müller-Lancé
Möglichkeiten der Untersuchung lexikalischer Strategien bei Mehrsprachigen

Allmählich rückt Mehrsprachigkeit als Thema in den Blickpunkt der Öffentlichkeit: Von Politik und Wirtschaft wird immer häufiger der mehrsprachige Bürger gefordert, auch wenn dies nicht unbedingt Auswirkungen auf die Förderung des Fremdsprachenunterrichts hat. In der Wissenschaft ist man dabei nachzuweisen, daß selbst noch so geringe Kompetenzen in einer Fremdsprache das Verständnis einer anderen Fremdsprache unterstützen können, vor allem dann, wenn die Sprachen miteinander verwandt sind.[1]

Diese Entwicklung ist durchaus bemerkenswert. Noch in den 50er und 60er Jahren waren Mehrsprachige für die Forschung v. a. dann interessant, wenn sie bilingual im engeren Sinne, d.h. wenn sie zweisprachig aufgewachsen waren. Allmählich wurde diese Definition von Mehrsprachigkeit aufgeweicht, und man interessierte sich auch für Zwei- und Mehrsprachige mit sehr unterschiedlichen Kompetenzen in den jeweiligen Sprachen. In den 90er Jahren erforscht man nun sogar die Möglichkeiten rein rezeptiver Mehrsprachigkeit, und zwar vor allem in Bezug auf die Lesekompetenz, also die sprachliche Fertigkeit, die nach aller Erfahrung am leichtesten zu erwerben ist.[2] Mit dieser Entwicklung hat sich die Forschung von den Ausnahmen ab- und den Regelfällen zugewandt: Bilinguale mit identischen Kompetenzen in ihren beiden Muttersprachen muß man suchen wie die Nadel im Heuhaufen – wenn es sie überhaupt gibt. Von Sprechern mit mehrsprachiger Lesekompetenz sind wir dagegen überall umgeben. Fast die Hälfte eines Jahrgangs besucht heute das Gymnasium, alle diese Schüler wachsen also bereits mit mindestens zwei Fremdsprachen auf. Die berüchtigte Reiselust der Deutschen sorgt dafür, daß auch ein Großteil der restlichen Bevölkerung mit Fremdsprachen in Kontakt kommt. Und selbst wer zu Hause bleibt, kann auf Speisekarten und Aushängen italienischer, spanischer, türkischer, griechischer und chinesischer Restaurants Lesekompetenzen erwerben – Gerichte und Zutaten sind ja häufig übersetzt, in den letztgenannten Fällen auch transkribiert.

Dennoch wird diese Tatsache in der Vermittlung der modernen Fremdsprachen bisher wenig genutzt. Egal, ob man Englisch-, Französisch-, Spanisch- oder Italienischlehrbücher betrachtet – meist wird so getan, als sei die jeweilige Fremdsprache die erste

---

[1] Einen Überblick über die in den letzten 10 Jahren entstandenen Forschungsprojekte zur Mehrsprachigkeit erhält man am bequemsten in Meißner & Reinfried 1998 und Hufeisen & Lindemann 1998.

[2] Der Erwerb von Lesekompetenzen mehrerer romanischer Sprachen zugleich steht im Mittelpunkt des Frankfurter EUROCOM*ROM*-Projektes (vgl. hierzu Klein & Stegmann 1997 und Klein & Rutke 1997).

Fremdsprache, mit der der Lerner konfrontiert wird.[3] Im Lateinunterricht ist das anders: Hier wird in Wortkunden, aber auch in modernen Lehrbüchern ab der Generation *Ostia* (Siewert et al. 1985) und *Cursus novus* (Bayer 1989) systematisch auf Beziehungen zu anderen Fremdsprachen verwiesen.

Der folgende Beitrag gliedert sich in vier Teile: 1) Auswahl und Begründung meiner Fragestellungen; 2) Zusammenstellung untersuchungsrelevanter Forschungsergebnisse zum mehrsprachigen mentalen Lexikon; 3) Übersicht über Möglichkeiten der empirischen Untersuchung; 4) Realisierung einzelner Erhebungsmethoden im Rahmen einer Vorstudie.

1. Fragestellungen zu lexikalischen Strategien

Im Zentrum dieses Artikels steht die Frage, mit welchen Methoden man untersuchen könnte, wie Tertiärsprachenlerner ihre vorhandenen Kenntnisse anderer Fremdsprachen bei Schwierigkeiten in der Zielsprache nutzbar machen.[4] Ich möchte mich dabei auf den Bereich des Wortschatzes beschränken, weil lexikalische Ähnlichkeiten zwischen verschiedenen Sprachen am häufigsten und am offensichtlichsten sind. Dies liegt wohl daran, daß die Durchlässigkeit historischer Einzelsprachen für fremdsprachliche Einflüsse auf lexikalischer Ebene am größten ist, ganz gleich, ob es sich um "Luxus-" oder "Bedarfslehnwörter" handelt.[5]

Die Nutzung vorhandener Fremdsprachenkompetenzen für die Erschließung von Wortbedeutungen in der Sprachrezeption oder für die Wortsuche in der Sprachproduktion wird schon deswegen immer wichtiger, weil in den schulischen Lehrplänen der alten und neuen Sprachen der Pflichtwortschatz ständig reduziert wird. Will man dennoch an der Lektüre von Originaltexten festhalten, so ist es geradezu eine Selbstverständlichkeit, daß man den Schülern nicht nur den Umgang mit dem Wörterbuch er-

---

[3] Besserung ist in Sicht: In dem Französischlehrwerk *Découvertes* wird in Wortschatzverzeichnis und Grammatikteil auf Unterschiede zum Deutschen und Englischen eingegangen, im Spanischlehrwerk *Encuentros* wird – ähnlich wie im *Klett-Grundwortschatz Latein* – auf lexikalische Verwandtschaften zum Englischen, Französischen und Lateinischen hingewiesen (vgl. Reinfried 1998: 35).

[4] Die aus diesen Überlegungen resultierende Studie ist noch nicht abgeschlossen – es können also noch keine Ergebnisse erwartet werden.

[5] Es gibt auch didaktische Gründe für eine Konzentration auf den Wortschatz: Im schulischen Alltag – oder genauer: im Leben der Schüler – spielten Vokabeln immer schon die wichtigste Rolle. Ich kann mich aus meiner eigenen Schulzeit erinnern, daß jemals eine Grammatikregel oder womöglich sogar eine diasystematische Markierung auf einem Spickzettel gestanden hätte oder leise geflüstert durch die Reihen gewandert wäre; allenfalls mal eine unregelmäßige Verbform oder – aber das wirklich nur in speziellen Grammatiktests – die Frage nach dem Modus. Dann wurde aber gleich der angewandte Modus vom Banknachbarn erfragt, also z.B. die konkrete Form eines verlangten französischen Konjunktivs. Das, was zählte, waren die Vokabeln. Auch wenn Lateinlehrer immer wieder das Gegenteil behaupteten: Es war für uns Schüler leichter, den Inhalt eines Textes zu erschließen, wenn man alle Vokabeln kannte und Schwächen in Syntax und Morphologie hatte, als umgekehrt. Diese subjektiven Eindrücke werden heute durch die psycholinguistische Forschung bestätigt: So knüpft beispielsweise Levelt in seinem Sprachproduktionsmodell die syntaktischen Informationen an die lexikalischen Elemente (1989: 11).

klärt, sondern ihnen auch Techniken des mentalen *lexical retrieval* – oder anders formuliert: lexikalische Strategien – eröffnet.

Unter "lexikalischen Strategien" verstehe ich mit Rüdiger Zimmermann (1997: 107) "bewußtseinsfähige Verfahren der FremdsprachenlernerInnen und -benutzerInnen, lexikalische Defizite zu überwinden". Zwei Typen von Strategien möchte ich unterscheiden: produktionsbezogene und rezeptionsbezogene Strategien.[6] Aus meiner pädagogischen Erfahrung heraus würde ich sagen, daß die lexikalische Strategie, die die fremdsprachige Rezeption auszeichnet, am ehesten ein mehr oder weniger systematisches Erschließen[7] ist, also ein Annäherungsverfahren unter Ausnutzung aller bekannten Größen (z.B. Weltwissen, Kontext, Affixe, Stämme usw.). Für die L2-Sprachproduktion hingegen dürfte wohl das nicht-systematische Absuchen des Gedächtnisses nach lexikalischen Einträgen die typische Tätigkeit sein. Als Hilfe können dabei bekannte bedeutungs- oder formverwandte Wörter der Zielsprache dienen. Einen anderen Weg stellt das Verfahren dar, das Zimmermann (1997: 109 f.) die "episodische Wortsuche" nennt – typisch hierfür sei, daß Lerner versuchen, sich an konkrete "Verwendungs- oder Lernsituationen" zu erinnern. Er liefert zwei schöne Beispiele aus *thinking-aloud*-Protokollen anläßlich von Deutsch-Englisch-Übersetzungen:

... ha ... Pendler pendeln oh ... was heißt denn nochma... gabs doch ma son Stück im Englischbuch ... das warn die Pendler ... New York hin und her suburbs ...

... auch in dem proficiency-Examen hab ich auch das Wort Geiseln gehabt (seufzt) mh Scheiße, wat heißt denn noch ma Geisel (seufzt) /houstidZ/nee (Zimmermann 1997: 110)[8]

Hier ist offensichtlich der muttersprachliche Kontext keine große Hilfe. Produktionsstrategien sind also eher einzelwortbezogen, die Rezeptionsstrategien hingegen lassen sich nochmals in zwei Gruppen unterteilen: kontext- und einzelwortbezogene Techniken (wobei mit "Wort" der *signifiant* gemeint ist).

Unter 'kontextbezogenen' Techniken verstehe ich sowohl Techniken, die sich auf den außersprachlichen, also z.B. situativen Kontext stützen, als auch solche, die auf dem sprachlichen Kontext basieren. 'Einzelwortbezogene' Erschließungsstrategien können sich beispielsweise auf Internationalismen und andere Lehnwörter in der Muttersprache oder aber auf bekannte Wörter aus der Zielsprache oder weiteren Fremdsprachen als Transferbasen stützen.[9] In diese Kategorie gehören auch intralinguale zielsprachliche Indizien, wie z.B. bestimmte Wortbildungsmuster, die auf die fragliche Wortklasse

---

[6] Ursprünglich schwebte mir eine Dichotomie "Suchstrategien (Produktion) vs Erschließungsstrategien (Rezeption)" vor. Da es sich bei *suchen/erschließen* aber, wenn überhaupt, um eine inklusive semantische Opposition handelt (etwa analog zu Coserius berühmtem Beispiel *Tag/Nacht*) – jedes Erschließen ist ja auch ein Suchen –, habe ich diese Unterscheidung wieder verworfen.

[7] Dieses "Erschließen" kommt dem Inferenzbegriff von Meißner & Reinfried (1998: 15 ff.) ziemlich nahe.

[8] Corpusangaben und suprasegmentale Markierungen wurden von mir getilgt.

[9] Solche Erschließungsstrategien funktionieren u.U. auch als lexikalische Suchstrategien bei der Sprachproduktion, d.h. als Hilfe für den Fall, daß für einen gegebenen *signifié* der entsprechende fremdsprachliche *signifiant* gesucht wird.

(v. a. bei Suffixen) oder sogar die Bedeutung (v. a. bei Präfixen) schließen lassen.[10] Es ergibt sich folgende Übersicht (einzelne Strategien können auch in Kombination auftreten):[11]

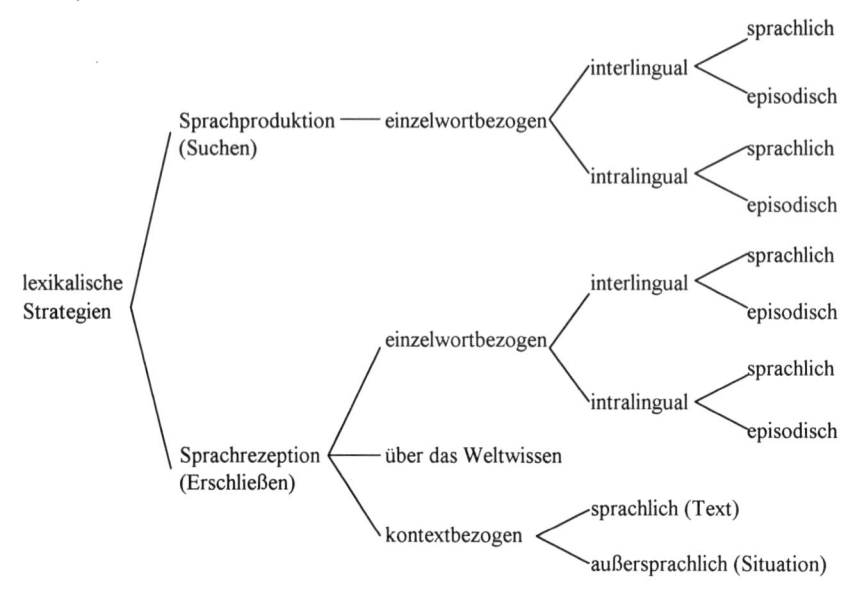

```
lexikalische
Strategien
├── Sprachproduktion ── einzelwortbezogen
│   (Suchen)                ├── interlingual ── sprachlich
│                           │                └─ episodisch
│                           └── intralingual ── sprachlich
│                                            └─ episodisch
└── Sprachrezeption
    (Erschließen)
        ├── einzelwortbezogen
        │       ├── interlingual ── sprachlich
        │       │                └─ episodisch
        │       └── intralingual ── sprachlich
        │                        └─ episodisch
        ├── über das Weltwissen
        └── kontextbezogen ── sprachlich (Text)
                           └─ außersprachlich (Situation)
```

Will man lexikalische Strategien untersuchen, so ist es zunächst sicher sinnvoll, eine Art Bestandsaufnahme zu erstellen: Es geht also um die Frage, inwiefern Fremdsprachenlerner bereits vorhandene Kompetenzen in anderen Fremdsprachen nutzen, um beispielsweise lexikalische Defizite in einer bestimmten Zielsprache zu überwinden. Daran hängen Fragen wie:

– Werden solche Strategien eher in der zielsprachlichen Produktion oder in der Rezeption genutzt?
– Wovon hängt es ab, ob ein Lerner solche Strategien anwendet?
– Stützen sich Lerner am ehesten auf ihre bestbeherrschte Fremdsprache oder eher auf die der Zielsprache typologisch nächste Sprache?
– Welche Rolle spielen dabei die sogenannten "alten" Sprachen, die im allgemeinen nur noch rezeptiv gelernt werden?

Die Beantwortung dieser Fragen ist von mehrfachem Interesse:

---

[10] Zur Klassifikation von Erschließungsprozessen und -quellen vgl. auch Reinfried (1998: 40).
[11] Zimmermanns Untersuchungen zu lexikalischen Suchstrategien in der L2-Sprachproduktion bestätigen meine Zusammenstellung. Er sieht im wesentlichen zwei Suchwege, einen vom L1-Konzept her (Ausprobieren von "benachbarten" Konzepten) und einen von der L1-Form her (Test ihrer Transferierbarkeit). Der Kontext spielt in keiner der zwei Möglichkeiten eine Rolle (1997: 108 f.).

- auf der Lehrwerkebene: Wirkungsvolle Strategien, die kaum benutzt werden, sollten von Lehrern und Lehrbüchern mehr in das Blickfeld der Lerner gerückt werden.
- linguistisch/didaktisch: Gibt es Sprachen, die sich besonders gut als Transfersprache eignen? Welche Rolle spielt dabei die typologische bzw. genealogische Verwandtschaft?[12] Auf welche sprachlichen Elemente stützen sich solche Transfers in erster Linie (Phonetik, Orthographie, Ähnlichkeiten von Affixen oder Wortstämmen)?
- psycholinguistisch: Auf welche Weise schaffen es Lerner, "verschüttete" formale Informationen im mentalen Lexikon wieder freizulegen? Welche Rolle spielt die Sprachreflexion bei der Sprachrezeption und -produktion? Welche Strategien drängen sich im Sprecherbewußtsein besonders auf?
- schulpolitisch: Gibt es vom Gesichtspunkt der Erschließungsstrategien besonders zu empfehlende Fremdsprachenfolgen bzw. -kombinationen?

2. Theorien zum mehrsprachigen mentalen Lexikon

Hier ist nicht der Ort, um ausführlich auf die bekannten Theorien zum (einsprachigen) mentalen Lexikon einzugehen – Übersichten zu diesem Themenkomplex sind heute leicht zugänglich.[13] Es scheint mir aber wichtig, zu betonen, daß das mentale Lexikon nur im Vollzug untersucht werden kann (vgl. Raupach 1997: 37), d.h. wir haben immer nur zu den mentalen Repräsentationen Zugang, die gerade verarbeitet werden. Daher ist es möglicherweise sogar einfacher, das 'mehrsprachige' mentale Lexikon zu untersuchen, denn hier laufen deutlich mehr Verarbeitungsprozesse bewußt ab.[14] Im folgenden möchte ich kurz zusammenfassen, welche Forschungserkenntnisse zum mehrsprachigen mentalen Lexikon für meine Fragestellungen von Belang sind.[15]

Die zentrale Frage zum mehrsprachigen mentalen Lexikon ist diejenige, ob beim Zweitspracherwerb ein separates zweites Bedeutungssystem aufgebaut wird oder ob die neuen Wörter und Wortbedeutungen in das L1-System integriert werden (Börner & Vogel 1997: 6 f.). Favorisiert wird derzeit eine Kompromißtheorie, die sogenannte *Subset Hypothesis*[16]:

Die einzelnen Sprachen sind in einem einzigen Speichersystem repräsentiert, wobei die zur gleichen Sprache gehörenden Elemente wegen ihres ständigen gemeinsamen Gebrauchs untereinander verbunden sind und ein separates Netzwerk von Verknüpfungen bilden, d.h. eine Art Subsystem (Raupach 1997: 30).

---

[12] Wird beispielsweise das Deutsche eher als Transfersprache für das Englische genutzt, das Französische hingegen als Transfersprache für das Spanische?

[13] Vgl. Börner & Vogel 1997 (darin v.a. den Artikel von Raupach), Schwarz 1996 und Rickheit/Strohner 1993.

[14] Zum Grad der Bewußtheit in Sprachlernprozessen vgl. Schmidt 1990.

[15] Zum mentalen Lexikon aus Sicht der Mehrsprachigkeitsdidaktik vgl. Meißner 1998.

[16] Zu den übrigen Hypothesen zur Speicherung zweier Sprachen in einem Gehirn vgl. Paradis (1987).

Man muß ergänzen, daß es bei "Mehrsprachigkeit eines Sprechers nicht nur Verknüpfungen zwischen den Elementen derselben Sprache gibt, sondern ebenso zwischen Elementen der verschiedenen Sprachen" (Raupach 1997: 30). Diese Verknüpfungen sind natürlich um so wahrscheinlicher, je häufiger ein fremdsprachliches Wort gebraucht wird – Frequenz spielt also eine entscheidende Rolle für die Automatisierung (Lutjeharms 1997: 151).

Besonders enge Verknüpfungen zwischen Elementen verschiedener Sprachen liegen v. a. dann vor, wenn sich die entsprechenden Einträge phonetisch ähneln (sog. *cognates* oder *synforms*) bzw. wenn umgekehrt Kontrastmangel vorliegt. Dieser Kontrastmangel führt häufig zu Transferfehlern (Lutjeharms 1997: 156).[17] So passiert es mir selbst gelegentlich, daß ich dt. 'überlegen' in spontaner französischer Kommunikation mit *oublier* wiedergeben will. Noch stärker verbreitet sind Verwechslungen des Typs sp. *yo sé*/it. *io so*. De Groot & Nas (1991) nehmen sogar an, daß etymologisch verwandte – und damit phonetisch oder zumindest orthographisch ähnliche – Übersetzungsäquivalente aus zwei verschiedenen Sprachen in einem gemeinsamen Speicher gespeichert werden, während Übersetzungsäquivalente mit völlig unterschiedlichen Lexemen in getrennten Speichern abgelegt werden. Bei einem germanophonen Mehrsprachigen befände sich demnach das italienische *strada* im gleichen Speicher wie dt. **Straße**, franz. *rue* dagegen in einem separaten Speicher.

Der Hauptunterschied des mehrsprachigen mentalen Lexikons im Vergleich zum einsprachigen Lexikon besteht in seiner großen Variabilität: Das Lernerlexikon ist instabil, lückenhaft und permanent veränderbar. Der L2-Wortschatz wird ständig ergänzt, der Lexikongebrauch selbst führt zu Lexikonveränderungen – man lernt ja gerade durch das Kommunizieren. Die Instabilität des Lernerlexikons zeigt sich auch darin, daß Lerner "gleiche Strukturen oder Wörter kurz hintereinander in vergleichbaren Produktionssituationen normgerecht und fehlerhaft verwenden können" (Börner & Vogel 1997: 12 f.). Schön belegt fand ich dieses Phänomen in einem *thinking-aloud*-Protokoll einer Französisch-Studentin, die vor einigen Semestern einmal Spanisch gelernt hat. Sie sollte den folgenden Zeitungsartikel ins Deutsche übersetzen:

Text: **Klinsmann sugiere su retirada del futbol**

El alemán Jurgen Klinsmann, 108 veces internacional y tercer máximo anotador del torneo con 12 goles, sugirió ayer su retirada definitiva a los 33 años. El delantero aseguró que deja la selección, y el futbol "por unos meses". Klinsmann, que ha jugado este año en el Tottenham Hotspur, dijo que se retira por el deseo de pasar más tiempo junto a su hijo. "Ni siquiera yo mismo sé si continuaré", señaló. (*El País*, 6.7.1998, 46)

---

[17] Nicht nur interlingual, sondern auch intralingual führt Kontrastmangel zu Fehlern oder zu mangelhafter Verarbeitung, so z. B. beim Leseverstehen von dt. *Ergebnis, Erlebnis, Ereignis* usw. (Lutjeharms 1997: 156 f.).

Protokollauszug:[18]

[...] Da fehlt ... ja ... ich mach jetzt einfach mal weiter. ... [liest vor:] *Klinsmann, que ha* [ha] *jugado* [ҳu'gado] *este año en el Tottenham Hotspur dijo que se retira por el de-se-o de pasar más tiempo junto a su hijo* ['idʒo]. Also: ähm ... Eigenname "Tottenham Hot – Hotspur" ... Also Klinsmann ... also *jugado* [ju'gado] *ha* [ha], *ha* [a], *jugado* [ju'gado] is diese Perfektform, also Klinsmann, der gespielt hat dieses Jahr bei dem Club Tottenham ähm Hotspur ... ähm ... sagt, daß er sich zurückzieht [...]

In diesem Protokoll-Auszug treten gleich zwei Unregelmäßigkeiten auf: *ha* wird einmal korrekt realisiert [a] und zweimal als [ha], *jugado* einmal korrekt [ҳu'gado] und zweimal als [ju'gado]. Die Unregelmäßigkeiten sind umso bemerkenswerter, als die Probandin diese Formen jedesmal graphisch vor Augen hatte und wohl ablas – offensichtlich sind bei ihr also die Phonem-Graphem-Korrespondenzen instabil.

Auch das prozedurale Wissen ist im mehrsprachigen mentalen Lexikon wichtiger als in seinem einsprachigen Pendant: Man versucht ja in der L2 ganz bewußt, bestimmte Formen zu bilden oder umgekehrt bestimmte Bedeutungen zu erschließen (Börner & Vogel 1997: 7 f.).[19] Schließlich spielt das Vergessen im mehrsprachigen mentalen Lexikon eine deutlich größere Rolle. Das Vergessen kann sich dabei sowohl auf die formale als auch auf die inhaltliche Seite eines Wortes beziehen. Typisch ist der Fall, daß man eine fremdsprachliche Wortform kennt – Schüler können unter Umständen sogar die genaue Stelle im Vokabelverzeichnis angeben – aber dennoch nicht auf ihre Bedeutung kommt.

Besonders gern vergißt man offensichtlich Funktionswörter, die weniger frequent oder aber kompliziert in ihrer Anwendung sind.[20] Dies weiß jeder, der schon einmal versucht hat, die gefürchteten "kleinen Wörter" im lateinischen Grundwortschatz von Klett zu lernen oder aber sie Schülern beizubringen. Solche Probleme sind sicherlich mit der Art der Speicherung dieser Einträge verknüpft: Zunächst einmal sind diese Wörter – wie in der Klett-Terminologie schon angedeutet – recht kurz, meist ein- oder zweisilbig. Wenn sie dann auch noch in der üblichen alphabetischen Ordnung aufgeführt sind, entstehen schon im Schulbuch Sequenzen von phonetisch ähnlichen Wörtern. Da gerade diese im mentalen Lexikon eng miteinander verbunden werden, ist klar, daß künftigen Verwechslungen Tür und Tor geöffnet sind. Verstärkt wird die

---

[18] Zur Transkription: Eckige Klammern enthalten meine Kommentare, Auslassungen sowie API-Transkriptionen; zielsprachliche Wörter sind kursiv, Wörter aus anderen Fremdsprachen werden zusätzlich unterstrichen; Pausen werden in zwei Längen unterschieden: bis 3 Sekunden (..) und über 3 Sekunden (...).

[19] Levelt geht in seinem (monolingualen) Sprachproduktionsmodell von überwiegend unbewußten Prozeduren aus – das Bewußtsein ist eigentlich nur für den *conceptualizer* und einige *feed-back*-Mechanismen vonnöten (1989: 9 ff). De Bot hat Levelts Modell auf die Situation Mehrsprachiger übertragen: Er ergänzt, daß die Sprachproduktion umso weniger automatisch abläuft, je schwächer die Sprachkompetenz ist (1992: 20). Gerade bei Sprachlernern können wir demnach einen sehr hohen Grad an Bewußtheit in der Sprachproduktion annehmen.

[20] Hochfrequente und einfach anzuwendende Funktionswörter, wie z. B. bestimmte und unbestimmte Artikel, machen erfahrungsgemäß bei der Memorierung keine Schwierigkeiten. Ausgerechnet die Gruppe der Artikel fehlt aber im Lateinischen.

Verwechslungstendenz noch, wenn die Wörter wie im folgenden Beispiel nach Wortklassen zusammengefaßt sind:

Interrogativa

...

qui (quae, quod)	welcher
qui (*Abl.*)	wie, warum
quo (*Abl.*)	wodurch, um wieviel
quis; quid	wer; was
quid novi?	Was gibt es Neues?
quot	wie viele

(*Klett-Grundwortschatz Latein*, Abteilung "Kleine Wörter", Habenstein et al. 1978: 14)

Das Hauptproblem besteht aber wohl darin, daß es für solche Funktionswörter keine visuellen Repräsentationen gibt, die im mentalen Lexikon mit den sprachlichen Elementen verknüpft werden könnten. Inhaltswörter lassen sich daher generell leichter merken als Funktionswörter[21] – wenn man einmal von hochfrequenten Funktionswörtern wie Artikeln und den einfachsten Konjunktionen und Präpositionen (z.B. frz. *le, la, les, à, pour, en, et, parce que* etc.) absieht. Hier wird die mangelnde Visualisierung über die Frequenz kompensiert.

Was das prozedurale Wissen angeht, so besteht ein interessanter Unterschied zur einsprachigen Wortverarbeitung darin, daß bei der Erschließung fremdsprachiger Wortbedeutungen in allererster Linie auf die erste Silbe geachtet wird – die letzte Silbe hingegen wird praktisch ignoriert (so die Ergebnisse einer Studie von Lutjeharms 1997: 156, 164).[22] Gerade diese Konzentration auf die erste Silbe führt natürlich häufig zu Transferfehlern, wie die folgenden Auszüge aus dem *thinking-aloud*-Protokoll zeigen, das oben bereits angesprochen wurde:[23]

> [...] also, d- dieses ... also mit diesem *delantero* könnt' ich jetzt von dem Spanischen her nix anfangen, denk jetzt vielleicht an ... englisch *delay* oder le *délai*, also irgendwas mit Verspätung, diese ... ähm, ... diese ... also vielleicht spielt das auf sein ... schon recht hohes Alter an, also jetzt diese ... dieser verspätete Rücktritt oder sowas [...]

---

[21] Paivio (1986: 239 ff.) erklärt dieses Phänomen mit seinem *dual coding model*: Alle visuellen bzw. non-verbalen Stimuli (*imagens*) seien in einem gemeinsamen Speicher angesiedelt, verbale Stimuli (*logogens*) hingegen seien in verschiedenen, nach Sprachsystemen geordneten Speichern encodiert. Die Verbindung zwischen Übersetzungsäquivalenten verschiedener Sprachen soll nun über den Speicher der Imagene funktionieren. Fehlen solche Imagene – wie im Falle der angesprochenen Funktionswörter –, wird die Abrufprozedur bei der Übersetzung ungleich langwieriger.

[22] Diese Ergebnisse werden gestützt durch Untersuchungen von Batia Laufer (Laufer-Dvorkin 1991; Laufer 1992): Sowohl Erst- als auch Zweitspracherwerber des Englischen verwechselten phonetisch ähnliche Formen (*synforms*) am ehesten dann, wenn die erste bzw. die ersten Silben identisch waren.

[23] In diesen Beispielen dürfte auch der Kontext bzw. ihr Weltwissen die Probandin irregeleitet haben: Offensichtlich hat sie nämlich das biblisch hohe Alter des Fußballers – Klinsmann war zu dieser Zeit 33 – beeindruckt.

[...] und ähm ... dieses *señaló* [se'øalo] ... heißt vielleicht so ... 'alt', oder 'gealtert' oder ... fff- weiß auch nich, ich denk da jetzt grad an senex aus 'm Lateinischen ... hm ... also ich geh' davon aus, daß er, daß er des jetzt verneint, daß er auch nich mehr ... nee, obwohl, Quatsch, des war, des war blöd mit dem, mit dem senex, des muß ... was anderes heißen, also ... des is hier 'n Zitat, und des heißt, ich denk, nehm an, daß des von ihm 'n Zitat is und daß er, vielleicht heißt des am Schluß des *señaló* [se'øalo] so ... 'signalisiert er' ... und ähm ... daß er irgendwie jetzt keine Lust ... hat, mehr ... weiterzumachen [...]

Fremdsprachenlehrer – und hier insbesondere Lateinlehrer – wissen um die Schwierigkeiten, die Schüler dazu zu bewegen, die Form des Wortendes bei der Übersetzung mitzuberücksichtigen. In der muttersprachlichen Verarbeitung spielt zwar auch die erste Silbe die Hauptrolle, aber die letzte Silbe eines Wortes ist ebenfalls von besonderer Bedeutung (Raupach 1997: 27).[24]

Ein weiter Problemkomplex bei der Untersuchung des mehrsprachigen mentalen Lexikons ist der folgende: Welche Speicher- bzw. Lernvorgänge vollziehen sich bewußt, welche unbewußt?[25] Bei den lexikalischen Strategien befinden wir uns wohl auf der Bewußtseinsebene. Andernfalls ließen sie sich weder in *thinking-aloud*-Protokollen noch in Fragebögen nachweisen.

3. Möglichkeiten der empirischen Untersuchung

Für die empirische Untersuchung der tatsächlich eingesetzten lexikalischen Strategien bieten sich verschiedene Methoden der Elizitation von Datenmaterial an, von denen ich einige im folgenden kritisch beleuchten möchte. Ich trenne dabei zwischen Sprachrezeption und Sprachproduktion:

3.1 Datenerhebung zur Sprachrezeption

a) komplette schriftliche Übersetzung eines schriftlichen Textes aus der L3 in die L1 ohne Wörterbuch[26]

Vorteil: Wortschatz ist nicht von Kontext, Syntax, Morphologie und Phonologie abgetrennt; Schüler und Studierende sind dieses Verfahren von Klausuren her ge-

---

[24] Für Pinker (1996: 333) ist das Achten auf Flexionsendungen, das man bereits im kindlichen Erstspracherwerb beobachten kann, sogar Bestandteil der angeborenen Universalgrammatik.

[25] Schmidt (1990: 141) postuliert beispielsweise, "that memory requires attention and awareness". Ohne Bewußtheit ist für ihn Sprachlernen schlichtweg unmöglich: "I conclude, that subliminal language learning is impossible, and that noticing is the necessary and sufficient condition for converting input to intake" (1990: 129-*abstract*). Mit *input* bezeichnet Schmidt das Sprachmaterial, das von außen an den Lerner herangetragen wird, *intake* hingegen ist für ihn "that part of the input that the learner notices" (1990: 139). Auch wenn seine Schlußfolgerung nach dieser Definition etwas zirkulär anmutet, so pflichte ich doch zumindest der abgeschwächten Form seiner These bei: "Paying attention to language form is hypothesized to be facilitative in all cases, and may be necessary for adult acquisition of redundant grammatical features" (1990: 149).

[26] Soweit ich sehe, ist dies die am häufigsten eingesetzte Methode in der sog. "Fehleranalyse".

wöhnt; minimaler Untersuchungsaufwand, da normale Klausuren zur Grundlage der Untersuchung gemacht werden können; Probanden merken nicht, worauf es in der Untersuchung eigentlich ankommt.

Nachteil: Reflexionen beim Übersetzungsprozeß werden nicht erfaßt, Interpretation der Ergebnisse ist daher heikel; Übersetzung eines ganzen Textes schafft Raum für Umgehungsstrategien bei punktuellen Wortschatzlücken; wortgenaue Übersetzung ist im außerschulischen Leben selten notwendig.

b) komplette schriftliche Übersetzung eines schriftlichen Textes aus der L3 in die L1 ohne Wörterbuch, aber mit begleitendem *thinking-aloud*-Protokoll

Vorteil: Überlegungen der Probanden werden deutlich; schriftliches und mündliches Ergebnis können miteinander verglichen werden (sonst wie a)).

Nachteil: Studierende sind das *thinking-aloud*-Verfahren nicht gewöhnt – es ist daher nicht sicher, ob wirklich alle relevanten Informationen auf dem Tonband landen; Übersetzung eines ganzen Textes schafft mehr Raum für Umgehungsstrategien bei punktuellen Wortschatzlücken; wortgenaue Übersetzung ist im außerschulischen Leben selten notwendig.

c) komplette schriftliche Übersetzung eines schriftlichen Textes aus der L3 in die L1 mit (je nach Untersuchungsintention) ein- oder zweisprachigem (Online-)Wörterbuch[27] und begleitendem *thinking-aloud*-Protokoll

Vorteil: der in der Realität übliche Umgang mit dem Wörterbuch wird einbezogen, beim Online-Wörterbuch kann man die Auswahlstrategien sogar genau nachverfolgen (sonst wie b)).

Nachteil: Das Vorhandensein des Wörterbuchs hält die Probanden davon ab, verschiedene Erschließungsstrategien auszuprobieren; das Wörterbuch kommt als Unsicherheitsfaktor bei der Auswertung der Ergebnisse hinzu (sonst wie b)).

d) Erschließung des groben Inhalts eines schriftlichen L3-Textes (Ergebnissicherung eher schriftlich, unter Umständen auch mündlich möglich) ohne Wörterbuch, aber mit *thinking-aloud*-Protokoll

Vorteil: Aufgabenstellung entspricht den Anforderungen des außerschulischen Lebens.

Nachteil: Aufgabenstellung zwingt nicht dazu, punktuelle lexikalische Defizite zu beheben.

e) Erschließung des groben Inhalts eines gesprochenen L3-Textes (Ergebnissicherung schriftlich oder mündlich möglich) ohne Wörterbuch, aber mit *thinking-aloud*-Protokoll

Vorteil: lebensnahe Aufgabenstellung, Ausschließen der Wirkung graphischer Stimuli.

---

[27] Krantz (1990) hat untersucht, wie sich beim fremdsprachlichen Lesen das Nachschlagen in solchen Online-Wörterbüchern auf das Wortschatzlernen auswirkt.

Nachteil: Aufgabenstellung läßt praktisch keine Zeit für Reflexionen; gibt man hingegen die Möglichkeit, den Text auf Band zurückzuspulen und noch mal (auch Einzelstellen) abzuhören, unterscheidet sich der Versuchsaufbau nicht mehr wesentlich von d) und wird sehr künstlich.

f) Erschließung der Bedeutung schriftlich vorgegebener Wörter aus einem L3-Text mit *thinking-aloud*-Protokoll oder begleitendem Fragebogen, in dem die jeweils verwendete Strategie angekreuzt wird

Vorteil: kontext- und einzelwortbezogene Strategien sind gleichermaßen möglich; Untersuchungsverfahren wird schneller und für die Probanden motivierender, weil die Komplettübersetzung wegfällt.

Nachteil: Ergebnisse des *thinking-aloud*-Protokolls sind u. U. schwer zu kategorisieren; Fragebogen mit vorformulierten Strategien legt das Ausprobieren von Strategien nahe, auf die man ansonsten vielleicht nicht gekommen wäre; bei authentischen Texten ist die Untersuchung von dem dort vorhandenen Wortmaterial abhängig.

g) Erschließung der Bedeutung (in einer Wortliste) isoliert vorgegebener, unbekannter L3-Wörter mit Fragebogen oder *thinking-aloud*-Protokoll

Vorteil: Aufgabenstellung im Prinzip von schulischen Vokabeltests her gut bekannt; in kurzer Zeit kann eine große Anzahl von gezielt zusammengestellten Wörtern abgetestet werden; Probanden können sich ohne Ablenkung auf wortbezogene Erschließungsstrategien konzentrieren; es gibt wenig Antworten des Typs "das weiß ich nun mal – keine Ahnung, warum".

Nachteil: relativ wirklichkeitsfremde Aufgabenstellung – im "richtigen Leben" treten Wörter praktisch nur im (zumindest situativen) Kontext auf; kontextbezogene Erschließungsstrategien scheiden aus.

h) Erschließung der Bedeutung isoliert vorgegebener, eigentlich bekannter L3-Wörter mit Fragebogen oder *thinking-aloud*-Protokoll. Diese Aufgabe entspricht ungefähr der eines schulischen Vokabeltests. Da die Probanden hierfür nicht extra gelernt haben, werden inzwischen sicherlich viele Vokabeln in Vergessenheit geraten sein. Interessant ist nun, welche Vokabeln am besten memoriert wurden und wie sich die Probanden das erklären. In dem Fragebogen sollte also auf jeden Fall eine dritte Spalte enthalten sein, in der angegeben werden kann, warum wohl gerade diese Vokabel behalten wurde, eine andere dagegen nicht.

Vorteil: Aufgabenstellung von schulischen Vokabeltests her gut bekannt; in kurzer Zeit kann eine große Anzahl von gezielt zusammengestellten Wörtern abgetestet werden; Probanden können sich ohne Ablenkung auf wortbezogene Erschließungsstrategien konzentrieren; bewußte und unbewußte Lernvorgänge werden angesprochen.

Nachteil: je besser die Vokabelkenntnisse der Probanden, desto weniger aussagekräftig sind die Ergebnisse – wer alles weiß, wird kaum eine Begründung für seine Memorierungsleistungen anführen können, außer vielleicht sein regelmäßiges Vokabellernen.

3.2 Datenerhebung zur Sprachproduktion

a) schriftliche Übersetzung aus der L1 in die L3 ohne Wörterbuch, mit *thinking-aloud*-Protokoll[28]

Vorteil: Reflexionen der Probanden werden deutlich; mündliches und schriftliches Ergebnis können miteinander verglichen werden; Wortschatz ist nicht von Syntax, Morphologie und Phonologie abgetrennt; Schüler und Studierende sind die Aufgabenstellung von Klausuren her gewöhnt und merken nicht, worauf es in der Untersuchung eigentlich ankommt.

Nachteil: Probanden sind das *thinking-aloud*-Verfahren nicht gewöhnt – es ist daher nicht sicher, ob wirklich alle relevanten Informationen auf dem Tonband landen; Übersetzung eines ganzen Textes schafft mehr Raum für Umgehungsstrategien bei punktuellen Wortschatzlücken; Aufgabe der wortgenauen Übersetzung ist nicht lebensnah.

b) selbständiges Schreiben in der L3 (z. B. Fortsetzung einer angefangenen Geschichte, Konstruktion einer Geschichte um ein Thema oder einige vorgegebene Schlüsselwörter, Bildbeschreibung[29]) mit *thinking-aloud*-Protokoll, ohne Wörterbuch

Vorteil: Aufgabenstellung, die der Sprachproduktion in der außerschulischen Wirklichkeit recht nahe kommt; Reflexionen der Probanden werden deutlich; mündliches und schriftliches Ergebnis können miteinander verglichen werden; Wortschatz ist nicht von Syntax, Morphologie und Phonologie abgetrennt; Probanden merken nicht, worauf es in der Untersuchung eigentlich ankommt.

Nachteil: Es entstehen Datensätze, die kaum vergleichbar sind, da ja jeder Proband eine andere Geschichte schreibt und darin andere Wörter verwendet. Die Wahrscheinlichkeit ist groß, daß man eher Vermeidungsstrategien als Suchstrategien bezeugt findet.

c) Suchen der (eigentlich bekannten bzw. bereits früher vermittelten) L3-Entsprechungen zu isoliert vorgegebenen L1-Wörtern mit Fragebogen oder *thinking-aloud*-Protokoll. Darüber hinaus ist eine dritte Spalte mit möglichen Erfolgs-/Mißerfolgsbegründungen auszufüllen.

Vorteil: Aufgabenstellung von schulischen Vokabeltests her gut bekannt; in kurzer Zeit kann eine große Anzahl von gezielt zusammengestellten Wörtern abgetestet werden; Probanden können sich ohne Ablenkung auf wortbezogene Suchstrategien konzentrieren; bewußte und unbewußte Lernvorgänge werden angesprochen.

Nachteil: je besser die Vokabelkenntnisse der Probanden, desto weniger aussagekräftig sind die Ergebnisse – wer alles weiß, wird kaum eine Begründung für seine Memorierungsleistungen anführen können, außer vielleicht sein regelmäßiges Vokabellernen.

---

[28] Diese Methode der Datenerhebung wendet beispielsweise Zimmermann (1997) an.

[29] Mit Bildbeschreibungen hat Bialystok (1983) operiert: Anglophone Französischlerner mußten französischen Muttersprachlern ein Bild auf Französisch beschreiben, so daß diese es auf einer Filztafel rekonstruieren konnten.

d) Erstellung von signifikantengestützten Assoziogrammen: Zu einem gegebenen fremdsprachlichen Wort sollen die Probanden andere Wörter aus den ihnen bekannten Fremdsprachen suchen, die dem gegebenen Wort formal ähneln (interlinguale Wortfamilie).

Vorteil: deutlich mehr Raum für Assoziationen als bei Übersetzungsaufgaben; motivierendes Verfahren, da mühsames Übersetzen entfällt und es für die Probanden keine offensichtlichen Fehlleistungen gibt.

Nachteil: unnatürliche Aufgabenstellung; Assoziationen werden quasi "erzwungen" und nicht aus eigenem Antrieb geleistet; die unterschiedlichen Fremdsprachenprofile der einzelnen Probanden erschweren den Vergleich der Ergebnisse (wer z.B. besonders gute Kompetenzen in der Fremdsprache X hat, wird vielleicht weniger lange in der Sprache Y nach Assoziationen suchen). Es wird nicht deutlich, ob die assoziierten Wortformen in erster Linie über die Form oder doch über den Inhalt gefunden wurden. Das Erstellen echter Assoziogramme, also graphischer Darstellungen der Assoziationsketten bzw. -netze erfordert einige Erläuterungen im Vorfeld, wodurch die Unbefangenheit der Probanden eventuell geschmälert wird. Außerdem wird möglicherweise mehr Energie auf die graphische Darstellung als auf die Assoziationssuche verwendet.

e) Erstellung von signifikatgestützten Assoziogrammen: Zu einem gegebenen fremdsprachlichen Wort sollen die Probanden andere Wörter aus den ihnen bekannten Fremdsprachen suchen, die dem gegebenen Wort inhaltlich ähneln bzw. in einer semantischen Beziehung zu diesem stehen (interlinguales Wortfeld).

Vorteil: (wie d)).

Nachteil: Es wird nicht deutlich, ob die assoziierten Wortformen in erster Linie über den Inhalt, oder doch über die Form gefunden wurden (sonst wie d)).

3.3 Zusammenfassung

Man erkennt schnell, daß sich mit dem Vorteil jeder Datenerhebungsmethode immer auch ein Nachteil verknüpft. Generell haben 'thinking-aloud-Protokolle' den Vorteil, daß sie die Probanden nicht auf irgendwelche Ideen bringen, also z.B. auf eine Strategie, an die diese gar nicht gedacht hätten. Sie bergen aber die Gefahr von Mißinterpretationen: Phasen der Stille könnten beispielsweise genauso als intensives Nachdenken wie auch als völliges Abgelenktsein interpretiert werden. Es ist auch immer möglich, daß die Probanden nur diejenigen Überlegungen verbalisieren, die sie für relevant halten, und dadurch das Ergebnis verfälschen. Es kann natürlich bei dieser immerhin ungewohnten Übung auch schlichtweg einmal vergessen werden, daß man ja eigentlich alle Gedanken äußern sollte. Eine Probandin sagte mir beispielsweise nach dem Experiment, es sei unmöglich, gleichzeitig zu denken und zu sprechen. Schließlich sind die Ergebnisse solcher Protokolle empirisch schwer auszuwerten, weil die Zuordnung einzelner, frei formulierter Gedanken in bestimmte Kategorien immer eine gewisse Willkür mit sich bringt – ganz abgesehen von dem Problem, gedankenschweres Gemurmel zu transkribieren.

'Standardisierte Fragebögen' sind von diesem Gesichtspunkt her eindeutig vorzuziehen. Wichtig ist natürlich, daß sie auch einen freien Teil enthalten, in dem die Probanden Gedanken festhalten können, die ihrer Ansicht nach nicht in die bestehenden Kategorien passen. Außerdem müssen die Kategorien so eindeutig sein, daß mit höchstmöglicher Wahrscheinlichkeit der gleiche Gedanke von verschiedenen Probanden der gleichen Kategorie zugeordnet wird. Das größte Problem dieser Untersuchungsmethode wurde bereits angesprochen: Durch die vorgegebenen Kategorien wird der Proband in seinem Denken eventuell beeinflußt. Im ungünstigsten Fall denkt er gar nicht mehr frei nach, sondern hakt gewissermaßen nur noch die Kategorien ab ("ist es eher das, oder das, oder das ...?"). Der Formulierung des Fragebogens kommt also enormes Gewicht zu, dafür ist die Auswertung recht einfach.

Die Bearbeitung von authentischen Texten (v. a. in der Rezeption) entspricht zwar der sprachlichen Wirklichkeit, da hier der Wortschatz nicht von syntaktischen und textlinguistischen Phänomenen abgekoppelt ist. Sie bietet aber wenig Möglichkeiten, gezielt das Erkennen von Wortähnlichkeiten zwischen verschiedenen Sprachen zu testen. Es ist auch schwierig, Texte zu finden, in denen bestimmte – aus früheren Lektionen bereits bekannte – Vokabeln vorkommen. Von diesem Gesichtspunkt her sind isolierte Einzelwörter oder -syntagmen vorzuziehen. Der Wortauswahl kommt hier allerdings entscheidende Bedeutung zu. Es ist daher unverzichtbar, zunächst eine Art Typologie der interlingualen lexikalischen Ähnlichkeiten zu erstellen, ähnlich wie dies Meißner (1993, 1996 und 1998), Klein & Stegmann (1997) und in Ansätzen Stefenelli (1991 und 1992) bereits versucht haben.[30] Dabei ist zu beachten, daß sowohl die formale als auch die inhaltliche Seite der (teil-)kongruenten Wörter berücksichtigt wird. Nur so kann man sicher sein, die wichtigsten Arten lexikalischen Transfers in der Untersuchung berücksichtigt zu haben. Will man nun das Erkennen verschiedener Typen lexikalischer Ähnlichkeiten im Vergleich testen, kommt man an Fragebögen mit isolierten Einzelwörtern wohl kaum vorbei.[31]

Egal, für welche Methode der Datenerhebung man sich entscheidet, es ist in jedem Falle sinnvoll, auch den jeweiligen Fremdsprachenunterricht, d. h. hier die Romanistensprachkurse, mit in die Untersuchung einzubeziehen. Da die Hauptarbeit des universitären Fremdsprachenunterrichts zu Hause geleistet wird, sollten zu diesem Zweck einige Unterrichtshospitationen genügen. Der universitäre Fremdsprachenlehrer – zumeist handelt es sich um Lehrerinnen – hat ja nicht mehr denselben Einfluß wie sein schulisches Pendant: Studierende lassen sich weder vorschreiben, was sie genau lernen sollen, noch wie oder wann sie das zu tun haben. Dennoch ist es unerläßlich, wenigstens zu beobachten, auf welche Weise neue Vokabeln im Unterricht eingeführt werden – geschieht dies durch häusliche Vorbereitung der Studierenden, durch textbegleitende Erläuterungen des Lehrenden oder vielleicht in einem separaten Worteinführungsblock, ähnlich wie im schulischen Anfängerunterricht?

---

[30] Laufer (1990 und 1991) hat eine intralinguale Typologie der Wortähnlichkeiten für das Englische erstellt.

[31] Grundsätzlich stimme ich natürlich Meißner (1998: 50) zu, daß "dekontextualisierende und isolierende Betrachtungen von Wörtern" relativ wenig erklären können.

4. Zur Realisierung einzelner Erhebungsverfahren

Im folgenden werden Erfahrungen geschildert, die im Rahmen einer Vorstudie gemacht wurden.[32] Für eine erste Untersuchung sind Romanistensprachkurse in Italienisch und Französisch geradezu prädestiniert: Man kann zunächst davon ausgehen, daß fast alle Kursteilnehmer bereits Deutsch-, Englisch-, Latein- und Französischkenntnisse haben, ehe sie eine weitere romanische Sprache in Angriff nehmen. Durch die Bestimmung, daß Französischstudenten auch Grundkenntnisse in einer weiteren romanischen Sprache nachweisen müssen,[33] ist für ausreichend große Probandengruppen – zumindest in Italienisch und Spanisch – gesorgt. Man kann auch davon ausgehen, daß die Probanden den Untersuchungen ein gewisses Interesse entgegenbringen. Und schließlich: Anders als in der Schule ist das Genehmigungsverfahren bei den volljährigen Studierenden denkbar einfach. Vergleichende Untersuchungen wären dann mit Studierenden anderer Fächer (also in Sprachkursen für Hörer aller Fakultäten), aber auch an Schulen und Volkshochschulen durchzuführen.

Ein entscheidender Punkt bei Fragebögen ist, daß sie nicht zu lang geraten und so die Motivation der Probanden nicht überstrapazieren. Dennoch sind einige Fragen zur Person unumgänglich. Neben den üblichen Angaben zu Geschlecht, Alter, Studienfächern sind hier natürlich in erster Linie Informationen über die vorhandenen Fremdsprachenkompetenzen einzuholen. Indizien hierfür wären Art (Institution), Dauer (auch: "Wie lange liegt der letzte Kurs zurück?") und Abschlußnote der absolvierten Sprachkurse, Anwendungshäufigkeit der jeweiligen Fremdsprache, besondere Umstände (mehrsprachig aufgewachsen, fremdsprachlicher Lebenspartner usw.) und natürlich ein persönliches Ranking der bestbeherrschten Fremdsprachen (vgl. Anhang 7.1). Für ein sinnvolles Lernerprofil fehlt nun noch die Bestimmung von Lerntypen bzw. bevorzugten Lernstilen. Diese lassen sich aber wohl am besten aus den *thinking-aloud*-Protokollen der Probanden herausfiltern.

Kommen wir nun zu den eigentlichen Befragungsmodi: Am sinnvollsten erscheint mir eine Kombination aus *thinking-aloud*-Protokollen und standardisierten Fragebögen. Mit diesen zwei Befragungsmodi sollten Texte, bekannte und unbekannte Einzelwörter sowie Sprachproduktion und -rezeption abgedeckt werden. Anfänger übersetzen beispielsweise einen kurzen spanischen Text ins Deutsche mit *thinking-aloud*-Protokoll (ähnlich wie oben demonstriert),[34] Fortgeschrittene tun das gleiche auch in umgekehrter Richtung, etwa wie im folgenden Beispiel:

Text:
Die Studentinnen sitzen in der Bibliothek und schauen aus dem Fenster. Plötzlich öffnet sich die Tür, und ein Professor tritt ein. Er sucht ein Buch, findet es, winkt zum Abschied und geht wieder hinaus.

---

[32] Die eigentliche Studie wurde im Wintersemester 1998/99 bzw. im Sommersemester 1999 durchgeführt und war zum Zeitpunkt der Manuskriptabgabe noch nicht abgeschlossen.

[33] Dies gilt für die Universität Freiburg, aber wohl auch für die meisten anderen deutschen Universitäten.

[34] Reizvoll ist es auch, *thinking-aloud*-Protokolle zur Übersetzung von Texten einer gänzlich unbekannten Sprache anfertigen zu lassen, so wie dies Meißner (1997) mit Philologiestudenten und Portugiesischtexten realisiert hat.

> Protokollausschnitt (Frz.-Studentin: 2 Jahre Spanisch als Schul-AG, 1 Jahr als Uni-Sprachkurs):
> [...] Naja, machen wir erstmal den Nächsten. Er sucht ein Buch: *busca un libro* ... *bus-*...*ca, bus-ca*, schreibt ma des mit 'c'? *bus-ca-un-li-bro* ... *lo* ... finden ... *trouver* ... gibt's nich ... was ist *hallar?* ... finden? ... oh ... finden lass' mer offen, winkt zum Abschied ... ähm *hace un* [lacht] ... *hace* ... äh ... oh je ... da wär ich voll im Gymnasium drin –... *dire* – äh ... *faire un signe de main, et fit un s-* nein ... *il a* ... *hace* ... nein ... winken, was könnt'n winken ... oder *siñala* ... ohf ... *sale?* ... *sale* ... *sale de nuevo* oder sowas, *de nouveau, à nouveau, a nuevo* ... *de nuevo*, das geht, kann's geben ... [...].

Außerdem werden ein spanischer und ein italienischer Text vorgelegt, in dem einzelne, voraussichtlich unbekannte Wörter markiert sind. Die Probanden müssen nun angeben, ob und wie sie die Wortbedeutungen erschließen konnten (vgl. Anhang 7.2). In einem letzten Test werden isolierte Wortformen, die eigentlich aus früheren Lektionen bekannt sein müßten, übersetzt (Rezeption) bzw. gebildet (Produktion). Die Probanden sollen hierbei angeben, ob sie sich erklären können, warum sie sich manche Formen einprägen konnten, andere nicht (vgl. Anhang 7.3).

5. Schluß

Bisher habe ich lediglich einige Einzelbefragungen durchgeführt, um meine Fragebögen bzw. Untersuchungsmodi auf Verständlichkeit und Praktikabilität hin zu testen. Dennoch zeigten sich bereits einige Auffälligkeiten: Vor allem bei der Untersuchung der Sprachrezeption ist die Auswahl des Wortmaterials von enormer Bedeutung für das Ergebnis. Je nachdem, welches zielsprachliche Wort man auswählt, kann man teilweise schon vorhersagen, ob überhaupt und auf welche Fremdsprache sich die Erschließung stützen wird, so z.B. bei span. *goles*.[35] Andererseits kommen die Probanden auch auf – dann v.a. kontextgestützte – Assoziationen, die einem Etymologen die Haare zu Berge stehen lassen würden, so z.B. span. *delantero* mit engl. *delay* oder frz. *délai* zu verbinden, oder aber span. *señaló* mit lat. *senex* (s.o.).

Bei meinen Probebefragungen zeichnete sich eine Tendenz ab, zunächst diejenige Fremdsprache als Rettungsring auszuprobieren, die man am besten beherrscht. Auch positive Memorierungsleistungen werden in den meisten Fällen entweder mit der Ähnlichkeit zu Elementen dieser Fremdsprache oder aber mit der Häufigkeit des zielsprachlichen Wortes begründet.

Das Lateinische wurde fast durchweg als die am schlechtesten beherrschte Fremdsprache angegeben, auch wenn viele Schuljahre mit Latein hinter den Probanden lagen. Offensichtlich gilt die 'aktive' Sprachkompetenz als entscheidender Indikator für Fremdsprachenbeherrschung.

---

[35] Gerade wegen der Bedeutung des Wortmaterials wird es unerläßlich sein, eine Typologie der Ähnlichkeiten und der zu erwartenden fremdsprachlichen Assoziationen aufzustellen – ähnlich wie Laufer 1991 und 1992 – und die einzelnen Typen gleichmäßig abzutesten. Dies schließt eine Beschränkung auf authentische Texte aus.

Es wird sicherlich problematisch sein zu erklären, warum einzelne Probanden sehr häufig zum Hilfsmittel einer anderen Fremdsprache greifen, andere hingegen weniger. Dies kann in der Art des Schulunterrichts, in der Art des aktuellen Fremdsprachenunterrichts, in der Aufmachung der Lehrbücher, in der Art des individuellen Vokabellernens (s. o. zu Lerntypen und Lernstilen), in Besonderheiten der Intelligenz usw. begründet sein. Entscheidend dürfte aber der erreichte Kompetenzgrad in den verschiedenen Fremdsprachen sein: Je besser eine Fremdsprache beherrscht wird, desto mehr Transferbasen stehen für die weiteren Fremdsprachen zur Verfügung.

6. Literaturangaben

Bayer, Karl (Hrsg.) (1989): *Cursus novus compactus für Latein als zweite Fremdsprache.* Bamberg: Buchner, 2. Aufl. (1995 abgelöst durch *Cursus continuus*).

Bialystok, Ellen (1983): "Some factors in the selection and implementation of communication strategies." In: Claus Faerch & Gabriele Kasper (Hrsg.): *Strategies in Interlanguage Communication.* London & New York: Longman, 100–118.

Börner, Wolfgang & Vogel, Klaus (Hrsg.) (1997): *Kognitive Linguistik und Fremdsprachenerwerb.* (*Tübinger Beiträge zur Linguistik* 375) Tübingen: Narr, 2. Aufl.

Börner, Wolfgang & Vogel, Klaus ([2]1997): "Mentales Lexikon und Lernersprache." In: Börner & Vogel 1997, 1–17.

De Bot, Kees (1992): "A Bilingual Production Model: Levelt's 'Speaking' Model Adapted." *Applied Linguistics* 13, 1–24.

De Groot, Annette M. B. & Nas, Gerard L. J. (1991): "Lexical Representation of Cognates and Noncognates in Compound Bilinguals." *Journal of Memory and Language* 30, 90–123.

Habenstein, Ernst, Hermes, Eberhard & Zimmermann, Herbert (Hrsg.) (1978): *Grund- und Aufbauwortschatz Latein.* Stuttgart: Klett (Neubearbeitung von E. Hermes, Erstauflage 1970).

Hufeisen, Britta & Lindemann, Beate (Hrsg.) (1998): *Tertiärsprachen. Theorien, Modelle, Methoden.* Tübingen: Stauffenburg.

Klein, Horst G. & Stegmann, Till D. (2000): *EuroComRom – Die sieben Siebe. Romanische Sprachen sofort lesen können (Editiones EuroCom* 1) Aachen: Shaker, 2. Aufl.

Klein, Horst G. & Rutke, Dorothea (1997): "EuroComRom: pour un plurilinguisme européen." *Sociolinguistica* 11, 178–183.

Krantz, Gösta (1991): *Learning Vocabulary in a Foreign Language. A Study of Reading Strategies. (Gothenburg Studies in English* 63). Diss. Göteborg.

Laufer, Batia (1990): "'Sequence' and 'Order' in the Development of L2 Lexis: Some Evidence from Lexical Confusions." *Applied Linguistics* 11, 281–296.

Laufer-Dvorkin, Batia (1991): *Similar Lexical Forms in Interlanguage. (Language in Performance* 8). Tübingen: Narr.

Levelt, Willem J. M. (1989): *Speaking: From Intention to Articulation.* Cambridge, Mass.: MIT Press.

Lutjeharms, Madeline (1997): "Worterkennen beim Lesen einer Fremdsprache." In: Börner & Vogel 1997, 149–167.

Meißner, Franz-Joseph (1993): "Interlexis – ein europäisches Register und die Mehrsprachigkeitsdidaktik." *Die Neueren Sprachen* 92, 532–554.

Meißner, Franz-Joseph (1995): "Umrisse der Mehrsprachigkeitsdidaktik." In Lothar Bredella (Hrsg.): *Verstehen und Verständigung durch Sprachenlernen?* (*Beiträge zur Fremdsprachenforschung* 3). Bochum: Brockmeyer, 172–187.

Meißner, Franz-Joseph (1996): "Palabras similares y semejantes en español y en otras lenguas y la didáctica del plurilingüismo." In Carlos Segoviano (Hrsg.): *La enseñanza del léxico español como lengua extranjera*. Frankfurt a.M.: Vervuert (Iberoamericana), 70–82.

Meißner, Franz-Joseph (1997): "Philologiestudenten lesen in fremden romanischen Sprachen. Konsequenzen für die Mehrsprachigkeitsdidaktik aus einem empirischen Vergleich." In: Franz-Joseph Meißner (Hrsg.): *Interaktiver Fremdsprachenunterricht. Festschrift für Ludger Schiffler*. Tübingen: Narr, 25–43.

Meißner, Franz-Joseph (1998): "Transfer beim Erwerb einer weiteren romanischen Fremdsprache: Das mehrsprachige mentale Lexikon." In: Meißner & Reinfried 1998, 45–67.

Meißner, Franz-Joseph & Reinfried, Marcus (Hrsg.) (1998): *Mehrsprachigkeitsdidaktik. Konzepte, Analysen, Lehrerfahrungen mit romanischen Fremdsprachen*. (*Giessener Beiträge zur Fremdsprachendidaktik*). Tübingen: Narr.

Paivio, Allan (1986): *Mental Representations. A Dual Coding approach*. Oxford: Oxford University Press.

Paradis, M. (1987): *The Assessment of Bilingual Aphasia*. Hillsdale: Erlbaum.

Pinker, Steven (1996): *Der Sprachinstinkt – Wie der Geist die Sprache bildet*. München: Kindler (aus dem Amerikanischen von Martina Wiese).

Raupach, Manfred (1997): "Das mehrsprachige mentale Lexikon." In: Börner & Vogel 1997, 19–37.

Reinfried, Marcus (1998): "Transfer beim Erwerb einer weiteren romanischen Fremdsprache. Prinzipielle Relevanz und methodische Integration in den Fremdsprachenunterricht." In: Meißner & Reinfried 1998, 23–43.

Rickheit, Gerd & Strohner, Hans (1993): *Grundlagen der kognitiven Sprachverarbeitung*. Tübingen/Basel: Francke.

Schmidt, Richard W. (1990): "The Role of Consciousness in Second Language Learning." *Applied Linguistics* 11, 129–158.

Schwarz, Monika (1996): *Einführung in die kognitive Linguistik*. Tübingen/Basel: Francke, 2. Aufl.

Siewert, Walter & Straube, Werner & Weddigen, Klaus (Hrsg.) (1985): *OSTIA. Lateinisches Unterrichtswerk*. Stuttgart: Klett (1995 abgelöst durch *OSTIA ALTERA*).

Stefenelli, Arnulf (1991): "Latein- und Französischunterricht aus sprachwissenschaftlicher Sicht." *Französisch heute* 22, 11–19.

Stefenelli, Arnulf (1992): "Die Transferierbarkeit des lateinischen Wortschatzes beim Erwerb romanischer Sprachen." *Französisch heute* 23, 379–387.

Zimmermann, Rüdiger (1997): "Dimensionen des mentalen Lexikons aus der Perspektive des L2-Gebrauchs." In: Börner & Vogel 1997, 107–127.

7. Anhang

7.1 Fragebogenauszug: Ermittlung des Fremdsprachenprofils

Bitte geben Sie unten die Sprachen in der Reihenfolge an, in der Sie gelernt haben – berücksichtigen Sie dabei auch die sogenannten "alten" Sprachen (Latein, Altgriechisch, Hebräisch usw.):

Reihenfolge	Fremdsprache	Lehrinstitut (Schule, Uni, VHS, Ferienkurs, privat ...)	Kursdauer (in Jahren, Semestern, Monaten oder Wochen)	durchschnittliche Anzahl der Wochenstunden	letzte erreichte Schulnote bzw. Abschlußnote des Sprachkurses	In welchem Jahr hatten Sie zuletzt Unterricht in dieser Sprache?	heute noch regelmäßig (mind. einmal im Monat) praktiziert? (ja/nein)	Ranking: Stufen Sie die Sprachen von der bestbeherrschten (1.) bis zur schlechtesten ab
1.								
2.								
3.								
4.								
5.								
6.								
7.								
8.								
9.								

Haben Sie noch etwas zu Ihrer individuellen Sprachensituation zu ergänzen (z.B. dreisprachig aufgewachsen, fremdsprachiger (Ehe-) Partner, längerer Auslandsaufenthalt o.ä.)?

....

7.2 Wortschatzerschließung Spanisch, kontextbezogen:

Situation: Spanischlerner aus dem Grundkurs für fortgeschrittene Romanisten – unterstrichene Wörter aus einem authentischen Zeitungstext

Klinsmann sugiere su retirada del futbol
El alemán Jurgen Klinsmann, 108 veces internacional y tercer máximo anotador del torneo con 12 goles, sugirió ayer su retirada definitiva a los 33 años. El delantero aseguró que deja la selección, y el futbol "por unos meses". Klinsmann, que ha jugado este año en el Tottenham Hotspur, dijo que se retira por el deseo de pasar más tiempo junto a su hijo. "Ni siquiera yo mismo sé si continuaré", señaló. (*El País*, 6.7.1998, 46)

	Kommt Ihnen dieses Wort bekannt vor? (ja/nein)	Können Sie es sicher übersetzen? Dann tun Sie es hier. (Übers.)	Wenn nein, können Sie die Bedeutung erschließen? (Bedeutung/nein)	Wenn Sie die Wortbedeutung nicht sofort wußten: Wie haben Sie sie erschlossen?	
				Aus dem Kontext (kurze Erläuterung)	Über ein anderes mir bekanntes Wort aus der folgenden Sprache (Sprache, Wort und deutsche Bedeutung angeben):
sugiere					
retirada					
anotador					
delantero					
aseguró					
deja					
deseo					
ni siquiera					
señaló					

7.3 Wortschatzmemorierung Spanisch, produktiv und rezeptiv

<u>Situation</u>: Spanischlerner aus dem vorangeschrittenen Grundkurs für Romanisten oder aus dem Grundkurs für fortgeschrittene Romanisten – isolierte Wörter, die aus früheren Lektionen bekannt sein müßten (Lehrbuch: Halm/Ortiz Blasco, *Paso a paso*, Lektion 1–4)

	spanisches Wort	deutsche Bedeutung?	Wie würden Sie sich erklären, warum Sie sich dieses Wort (nicht) merken konnten?
1.	demasiado		
2.	sobre todo		
3.	el guarda		
4.	la tienda		
5.	callar		
6.	veranear		
7.	la necesidad		
8.	la película		
9.	el sitio		
10.	hasta		

	deutsches Wort	spanische Entsprechung?	Wie würden Sie sich erklären, warum Sie sich dieses Wort (nicht) merken konnten?
1.	fast		
2.	Lärm		
3.	Regen		
4.	zu spät kommen		
5.	genug sein		
6.	verkaufen		
7.	Ursprung		
8.	unbekannt		
9.	etwas		
10.	zurück		

Dietmar Fricke

Wege zur romanischen Mehrsprachigkeit anhand archetypischer Texte – ein Werkstattbericht

'Εξίσταντο δὲ πάντες καὶ ἐθαύμαζον, λέγοντες [...]
ἡμεῖς ἀκούομεν ἕκαστος τῇ ἰδίᾳ διαλέκτῳ ἡμῶν.
(*Acta Apostolorum* II, 7–8)

1. Mehrsprachigkeit im Kontext zukünftiger Fremdsprachendidaktik

Die "neokommunikative Fremdsprachendidaktik", wie sie leitmotivisch von Marcus Reinfried in diesem Band vorgestellt wird, stellt zweifellos ein brauchbares Instrumentarium für einen zukunftsweisenden Fremdsprachenunterricht dar, zunächst hinsichtlich des Französischen, vor allem aber hinsichtlich der Mehrsprachigkeit, die im europäischen wie globalen Kontext immer dringlicher wird. Angesichts der Fülle der Veröffentlichungen, man denke nur an manche wegweisende Beiträge des Kolloquiums in Tours 1996 – die Öffentlichkeit zieht nicht mit. Franz-Joseph Meißner, einer der maßgeblichen Impulsgeber der Mehrsprachendidaktik, verweist immer wieder auf diese unbefriedigende Situation; er spricht den politischen Rahmen an, verweist auf die Defizite und fordert einen europäischen Sprachenpakt (vor allem Meißner 1998c).[1]

Davon sind wir noch weit entfernt. Das bedeutet aber nicht, daß es nicht bereits eine Fülle von Vorüberlegungen, Vorformen, Versuchen gibt, die in die Zukunft weisen. Der vorliegende Ansatz versteht sich in diesem Sinne. Es geht dabei nicht um eine umfassende Theorie, als vielmehr um einen eher punktuellen Werkstattbericht; inwieweit er ins Allgemeine übertragbar ist, mag sich später erweisen. Es geht um Erfahrungen, die sich in einem Bereich ansiedeln, die m. E. noch unzureichend in den Blick der Mehrsprachendidaktik geraten sind: Es soll auf die Chancen und Möglichkeiten, die die europäischen Mobilitätsprogramme ERASMUS bzw. SOCRATES seit einigen Jahren bieten, exemplarisch hingewiesen werden.

---

[1] Vgl. ebenfalls die Kolloquiumsakten zur Mehrsprachigkeitsdidaktik: Meißner/Reinfried 1998; dort finden sich auch meine kritischen Anmerkungen zur Mehrsprachigkeitspolitik (Fricke 1998).

2. Chancen praktizierbarer Mehrsprachigkeit mit den europäischen Austauschprogrammen (ERASMUS/SOCRATES)

Es ist hier nicht der Ort, über die Studentenmobilität im Rahmen dieser europäischen Austauschprogramme zu sprechen.[2] Es bleibt zunächst die grundsätzliche Beobachtung, daß das Zusammenkommen von Studentinnen und Studenten unterschiedlicher Sprachen und Kulturen für eine Mehrsprachendidaktik bisher kaum genutzt worden ist. Nun mag man zu Recht einwenden, daß diese universitäre Situation einen Ausnahmestatus einnimmt, der kaum auf eine allgemeine Didaktik der Sekundarstufe I bzw. II verrechnet werden kann. Das muß aber nicht so bleiben. Wie auch immer, vielleicht gehen von dieser durchaus noch als experimentell einzustufenden Ausgangsbasis Impulse aus, die auch einer allgemeinen Fachdidaktik zugute kämen. Auf alle Fälle sind die von Reinfried eingeforderten Prinzipien gegenwärtiger und künftiger Fremdsprachendidaktik in dem hier entwickelten Verfahren ohne weiteres nachweisbar und anwendbar.

Während es also in Europa einer eigentlichen Sprachenpolitik im Sinne der hier angesprochenen Mehrsprachigkeit noch ermangelt, ist ihre Praxis doch schon mancherorts punktuelle, oder besser: potentielle Realität. Das gilt in der Tat im Umkreis neuphilologischer Studiengänge, wo sich seit Jahren schon Studentinnen und Studenten unterschiedlicher Herkunft, damit unterschiedlicher Sprache und Kultur, in universitären Lehrveranstaltungen zusammenfinden. Inzwischen ist es keine Seltenheit, im Hörsaal neben deutschen Kommilitoninnen und Kommilitonen französische, spanische, italienische, seltener rumänische, um im Rahmen der Romanischen Mehrsprachigkeit zu bleiben, zu unterrichten. Diese außerordentliche Konstellation führt indes selten zu einer Änderung des herkömmlichen Lehrbetriebs, lädt allerdings dankenswerterweise vielfach zur Tandembildung ein.[3] So wird Mehrsprachigkeit praktiziert, aber eher zufällig; das sprachliche, interkulturelle Kapital aber sollte bewußt genutzt werden, für die Mehrsprachigkeitsdidaktik in den Blick genommen werden.

3.0 Eine Lehrveranstaltung zur Mehrsprachigkeit im Sommersemester 1998

Im folgenden geht es um die Vorstellung einer solchen Möglichkeit im Rahmen einer dafür entworfenen Lehrveranstaltung. Die Wissenschaftliche Übung, die ich für das SS 1998 angekündigt hatte, trug den Titel: "Wege zur romanischen Mehrsprachigkeit anhand literarischer Texte (für Galloromanisten und Italianisten)". Erwartet wurden damit Studierende des Französischen bzw. des Italienischen, um sie für die jeweilige andere Sprache zu motivieren und ihnen gemeinsam weitere romanische Sprachen vorzustellen. Entgegen meiner Erwartung kamen nicht nur deutsche Gallo- bzw. Italoromanisten, sondern auch ERASMUS/SOCRATES–Studentinnen aus Salerno. Da es sich bei dieser Veranstaltung um keinen verpflichtenden Studienanteil handelte, war der Zulauf leider nur gering. Es fanden sich letztlich eine Galloromanistin (mit spanischen

---

[2] Es sei nur auf einen kritischen Bericht aus französischer Sicht hingewiesen: Delberghe (1998).
[3] Zu Tandemformen bis hin zum Internet vgl. jetzt Kleppin 1998.

und auch italienischen Kenntnissen), eine sogenannte Bildungsdeutsche (mit italienischen Eltern) ein, zusammen mit drei Italienerinnen. Bei letzteren handelte es sich eher um linguistisch orientierte Studentinnen, die sogar in ihrer Herkunftsuniversität Salerno Indogermanistik gehört hatten.

3.1 Zielvorstellungen

Meine Zielvorstellung hatte ich wie folgt formuliert:

> Romanisten finden sich hinsichtlich der Mehrsprachigkeit in einer privilegierten Situation. Sie gilt es zu nutzen. Dieser Lehrversuch versucht Wege zu erkunden, die zu einer ersten Mehrsprachigkeit in den romanische Sprachen führen soll. Dies gilt zunächst für die Teilnehmer selbst, zugleich geht es um didaktische Konzepte für einen späteren – virtuellen – mehrsprachigen Unterricht. Die Galloromanisten sollten Vorschläge entwickeln, den Italianisten erste Zugänge zu ihrer Sprache aufzuzeigen, das gleiche gilt natürlich in umgekehrter Richtung. Eingeladen sind auch Hispanisten, die ihrerseits ihre Sprache einbringen können. Abschließende Versuche werden dem Portugiesischen wie dem Rumänischen gewidmet sein.

Mit dieser Ankündigung sollte deutlich werden, daß es sich um keinen Sprachkursus handelt, sondern daß es um Motivationen und Einblicke geht, um sogenannte *language awareness*. Es sollte zugleich das Diktat des Englischen als *lingua franca* in Frage stellen.[4] Den Studentinnen und Studenten aus Europa sollte der Reichtum ihrer Sprachen und Kulturen als gegenseitiges Angebot vor Augen geführt und zu Bewußtsein gebracht werden.

3.2 Gegenstände

Gegenstände sollten natürlich Texte sein;[5] doch sollten es keine Texte sein, die gänzlich unbekannt wären, damit möglicherweise gerade in der Sensibilisierungsphase demotivierend. Gedacht war an Textsorten, die man als archetypisch bezeichnen könnte, d. h. Mythen, Märchen, Adagia, Spruchweisheiten, kanonische Schriften usf., d. h. Texte, die vielleicht dem kollektiven Unterbewußten, besser: der europäischen Gemeinkultur zugerechnet werden können. Gemeinsam ist ihnen vor allem ein hoher Grad an Wiedererkennung.[6]

Als erstes boten sich Märchen an, vor allem solche, die im ganzen europäischen Kulturkreis heimisch geworden sind, beispielsweise *Rotkäppchen*. Dann sollte jene andere Textsorte erprobt werden, nämlich die Bibel, genauer das *Neue Testament*. Im Gegensatz zu den Märchentexten, die in vielen Sprachen vorliegen, aber häufig auch sehr

---

[4] Bliesener fand kürzlich eine einprägsame Formulierung: "Die eine Sprache für alle schafft nicht das angestrebte gegenseitige Verstehen" (Bliesener 1999: 148 B).

[5] Doris Lessig hat recht: "Es ist eine Binsenweisheit, daß Sprache immer über Texte vermittelt wird; die Inhalte sind jedoch entscheidend für die Motivation der Lerner" (Lessig 1998: 244).

[6] Das bewertet oder entwertet nicht andere Ansätze wie die von Beate Helbig, die in vergleichbarer Intention mit Zeitungstexten arbeitet (Helbig 1998); noch geht es um sprachliche Denkmäler, die Spillner wohl schon als obsolet ansieht (Spillner 1998).

unterschiedlich erzählt werden, haben die Heiligen Schriften den Vorteil, daß sie in autorisierten Übersetzungen vorliegen. Die dergestalt hypostasierte Universalität der Texte blendet damit zunächst die interkulturelle Problematik aus.[7] Indirekt ist sie immer präsent; man denke nur daran, wie unterschiedlich die Märchen und ihre Motive in den jeweiligen Kulturen und Literaturen rezipiert und uminterpretiert werden.[8]

4.1 Erstes Beispiel – die spanische Version eines Märchens: Pulgarcito

In der Tat verfügt Spanien über keine so markante Märchentraditionen wie Frankreich oder Deutschland. Aber auch wenn es dort keinen Perrault bzw. Grimm gegeben hat, so ist diese Kultur mit den Texten und Motiven der *cuentos de hadas* vertraut. So wurde vergangenes Jahr in *El País* der runde Geburtstag der Perraultschen *Contes* gefeiert: "Tras la estela de Perrault". Die Autorin des Artikels qualifizierte diese 300 Jahre alten Texte als "Cuentos de siempre", exemplarisch für die "narrativa de tradición popular" (Fernández 1998).

Nun weiß jeder Kenner um die Unterschiede zwischen Perrault und Grimm, zwischen Walt Disney und sonstigen Bearbeitungen. Doch dürften die Gemeinsamkeiten, die inhaltlicher Natur sind, überwiegen, so daß von einer Archetypik der Textsorte gesprochen werden kann.

Mit Sicherheit kann von einem Wiedererkennungseffekt ausgegangen werden.[9] Auf diese Weise kann es gelingen, daß der Text in der Sprache, die zunächst unvertraut ist, mit geringer Hilfe Sinn machen kann, ein erster und wichtiger Schritt in einer neuartigen offenen Phase. Bekannte Elemente werden erkannt, andere werden mit Hilfe erschlossen, andere wiederum selbständig erarbeitet, sei es im unterrichtlichen Dialog, sei es in der Gruppenarbeit, sei es in eigener Vorbereitung mit entsprechenden Hilfsmitteln. Um die Teilnehmerinnen in diesem Sinne zu motivieren, habe ich den Italienerinnen ein spanisches Beispiel vorgeschlagen, den deutschen ein italienisches, da ihnen die jeweilige Sprache unvertraut war.

Als spanisches Beispiel diente das Märchen vom Däumling, nämlich *Pulgarcito*[10]. Als ich den Italienerinnen die spanische Variante vorlegte, nannten sie sofort den Titel aus ihrer heimischen Märchenwelt: *Il Pollicino*. Diese Äußerung war ein überzeugender Beleg für die allgemeine Vertrautheit mit diesen Texte und Themen. Zur Erläuterungen meines Vorgehens und meiner Erfahrung sei im folgenden nur das jeweilige Inzipit wiedergegeben, um daran aufzuzeigen, mit wie wenig Mitteln ein erstes Verständnis

---

[7] Theologische Implikationen wie Katholizität, Mission, Volkssprache sollen bei diesen didaktisch-philologischen Überlegungen ausgeklammert werden.

[8] Ein beliebiges Beispiel wäre etwa Martín Gaites *Caperucita en Manhattan*, eine spanisch-amerikanische Adaptation des *Rotkäppchens* (Martín Gaite 1990).

[9] Über die Abrufbarkeit der Märchenmotive bei den jungen Erwachsenen können nur Vermutungen angestellt werden; Untersuchungen dazu sind mir nicht bekannt.

[10] Eine kritische Ausgabe spanischer Märchen lag mir nicht vor. Den in der Übung benutzten Text habe ich der Anthologie *Cuentos populares españoles* (Guelbenzu 1996: 193 f.) entnommen.

einer unbekannten Romanischen Sprache geleistet werden kann. Der spanische Text setzt so ein:

> Unos padres tenían siete hijos y el menor de todos ellos era tan pequeño como un dedo pulgar y por eso le llamaban Pulgarcito. Vivían cerca de un bosque, pero no tenían qué comer, porque eran pobres como ratas y el hambre les atacaba día y noche sin poderlo remediar. El padre se desesperaba y le decía a la mujer: [...]

Für die Teilnehmerinnen, die alle Latein und Französisch, wie unterschiedlich auch immer, gelernt hatten, machte das Verständnis wenig Schwierigkeiten.[11] Bei *unos padres* war nur die ungewöhnliche Artikelform zu erklären; von *padres* konnte auf *reyes* u. a. erweitert werden; *tenían* leitet sich einsichtig vom Lateinischen und Italienischen ab, ebenso *siete*, wenn die Diphthongierung erläutert war; die Bedeutung von *hijos* ergab sich, nachdem die Entwicklungen von lt. *f* zu sp. *h*, bzw. *li* zu *j* als Gesetz erläutert worden waren.

Diese Übung soll hier nicht weiter ausgeführt werden; man wird erkennen, daß der Aufwand gering ist, um zu einem raschen und recht genauen Erfassen des Sinns zu gelangen. Als eigene Vokabel mußte aus diesem ersten Satz *pequeño* eingeführt werden, was angesichts der hohen Frequenz des Lexems ökonomisch ist.[12] Da es sich bei dem Text nach allem um Literatur handelt, wurden ebenfalls einige literarästhetische Momente angesprochen; das soll hier nicht weiter beachtet werden.[13]

Zusammenfassend kann festgehalten werden: Da dieser Text im weiteren viele typische Merkmale des Märchens aufweist,[14] ist das gattungsmäßige Verständnis vorgegeben, das inhaltliche rasch erschlossen; bei einer Kurzgeschichte beispielsweise wäre das nicht der Fall.

4.2 Zweites Beispiel – die italienische Version eines Märchens: *Tovagliolino, apparecchia*

Als italienisches Beispiel habe ich eine Fassung von *Tischlein deck dich* ausgewählt: *Tovagliolino, apparecchia, apparecchia*.[15] Erwartungsgemäß enthält dieser Text ebenfalls die bekannten Erzählelemente. Auch hier sei entsprechend der Anfang wiedergegeben:

> C'era una volta un contadino che aveva tre figlioli, tutti bravi et lavoratori, ma, per quanto lavorassero, la terra non era sufficiente a sfamare tutta la famiglia. Con il padrone c'era un grosso debito; c'era da pagare anche quello delle sementi et l'estate era ancora lontana. Pensa e ripensa, il contadino chiamò il figlio maggiore et gli disse [...]

---

[11] Eine Systematisierung, wie sie etwa Meißner (1998a) vornimmt, war nicht beabsichtigt.

[12] Dubletten wie *llamar – clamar; pleno – lleno; llaga – plaga; llave – clave* usf. waren ebenfalls rasch geklärt.

[13] Das Motiv des Waldes, *bosque*, führte zu einigen aufschlußreichen Konnotationen. So erinnerten sich die Italienerinnen an das Inzipit von Dantes *Inferno*: "mi ritrovai per una selva oscura".

[14] Sieht man ab von der stereotypen Eingangsformel "erase una vez".

[15] Diese Version entnehme ich *Le più belle fiabe italiane* 1995.

Im Umgang mit dieser italienischen Märchenform ergaben sich vergleichbare Erfahrungen. Die typische Eingangsformel, die narrative Ausgangssituation, die erzählerische Unschärfe in Ort und Zeit – diese vertrauten Elemente wurden sogleich (wieder-)erkannt. Sprachlich einsichtig erschließen sich *contadino*, *aveva*, die Zahlen; *tutti* ist aus europäischen Redewendungen wie der Musik hinlänglich bekannt, *bravi* ist in der Bedeutung dem Spanischen verwandter als dem Französischen und Deutschen; hier ergab sich die Möglichkeit, generalisierend auf semantische Unterschiede bei gleichem Etymon in der Romania hinzuweisen; der Konjunktiv bzw. die damit verbundene Konstruktion lassen sich zunächst lexikalisieren, damit vorderhand die bedeutungstragenden Elemente erschlossen werden können. Der Teilsatz *la terra non era sufficiente a sfamare tutta la famiglia* dürfte nur bei *sfamare* eine Sinnhürde darstellen; mit semantischer Hilfestellung von It. *fames*, fr. *faim*, auch sp. *hambre* und der Wortbildungsfunktion des italienischen Morphems *s* lassen sich die Zusammenhänge gut aufklären.

Hier wie auch an anderer Stelle könnte das Spiel fortgesetzt werden. Das ist gewiß unsystematisch, wird doch das Vorgehen vom Erzählsukzeß bestimmt. Da dieser aber weitgehend als bekannt vorausgesetzt werden kann, muß nicht der gesamte Text in dieser atomistischen Form gelesen werden: Es ist ein Einstieg, der zu weiteren eigenen Studien auffordern kann. Das ist in der Folge geschehen, und zwar in Form von Hausarbeiten.

4.2.1 "Viaggio nell'universo fiabesco": eine Hausarbeit zu *Cenerentola*

Von diesen Hausarbeiten war eine dem Märchenthema gewidmet; eine der Italienerinnen hatte selbständig einen solchen Unterrichtsentwurf zum Thema europäischer romanischer Mehrsprachigkeit entwickelt. Gegenstand war der Märchenstoff des *Aschenputtels*.[16]

Die Arbeit geht vergleichend vor, sowohl hinsichtlich der Inhalte wie der Sprachen. Auf die "variazioni tematiche" soll hier nicht weiter eingegangen werden – die 345 Varianten verdeutlichen den universalen Charakter des Märchens –, wohl aber ein Wort zur "analisi linguistica" geäußert werden. Denn hier wird das Ergebnis eigenständiger und kritischer Auseinandersetzung mit dem Thema deutlich, listet die Autorin doch seitenweise Worttabellen auf, die die linguistische Verwandtschaft des Spanischen, Italienischen und Französischen manifest machen. Eines ihrer Ergebnisse verdient zitiert zu werden: "Dagli esempi mostrati è chiara, come la luce del sole, la comune eredità linguistica, lessicale, semantica che è alle base del francese, dell'italiano e dello spagnolo" (Ferraro: 14). Dieses "heureka", dieses Ergebnis eines umgesetzten Erkenntnisprozesses, mag als exemplarisch für eine gelungene Sensibilisierung romanischer Mehrsprachigkeit festgehalten werden.

---

[16] Ferraro 1998.

4.2.2 "Proverbi italiani" – eine Untersuchung zu den romanischen Parömien

Nach den Märchen sollte eine weitere Textsorte, nämlich die Gattung der Parömie (Proverbien, Sprichwörter, Adagien, Apophthegmen) im romanischen Kontext untersucht werden. Dazu kam es nicht, wurde aber dennoch Gegenstand der Übung dank der Eigeninitiative einer Teilnehmerin, d. h. wiederum in Form einer Hausarbeit, diesmal zu italienischen Sprichwörtern im Vergleich zu anderen Romanischen Sprachen.[17] Die Autorin verweist in ihrem theoretischen Vorspann auf die Archetypik, ja Archaik dieser Sprachelemente hin, rechnet sie dem Bereich des Allgemeinen, Kulturübergreifenden zu: "La popolarità è [...] l'essenza stessa del proverbio – [...] il proverbio si identifica con la voce degli *antiquiores homines*, e dei vecchi." (4).

Die Fülle der vorgeführten Beispiele verdeutlicht, daß die drei Sprachen, die hier gegenübergestellt werden, nämlich Italienisch, Französisch, Spanisch, auf dieser Ebene große Verwandtschaften aufzeigen. So wird auch in dieser Vergleichsanordnung häufig jeweils Bekanntes und Vertrautes präsentiert, was eben jenen postulierten Wiedererkennungsprozeß entsprechend erleichtert.[18]

Auch hier sei aus der "conclusione" zitiert, zum Beleg für eine realisierte Zielvorstellung: "Esso [der Vergleich mit den 'proverbi', D. F.] potrebbe invece rivelarsi un metodo utile, interessante e so vogliamo anche divertente per coloro cho sono intenzionati a conoscere lingue e culture diverse dalla propria." (11)

4.3.1 Drittes Beispiel – das Gleichnis vom *Verlorenen Sohn* in Übersetzungen (Lk 15, 16–32)

Daß auch die Heiligen Schriften, hier die Bibel, vor allem das *Neue Testament*, eine gewisse Nähe zu den Parömien haben, muß nicht eigens betont werden; der Ausdruck "bibelfest" verweist noch darauf.[19] Der besondere Vorteil im Umgang mit dem Buch aller Bücher liegt vornehmlich in dem unvergleichlichen Verbreitungs- und Bekanntheitsgrad. Die eingangs angesprochene Kanonizität der Übersetzungen ermöglicht die Chance einer übersichtlichen Synopse. Das sollte exemplarisch mit einem der bekanntesten Bibeltexte geschehen, mit dem *Gleichnis vom Verlorenen Sohn* (Lk. 15, 11–32).

So wurde den Teilnehmerinnen dieser Auszug in synoptischer Form vorgestellt, d. h. in Lateinisch, Französisch, Spanisch, Italienisch, Portugiesisch und Rumänisch.[20] Hinzu kam übrigens auch das Englische, dies mit der Absicht, den hohen Anteil an romanischem Sprachgut punktuell zu belegen.

---

[17] Borelli 1998.

[18] Auf die Interferenzen braucht hier nicht eingegangen zu werden; man denke an den Typ fr. *mettre la puce à l'oreille*; sp. *echar a uno la pulga detrás de la oreja*; it. *mettere la pulce nell'orecchio*, dt. *jem. einen Floh ins Ohr setzen*. Auch das leidige Problem der falschen Freunde soll hier nicht thematisiert werden. Vgl. Meißner 1998b: 226; Fricke 1998: 85 f.

[19] Interessanterweise listet Maria Borelli (1998: 9) in ihrer Hausarbeit eine kleine Anzahl lateinischer Bibelzitate auf, um ihr romanisches Nachleben aufzuspüren.

[20] Eine katalanische Bibel lag mir leider nicht vor; auch im Internet war keine abgelegt. Für das Rumänische wurde mir von Frau Monica Gruber, Duisburg, große Hilfe zuteil.

Auch an dieser Stelle kann nur ein winziger Ausschnitt behandelt werden, wiederum sollen die jeweiligen Anfangsverse (Lk. 15,11–12) gegenübergestellt werden:[21]

lat.
Homo quidam habuit duos filios: et dixit adolencentior ex illi patri: Pater, da mihi portionem substantiae, quae me contingit. Et divisit illis substantiam.

fr.
Un homme avait deux fils. Le plus jeune dit à son père: Père, donne-moi la part de fortune qui me revient. Et le père leur partagea son bien.

sp.
Un hombre tenía dos hijos. Y dijo el menor de ellos a su padre: Padre, dame la parte de la hacienda que me corresponde. El les repartió la hacienda.

it.
Un uomo aveva due figli. Il più giovane disse al padre: Padre dammi la parte dei beni che mi spetta. E il padre divise tra i figli i suoi beni.

port.
Um homem tinha dois filhos. O mais novo disse ao pai: Pai dá-me a parte dos bens que me corresponde. E o pai repartiu os bens entre os dois.

rum.
Un om avea doi fii. Cel mai tînăr din ei a zis tatălui său: Tată, dămi partea de avere, ce me se cuvine. Şi tatăl le-a împărţit averea.

engl.
A certain man had two sons: And the younger of them said to his father, Father, give me the portion of goods that falleth to me. And he divided unto them his living.

Dieser syntaktisch einfache Text ist ein brauchbares Beispiel für eine vergleichende Analyse. Ohne auf weitere Details einzugehen: die Verwandtschaften und Ähnlichkeiten springen ins Auge, auch noch bei dem Rumänischen. So könnte mit den Entsprechungen zu lat. *homo* angefangen, die Entwicklung von *filius* in Erinnerung gerufen werden; je nach Zielvorstellung können Hypothesen zum Gebrauch von Artikeln, des Tempus und anderer grammatischer Strukturen gebildet werden.

4.3.2 Das griechische Original

Ermutigt durch die positiven Erfahrungen erschien mir der Rekurs auf das griechische Original, d. h. die Koiné, rechtfertigt.[22] Stichprobenartig konnte verdeutlicht werden, daß von dieser Spätform des Griechischen viele Lexeme in den europäischen Sprachen aufgehoben sind, wenn auch zumeist in dem Wortschatz, den die Engländer *hard words* nennen.

---

[21] Die preiswerte Ausgabe des Diogenes-Verlages gibt die griechische Koiné, die lateinische Vulgata, die Übersetzung Luthers und die King James Bible von 1611 wieder (*Novum Testamentum Tetraglotton* 1881). Ausgaben in anderen Romanischen Sprachen sind allenthalben in Taschenbüchern zugänglich.

[22] Diese Vorgehen beansprucht keine Originalität. Vgl. die Arbeiten zur Eurolexis, etwa: Meißner 1993.

Zum Beleg sei der obige Mustersatz (Lk, 15, 11-12) im Original zitiert und transkribiert:

Ἄνθρωπός τις εἶχε δύο υἱούς. Καὶ εἶπεν ὁ νεώτερος αὐτῶν τῷ πατρί· Πάτερ, δός μοι τὸ ἐπιβάλλον μέρος τῆς οὐσίας. Καὶ διεῖλεν αὐτοῖς τὸν βίον.

Anthropos tis eichen dyo hyious. Kai eipen o neoteros auton to patri: pater, dos moi to epiballon meros tés usias. Kai diheilen autois ton bion.

Mit *anthropos* sind wir in der Tat im Umfeld der Fremdwörter;[23] das enklitische *tis* hingegen wird im Romanischen nicht zu finden sein; *eichen* (Inf. *echein*) ist wieder häufig in Zusammensetzungen von Fremdwörtern vorzufinden, etwa in *Entelechie* mit den romanischen Entsprechungen; die Zahl *dyo* (di-), *eipen* (Epos, episch, epique usf.); *neoteros*, *(neos)* (neo-); *auton (autos)* (auto-), *patri (pater)* (pater) sind in unzähligen Entlehnungen zu Hause, *epiballon* läßt sich in die häufig vorkommenden Elemente europäischer Sprachen zerlegen, in *epi* und *ballon*; *meros* kennen wir als *-mere* wie *Polymere*; *ousia* ist als philosophischer Terminus vertraut.

Ein abschließendes Wort noch zu dem, wie die Bibelübersetzungen der europäischen Sprachen den Begriff **das Gut** bezeichnen (Luther: "Und er theilete ihnen das Gut."). Die meisten der romanischen Sprachen entsprechen lat. *bonum*; das Rumänische leitet sich von lat. *habere* ab und das Spanische von einer Gerundivform des lateinischen *facere*; *hacienda* kann heute noch **Farm**, **Vieh** und auch **Finanzamt** bedeuten. Überraschen mag die griechische Ursprache: *ho bios* bedeutet, so wie es die europäischen Sprachen übernommen haben, **das Leben**. Ein früher biblisch-ökologischer Gedanke?

Fazit: Anhand dieses kurzen Ausschnittes konnte den Teilnehmerinnen verdeutlicht werden, wieviel von dem Lateinischen, aber auch von dem Griechischen in den modernen Romanischen Sprachen präsent ist.

5. Romanische Mehrsprachigkeit: europäische Perspektiven im universitären Kontext

Man mag sich abschließend fragen, inwieweit diese gewiß punktuellen Erfahrungen für einen zukünftigen Fremdsprachenunterricht übertragbar sind. Zunächst darf festgehalten werden, daß die eingangs zitierten Kriterien einer Neokommunikation sich dort ohne Frage alle wiederfinden. Anderseits geht es (noch) nicht um eine Systematisierung, sondern um eine Sensibilisierung, um Motivation, nicht um Fehlervermeidung[24]. Über Konsequenzen hinsichtlich des bilingualen Unterrichts sei hier ebensowenig diskutiert[25] wie über die ungeahnten Perspektiven eines "Brave New World" des Internets, das ja nicht nur englischsprachig ist, sondern längst Ort mehrsprachiger Kommu-

---

[23] Über den Begriff "Monsterwörter" für Internationalismen, so Martha Felix, mag man geteilter Meinung sein (Felix 1999).

[24] Der Terminus findet sich in *Auf der Suche nach dem Sprachlernabenteuer* (Landesinstitut für Schule und Weiterbildung 1998: 13 B).

[25] Vgl. die Bedenken von Franz-Rudolf Weller (Weller 1998: 72-74).

nikation.[26] Der Begriff des Sprachlernabenteuers weist gewiß in die richtige Richtung.[27]

Reinfried hat gewiß recht, wenn er (in seinem Beitrag im vorliegenden Band) ausführt, daß sich mit der Mehrsprachigkeitsdidaktik "die Ausbildung von Sprachenbewusstheit und der interkulturelle Vergleich sowie die multikulturelle Perspektive einer Migrationsgesellschaft" verbinden. Man könnte (im Hinblick auf die Thematik meines Aufsatzes) hinzufügen: einer jungen Elite, die über europäische und internationale Austauschprogramme an die gegenseitigen Universitäten kommen, dort ihre eigene Kultur und Sprache einbringen, um mit weiteren bereichert zurückzukehren. Diese Chance sollte, wie dargelegt, stärker genutzt und auf diese oder andere Weise implementiert werden. Der Weg über archetypische Texte, wie hier vorgeschlagen, scheint mir ein gangbarer zu sein; bekanntlich führen viele Wege nach Romania. Die Studentin Carola Ferraro jedenfalls hatte entdeckt, wie fließend – und damit überwindbar – die Übergänge zwischen den Sprachen und Kulturen sein können: "Se dunque il confine che separa una lingua dall'altra è davvero così sottile, perchè non valicarlo del tutto".[28]

Ein abschließender Satz sei mir noch zu dem gewählten Motto zugestanden. Das Zitat beschreibt die Wirkung der Mehrsprachigkeit anläßlich des Pfingstwunders, das bekanntlich die babylonische Sprachverwirrung aufhebt. Offensichtlich läßt sich das Ereignis nur schwer in Worte fassen; Begriffe, Bilder des Außer-sich-seins, des Staunens, Verwunderns strukturieren diesen Erfahrungsbericht.[29] Auch wenn man die theologischen Inhalte beiseite läßt, es artikuliert sich hier eine menschliche Erfahrung von hoher Faszination – davon kann auch eine Mehrsprachigkeitsdidaktik nur profitieren; der Anspruch auf Anstrengung und Mühe wird damit nicht außer Kraft gesetzt. Aber das wäre ein anderer Werkstattbericht.

6. Literaturangaben

Bliesener, Ulrich (1999): "Die eigentlichen Fachfragen des Fremdsprachenunterrichts." *Neusprachliche Mitteilungen* 52, 146–150.

Borelli, Maria: "Origine, uso e diffusione di proverbi italiani comparati nelle rispettive lingue romanze: spagnolo e francese." (Unveröffentlichtes Manuskript, SS 1998).

Bravo-Villasante, Carmen (ed.) (1994): *Hadas, princesas, brujas, curiosas, caprichosas, compasivas, valientes ... y otras heroínas de calleja*. Barcelona: Olaneta.

Bünnagel, Werner (1998): "Angewandte Mehrsprachigkeitsdidaktik und neue Medien." In: Meißner & Reinfried, 207–215.

---

[26] Vgl. etwa die Ausführungen Bünnagels dazu (Bünnagel 1998).

[27] Gleiches gilt für die Idee des europäischen Sprachenportfolios; Ingeborg Christ referiert darüber (Christ 1997).

[28] (Ferraro 1998: 14). Sie tat übrigens nach dem Vortrag einer spanischen Kollegin den Ausspruch: "Ich war erstaunt, wieviel ich von dem spanischen Vortrage verstanden habe."

[29] Die lat. Entsprechung lautet: "stupebant [...] et mirabantur".

Busse, Gabriele (1995): "Europa und das Sprachen-Tandem oder: 'Romanisch' als Schulfach?" *Französisch heute* 26, 52–72.

Christ, Ingeborg (1998): "Europäisches Portfolio für Sprachen – Eine Initiative des Europarats." In: Landesinstitut für Schule und Weiterbildung (Hrsg.): *Wege zur Mehrsprachigkeit. Informationen zu Projekten des sprachlichen und interkulturellen Lernens* 2, 5–11.

Delberghe, Michel (1998): "A la Sorbonne, l'appel de quatre pays en faveur d'une Université européenne." *Le Monde* 26-5-1998, 10.

Felix, Martha (1999): "Die Zähmung der Monster. Beschreibung eines fächerübergreifenden Unterrichtsprojekts im Grundkurs Linguistik: SchülerInnen der Kollegstufe erklären in dem kleinen Handbuch MONSTERWÖRTER ihren jüngeren MitschülerInnen ca. 150 Internationalismen." *Neusprachliche Mitteilungen* 52, 190–196.

Fernández, Victoria (1998): "Tras la estela de Perrault." *El País*. Semanal 5 al 11 de enero, Cultura 5.

Ferraro, Carola (1998): "Viaggio nell'universo fiabesco, analizzando in particolare il racconto di *Cenerentola nelle* diverse lingue romanze." (Unveröffentlichtes Manuskript, SS 1998).

Fricke, Dietmar (1998): "Romanische Mehrsprachigkeit: ein noch fragwürdiger Versuch, die Mehrsprachigkeit in Europa didaktisch auf den Weg zu bringen – Eine kritische Bestandsaufnahme." In: Meißner & Reinfried, 81–92.

Guelbenzu, José María (ed.) (1996): *Cuentos populares españoles*. Volumen 1. Madrid: Ediciones Siruela.

Helbig, Beate (1998): "Texterschließungstechniken und -strategien bei der Arbeit mit authentischen Texmaterialien im Anfangsunterricht der dritten Schulfremdsprache." In: Landesinstitut für Schule und Weiterbildung, 131–146.

Kleppin, Karin (1998): "Deutsch-Französisch im Tandem über das Internet." In: Letzelter & Meißner II, 603–611.

Landesinstitut für Schule und Weiterbildung (Hrsg.) (1998): *Auf der Suche nach dem Sprachlernabenteuer. Neue Wege beim Lehren und Lernen der dritten Fremdsprache*. Bönen: Kettler.

Le più belle fiabe italiane (1995). Milano: Mondadori. Secunda edizione.

Die Neueren Sprachen 93, H. 5: Lernerautonomie (Themenheft Oktober 1994).

Lessig, Doris (1998): "Neue Wege im Spanischunterricht: Spanisch als 3. Fremdsprache in Klasse 9." In: Meißner & Reinfried, 239–258.

Letzelter, Michèle & Meißner, Franz-Joseph (éds./Hrsg.) (1998): *L'enseignement de deux langues partenaires / Der Unterricht zweier Partnersprachen*. Actes du Congrès de Tours / Akten des Kongresses von Tours 31/X-4/XI/1996. 2 Bände. Tübingen: Narr.

Martín Gaite, Carmen (1990): *Caperucita en Manhattan*. Madrid: Siruela.

Meißner, Franz-Joseph (1993): "Anmerkungen zur Interlexikologie aus romanistischer Sicht." *Muttersprache* 103, 113–130.

Meißner, Franz-Joseph (1994): "Dimension européenne et plurilinguisme réceptif dans le travail sur les textes: une approche méthodologique." *Französisch heute* 25, 471–478.

Meißner, Franz-Joseph: (1997): "Mehrsprachigkeit in Europa – Woher kommen die Fremdsprachenlehrer?" *Französisch heute* 28, 194–196.

Meißner, Franz-Joseph (1998a): "Transfer beim Erwerb einer weiteren romanischen Fremdsprache: Das mehrsprachige mentale Lexikon." In: Meißner & Reinfried, 45–67.

Meißner, Franz-Joseph (1998b): "Gymnasiasten der Sekundarstufe I lernen den interlingualen Transfer." In: Meißner & Reinfried, 217–237.

Meißner, Franz-Joseph (1998c): "Zur Lage der Schulfremdsprache Französisch und zu ihrer Aufgabe für die Grundlegung der europäischen Mehrsprachigkeit." In: Letzelter & Meißner I, 71–87.

Meißner, Franz-Joseph & Reinfried, Marcus (Hrsg.) (1998): *Mehrsprachigkeitsdidaktik. Konzepte und Lehrerfahrungen mit romanischen Sprachen.* Tübingen: Narr.

Munske, Horst Haider & Kirkness, Alan (Hrsg.) (1996): *Eurolatein. Das griechische und lateinische Erbe in den europäischen Sprachen.* Tübingen: Niemeyer.

Novum Testamentum Tetraglotton (1881). Turici in aedibus Diogenis. Nachdruck: *Novum Testamentum* (1981). (Diogenes Taschenbuch 20925). Zürich: Diogenes.

La Sainte Bible (1961). Traduite en français sous la direction de L'Ecole de Jérusalem. Paris: Les Editions du Cerf.

Spillner, Bernd (1998): "Mehrsprachigkeit, kontrastive Linguistik, interkultureller Fachtextvergleich." *Germanica* 5, 133–142.

Weller, Franz-Rudolf (1998): "Über Möglichkeiten und Grenzen praktizierter Mehrsprachigkeit im Unterricht und außerhalb." In: Meißner & Reinfried 1998, 96–80.

Jessica Niekamp/Adelheid Hu

Gibt es Ansätze einer *Didaktik der Mehrsprachigkeit und Mehrkulturalität* in der neuen Generation der Französischlehrwerke?

1. Einleitung

Zunächst möchten wir die Verbindung zwischen dem Thema der Didaktik-Sektion auf dem 1. Frankoromanistentag, *Ganzheitliche und individualisierte Formen des kommunikativen Fremdsprachenlernens*, und der Fragestellung unseres Beitrags klären. Was hat beides miteinander zu tun? Wir denken, die Verbindung läßt sich gut über die Kategorie **Identität** herstellen, so wie sie in fremdsprachendidaktischen Zusammenhängen benutzt wird. Gerade in jüngster Zeit, besonders im Diskurs um interkulturelles, ganzheitliches und handlungsorientiertes Lernen im Fremdsprachenunterricht, ist dieses Konzept besonders bedeutungsvoll geworden (vgl. Hu 1999). So heißt es z. B. bei Eike Thürmann (1994: 184):

> Aus der Landeskunde ist in den letzten Jahren zunehmend 'Interkulturelles Lernen' geworden. Wenn diese Entwicklung kein Etikettenschwindel, kein alter Wein in neuen Schläuchen sein soll, dann verbindet sich damit der Auftrag, die Arbeit an der Ich- und Wir-Identität neu zu überdenken.

Auch in der Diskussion um Fremdverstehen als didaktischem Leitziel wird das Bewußtwerden über die jeweils eigenen Lebensbedingungen und kulturellen Traditionen als ein Lernbereich betont. (Vgl. Bredella, Christ & Legutke 1997; zur Problematik der Polarisierung zwischen Eigenem und Fremdem vgl. Hu 1997.)

Nun befinden sich aber in unseren Schulklassen, vor allem in den Ballungsräumen, ein großer Teil von Schülerinnen und Schülern, bei denen das sogenannte "Eigene" oder die "Ich-" bzw. "Wir-Identität" durch Migrationsbiographien und vielschichtige kulturelle und sprachliche Erfahrungen keineswegs leicht und eindeutig zu bestimmen sind. Saubere Überlappungen von Sprache, kulturellem Ort und Identität findet man immer seltener. Zutreffend sind eher Kategorien wie "kulturelle Hybridität", "kulturelle Collagen" oder auch – um einen Modebegriff zu benutzen –"Patchwork-Identitäten" (vgl. Bronfen & Markus 1997). Ganzheitliche didaktische Ansätze müßten unserer Meinung nach auch diese Fragen neu bedenken.

Nach unserer Einschätzung befindet sich die didaktische Fremdsprachenforschung im Hinblick auf diese Thematik in einer Sensibilisierungsphase. Es gibt zwar inzwischen eine ganze Reihe einschlägiger Beiträge zu dem Thema, die die Notwendigkeit einer Änderung der althergebrachten Sichtweisen und Normen fordern (vgl. u. a. Bauer 1995; Krumm 1994; Hermann-Brennecke 1992; Thürmann 1995, 1997; Hu 1998). Was die konkrete didaktische Umsetzung betrifft, steckt die Forschung allerdings noch in den Kinderschuhen. Am fortgeschrittensten sind wohl in diesem Bereich die fremdsprachliche Literaturdidaktik wie auch die DaF-Didaktik. Im Rahmen der Literaturdidaktik ist eine ganze Reihe von Texten der sogenannten Migrationsliteratur didaktisch analysiert und für den Unterricht aufbereitet worden. (Vgl. für den Englischunterricht Wotschke 1997, Delanoy 1993, Bredella 1997; für den französischen Bereich vgl. Schinschke 1995 sowie Schumann 1997.) Die DaF-Didaktik hat in jüngster Zeit Lehrwerke auf den Markt gebracht, die deutlich in eine neue Richtung weisen (vgl. z. B. das DaF-Lehrwerk *Moment mal* von Martin Müller et al. 1996).

Unser konkretes Anliegen hier ist nun folgendes: Wir haben uns gefragt, inwieweit neue Französischlehrwerke Ansätze beinhalten, die die vorhandene Mehrsprachigkeit[1] und die Verarbeitung der vielschichtigen kulturellen Erfahrungen der Schülerinnen und Schüler berücksichtigen und Identifikationsmöglichkeiten auch für diese Lernerinnen und Lerner bieten. Wir haben zwei Lehrwerke exemplarisch ausgewählt, und zwar zum einen das neue Klett-Lehrwerk *Découvertes*, zum anderen das Lehrwerk *Passages* aus dem Diesterweg-Verlag, von dem bisher nur die ersten beiden Bände sowie ein Arbeitsheft erschienen sind. *Découvertes* (Beutter et al. 1994, 1997) hat uns neugierig gemacht, weil es eines der ganz neuen, aber bereits jetzt an vielen Schulen eingesetzten Lehrwerke ist. Auch wird in den Präsentationen des Verlags für die Konzeption dieses Lehrwerks besondere Aktualität im Hinblick auf landeskundliche Informationen hervorgehoben; Schülerorientierung, die Berücksichtigung der Voraussetzungen und Bedürfnisse der Lernenden, werden als spezifischer Akzent genannt. Für *Passages* (Bergér et al. 1998) haben wir uns entschieden, weil hier explizit ein interkultureller Anspruch formuliert wurde. Außerdem ist dieses Lehrbuch brandneu (noch in der Entstehungsphase), so daß es – so unsere Vermutung – die aktuellsten didaktischen Diskussionen möglicherweise mitaufgreift und umsetzt.

Unser Ziel ist es nicht, die genannten Lehrwerke in allen Aspekten zu analysieren, sondern nur die Teilbereiche, die für unser Thema von Relevanz sind.[2] Wir haben uns deshalb zunächst einmal Gedanken gemacht, welche Teile eines Lehrbuchs in besonderer Weise geeignet sind, eine Didaktik der Mehrsprachigkeit und Mehrkulturalität umzusetzen. (Zum Thema *Interkulturelles Lernen in Lehrwerken* vgl. auch Liedke 1999.) Unserer Meinung nach sind es die folgenden drei Aspekte:

- die Lehrbuchpersonen
- die in Texten vermittelten Inhalte
- die Übungen.

Bei der Betrachtung dieser Aspekte haben wir wiederum Eingrenzungen vorgenommen. In bezug auf die Personen haben wir insbesondere den Umgang mit ihrer kulturellen Herkunft sowie die Darstellung der Familie beachtet. Bei den Inhalten waren unsere Schwerpunkte **Frankophonie** und **Mehrsprachigkeit**. Was die Übungen betrifft, haben wir ebenfalls das Thema **Mehrsprachigkeit** in den Mittelpunkt gestellt.

---

[1] Wir bewegen uns damit durchaus im Rahmen der Mehrsprachigkeitsdidaktik (s. Meißner & Reinfried 1998). Uns geht es jedoch in diesem Beitrag nicht um das Herstellen von Beziehungen zwischen verwandten Sprachen oder den Vergleich der gelernten Schulsprachen untereinander, sondern wir akzentuieren das Miteinbeziehen derjenigen sprachlichen und kulturellen Erfahrungen, die die SchülerInnen in ihren (auch außerschulischen) Biographien aufgenommen haben.

[2] Wenn wir uns zum Teil kritisch äußern, bezieht sich diese Kritik natürlich auch nur auf diese spezifischen Aspekte.

Diese Schwerpunkte ergaben sich zum einen durch unser Erkenntnisinteresse. Zum anderen fielen uns nach der Durchsicht beider Lehrwerke diese Vergleichspunkte als besonders ergiebig auf, weil die Herangehensweise der Lehrwerkkonzeptionen hier stark voneinander abwich. Bei *Découvertes* beziehen wir uns auf den ersten und vierten Band der "série verte" (Beutter et al. 1994, 1997), bei *Passages* ausschließlich auf den ersten Band (Bergér et al. 1998).

2. Analyse der Lehrwerke
2.1 Die Lehrbuchpersonen

Zunächst zu *Découvertes*: Im Mittelpunkt stehen verschiedene französische Mittelschichtsfamilien, wobei die Kinder dieser Familien die Hauptakteure der Episoden sind. Die Hauptidentifikationsfigur ist Julien Rigot, der mit seiner Familie nach Paris umzieht und dann im Laufe der Zeit andere Jugendliche kennenlernt. Neben diesen "typisch französischen" Jugendlichen machen die Lernerinnen und Lerner Bekanntschaft mit Ahmed, einem Jungen, der durch seinen arabischen Namen auffällt. Ahmed erscheint zum erstenmal unvermittelt innerhalb einer Übung der dritten Lektion, wo er als Lucs Freund vorgestellt wird (vgl. Beutter et al. 1994: 27). In den folgenden Lektionen tauchen er wie auch seine Schwester Yasmina und seine Eltern sporadisch wieder auf. Man erfährt, daß Ahmed oft Inline-Skates fährt, daß er zu Hause häufig hilft und daß seine Eltern ein Lebensmittelgeschäft haben, das allerdings kurz davor ist, geschlossen zu werden. Uns fällt auf, daß Ahmed und seine Familie zum einen völlig integriert und assimiliert erscheinen, ihr kultureller Hintergrund dabei aber auffällig blaß bleibt. So erfährt man zum Beispiel gar nicht, aus welchem Land die Familie kommt, welche Sprache sie außer Französisch spricht und wie lange sie schon in Frankreich lebt. Im Lebensmittelgeschäft der Eltern werden keinerlei Lebensmittel verkauft, die typisch für den arabischen Raum sein könnten.

Wenn es um das Lernen von Verwandtschaftsbeziehungen geht, ist es ebenfalls die "typische" französische Familie, die als Beispiel genommen wird (vgl. ebd.: 35).

Passages wählt im Hinblick auf die Lehrbuchfiguren einen anderen Zugang: Bereits in einem deutschsprachigen Vorspann wird eine Gruppe von sieben Jugendlichen mit unterschiedlichen familiären und kulturellen Hintergründen präsentiert: Sie sind die Protagonisten der (Abenteuer-)Geschichte des Lehrbuchs, das nach dem *Story-line*-Prinzip konstruiert ist. Die Jugendlichen lernen sich im Urlaub auf einem Campingplatz in der Nähe von Marseille kennen. Dort finden sie ein Segelschiff, das sie auf einer Abenteuerreise in einige frankophone Länder Afrikas bringt.

Bei der Vorstellung der Jugendlichen fällt uns auf, daß jeder mit sehr persönlichen und auch emotionalen Charakterzügen vorgestellt wird. In bezug auf unsere Thematik ist weiterhin interessant, daß zwei der Jugendlichen, die offensichtlich nicht französischer Herkunft sind, im Hinblick auf ihren kulturellen Hintergrund durchaus unterschiedlich eingeführt werden. Während bei Ahmadou, einem schwarzafrikanischen Jungen, der kulturelle und sprachliche Hintergrund völlig ausgeblendet bleibt, erscheint Feisal von vornherein als jemand, der mit seiner Existenz als Einwanderer in Frankreich Probleme hat. So beschreibt ihn Marion, das Mädchen aus Berlin, schon im Vorspann folgendermaßen: "Ich glaube, er fühlt sich nicht besonders wohl hier und hat Heimweh nach Marokko. Er ist oft im Hafen und fährt gerne mit zum Fischen." (Bergér et al. 1998: 9.) Darüber hinaus erfahren wir über Feisal, daß er bei seinen Eltern in Marseille wohnt, wohingegen der Rest seiner Familien in Fès lebt. Als die Jugendlichen auf ihrer Abenteuerreise nach Fès gelangen, besuchen sie dort die Großeltern von Feisal. Sie bzw. damit auch die Schülerinnen und Schüler lernen auf diese Weise den sprachlichen und kulturellen Hintergrund des aus Marokko stammenden Freundes kennen. Am Beispiel dieser marokkanischen Familie, von der ein Teil nach Frankreich emigriert ist, werden ihnen auch die französischen Bezeichnungen für Familien- und Verwandtschaftsverhältnisse vermittelt (ebd.: 60).

Die Gegenüberstellung zeigt: *Passages* stellt den Schülerinnen und Schülern eine Gruppe von Jugendlichen mit unterschiedlichen kulturellen Biographien vor, die durch ihre Individualität und Emotionalität besonders zur Identifikation einladen. Durch die unterschiedliche Weise, mit der einerseits Ahmadou, andererseits Feisal mit ihrer Existenz als Einwanderer umgehen, werden Klischees über Ausländer in Frankreich vermieden. Kulturelle Zusammenhänge werden explizit zum Thema der Handlung gemacht. In *Découvertes* sind die Protagonisten hingegen in erster Linie monolingual und monokulturell aufgewachsene französische Jugendliche. Ahmed und seine Familie tauchen zwar als "Ausländer" auf, jedoch bleiben kulturelle Themen und Fragen, die anhand dieser Familie hätten integriert werden können, bewußt oder unbewußt ausgeblendet.

2.2 Inhaltsebene: *Frankophonie* und *Mehrsprachigkeit*

Das Thema **Frankophonie** wird in *Découvertes* erstmals im 4. Band innerhalb einer sogenannten *Unité mobile* behandelt (vgl. Beutter et al. 1997: 71 ff.), in den ersten drei Bänden kommt das Thema nicht vor. Zunächst wird anhand von Fotos und eines Liedes Kanada angesprochen, es folgt ein kurzer lexikonartiger Informationstext darüber, was **Frankophonie** bedeutet. Ein fiktionaler Text eines senegalesischen Autors zum Thema "Trockenheit" schließt sich an. Dann folgt ein Auszug aus einem Theaterstück eines Autors der Elfenbeinküste zum Thema "Fortschritt und Tradition". Komplettiert wird die Einheit durch einige Übungen zur Stilistik und Grammatik. Auffällig an dieser Zusammenstellung ist einerseits ein sehr kognitiver Zugang des auf Faktenwissen abzielenden Informationstextes (vgl. ebd.: 72) und andererseits die Repräsentation der Länder durch literarische Texte.

In *Passages* ist **Frankophonie** nicht Thema einer einzelnen Lektion, vielmehr liegt sie dem gesamten ersten Band zugrunde, da die Abenteuerreise eine "Reise in die Frankophonie" ist. Die Jugendlichen gelangen nach Marokko, in den Senegal und nach Martinique. Schon ganz zu Beginn des Bandes wurden die Schülerinnen und Schüler einleitend aufgefordert zu überlegen, in welchen Ländern überhaupt Französisch gesprochen wird (Bergér et al. 1998: 13).

Wir möchten exemplarisch die Präsentation des Senegal näher betrachten, da dieses Land in beiden Lehrwerken behandelt wird. In *Découvertes* wird der Senegal durch eine fiktionale Geschichte eines senegalesischen Autors mit dem Titel "Sécheresse"

243

präsentiert (Beutter et al. 1997: 73 ff.). Es geht um das Problem der Trockenheit und der Hungersnot in einem Dorf. Die Lösung des Problems ist außergewöhnlich. Die Hauptfigur erschreckt Pelikane, die dann die von ihnen gefangenen Fische aus dem Schnabel fallen lassen. Die Hauptszenen werden durch gemalte Bilder veranschaulicht.

In *Passages* (Bergér et al. 1998: 91) wird den Schülerinnen und Schülern eine kurze Information in deutscher Sprache über den Senegal gegeben, die sich besonders auf die sprachliche Situation (Französisch vs. Wolof) bezieht. Ansonsten ist die Begegnung mit dem Senegal in die Abenteuergeschichte integriert, indem die Jugendlichen an die senegalesische Küste getrieben werden. Dort lernen sie einen senegalesischen Jungen kennen, der ihnen einige Sehenswürdigkeiten zeigt. So erleben sie die Menschen in Alltagssituationen, die trotz der offensichtlichen Andersartigkeit (Kleidung, Märkte) jedoch nicht übermäßig fremd oder exotisch dargestellt werden. Auch die Gesprächssituationen der Jugendlichen mit dem senegalesischen Jungen wirken selbstverständlich. Man erhält realitätsnahe Eindrücke, die durch abgedruckte Fotos noch verstärkt werden. Ein Markt, verschiedene Läden und der Busbahnhof werden präsentiert. Die Schülerinnen und Schüler lernen die Hauptstadt Dakar kennen, da eine der Lehrbuchpersonen die Post sucht, um zu Hause anzurufen. Wie selbstverständlich sprechen die Jugendlichen eine senegalesische Passantin an, die ihnen den Weg erklärt. Auf diese Weise werden die französischen Begriffe für Wegbeschreibungen und Ortsangaben vermittelt.

Faßt man die genannten Aspekte zusammen, so zeigt sich: Das Thema **Frankophonie** wird in *Découvertes* in Form einer Lehrbucheinheit erst in einer sehr späten Phase des Französischunterrichts behandelt. In *Passages* hingegen dominiert das Thema den ganzen ersten Band. Der traditionelle Weg, über Frankreich und Paris die französische Sprache zu lernen, wird zugunsten einer multiperspektivischen Sichtweise aufgegeben. Frankreich kommt im ersten Band zunächst nur in der Erinnerung der Jugendlichen vor. In den folgenden zwei Banden steht es dann allerdings im Mittelpunkt.

Im Umgang mit kultureller Fremdheit verfolgen die beiden Lehrwerke ebenfalls unterschiedliche Ansätze. *Découvertes* – so scheint es uns – will die Schülerinnen und Schüler durch die Darstellung von exotischer Fremdheit motivieren, wobei gängige Klischees (trockenes, hungerndes und geheimnisvolles Afrika) aufgenommen werden und als Motivation dienen sollen. *Passages* zeigt zwar die Andersartigkeit frankophoner Länder, stellt jedoch Übereinstimmungen in Bezug auf kommunikatives Verhalten und Alltagsprobleme in den Mittelpunkt.

Ein anderer Aspekt, dem wir besondere Aufmerksamkeit geschenkt haben, ist der Umgang mit Mehrsprachigkeit. Das Lehrwerk *Passages* führt zunächst die Lehrbuchfiguren aus der Perspektive der beiden deutschen Jugendlichen anhand eines deutschsprachigen Textes ein. Schon hier wird erwähnt, daß die Jugendlichen sich zum Teil auf Englisch verständigen, weil einer von ihnen die französische Sprache noch nicht gelernt hat. Im Verlaufe des ersten Bandes gibt es immer wieder Situationen, in denen sowohl die deutsche Sprache als auch die Sprache der besuchten Länder in die Texte integriert werden. Bei dem Besuch der Großeltern Feisals in Fès wird die Kommunikation zwischen den Jugendlichen und der Familie explizit als mehrsprachig charakterisiert: "... tout le monde parle en même temps, un peu en français, un peu en arabe et surtout avec les mains." (Bergér et al. 1998: 58.) Wie oben bereits kurz erwähnt, wird bei den einleitenden Informationstexten über die verschiedenen frankophonen Länder die Mehrsprachigkeit, die in diesen Ländern das Leben prägt, besonders hervorgehoben. Für *Passages* ist somit insgesamt ein offener Umgang mit Mehrsprachigkeit charakteristisch. Vielsprachigkeit, Sprachmischung und Sprachwechsel in der alltäglichen Kommunikation werden keineswegs ausgeblendet, sondern eher hervorgehoben.

In *Découvertes* wird durchgängig von allen Figuren Französisch gesprochen. Auch in der Einheit über **Frankophonie** finden die Landessprachen oder die Vielsprachigkeit innerhalb der vorgestellten frankophonen Länder keine Erwähnung. Lediglich in dem Informationstext wird in wenigen knappen Sätzen auf den unterschiedlichen Status der französischen Sprache in den verschiedenen frankophonen Ländern hingewiesen.[3]

2.3 Übungen im Sinne einer Didaktik der Mehrsprachigkeit und Mehrkulturalität

Découvertes hat an verschiedenen Stellen Übungen integriert, die die Schülerinnen und Schüler dazu anhalten, französische Worte und Wortbildungsregeln mit denen des Englischen und des Deutschen zu vergleichen (z. B. Beutter et al. 1994: 55). Als Vergleichssprachen werden die Ausgangssprache Deutsch sowie die üblicherweise als erstes gelernte Schulfremdsprache Englisch herangezogen. Im Sinne der Forschungen zum Tertiärsprachenunterricht (vgl. Bahr et al. 1995) ist also hier erkennbar: Die Autorinnen und Autoren sind sich bewußt, daß Französisch bereits die zweite Fremdsprache ist und man auf schulischen Sprachlernerfahrungen aufbauen kann. Zu erwähnen ist eine Übung am Ende der Lehrbucheinheit über Frankophonie, die betitelt ist mit "Parler une langue" (Beutter et al. 1997: 79). Ein deutscher Student trifft im Flugzeug einen jungen Tunesier. Beide unterhalten sich auf Französisch über die sprachliche Situation und Sprachlernerfahrungen in Tunesien. Allerdings ist diese Übung so angelegt, daß der deutsche Student fehlerhaft spricht und seine Fehler durch Kursivdruck hervorgehoben werden. Die Aufgabe für die Schülerinnen und Schüler besteht darin, diese Fehler zu korrigieren. Ihre Aufmerksamkeit wird auf sprachlich korrekte bzw. falsche Formulierungen gelenkt, nicht so sehr auf den Inhalt des Textes. Im Mittelpunkt steht also die Einhaltung einer sprachlichen Norm, nicht aber die Reflexion über Mehrsprachigkeit, Sprachlernprozesse oder die (schul-)sprachenpolitische Situation in Tunesien.

Passages integriert ebenfalls Übungen zum Sprachvergleich, stellt jedoch die gelernten Schulfremdsprachen nicht in den Mittelpunkt. So werden die Schülerinnen und Schüler z. B. aufgefordert nachzudenken, ob auch "in anderen Sprachen [...] ausgerechnet die wichtigsten Verben unregelmäßig" sind (Bergér et al. 1998: 31). So wird also zu einer

---

[3] Vgl. zu diesem Punkt auch Blyth (1995: 169): "One of the most insidious but least recognised myths that such textbooks perpetuate is the myth of cultural and linguistic homogeneity, the myth that foreign language speakers are 'unified subjects'. While there are encouraging signs of a multicultural trend in textbook publication, most foreign language textbooks depict foreign personages – real or imagined – as bearing a striking resemblance to Chomsky's 'ideal speaker-listener'; they inhabit a homogeneous speech community and they know the language perfectly. In other words, the people populating textbooks are almost always monolingual native speakers – monolingual Parisians, monolingual Berliners, monolingual Madrileños."

Reflexion über Sprachen allgemein angeregt, womit auch die verschiedenen Muttersprachen der Schülerinnen und Schüler in den Blick rücken. An anderer Stelle wird der Hinweis auf das französische Wort *truc* gegeben, das alle möglichen Gegenstände bezeichnen kann. Es schließt sich die Frage an: "Welches Wort würdest du dafür in deiner Sprache verwenden?" Hier zeigt sich: Die Autorinnen und Autoren sind sich durchaus bewußt, daß sich in den Klassen keineswegs nur Jugendliche mit Deutsch als Muttersprache befinden. Die anderen Herkunftssprachen werden auf diese Weise in die Reflexion über Sprachen und Kulturen miteinbezogen. Dies zeigt sich auch an Arbeitshinweisen, die direkt auf die Erfahrungen der Mitschülerinnen und Mitschüler in anderen Ländern Bezug nehmen. In der Lektion über Marokko wird neben dem Informationstext aufgefordert: "Wenn du noch mehr über Marokko erfahren willst, gibt es verschiedene Möglichkeiten: Frage deine marokkanischen Mitschülerinnen und Mitschüler oder schlage in einem Lexikon oder einem Reiseführer nach." (Ebd.: 53.)

3. Fazit

Unsere Ausgangsfrage war: Gibt es Ansätze einer Didaktik der Mehrsprachigkeit und Mehrkulturalität in der neuen Generation der Französischlehrwerke? Man kann diese Frage nach unserer Analyse durchaus mit "ja" beantworten. In beiden von uns untersuchten Lehrwerke sind Ansätze vorhanden. Allerdings unterscheiden sie sich in bezug auf Zugangsweise und Intensität beträchtlich. In *Découvertes* haben sich die Verfasserinnen und Verfasser durchaus bemüht, für die Thematik relevante Themen einzubauen. So kommt eine offensichtlich maghrebinische Familie vor, so wird Frankophonie in einer Einheit behandelt, so werden Bezüge zu gelernten Schulfremdsprachen hergestellt. Migration, Mehrsprachigkeit und kulturelle Identifikation werden jedoch in ihrer **existentiellen** Bedeutung nicht zum Thema gemacht. *Découvertes* verfolgt somit unseres Erachtens – trotz erkennbarer und ausbaufähiger Ansätze – ein eher traditionelles Vorgehen.

Passages hingegen setzt offensichtlich einen ausgesprochenen Akzent auf die Thematik. Nicht nur daß Mehrsprachigkeit und Mehrkulturalität in verschiedenen Formen häufig thematisiert werden, nicht nur daß durch die Schwerpunktsetzung auf frankophone Länder im ganzen ersten Band eine plurikulturelle Perspektive (im Gegensatz zu einer binationalen Perspektive) eingenommen wird – das Besondere ist der narrative Zugang, durch den die Schülerinnen und Schüler selbst Teil der Geschichte werden (vgl. dazu auch Schwerdtfeger 1996). Sie erleben die Lehrbuchpersonen mit geringer Distanz, sie gehen quasi mit ihnen auf Reisen. Dadurch lernen sie auch die verschiedenen Länder nicht als Teil von abfragbarem Unterrichtsstoff kennen, sondern als Orte, in die man durchaus fahren und in denen man durchaus leben kann. Der Bezug zwischen Lernerinnen und Lernern sowie den zu vermittelnden Inhalten ist somit eng. Zu persönlichen Bezugnahmen wird ständig eingeladen. Mehrsprachigkeit und Mehrkulturalität werden ebenfalls auf diese Weise miteinbezogen, so daß die Schülerinnen und Schüler auch diese Themen leicht mit sich selbst, also auch ihrer persönlichen sprachlichen und kulturellen Identität, in Verbindung bringen können.

Literaturangaben

Bahr, Andreas, et al. (1995): *Forschungsgegenstand Tertiärsprachenunterricht. Ergebnisse und Perspektiven eines empirischen Projekts.* (Manuskripte zur Sprachlehrforschung 37.) Bochum: Brockmeyer.

Bauer, Hannspeter (1995): "Von der babylonischen Sprachverwirrung zum internationalen Diskurs." *Praxis des neusprachlichen Unterrichts* 42, 227–232.

Bergér, Nicole, et al. (1998): *Passages.* Bd. 1. Frankfurt a.M.: Diesterweg.

Beutter, Monika, et al. (1994, 1997): *Découvertes.* Série verte. Bd. 1 und 4. Stuttgart: Klett.

Blyth, Carl (1995): "Redefining the Boundaries of Language Use: The Foreign Language Classroom as a Multilingual Speech Community." In: Claire Kramsch (Hrsg.): *Redefining the Boundaries of Language Study.* Boston: Heinle & Heinle, 145–184.

Bredella, Lothar (1997): "Interkulturelles Verstehen im Fremdsprachenunterricht: Do the right thing von Spike Lee." In: Gunter Jarfe (Hrsg.): *Literaturdidaktik – konkret. Theorie und Praxis des fremdsprachlichen Literaturunterrichts.* Heidelberg: Winter, 163–181.

Bredella, Lothar, Christ, Herbert & Legutke, Michael K. (Hrsg.) (1997): *Thema Fremdverstehen.* Tübingen: Gunter Narr.

Bronfen, Elisabeth & Marius, Benjamin (Hrsg.) (1997): *Hybride Kulturen. Beiträge zur anglo-amerikanischen Multikulturalismus-Debatte.* Tübingen: Stauffenberg.

Delanoy, Werner (1993): "'Come to Mecca': Assessing a literary text's Potential for Intercultural Learning." In: Werner Delanoy, Johann Köberl & Heinz Tschachner (Hrsg.): *Experiencing a foreign culture. Papers in English, American and Australian Studies.* Tübingen: Narr, 275–299.

Hermann-Brennecke, Gisela (1992): "Ob mit ausländischen Kindern in der Klasse oder ohne sie. Die fremde Zunge bringt es an den Tag." In: Dieter Buttjes & Friederike Klippel (Hrsg.): *Neue Brennpunkte des Englischunterrichts.* Frankfurt: Lang, 222–234.

Hu, Adelheid (1997): "Warum '*Fremd*verstehen'? Anmerkungen zu einem leitenden Konzept innerhalb eines interkulturell verstandenen Fremdsprachenunterrichts." In: Bredella, Christ & Legutke 1997, 34–54.

Hu, Adelheid (1998): "Lebensweltlich zweisprachige Schülerinnen und Schüler im Fremdsprachenunterricht." In: Bundeszentrale für Politische Bildung (Hrsg.): *Interkulturelles Lernen. Arbeitshilfen für die Politische Bildung.* Bonn: Bundeszentrale für Politische Bildung, 248–265.

Hu, Adelheid (1999): "'Identität' und Fremdsprachenunterricht in Migrationsgesellschaften." In: Lothar Bredella & Werner Delanoy (Hrsg.): *Interkultureller Fremdsprachenunterricht.* Tübingen: Narr, 209–239.

Krumm, Hans-Jürgen (1994): "Interkulturelles Lernen im Fremdsprachenunterricht." In: Karl-Richard Bausch et al. (Hrsg.): *Interkulturelles Lernen im Fremdsprachenunterricht.* Tübingen: Narr, 116–127.

Liedke, Martina (1999): "Interkulturelles Lernen in Lehrwerken Deutsch als Fremdsprache". In: Armin Wolff (Hrsg.): *Materialien Deutsch als Fremdsprache. Beiträge der 26. Jahrestagung DaF 1998.* Regensburg (erscheint).

Meißner, Franz-Joseph & Reinfried, Marcus (Hrsg.): *Mehrsprachigkeitsdidaktik.* Tübingen: Narr.

Müller, Martin, et al. (1996): *Moment mal. Lehrwerk Deutsch als Fremdsprache*. Berlin u. a.: Langenscheidt.

Schinschke, Andrea (1995): *Literarische Texte im interkulturellen Lernprozeß. Zur Verbindung von Literatur und Landeskunde im Fremdsprachenunterricht Französisch*. Tübingen: Narr.

Schumann, Adelheid (1997): *Leben zwischen zwei Kulturen: Interkulturelle Konflikte in der Littérature beur*. Vortrag, gehalten beim 17. Kongreß für Fremdsprachendidaktik der DGFF in Koblenz.

Schwerdtfeger, Inge Christine (1996): "Ansätze für eine anthropologische Begründung der Didaktik des Unterrichts Deutsch als Fremdsprache." *Info DaF* 23, 430–442.

Thürmann, Eike (1994): "Handlungsorientierung im Fremdsprachenunterricht." In: Landesinstitut für Schule und Weiterbildung (Hrsg.): *Ergebnisse und Perspektiven der Lehrplanarbeit*. Soest, 169–194.

Thürmann, Eike (1995): "Interkulturelle Erziehung und Mehrsprachigkeit: Modelle und Beispiele aus der schulischen Praxis." In: Berliner Institut für Lehrerfort- und -weiterbildung und Schulentwicklung (Hrsg.): *Interkulturelle Erziehung in den großen Städten Europas*. Berlin: Heßler, 139–161.

Thürmann, Eike (1997): "Wege zur Mehrsprachigkeit: Thesen zur Grundlegung eines Modellversuchs." In: Landesinstitut für Schule und Weiterbildung (Hrsg.): *Wege zur Mehrsprachigkeit – Informationen zu Projekten des sprachlichen und interkulturellen Lernens*, H.1, Soest, 9–19.

Wotschke, Sharon (1997): "Das Aushandeln einer bikulturellen Identität: Aimee Lius 'Face'." In: Bredella, Christ & Legutke 1997, 304–312.

Franz Rudolf Weller
Literarische Kleinformen der europäischen Gegenwartsliteratur als überfachliches und interlinguales Thema des Fremdsprachenunterrichts – erläutert am Beispiel fiktionaler Kurzprosa

1. Literaturdidaktische Vorbemerkungen

Der unschätzbare Wert des fremdkulturellen Literaturunterrichts wird heute von niemandem mehr ernsthaft bestritten. Vorbei scheint die Zeit einer "lebensgefährlichen literarischen Auszehrung" (Nies 1995: 15), einer "radikalen Entliterarisierung des Muttersprachen- wie des Fremdsprachenunterrichts" (Nies 1996: 22 f.). Andererseits hat F. Mundzeck darauf hingewiesen, dass sich der Literaturunterricht der Oberstufe von der exklusiven, oft ermüdend langen Behandlung klassischer und schon im historischen Sprachstand schwieriger Werke entfernt habe. Der Schwerpunkt liege auf der Lektüre neuerer Literatur, die den Leser als Zeitgenossen direkter ansprechen könne (vgl. Mundzeck 1995: 47).

Im Folgenden möchte ich einen Schritt weiter gehen und – in Fortsetzung einiger in den vergangenen Jahren publizierter Überlegungen zum fremdsprachlichen Literaturunterricht (vgl. Weller 1994, 1995a, 1995b, 1998) – am Ausgang der novellistischen Erzähltradition erneut auf das didaktische Potential literarischer Kleinformen, hier insbesondere kurzer Prosafiktionen hinweisen.

Die Literatur des Fremdsprachenunterrichts lebt in den einfachen Formen, den literarischen Kleingattungen (*genres mineurs*), weil der Literaturunterricht in allen Sprachfächern eine natürliche Affinität zur Kürze hat. Der Literaturwissenschaftler A. Jolles hat in seinem richtungsweisenden Hauptwerk *Einfache Formen* (1930) die These vertreten, dass die literarischen Kleinformen weniger verfestigt und endgültig ausgeprägt seien als die großen literarischen Kunstformen und daher offen für Modifikationen und Variationen. In literaturdidaktischer Hinsicht begünstigt dieser Kunstcharakter der "formes brèves" einerseits eine "hybride" Textvielfalt; er ermöglicht andererseits in der Praxis des Literaturunterrichts kreative Freiräume, und zwar schon in einem frühen Stadium des Fremdsprachenlernens.

Insofern versteht sich der Beitrag auch als ein Plädoyer gegen den literarischen Eintopf wie gegen die Routine des Lehrers, vor allem gegen die "aus Sorge vor Überforderung (...) künstlich fabrizierte Babynahrung von Pädagogentexten" (Nies 1996: 23). Wer als Französischlehrer oder -lehrerin nicht nur lesen will, was schon immer auf dem Markt war und deshalb gelesen wurde, ist leider auf kostenaufwendige Eigeninitiativen angewiesen; denn die kurzsichtige, weil unverblümt wirtschaftliche Sicht der Schulbuchverlage – nach dem Motto: *argent oblige* – ist bekannt. Die Folgen: Stagnation in der Produktion wirklich neuer Lektüreausgaben, Reproduktion bewährter "Schulklassiker" mit ein bisschen Cover-Kosmetik; Übernahme ausländischer, vor allem französischer Ausgaben ("en français facile"!), die nicht für eine deutsche Schülerpopulation konzipiert sind, sondern für einen internationalen "Markt" mit sicherer Rendite. Wenn der Ausverkauf ehemals renommierter, seriös arbeitender kleinerer Schulbuchverlage an riesige Medienkonzerne weitergeht, gehört die deutsche Schulausgabe für den fremdsprachlichen Literaturunterricht bald der Vergangenheit an.

2. Zur Meisterschaft des 'dichten Stils' am Beispiel kurzer Prosafiktionen

Kürze ist zwar ein altes Stilideal, in der antiken Rhetorik sogar ein wesentliches Qualitätsmerkmal der *narratio*; aber in der Literaturwissenschaft gilt häufig noch die Lehrmeinung, erst die Quantität schaffe die Voraussetzung für bestimmte qualitative Möglichkeiten der Dichtung. Natürlich ist *court* der übliche, geläufige umgangssprachliche Ausdruck für dt. **kurz**, aber keineswegs ein Synonym von *bref*, das einen quantitativen und qualitativen Aspekt vereinigt und sich – ganz im Sinne des lat. *brevitas*-Ideals – hauptsächlich auf die Form der Rede bezieht. Dt. **Kurzgeschichte** und engl. *Short story* werden hier und da mit *histoire brève* übersetzt, das sich als Terminus bisher allerdings nicht durchgesetzt hat. Der französische Literaturwissenschaftler A. Montandon verwendet in seiner einschlägigen Studie *Les formes brèves* auch den Begriff *micro-histoire*. Zur Bedeutung der Kürze heißt es: "La brièveté est le résultat d'une intention délibérée envers le lecteur, afin de créer un choc pour une reconnaissance identificatrice du lecteur ou un rejet" (Montandon 1992: 12), und wenig später: "Le bref ouvre le dialogue de l'absence et de la présence, du réel et de l'image." (Ebd.: 13) Auf diese "structure d'appel" werde ich gleich zurückkommen. Kurzgeschichten sind keine schriftstellerischen Nebenprodukte, kein literarisches Kleinvieh, wie die internationale Entwicklung dieser Gattung belegt. G. Wohmann, die zu den herausragenden Vertreterinnen der deutschen Kurzgeschichte gehört, sagt treffend: "Kürze ist die Schwester des Talents." (Wohmann 1993: 7) Nachdem das Gattungsmodell **Kurzgeschichte** – im Kontext ähnlicher literatursoziologischer und leserpsychologischer Grundbedingungen – auf dem Feld der Gegenwartsliteratur internationalen Rang erlangt hat, spielen auch in der französischen Gegenwartsliteratur kurze Prosafiktionen quantitativ und qualitativ eine unübersehbare Rolle. (Vgl. Weller 1995a und b; Godenne 1989, 1992)

Im Hinblick auf die sprachlichen Fächer der Schule wäre es daher lernökonomisch und curricular sinnvoll, aus dieser weltliterarischen Entwicklung, an der die romanischen Gegenwartsliteraturen einen hohen Anteil haben, ein literaturdidaktisches Kooperationsmodell zu entwickeln, ganz im Sinne des neuerdings wieder geforderten fächerverbindenden und sprachenübergreifenden Unterrichts. So gehören zu den neuen Aspekten des Fremdsprachenlernens in den *Richtlinien und Lehrplänen* für die Fremdsprachen in der gymnasialen Oberstufe Nordrhein-Westfalens u. a. das fächerübergreifende Lernen und Arbeiten sowie die kooperative Nutzung der eigenen Mehrsprachigkeit. Die Realisierbarkeit eines sprachenübergreifenden Literaturunterrichts hängt natürlich von den Fremdsprachenkenntnissen sowohl der Lehrenden wie der Lernenden ab. Die Fächerkombinationen mancher Schulromanisten und vieler Studenten im Lehramtsstudium erschweren einen mehrsprachigen Literaturunterricht, ja machen ihn im Medium der fremden Sprachen unmöglich. Anders als in einschlägigen Bereichen der literaturwissenschaftlichen Forschung sind Mehrsprachigkeit und Fremdsprachigkeit in der Fremdsprachenlehre bis heute ein hochschuldidaktisches Defizit, was zur Folge haben muss, dass die schönen Verlautbarungen der neuen Richtlinien kurzfristig nicht in der Schulpraxis umgesetzt werden können: dass nämlich die Ziele und möglichst auch die Inhalte der einzelnen Sprachfächer aufeinander bezogen und dass kooperative, über die einzelne Fremdsprache hinausgreifende Lern- und Arbeitsprozesse entwickelt werden. Aber selbst wenn die fremdsprachigen Voraussetzungen gegeben sind, ergeben sich möglicherweise weitere Schwierigkeiten: Trans- oder interdisziplinäres Denken, Planen und Arbeiten setzt ein Umdenken im Kollegium voraus; alle Sprachlehrer, Deutsch- wie Fremdsprachenlehrer (warum nicht auch die altsprachlichen Kollegen?) müssten miteinander reden, Programme verabreden, sich thematisch abstimmen, Texte und Klausuren austauschen, so dass z. B. der Französisch- oder/und Spanischlehrer auf dem aufbauen oder das voraussetzen kann, was im Deutschunterricht und im Unterricht der früher gelernten Fremdsprache vermittelt worden ist.

3. Zur Auswahl kurzer Prosafiktionen für den Fremdsprachenunterricht

Ein Plädoyer für kleine literarische Texte schon in der elementaren Spracherwerbsphase (Lehrwerkphase) muss natürlich die Rezeptionsmodi fremdsprachiger Texte auf dieser Lern- und gegebenenfalls Altersstufe berücksichtigen, die Erfahrungs- und Erlebnishorizonte sowie die Möglichkeiten sprachlicher Eigenaktivitäten der Schülerinnen und Schüler bedenken. Kloepfer & Melenk (1978: 21) haben schon in einem vor mehr als 20 Jahren erschienenen Aufsatz darauf hingewiesen, dass es "einen breiten Überschneidungsbereich zwischen alltäglicher und literarischer Kommunikation gibt". Auf der Skala unterschiedlicher Komplexionsstufen der Beschäftigung mit Literatur im Fremdsprachenunterricht sind zunächst Texte unterhalb einer Seite Umfang anzusiedeln, deren Textsortenvielfalt deskriptiv-anekdotisch (in der Nähe des *fait divers*), aphoristisch-pointiert (im Sinne einer Kalendergeschichte) oder meditativ-monologisch als Momentaufnahme (wie Robbe-Grillets *Instantanés*) strukturiert sein kann: literarische Miniaturen mit z. T. erstaunlicher Tiefenwirkung. Die Kürze, die Konzentration des "Geschehens" ("Handlung" wäre oft schon zu viel gesagt) auf ein räumlich und zeitlich äußerst eingeschränktes, aber thematisch hervorgehobenes Ereignis charakterisiert insbesondere eine Untergattung der kurzen Prosafiktionen, die im Deutschen als **Kürzestgeschichten**, im Englischen ganz einfach als *Short Short Stories* und im Spanischen als *Cuentos brevísimos* (vgl. Graf von Nayhauss 1982; Nischik 1993; Brandenberger 1994) bezeichnet werden; im Französischen wird gelegentlich der Gattungsbegriff *conte très bref* oder *récit très court* verwandt.

In der Einleitung zu seinen 52 *Flash-Geschichten* schreibt Iso Camartin (1998:11), der als Literaturwissenschaftler an der Universität Zürich lehrt: "Ein Flash ist ein aufblitzendes Licht. Ein sprühender Funke. Das kurze strahlende Leuchten einer Einzelheit in einem Ganzen. In einem Flash-Geschehen wird ein Detail überbeleuchtet. Dadurch fällt es auf und zieht an. Im Hintergrund sollte etwas vom Ganzen wahrnehmbar werden." Dafür möchte ich im Folgenden ein Beispiel geben.[1] Es stammt von Jean Paul Dubois (Jg. 1950), "grand reporter" beim *Nouvel Observateur*, Autor mehrerer Kurzgeschichten-Sammlungen:

Mèche
C'était sans doute à cause de la mèche et de la moustache. En tout cas mes copains y me disaient toujours : « Tu ressembles à Hitler. » Hier j'en ai eu marre. J'ai rasé la moustache et coupé la mèche. Quand je suis arrivé au café, mes potes y se sont arrêtés de boire, comme si c'était un étranger qui rentrait. Puis j'ai entendu une voix qui a dit : « Tiens, Hitler est allé au coiffeur. »

Anaphorisch, ohne Vorinformation, erzählt das jugendliche Opfer von seiner Diskriminierung, ja Ausgrenzung aus der schulischen Wir-Gruppe "comme si c'était un étranger". Gerade mit solchen "Alltagschroniken" (wie der Autor selbst seine Geschichten nennt) kann man dem Vorwurf begegnen, *court* sei gleich *facile*! "Literatur lesen" verlangt auf dieser frühen Lernstufe Freiräume und Anreize zur Reaktion z.B. auf den offenen Schluss, bei denen auf differenzierte textanalytische Operationen verzichtet werden sollte. Gerade auf der motivationsschwachen Mittelstufe (Sekundarstufe I) kann dem Trend zu pseudoliterarischen, kanalisierten Texten ("en français facile") durch die Auswahl kurzer literarischer Texte mit einfacher Struktur, aber "kognitiver Dissonanz" (vgl. Schubert 1997) entgegengewirkt werden.

Ich lasse ein zweites Beispiel desselben Autors folgen, um auf die Möglichkeit zu verweisen, abgelöst vom Verfahrensvorbild der Arbeit mit Lehrbuchtexten und jenseits der platten, vordergründigen Eindeutigkeit ihrer Inhalte, fiktionalisierte "Realität" und entpragmatisierte Sprache statt didaktisch simulierter "Authentizität" zu vermitteln:

Heures
Il est quatre heures de l'après-midi. Je suis dans la salle de bains. J'ouvre les robinets de la baignoire, du lavabo, je m'assieds sur la lunette des toilettes et les yeux fermés j'écoute le bruit de l'eau.
Il est cinq heures de l'après-midi. Je suis dans mon fauteuil, je regarde la télévision sans le son et je mange des dattes. Je crache les noyaux sur la tête de mon chien.
Il est six heures de l'après-midi. Je suis allongé sur mon lit et, sans quitter ma montre des yeux, je retiens ma respiration le plus longtemps possible. Je dépasse largement la minute.
Il est sept heures du soir. Je suis dans la cuisine, je branche mon transistor à ondes courtes et j'écoute parler des gens dont je ne comprends pas la langue.
Il est sept heures trente. La journée est finie. Je vais me détendre un moment au salon.

Das absurde Verhalten des Monolog-"Erzählers", der die Zeit, den *ennui* sozusagen spatialisiert, erinnert in der offenen Fiktionalität einerseits an G. Perecs *Espèces d'espaces* (1975), in der anaphorischen Sprachstruktur andererseits an die aus der Geschichte des Fremdsprachenunterrichts bekannten Gouinschen Aktionsreihen. Auch

---

[1] Wegen des gedrängten Zeitplans der Sektionsarbeit war es auf dem Franko-Romanisten-Kongress leider nicht möglich, die literaturdidaktischen Ausführungen durch Beispiele zu konkretisieren. Dies soll in der für den Druck überarbeiteten Fassung des Vortrags z.T. wenigstens nachgeholt werden. Vgl. diesbezüglich auch Weller 1999.

hier ist rezeptionspsychologisch Dissonanz im Spiel, insofern sich der Leser an der mangelnden Übereinstimmung seines Wirklichkeitsverständnisses mit der "Realität" des Textes stört, so dass er gar nicht auf die Idee kommt, zu glauben, kurze Texte läsen sich schnell, so wie man "fast food" konsumiert. In der französischen Gegenwartsliteratur gibt es eine ganze Reihe von Autoren (Marcel Béalu, Jacques Jouet, Jacques Sternberg u. a.) und Autorinnen (Constance Delaunay, Anne Delmer, Claire Dé u. a.), die **Kürzestgeschichten** geschrieben haben. Ein Meister der kleinen Form ist auch Paul Fournel (geb. 1947, Mitglied des OULIPO-Kreises), der seine Reflexion über diese neue Gattung auf einem der jährlich stattfindenden *Festivals de la Nouvelle* von Saint-Quentin wie folgt schloss: "Für die Leser wird die Zeit kommen, zu verstehen, dass Kurztext nicht unbedingt kurze Lektüre bedeutet. Das Lesen von Kurztexten erfordert, ein wenig von eigenem Imaginären und viel von eigener Energie beizusteuern. Das könnte der Anfang einer neuen Leselust sein." (Fournel 1989: 157) In dem folgenden Interview-Text, der – je nach Jahrgangsstufe und Kenntnisstand der Schüler – kaum mehr als ein halbes Dutzend neuer Vokabeln enthält, bleibt die Frage offen: "Qu'est-ce que c'est pour vous l'enfance?"

Le sondage

Comme tout le monde, Mme Bouvier ne croyait pas aux sondages. Elle n'y croyait pas, puisqu'elle n'avait jamais été sondée ... Au lendemain du jour de son soixante-douzième anniversaire, elle dut pourtant réviser son jugement.
Elle fut sondée.
On ne lui demanda pas pour qui elle voulait voter; si on le lui avait demandé, d'ailleurs, elle n'aurait pas su quoi répondre, peut-être aurait-elle dit, pour gagner du temps : « Si mon mari était vivant, lui ... » Non, la jeune fille lui posa des questions sur l'enfance. C'était l'année de l'enfance, et on devait sonder les vieux, ce qui était la moindre des choses.
Elle lui posa des questions sur ses souvenirs, sur son école, sur ses enfants : des choses précises, des dates, des détails; et elle finit par la question la plus difficile – la plus difficile, en tout cas, pour quelqu'un qui était piqué debout au milieu de la place, qui se dandinait d'un pied sur l'autre depuis une demi-heure, et dont l'anse du cabas sciait la main.
Elle lui demanda:
– Qu'est-ce que c'est pour vous l'enfance?
Mme Bouvier lui répondit :
– L'enfance, c'est de pouvoir être danseuse ou charcutière.
La jeune fille nota, remercia et partit.
Longtemps après, quand Mme Bouvier y repensait – et elle y repensait souvent –, elle se demandait pourquoi elle avait dit « danseuse ».

Der für viele Kurzgeschichten offene Schluss ist oft der eigentliche Anfang einer neuen Geschichte: "D'une certaine façon", schreibt Claude Pujade-Renaud (1994: 104), die sich mit der Kurzgattung auch theoretisch beschäftigt hat, "à la fin d'une nouvelle, le narrateur et ses personnages se retirent sur la pointe des pieds, larguant le lecteur plus ou moins dans le vide et la solitude." Das erfordert vom Schüler als Leser eine wahrnehmungsgeschärfte Rezeptionshaltung, damit er den Text versteht (z. B. "Bouvier" = Ochsen-/Rinderhirt) und das, was zwischen den Zeilen steht.

Leider gibt es zur Kürzestgeschichte im Französischunterricht keine geeigneten Textsammlungen, kaum literaturdidaktische Sekundärliteratur über die beiden sicher bekannten Publikationen von Becker & Rück (1987) und Pohl (1993) hinaus. Es ist das große Verdienst von R. M. Nischik (1993: 191–229), in einem umfangreichen "Nachwort" zu ihrer Textsammlung *Short Short Stories Universal. Thirty Stories from the English-speaking World* systematisch und sozusagen gattungspoetisch auf diese neue Untergattung der Kurzgeschichte hingewiesen zu haben. Sie hat auch eine sehr lesenswerte Dissertation angeregt mit dem Titel *Die Kürzestgeschichte: Struktur und Wirkung* (Schubert 1997), in der zahlreiche Beispiele aus der deutschen, englischsprachigen, französischen, italienischen und spanischsprachigen Literatur kommentiert werden.

4. Fiktionale Kurzprosa als überfachliches, internationales Thema des Fremdsprachenunterrichts

Im Gegensatz zu den quasi kanonisierten, durch Lehrpläne, Verlage oder einfach Tradition festgeschriebenen Autoren und Werken für die Oberstufe/Sekundarstufe II fehlt es weithin an amtlichen Vorgaben oder didaktischen Vorschlägen für die literarische Komponente des Französischunterrichts auf der Sekundarstufe I. Die Richtlinien fast aller Bundesländer schweigen sich hier aus, und einige Schulbuchverlage bieten "authentische" Lektüren an, bei denen jede literarische Geschmacksbildung auf der Strecke bleibt. Die *Richtlinien und Lehrpläne für das Gymnasium – Sekundarstufe I – in Nordrhein-Westfalen – Französisch* von 1993 enthalten immerhin einige interessante Bemerkungen zur "Literaturarbeit" auf der Sekundarstufe I: vorab und vor allem die Feststellung: "Da Literatur wesentliches Element der soziokulturellen Wirklichkeit in Frankreich ist, erwerben die Schülerinnen und Schüler literarische Kenntnisse im altersspezifischen und kreativen Umgang mit sprachlich und inhaltlich einfachen literarischen Formen ..." (Richtlinien 1993: 42; vgl. auch S. 55 und 93) Richtig ist auch, dass "die Literaturarbeit (...) in spezifischer Weise Eigentätigkeit, Kreativität und individuelles Erleben (ermöglicht)." (S. 55) Es gehört aber nicht zum fremdsprachenunterrichtlichen Alltag und entspricht keineswegs der Realität, dass Schüler und Schülerinnen dieser Altersstufe – dazu noch im Medium der fremden Sprache – literarische Texte "produzieren" (S. 42), denn das würde eine literarästhetische Urteilsfähigkeit voraussetzen, die allenfalls auf der Oberstufe erreichbar ist. Die mit solchen blauäugigen Kreativitätsmustern unweigerlich verbundene literarästhetische Wertungsabstinenz bedeutet eine unvertretbare "Pädagogisierung", ja Banalisierung der Lerninhalte.

Nachdrücklich ist in den Richtlinien auch von der Bedeutung "fachübergreifenden Lernens" und von "kooperativen, über das einzelne Fach hinausgreifenden Arbeitsformen" (S. 18) die Rede mit der Maßgabe, "dass die Ziele und, wo es möglich ist, auch die Inhalte der einzelnen Fächer aufeinander bezogen werden" (S. 35). Der Zusammenarbeit des Faches Französisch als in der Regel 2. oder 3. Fremdsprache nach Englisch und Lateinisch mit anderen Fächern (Erdkunde, Geschichte, Politik usw.) stehen insbesondere im bilingualen deutsch-französischen Sachfachunterricht große Chancen offen; einer kulturell-literarischen Zusammenarbeit der sprachlichen Fächer sind auf der Sekundarstufe I bei realistischer Einschätzung der Lage doch enge Grenzen gesetzt. Die Sekundarstufe II, insbesondere die Oberstufe des Gymnasiums ist der Ort, wo der einzelliterarische Unterricht mit angewandt komparatistischen Unterrichtsformen kombiniert werden könnte, ja sollte, gerade am Beispiel eines internationalisierten Gattungsmodells, worauf in ausländischen und – hierzulande – nichtromanistischen Veröffentlichungen hingewiesen worden ist. So heißt es z. B. in Grojnowskis einschlägiger Monographie:

> Au-delà des divers régionalismes (anglo-saxon, hispanique, francophone ...) qui connaissent chacun leur moment d'hégémonie, se constitue une 'internationale' de la nouvelle. Les écrivains de tous les pays se connaissent, se lisent, s'imitent, se contestent sans que les barrières de la langue opposent d'obstacles insurmontables. (Grojnowski 1993: 20)

In der Regel wird es im Französischunterricht allerdings erst auf der Sekundarstufe II möglich sein, Projekte des fächerverbindenden Unterrichts (als Kooperation mehrerer Fächer in übergreifenden Veranstaltungen) bzw. des fachübergreifenden Literatur-Unterrichts (der in einem Fach stattfindet) zu realisieren. So nennen die neuen *Richtlinien und Lehrpläne für die Sekundarstufe II in Nordrhein-Westfalen – Französisch* als Beispiel für letzteren "gemeinsame Themen aus dem Bereich der sprachlichen Fächer: Behandlung motivgleicher Texte oder von Texten der gleichen Textsorte, z. B. Märchen, Fabeln, Gedichte, Kurzgeschichten ..." (*Richtlinien* 1999: 77).

4.1 Der Vergleich im Literaturunterricht

Bei der Arbeit mit gattungsgleichen literarischen Texten steht naturgemäß der intertextuelle Vergleich im methodischen Zentrum; zunächst in intralingualer Hinsicht, dann im Rahmen einer Sprachgrenzen überschreitenden Reflexion. Kurzgeschichten sind im Deutsch- und im Englischunterricht einer der häufigsten literarischen Unterrichtsgegenstände; beliebt und aus ökonomischen Zwängen wünschenswert sind sie auch im spätbeginnenden Fremdsprachenunterricht Italienisch oder Spanisch (vgl. Christ 1990), für den es leider weder geeignete Textausgaben noch fachdidaktische Publikationen gibt.

Thematische, sprachliche und erzählstrukturelle Parallelen zwischen den angloamerikanischen und – zeitlich versetzt – deutschen Meistern der kleinen Prosaform einerseits und einigen an erzählerischer Innovation interessierten Vertretern romanischer Literaturen sind unübersehbar: die Komprimierung des "Erzählten" auf einen kleinen Ausschnitt (häufig die Kristallisation einer Krise oder eine zentrale Erkenntnissituation); die Reduktion und Verdichtung des "Geschehens" auf einen schmalen Handlungsgrundriss (der Augenblick ("l'instant") als strukturbildendes Element); die nach vorn und hinten offene Situation, die zumeist eine schwebende, afunktionelle Dissonanz hinterlässt, die dem Leser Fragen stellt, die ihn zum Nach- und Mitdenken auffordert (vgl. Bender 1962). Literatur-"pädagogisch" interessant sind vor allem Texte, die viel zu denken übriglassen, die besondere Aufmerksamkeit erfordern und zu einem langsamen Lesen zwingen: Lesen als Sinnbildungsprozess, Mitwirkung des Lesers beim Verstehen, der nicht nur kognitive, sondern auch affektive und imaginative Fähigkeiten zur Entfaltung bringen soll; Lesen also als gelenktes Schaffen ("création dirigée") im Sinne Sartres (vgl. *Qu'est-ce que la littérature?*).

Da ich aus Umfangs- und Zeitgründen nicht auf konkrete Beispiele eingehen kann, beschränke ich mich darauf, mögliche (z. T. ja auch bekannte) literaturdidaktische Be-

trachtungsweisen zu nennen und zwei Arbeitsweisen wenigstens kurz zu erläutern, bei denen eigene Lehrerfahrungen (im Oberstufenunterricht, im Lehramtsstudium, in Lehrerfortbildungsveranstaltungen) vorliegen:
- Thematisch-stoffliche Aspekte
  (Vater- bzw. Mutter-Sohn- bzw. Tochterbeziehung/-konflikt; Der/die Fremde bzw. Fremdheit und Ausgrenzung; Heimkehr (ohne Integration); Kindheit; Krisen (Freundschaft, Alter, Krankheit, Einsamkeit); Beziehungskonflikte (Ehe, Partnerschaft); Europa; Krieg und Friedenserziehung usw.)
- Gattungsstruktureller Ansatz
  (Prototypische Bedeutungsassoziationen: Typologie verschiedener Erzählsituationen; das Wechselspiel von 'narration', 'description' und 'discours'; die besondere Leserrolle)
- Produktiver Umgang (vgl. Spinner 1995)
  (Analoges Schreiben; Umschreiben in eine andere Textsorte bzw. aus veränderter Perspektive; antizipierendes Schreiben)
- Szenische Interpretation
  (einschließlich der Einübung non-verbaler, pantomimischer Repräsentation)

Als Beispiel für die sehr lesenswerte Darstellung des Mutter-Sohn-Konfliktes erwähne ich die (aus der Sicht der Mutter erzählte) Kurzgeschichte "L'Enfant otage" von Mariette Condroyer zum Vergleich mit der (aus der Sicht des Sohnes erzählten) themaverwandten seelischen Konfliktsituation "Lis et tais-toi" in Annie Saumonts Sammelband *Moi les enfants j'aime pas tellement* (1990) (vgl. auch den Abdruck in Weller 1994: 577–579). Diese Autorin versteht es in besonderer Weise, sich und den Leser in die Gefühlswelt von Kindern und Jugendlichen zu versetzen, was sie mit Jean Cau verbindet, der in "Sois sage" aus dem Sammelband *Nouvelles du paradis* (1980) den angekündigten Selbstmord eines allein erziehenden Vaters in eine Monologgeschichte kleidet. In der letzten Geschichte des Bandes, "Le paradis" (einer Kürzestgeschichte von nur 3 1/2 Seiten) geht es um die Bahnfahrt eines Großvaters mit seinem Enkel zur Zeit der "occupation allemande", die die beiden Reisenden zu einer unfreiwilligen Übernachtung in einem Etablissement zwingt.

Leider sind die meisten in Frankreich erscheinenden Kurzgeschichten-Sammlungen (aus verlagsstrategischen Gründen dominiert immer noch der Sammeltitel "Nouvelles") schon nach kurzer Zeit vergriffen, so dass es nicht sinnvoll erscheint, hier mehr als die bekannten Gegenwartsautoren kurzer Prosafiktionen zu nennen: Marcel Béalu, Jacques Bens, Jean Cau, Jean Cayrol, Georges-Olivier Châteaureynaud, Jean-Paul Dubois, Paul Fournel, Pierre Gamarra, Roger Grenier, Pierre Gripari, Michel Host, Ludovic Janvier, Yves Navarre, Jacques Sternberg, Jean Vautrin u.a. Auffällig ist der Anteil von Autorinnen an der gegenwärtigen kaum noch erfassbaren Kurzgeschichten-Produktion in Frankreich: Christiane Baroche, Noëlle Châtelet, Mariette Condroyer, Constance Delaunay, Anne Delmer, Annie Ernaux, Pierrette Fleutiaux, Claude Pujade-Renaud, Gisèle Prassinos, Danièle Sallenave, Annie Saumont u.a.

Aus dem Vergleich einzelsprachiger Texte ergeben sich z.T. auffällige Koinzidenzen, Parallelen oder Varianten, die den Eindruck einer neuen Gattung von weltliterarischem Rang vermitteln (wobei Einfluss- und Wirkungszusammenhänge noch wenig bekannt sind). Natürlich lässt sich die Kurzgeschichte nicht auf eine vorgängig bestimmte Norm bringen. Es sind vielmehr die in vielen internationalen Einzelbeispielen wiederholten, wiederkehrenden, dem Kurzgeschichtenleser vertrauten Erzählsituationen, Formzüge und Gestaltungselemente, die unsere Vorstellung von einer "Gattung" konstituieren, darin dem ebenfalls "hybriden" Gattungsbegriff **Kurzdrama** vergleichbar, dessen literatursoziologische und gattungsästhetische Entwicklung ganz ähnliche Züge aufweist.

Die mit einigen französischen Beispielen konkretisierte thematische Palette lässt sich im Verbund mit Lernerfahrungen der Schüler aus dem spätbeginnenden Tertiärsprachenunterricht leicht ergänzen und erweitern durch den Einbezug historisch-mythischer bzw. fantastisch-magischer Stoffe, die in italienischen und spanischen Kurzgeschichten nach meiner Kenntnis häufiger vertreten sind als in französischen. Beispiel Dino Buzzati: Ausgehend von einem fantastisch-kafkaesken Einfall (dass ein lasziver Mädchen namens Lunella ihren Geliebten in einen Boxerhund verwandelt) holt er in "Piccola Circe" den Mythos der antiken Zauberin in unsere Alltagswelt, um daran die bedrohliche Metamorphose durch das Erotische zu gestalten. Auch in Julio Cortázars Kurzgeschichte "La puerta condenada" geht es um den Einbruch des Fantastischen in die "Wirklichkeit", um die alptraumhafte Verfremdung der Realität. Um eine moderne Parallelversion des Schlemihl-Motivs vom verlorenen Schatten, was zugleich die Unmöglichkeit sozialer Beziehungen bedeutet, geht es in Luigi Malerbas märchenhafter Kurzgeschichte "Il trovatore e la sua ombra" (abgedruckt in Bogdanski 1995: 301–305).

Als Beispiel für die Untergattung Kürzestgeschichte im Italienischen nenne ich von Sandra Penna "Cinema", wo auf dem Hintergrund der Konventionen einer heterosexuellen Gesellschaft der Schwebezustand zwischen Kindheit und Erwachsensein geschildert wird, in dem die Identität, hier die sexuelle, noch unbestimmt und schillernd ist. Das für die moderne Literatur überhaupt wichtige Thema der verfremdenden Aktualisierung antiker Mythenstoffe spielt auch in der spanischen, insbesondere hispanoamerikanischen Erzählliteratur eine große Rolle. Der antike Mythos als kulturelle Referenz ist eines der Erzählmerkmale des Argentiniers Jorge Luis Borges, dessen literarisches Personenrätsel "La casa de Asterión" (1949) die wahre Tragödie des Minotaurus (Sohn der Pasiphaë und eines Stiers, der gemäß der Prophezeiung auf seine Rettung aus dem Labyrinth wartet) so nacherzählt, dass der Leser sozusagen selbst einen Ariadnefaden braucht, um sich im Text zurechtzufinden. Hier geht es – intertextuell – natürlich nicht um einfluss- oder wirkungsgeschichtliche Analysen im Sinne traditioneller Komparatistik, sondern um einen Dialog der Texte, um eine transdisziplinäre Textarbeit auf der Oberstufe, die – im Sinne des hier thematisierten Fächerverbunds – auch Parallelen zur Bildenden Kunst und zur Musik unserer Zeit erlaubt.[2] Literaturarbeit geschieht nicht nur intralingual, d.h. im Medium **einer** Fremdsprache auf

---

[2] Vgl. den Vorschlag eines "Studientags mit dem fächerübergreifenden Rahmenthema 'Antiker Mythos und Moderne'" von Olbrich (1995: 70). Neben den deutschen Autoren sind auch ein italienischer und ein spanischer Text ausgewählt worden: Cesare Pavese: "Leukothea und Ariadne" und Jorge Luis Borges: "Das Haus des Asterion", mit der Begründung: " ... und es steht dem Deutschunterricht gut zu Gesicht, wenn er gelegentlich über die Sprachgrenzen schaut und die Weltliteratur unseres Jahrhunderts zur Kenntnis nimmt" (Ebd.: 71).

verschiedenen Komplexionsstufen; hinzu kommen in unserem Kontext auch unterschiedliche Grade und Realisierungen mehrsprachigen Fremdsprachenunterrichts, in dem die Muttersprache ihren legitimen Platz hat.

Viele der hier genannten Kurzgeschichten-Autoren und -Autorinnen sind mehrsprachig (Exilsituation), veröffentlichen in mehreren Sprachen (philologisches Lehramt) oder sind als Übersetzer(in) tätig. Besonders interessant ist der Fall von Julio Cortázar, der einige Kurzgeschichten ursprünglich auf französisch geschrieben hat. In diesen Fällen folgt die deutsche Suhrkamp-Ausgabe dem französischen Original.

Auch für die beiden romanischen Tertiär-Fremdsprachen möchte ich zum Abschluss auf einige bekannte Autoren und Autorinnen von kurzen Prosafiktionen hinweisen:

Italien:
Giorgio Bassani, Dino Buzzati, Italo Calvino, Gianni Celati, Carlo Emilio Gadda, Tommaso Landolfi, Primo Levi, Luigi Malherba, Giogio Manganelli, Alberto Moravia, Cesare Pavese, Sandro Penna, Gianni Rodari, Antonio Tabucchi, u. a.

Spanien:
Ignacio Aldecoa, Juan Benet, Tomás Borrás, Camilo José Cela, Miguel Delibes, José Ferrer-Bermejo, Medardo Fraile, Carmen Martin Gaite, Francisco García Pavón, Javier Marías, Ana María Matute, Soledad Puértolas, Jesús Fernández Santos, Pedro Ugarte, Manuel Vicent.

Hispano-Amerika:
Argentinien: Jorge Luis Borges, Julio Cortázar
Bolivien: Carlos Castañon Barrientos
Guatemala: Augusto Monterroso
Mexiko: Max Aub, Juan Rulfo
Peru: Ventura García Calderón
Uruguay: Mario Benedetti, Eduardo Galeano, Horacio Quiroga.

4.2 Unterrichtsmethodische Bemerkungen zum strukturellen Ansatz

Es wird zu Recht darauf hingewiesen, dass Leistungsmotivierung und Lernerfolg im Fremdsprachenunterricht nicht in erster Linie durch neue Methoden und Medien gefördert werden, sondern durch eine stärkere Beachtung von Inhalten jenseits der platten, wohlbekannten Alltagsszenen, wozu dann auch die historische Tiefendimension gehört.

Zu den neuen Aspekten des Fremdsprachenunterrichts ist gewiss auch die stärkere Betonung der Lernerautonomie zu zählen, d. h. die Förderung des selbständigen und eigenverantwortlichen Lernens, was die Ablösung von herkömmlichen Formen der Instruktionspädagogik und hergebrachten Haltungen der Rezeptivität zur Folge hat. Hier geht es um Forderungen an einen Fremdsprachenunterricht, der den jugendlichen Lerner als Beteiligten und Mitgestalter ernst nimmt, was insbesondere im Literaturunterricht ein fruchtbarer pädagogischer Ansatz ist, wo es auch um die Aktivierung der eigenen Erlebniskräfte gegenüber einem Objekt geht, in dessen Thematik und besondere Aussageform der Leser involviert ist. Es geht um die Erkenntnis, dass Lernprozesse im

Fremdsprachenunterricht eine Eigentätigkeit der Lernenden, d.h. aktive Verstehens- und Produktionsbereitschaft – unter Einbeziehung der eigenen Lebenserfahrungen, aber auch der schulischen Lernergebnisse (epistemische wie heuristische) voraussetzen. Wahrnehmen, Verstehen und Lernen kombinieren in hohem Maße konstruktive Operationen, die die Schüler und Schülerinnen auf der Grundlage ihres jeweils vorhandenen individuellen Wissens und Könnens vollziehen, in die – dem hier vorgeschlagenen literaturdidaktischen Mehrsprachigkeitskonzept folgend – Lernergebnisse und -erfolge (!) aus anderen Schulsprachen eingehen sollten. Literarische Texte werden zu ästhetischen "Partituren" (im Sinne Weinrichs), die genau zu lesen, wahrzunehmen, zu erkunden und produktiv zu "realisieren" sind, wobei sich der Leser im Idealfall durch abweichende Textsignale und -dispositionen irritieren, in seinem Erwartungshorizont stören und gerade durch das dissonante Texterlebnis zu einem sozusagen generativen Umgang mit Literatur sensibilisieren lässt. Da die Differenzierung des schulischen Unterrichts in selbständige Fächer der verwandten Differenzierung und Verselbständigung der Studienfächer an der Universität entspricht – mit den bekannten Folgen eines zumindest auf dem Gymnasium strikt angebotenen "Fachunterrichts" –, ist kurzfristig nicht damit zu rechnen, dass die wieder aktuelle Diskussion über die Möglichkeiten, ja die Notwendigkeit einer Transzendierung der Fachgrenzen unterrichtliche Realität wird. Es sei nur an den völlig vergessenen **Strukturplan** (1970) des leider aufgelösten Deutschen Bildungsrats erinnert, der die Trennung von Mutter- und Fremdsprachenunterricht in Frage gestellt hatte. Das hier vorgeschlagene Kooperationsmodell setzt beim Lehrer bzw. bei der Lehrerin schon eine gewisse Vertrautheit mit komparatistischen Arbeitsweisen voraus; dass man zumindest über Zusammenhänge der verschiedenen Nationalliteraturen informiert ist, damit über die Relativität der im Rahmen des Studiums der Einzelliteraturen erlernten Kategorien, so dass die "Schüler eben nicht zu 'Opfern' einseitig nationalliterarisch beschränkter Literaturbegriffe und -kategorien werden" (Dyserinck 1991: 171).

Die wieder in den Schulunterricht zurückgekehrten Konzepte des fachübergreifenden und fächerverbindenden Lernens können gerade im konkreten Fall fiktionaler Kurzprosa auf Lesekompetenz und Lernerfahrungen aus anderen sprachlichen Fächern zurückgreifen. Im Allgemeinen kennen die Schülerinnen und Schüler der Sekundarstufe II schon aus der Sekundarstufe I grundlegende Verfahren des Zugangs zu kurzen Prosafiktionen der deutsch- und englischsprachigen Literaturen, so dass die Grundkategorien moderner Narrativik im Französisch-, Italienisch- oder Spanischunterricht der Sekundarstufe II nicht erst vermittelt werden müssen. Mit diesem zu bündelnden Vorwissen sind Oberstufenschülerinnen und -schüler in der Lage, in Einzelarbeit (als häusliche Vorbereitung) wie auch im unterrichtlichen Gespräch spezifische Gattungssignale, wiederkehrende Form- und Strukturelemente im Umkreis des Prototyps Kurzgeschichte zu erarbeiten: die Erzählerrolle (*le type de narrateur*) und sein Pendant im Text, der fiktive Leser (*le type de narrataire*); die Zeitstruktur (*la mise en narration*) und Raumstruktur (*la spatialité*); schließlich die Figurenkonstellation im Text (*le statut des personnages*) u.a. Im Vergleich zu den literarischen Langformen zeichnet sich die fiktionale Kurzprosa – darin liegt ihr didaktisches Potential – durch eine größere Funktionalisierung aller Textteile, eine stärkere Konzentration des Stoffes, eine konzise und zugleich suggestive Darstellung aus. Aus einer genauen Analyse der begrenzten, zumeist personalen Erzählsituation (*le récit à focalisation interne*) ergeben sich Einsichten in die bewusst eingeschränkte, gattungstypische Erzählperspektive, die häufig auch den rätselhaften, "offenen", dissonanten Schluss bedingt, der den Leser zum Nachdenken auffordert. Alltäglichkeit ist die zentrale Begebenheit vieler "Geschichten", deren Kürze keine Entwicklung zulässt. Sie sind bis aufs Skelett abgemagert, durch Raffung und Aussparung so verknappt, dass der Leser in die Rolle eines zweiten Autors bzw. Erzählers gedrängt wird. Das Suchen eines Auswegs, das Finden einer Lösung wird demjenigen überlassen, der liest; denn zwischen dem überfallartigen ersten Satz (*l'entrée*) und dem ratlosen Abbruch der "Geschichte" im letzten (*la chute*) kommt es selten zu einer eindeutigen Sinnfixierung. Dabei spielt der Wirkungszusammenhang zwischen Anfang und Schluss eine besondere Rolle: Beide zusammen "begründen" (im doppelten Wortsinn) den erzählstrukturell jeweils unterschiedlichen Pakt zwischen Autor und Leser via Erzähler.

Wortkarg und kühl, distanziert und unprätentiös wirkt oft schon der berühmte erste Satz einer Kurzgeschichte, ohne Kontext, ohne Vorgeschichte oder raum-zeitliche Situierung, häufig in einer Pro-Form als Subjekt oder einem determinierten Artikel, also Wörtern, die eigentlich auf Bekanntes oder Genanntes verweisen:

> She sat at the window watching the evening invade the avenue.
> J. Joyce: "Eveline" (1914)

> Die Arbeiter kamen mit ihrem Schild und einem hölzernen Pfosten, auf den es genagelt werden sollte, zu dem Eingang der Ortschaft, die hoch in den Bergen an der letzten Passkehre lag.
> E. Langgässer: "Saisonbeginn (1948)

> Erst mittags war er auf den Gedanken gekommen, die Weihnachtsgeschenke für Anna im Bahnhof am Gepäckschalter abzugeben; er war glücklich über den Einfall, weil er ihn der Notwendigkeit enthob, gleich nach Hause zu gehen.
> H. Böll: "So ward Abend und Morgen" (1955)

> Reinhard am dritten Tag gegen fünf, auf der Bierkneipenterrasse: du wirst deine Arbeit aufgeben.
> G. Wohmann: "Flitterwochen, dritter Tag" (1968)

> Vous ne me reconnaissez pas ?
> J. Cayrol : *Exposés au soleil* : "Récit 11" (1980)

> On s'en est aperçu cette année-là.
> A. Saumont : "Mais qui donc a balancé tout ce sel dans toute cette eau?" (1989)

> Pas la peine de se planter le couteau dans l'os.
> J. Vautrin : "Quelques hourrahs et un glaçon (1989)

> Le chien s'était habitué en moins d'une semaine.
> D. Daeninckx : "Toute une année au soleil" (1994)

> J'ai froid. Il semble que ni vêtements ni couvertures ne pourront ce soir me réchauffer.
> G. Prassinos : "Dans ce monde suspendu" (1990)

Manchmal – wie in dem zuletzt zitierten Beispiel – ist der erste Satz sehr kurz, so dass er erst zusammen mit dem zweiten und dritten seine formbestimmende Wirkung erkennen lässt.

Wenn nicht ein äußerer Augenblick (*un instantané*) ins Scheinwerferlicht gerückt wird, sondern eine äußerst verdichtete Krisensituation, z.B. die intime Erfahrung eines Paares, dem die Liebe abhanden gekommen ist, so dass seine Beziehung in einer fast wortlosen Abschiedsszene zu Ende geht, muss sich die Textanalyse schon auf eine längere Eröffnungssequenz erstrecken (so wie man früher den Vergleich von Romananfängen empfahl). Die Abschiedsszene eines Paares, Luisas und Martins, das sich – in dichtes Schweigen gehüllt – an einer Pariser Metro-Station für immer zu trennen gedenkt, ist auch ein herausragendes Beispiel für die Rolle der "Sprache" des Schweigens, der non-verbalen Interaktionssignale (Gestik, Mimik, Proxemik usw.) als "Illustratoren" zwischenmenschlicher Befindlichkeiten:

> Ils marchaient côte à côte, et Martin regardait à travers la grille du square l'herbe nouvelle d'un vert très pâle qui avait poussé dans les plates-bandes étroites. Ils ne se parlaient pas ; le bras gauche de Luisa touchait presque le bras droit de Martin, il s'en aperçut et il pensa que chacun d'eux s'efforçait de maintenir entre leurs bras un intervalle exact pour bien montrer à l'autre qu'il ne recherchait pas son contact, mais aussi pour qu'il ne s'imagine pas qu'il le fuyait. En cet instant, se dit Martin, chacun s'appliquait à imaginer ce que l'autre au même moment pensait, de sorte que la fixité de leurs regards qui évitaient de se rencontrer, le balancement réglé de leurs bras, leurs sourires trop appuyés résultaient d'un calcul qui ne faisait illusion ni à l'un ni à l'autre.
> D. Sallenave : "La séparation" (1983)

Ohne Höhepunkt oder (positive) Wende bricht die Kurzgeschichte ab (die in der Originalausgabe nicht einmal 11 Seiten umfasst), erlöschen plötzlich – um im Bild zu bleiben – die Scheinwerfer, und der Leser steht im Dunkeln ...

> Quand il sortit du métro, Martin leva la tête vers le ciel, et il y retrouva le même train de nuages fuyant sous le vent d'ouest, et les mêmes brèches aux bords dentelés. Et c'était comme si rien n'avait eu lieu.

Die mit der erzählstrukturellen Methode vertrauten Schülerinnen und Schüler werden nicht nur die Wirkung dieses Schlusses auf den Leser (und wodurch diese zustande kommt) beschreiben können, sondern auch andere formbestimmende Gattungselemente: die nichtauktoriale Erzählerweise (in der Erzähler und Protagonist stellenweise zusammenfallen); die kurze Erzählerdistanz mit engem Blickwinkel; die auf eine exemplarische Situation punktualisierte (dem Leser aus anderen Medien vertraute) Simultaneität der erzählten Wirklichkeit. Schließlich meint der Titel des Erzählbandes *Un printemps froid* nicht nur die meteorologische Kälte einer Jahreszeit.

Der oben beschriebene gattungsspezifische Funktionszusammenhang zwischen Anfang und Ende einer Kurzgeschichte kann den Schülerinnen und Schülern natürlich nur im Vergleich bewusst werden, der – im Sinne des "hybriden" Charakters der Gattung – möglichst unterschiedliche Schlüsse präsentieren sollte, die alle hinreichend Aufforderung zum unterrichtlichen Gespräch bieten. Ich gebe abschließend einige Beispiele, die ich aber gattungstypologisch nicht weiter kommentieren kann:

> Her eyes gave him no sign of love or farewell or recognition.
> J. Joyce: "Eveline" (1914)

> Als die Männer den Kreuzigungsort verließen und ihr Handwerkszeug wieder zusammenpackten, blickten alle drei noch einmal befriedigt zu dem Schild mit der In-

schrift auf. Die lautete: "In diesem Kurort sind Juden unerwünscht".
E. Langgässer: "Saisonbeginn" (1948)

Il revint à sa table et Maria l'accueillit par ce mot: "Enfin !"
J. Cayrol : "Récit 11" (1980)

Et, comme Lisa restait immobile, il précisa :
– Voilà. C'est tout.
R. Grenier : "Le sixième commandement" (1993)

En bas, ils étaient nombreux à passer.
J. Vautrin : "Quelques hourrahs et un glaçon" (1989)

Longtemps après, quand Mme Bouvier y repensait – et elle y repensait souvent –, elle se demandait pourquoi elle avait dit "danseuse".
P. Fournel : "Le sondage" (1982)

(Zum Schluss einer poetologischen Selbstreflexion der Autorin bzw. Erzählerin:)
Vous n'allez tout de même pas me dire qu'à votre âge, et avec la vie que vous avez menée, vous ne savez pas ce que c'est que l'amour.
C. Delaunay : "Intime" (1994)

Der hier kurz vorgestellte komparatistische gattungsstrukturelle Ansatz, der von den Schülerinnen und Schülern eine erhöhte Leseaufmerksamkeit und eine akribische Spracharbeit verlangt, sollte nicht von dem Erfordernis ablenken, dass Kurzgeschichten dazu da sind, in einem Zug gelesen zu werden. So schreibt J. Cayrol in seinem sehr lesenswerten (auch für den Unterricht geeigneten) "Essai sur un art du récit court" (1980: 184) : "Il réclame toute notre attention ; on ne peut sauter une ligne : tout est à suivre sans rupture." Ich füge hinzu:

Kurzgeschichten muss man ein zweites Mal lesen, was normalerweise im Lektüreunterricht nicht geschieht. Unvorstellbar und schwer lesbar wäre ein Roman von 300 Seiten mit dem Inhalt, der Sprache und Darstellungsdichte einer Kurzgeschichte von nur wenigen Seiten. Dem widerspricht nicht, dass manche Romananfänge der narrativen Struktur einer Kurzgeschichte ähneln und als isolierbare kleine Prosastücke zu lesen sind. Als Beispiel nenne ich den Anfang von Flauberts *Madame Bovary*. Wie beim Betrachten eines Bildes kann der Kurzgeschichten-Leser "mit einem Blick" jedes Element in der Funktion wahrnehmen, die es im Ganzen hat, d.h. auf einer begrenzten "Textfläche" kann er in die Tiefe sehen: "La nouvelle gagne en intensité ce qu'elle perd en extension." (Grojnowski 1989: 23)

Hinzu kommt die wichtige Co-Autor-Rolle des Lesers einer Kurzgeschichte, die sich häufig verselbständigt und sich scheinbar selbst erzählt, so dass der Text näher und unmittelbarer an den Leser herantritt.

Aus diesen methodologischen Überlegungen folgert, dass über das Interesse an einzelnen stofflichen und inhaltlichen Gattungsmustern hinaus, die in einer Typologie auch für Unterrichtsreihen formalisierbar sind und dort ihren Zweck erfüllen, der gattungsstrukturelle Ansatz, d.h. das Herausarbeiten und Erkennen struktureller Merkmale, sozusagen prototypischer Bedeutungsassoziationen im Oberstufenunterricht besonders zu empfehlen ist. Im Unterschied zur Werkinterpretation, die den einzelnen Text im Blick hat, seine angebliche Einmaligkeit und künstlerische Autonomie, strebt der gattungsstrukturelle Ansatz Einzeltext und Einzelsprachen übergreifende Einsichten an. In der sehr lesenswerten *Monographie zur Deutschen Kurzgeschichte der Gegenwart* von Durzak heißt es:

> Viel wichtiger als solche auf inhaltliche Differenzierung ausgerichteten Gattungsraster sind formale und erzählstrukturelle Charakteristika, die die Gattungsidentität der Kurzgeschichte begründen helfen. Unter diesem Aspekt kommt der Darstellung der Zeit in der Kurzgeschichte eine fundamentale erzählstrukturbildende Funktion zu. Die zeitliche Dimension der Kurzgeschichte ist grundsätzlich die Gegenwart. Wo Vergangenheit und Zukunft in die Kurzgeschichte eindringen, geschieht es auf dem Wege der Simultanitätsdarstellung, die nur eine Ausweitung der Gegenwartsdimension darstellt, aber nicht in einer sukzessiven Aufeinanderfolge der chronologischen Ereignisse auseinandergefaltet wird. (Durzak 1983: 302)

Zur Beschäftigung mit kurzen Prosafiktionen unter gattungsstrukturellen Aspekten gehört auch die Auseinandersetzung mit ausgewählten theoretischen Selbstbesinnungen einzelner Autorinnen und Autoren von Kurzgeschichten. Als Beispiele nenne ich für das Französische: Jean Cayrol, "Essai sur un art du récit court." (1980); Pierre Mertens: "Faire bref et en dire long." (1990); Claude Pujade-Renaud: "Une littérature de l'inconfort?" (1994) und für das Spanische Julio Cortázar, der Poes gattungstheoretische Schriften übersetzt hat. Zu erwähnen ist in diesem Zusammenhang vor allem: "Del cuento breve y sus alrededores" (1969). Für das Italienische ist mir kein gattungstheoretischer Text bekannt (den es aber vermutlich auch gibt).

Wer sich intensiver mit den literarischen Kleinformen der europäischen und außereuropäischen Gegenwartsliteraturen beschäftigt, wird bald feststellen, dass es sich keinesfalls um eine Art "littérature parallèle" handelt, sondern um ein ernst zu nehmendes neues, noch nicht kanonisiertes "genre mineur" in der Nachfolge der novellistischen Erzähltradition früherer Jahrhunderte.

Literaturangaben

Zitierte Primärliteratur

Böll, Heinrich (1955): *So ward Abend und Morgen*. Zürich: Die Arche.

Borges, Jorge Luis (1949): "La casa de Asterión." In: ders., *El Aleph*. Wieder abgedruckt in: ders., *Obras completas 1923-1949*. (1989). Barcelona: EMECE Editores, 569–570.

Buzzati, Dino (1966): "Piccola Circe." In: *Il Colombre e altri cinquanta racconti*. Milano: Mondadori, 329–337.

Cau, Jean (1980): "Sois sage." – "Le paradis." In: ders.: *Nouvelles du paradis*. Paris: Gallimard, 113–114; 183–186.

Cayrol, Jean (1980): *Exposés au soleil. Courts récits*. Paris: Seuil. Darin auch: "Essai sur un art du récit court", 181–190.

Condroyer, Mariette (1993): "L'enfant otage." In: dies.: *Un après-midi plutôt gai.* Paris: Gallimard, 13–27.

Cortázar, Julio (1994): "La puerta condenada." In: ders.: *Ficciones. (Cuentos completos)*.

Daeninckx, Didier (1994): "Toute une année au soleil." In: *Main courante*. Lagrasse: Editions Verdier.

Delaunay, Constance (1994): "Intime". In: *Les éventails de l'impératrice*. Paris: Gallimard.

Dubois, Jean-Paul (1992): "Mèche." – "Heures." In: *Parfois je ris tout seul*. Paris: Laffont, 31, 28.

Fournel, Paul (1982): "Le sondage." In: *Les grosses rêveuses*. Paris: Seuil, 109–110.

Fournel, Paul (1989): "Kurztexte." In: *Nouvelles nouvelles – Neue französische Prosa. Neue Rundschau* 100, Heft 3. (Franz. Originalfassung in: *Les meilleures nouvelles de l'année 88/89*. Paris: Syros Alternatives, 9–12.)

Grenier, Roger (1993): "Le sixième commandement." In: ders.: *La marche turque*. Paris: Gallimard.

Joyce, James (1992): "Eveline." In: *Dubliners* (1914). Minerva Paperback.

Langgässer, Elisabeth (1948): "Saisonbeginn." In: *Der Torso*. Hamburg: Claaßen.

Malerba, Luigi (1995): "Il trovatore e la sua 'ombra'." In: Bogdanski (1995), 301–305.

Penna, Sandra (1973): "Cinema." In: *Un po' di febbre*. Milano: Aldo Garzanti Editore, 127.

Perec, Georges (1975): "Espèces d'espaces." Paris: Galilée.

Prassinos, Gisèle (1990): "Dans ce monde suspendu." In: *La lucarne*. Paris: Flammarion.

Sallenave, Danièle (1983): "La séparation." In: *Un printemps froid*. Paris: P.O.L., 61–72.

Saumont, Annie (1989): "Mais qui donc a balancé tout ce sel dans toute cette eau?" In: *Je suis pas un camion*. Paris: Seghers, 25–34.

Saumont, Annie (1990): "Lis et tais-toi." In: *Moi les enfants j'aime pas tellement*. Paris: Syros Alternatives, 103–111.

Vautrin, Jean (1989): "Quelques hourrahs et un glaçon." In: *Dix-huit tentatives pour devenir un saint*. Paris: Payot, 41–56.

Weller, Franz Rudolf (Hrsg.) (1994): *Nouvelles françaises contemporaines*. Stuttgart: Reclam.

Wohmann, Gabriele (1968): "Flitterwochen, dritter Tag." In: *Ländliches Fest*. Darmstadt/Neuwied: Luchterhand.

Sekundärliteratur

Barrero Pérez, Oscar (ed.) (1989): *El cuento español, 1940–1980*. Madrid: Editorial Castalia.

Becker, Norbert & Rück, Heribert (1987): *Histoires brèves. Apprendre à lire avec plaisir*. (Textes et méthodes). Düsseldorf: Bagel.

Bender, H. (1962): "Ortsbestimmung der Kurzgeschichte." *Akzente* 9, Heft 3: 205–225. Wieder abgedruckt in: H.-C. Graf von Nayhauss (1992): *Theorie der Kurzgeschichte*. (Arbeitstexte für den Unterricht). Stuttgart: Reclam, 65–73.

Bogdanski, Gudrun (1995): "Kurzerzählungen im Italienischunterricht – ein authentischer Zugang zu italienischer Literatur und Lebenswirklichkeit." In: *Kurzgeschichte*, 293–307.

Brandenberger, Erna (Hrsg.) (1994): *Cuentos brevísimos/Spanische Kürzestgeschichten*. dtv zweisprachig. München: Deutscher Taschenbuch Verlag.

BREVES. *Actualité de la nouvelle. Revue littéraire trimestrielle*. Villelongue d'Aude.

Camartin, Iso (1998): *52 Flash-Geschichten*. Frankfurt: Suhrkamp.

Christ, Ingeborg (1990): "Literatur im Tertiärsprachenunterricht – dargestellt am Beispiel des Spanischen." In: Fricke & Glaap (1990), 113–133.

Cortázar, Julio (1969): "Del cuento breve y sus alrededores." In: ders.: *Ultimo Round*. Madrid: Debate (^{2}1995), 42–55.

Durzak, Manfred (1983): *Die deutsche Kurzgeschichte der Gegenwart. Autorenporträts, Werkstattgespräche, Interpretationen*. Stuttgart: Reclam.

Durzak, Manfred (1984): "Der Augenblick als strukturbildendes Element der Kurzgeschichte." In: C. W. Thomsen & H. Holländer (Hrsg.): *Augenblick und Zeitpunkt. Studien zur Zeitstruktur und Zeitmetaphorik in Kunst und Wissenschaften*. Darmstadt: Wissenschaftliche Buchgesellschaft.

Dyserinck, Hugo (1991): *Komparatistik. Eine Einführung*. 3., durchgesehene u. erweiterte Aufl. Bonn: Bouvier.

Fricke, Dietmar & Glaap, Albert-Reiner (Hrsg.): *Literatur im Fremdsprachenunterricht – Fremdsprache im Literaturunterricht*. Frankfurt a.M.: Diesterweg.

Gelfert, Hans-Dieter (1993): *Wie interpretiert man eine Novelle und eine Kurzgeschichte? (Arbeitstexte für den Unterricht)*. Stuttgart: Reclam.

Godenne, René (1989, 1992): *Bibliographie critique de la nouvelle de langue française (1940–1985). Premier Supplément ... (1940–1990)*. Genève: Droz.

Grojnowski, Daniel (1989): "L'Art du bref." In: LA NOUVELLE. *Le Français aujourd'hui* 87, 19–24.

Grojnowski, Daniel (1993): *Lire la nouvelle*. Paris: Dunod.

Jolles, André (1930): *Einfache Formen*. Legende, Sage, Mythe, Rätsel, Spruch, Kasus, Memorabile, Märchen, Wirt. (^{4}1968). Tübingen: Niemeyer.

Kloepfer, Rolf & Melenk, Hartmut (1978): "Literarische Kommunikation und literarische Verfahrensweisen im Fremdsprachenunterricht." *Neusprachliche Mitteilungen* 31, 20–32.

Kurzgeschichte (1995). Themenheft. *Die Neueren Sprachen* 94.

Mertens, Pierre (1990): "Faire bref et en dire long." In: *Pour la nouvelle. L'heure furtive*. Bruxelles: Ed. Complexe, 21–25.

Montandon, Alain (1992): *Les formes brèves*. Paris: Hachette.

Mundzeck, Fritz (1990): "Neue Wege zur Interpretation literarischer Texte im Französischunterricht der Sekundarstufe II?" In: Fricke & Glaap (1990), 32–50.

Mundzeck, Fritz (1995): "Zukunftsperspektiven des Französischunterrichts am Gymnasium." In: Verein der Freunde und Förderer (Hrsg.): *30 Jahre Freiherr-vom-Stein-Schule Rösrath*. Festschrift und Jahrbuch 1995. Rösrath, 41-56.

Nayhauss, H.-C. Graf von (Hrsg.) (1992): *Theorie der Kurzgeschichte*. Für die Sekundarstufe herausgegeben. Arbeitstexte für den Unterricht. Stuttgart: Reclam.

Nies, Fritz (1995): "Nahe Ferne Frankreichs. Tips für Sprachimporteure." *Dokumente* 51, 12–18.

Nies, Fritz (1996): "Zahnpasta-Lawinen oder Latinität? Kapuzinerpredigt eines Nichtlinguisten über Waren und Wege unserer Sprachimporteure." In: Wolfgang Dahmen et al. (Hrsg.): *Die Bedeutung der romanischen Sprachen im Europa der Zukunft. Romanistisches Colloquium IX*. Tübingen: Narr, 17–31.

Nischik, Reingard M. (Hrsg.) (1993): "Nachwort." In: dies.: *Short Short Stories Universal.* Reclam-Fremdsprachentexte. Stuttgart: Reclam, 191–229.

La Nouvelle (1989). Numéro coordonné par J.-A. Huynh et Ph. Longchamp. *Le Français aujourd'hui* 87.

Olbrich, Wilfried (Hrsg.) (1995): *Antike Mythen in moderner Prosa.* (Arbeitstexte für den Unterricht). Stuttgart: Reclam.

Pohl, Reinhard (1993): "Zwei 'conteurs' aus dem Abseits." (= Sternberg, Gripari.) *Der fremdsprachliche Unterricht Französisch* 27, H. 12, 10–14.

Pujade-Renaud, Claude (1994): "Une littérature de l'inconfort?" *Revue des Deux Mondes,* juillet-août, 103–109.

Richtlinien und Lehrpläne für das Gymnasium – Sekundarstufe I – in Nordrhein-Westfalen – Französisch (1993). Frechen: Ritterbach.

Richtlinien und Lehrpläne für die Sekundarstufe II – Gymnasium/Gesamtschule in Nordrhein-Westfalen. Französisch. (1999) Frechen: Ritterbach.

Schubert, Susanne (1997): *Die Kürzestgeschichte. Struktur und Wirkung.* Frankfurt a. M. u. a.: Lang.

Schwerin v. Krosigk, Ulrike (1995): "Neuere *cuentos* aus Spanien für den späteinsetzenden Spanischunterricht – ein Überblick." In: *Kurzgeschichte* 94, 307–322.

Spinner, Kaspar H. (1995): "Die deutsche Kurzgeschichte und ihre Rolle im Deutschunterricht." In: *Kurzgeschichte* 94, 231–242.

Strukturplan für das Bildungswesen (1970). Empfehlungen der Bildungskommission des Deutschen Bildungsrats. Stuttgart: Klett.

Viegnes, Michel J. (1989): *L'Esthétique de la nouvelle française au vingtième siècle.* New York u. a.: Lang.

Weller, Franz Rudolf (1994): "Das literaturdidaktische Potential dramatischer und narrativer Kurztexte im Französischunterricht." *französisch heute* 25, 570–581.

Weller, Franz Rudolf (1995a): "'Pura et illustris brevitas' – Zur Internationalisierung der Meisterschaft des dichten Stils." *Kurzgeschichte* 94, 222–230.

Weller, Franz Rudolf (1995b): "'Nouvelle Nouvelle' oder 'Récit court'? Zur Bedeutung kurzer Prosafiktionen in der französischen Gegenwartsliteratur – mit Hinweisen zum literaturdidaktischen Potential kurzer Prosatexte im Französischunterricht." *Kurzgeschichte* 94, 264–293.

Weller, Franz Rudolf (1999): "Literatur in der Sekundarstufe I? Textvorschläge und Arbeitsanregungen für den Französischunterricht." In: H.-L. Krechel, D. Marx & F.-J. Meißner (Hrsg.): *Kognition und neue Praxis im Französischunterricht.* Tübingen: Narr, 47–68.

Wohmann, Gabriele (1993):" Kurz ist besser." In: Nischik (1993), 7–8.

Isabelle Mordellet
Phonétique et enseignement du Français langue étrangère à l'école élémentaire allemande

Partant du principe que plus on est jeune quand on apprend une langue étrangère, mieux on saura la prononcer, les didacticiens, les concepteurs de méthodes et les enseignants de français précoce négligent trop souvent l'enseignement/apprentissage de la prononciation, qui se trouve alors réduit à une préoccupation mineure, mentionnée en passant. Or, s'il est vrai que les enfants de la classe d'âge qui nous intéresse ici, c'est à dire les huit à dix ans, ne sont pas encore dans la fameuse 'période critique', il n'en reste pas moins vrai, qu'en contexte scolaire, comme le prouvent des observations de classe, l'apprentissage des faits phonétiques ne va pas de soi. La prononciation de la nouvelle langue nécessite un enseignement particulier, qui passera par un apprentissage de l'écoute. Pour ce faire, un travail de réflexion didactique concernant les contenus à enseigner est indispensable avant de proposer des lignes de méthode.

Cette nécessité une fois énoncée[1], la problématique de l'**enseignement/apprentissage des faits phonétiques** dans le cours de français langue étrangère (FLE) doit être posée, comme on le ferait d'ailleurs pour tout contenu disciplinaire, par rapport à l'ensemble du projet enseignement/apprentissage de L2 dans le cadre institutionnel défini, ici l'école élémentaire. Trop de spécialistes défendent encore une approche purement disciplinaire de leur matière, en terme de programmes cloisonnés, surtout au niveau de l'enseignement secondaire, il est vrai. Concernant les langues vivantes étrangères, il n'en va pas autrement et concernant la phonétique, il faut se garder de tomber dans un activisme sectaire.

Il ne sera donc pas question ici de défendre une approche mettant la phonétique au centre du processus didactique. Il ne s'agit pas non plus de considérer la phonétique comme un élément qui viendrait s'ajouter aux autres. Au contraire, il nous semble qu'il faut privilégier la voie médiane, consistant à intégrer une composante phonétique au reste des pièces du puzzle que constitue l'enseignement/apprentissage de la langue étrangère. Jusqu'à présent, tous publics confondus, deux tendances extrêmes ont été repérées dans les pratiques de classe. La première consiste à dire que, puisqu'il y a exposition à la langue orale et que la forme sonore de la langue est le support le plus utilisé, il n'est nul besoin d'exercer spécifiquement les éléments phonétiques de la langue, les apprenants les intégreront automatiquement. Cette attitude, apparentée pour E. Galazzi à "un acte de foi total dans les pouvoirs miraculeux de l'imprégnation"

---

[1] Il semble qu'en *Deutsch als Fremdsprache* précoce, on ait reconnu la nécessité d'introduire une composante phonétique dès le début de l'enseignement/apprentissage. Ainsi Hirschfeld (1995: 5–17) souligne la nécessité de développer des entraînements phonétiques adaptés à l'âge et aux capacités existantes des enfants de l'école élémentaire et fait des propositions concrètes pour l'allemand, dont nous pourrions nous inspirer.

(Galazzi 1993: 321), va souvent de pair avec la méthode dite communicative. La deuxième, qu'on pourrait appeler 'perfectionniste', exige des apprenants une prononciation 'parfaite', ce qui, comme on sait, débouche bien plus fréquemment sur un blocage du locuteur en langue étrangère que sur une envie de parler. Il s'agira pour nous de montrer qu'entre ces deux extrêmes, il y a une autre piste qui peut faire de la phonétique en salle de classe à l'école primaire un élément servant les grands principes affirmés par les approches centrées sur l'apprenant, telles qu'elles sont prônées aujourd'hui. Ceci n'est possible que si l'enseignant a le savoir nécessaire. Le problème de la formation des enseignants en phonétique doit donc être abordé: c'est une chose d'avoir soi-même une prononciation adéquate, c'en est une autre d'avoir les connaissances nécessaires pour faire des choix didactiques adaptés aux pratiques de classe.

La phonétique et les différentes méthodes

En milieu scolaire, la langue a longtemps été perçue comme un contenu à apprendre. L'enseignement visait alors essentiellement l'acquisition d'une **compétence linguistique**, ce qui en règle générale signifiait apprendre la grammaire de la langue, "cette connaissance grammaticale constituant la garantie de l'habileté à comprendre et à produire des phrases" (Desmarais & Duplantie 1986: 42). La prononciation adéquate serait apprise lors de séjours dans le pays de la langue cible, disait-on alors. Or, depuis les années 70 (cf. Bérard 1991), l'enseignement d'une langue étrangère est recentré sur la **compétence de communication**, se référant à un savoir-faire communicatif, que les apprenants doivent acquérir en L2. Cette approche communicative, prépondérante dans les cours de langue étrangère, a fait que la phonétique a été particulièrement négligée. Aujourd'hui, on assiste à une nouvelle évolution dans le champ de la didactique des langues, notamment pour l'enseignement précoce, peut-être motivée par l'âge des apprenants, qui oblige plus que dans d'autres cadres à s'adapter à leurs besoins et à leur stade de développement psychologique et intellectuel. Ainsi, après la suprématie des méthodes dites communicatives, et une phase qui a privilégié un éclectisme concernant les méthodes, mettant à jour "une absence de certitudes quasi-généralisée quant aux meilleures façons de procéder" (O'Neil 1993: 112), il semble qu'on en arrive à la fin des années 90 à une approche 'néo-communicative' (j'emprunte le terme à Marcus Reinfried, cf. son article dans le présent volume). Les acquis des méthodes communicatives se voient élargies, notamment par des notions fondamentales telles que:

- le centrage sur l'apprenant, favorisant la participation active et l'autonomie de celui-ci dans le processus d'apprentissage,
- l'interdisciplinarité (ou transversalité ou intégration),
- l'apprentissage par l'action et
- la globalité de l'enseignement.

Cependant, la phonétique ne semble toujours pas revenue dans la salle de classe, du moins de manière explicite, dans les contenus didactiques. Certes, l'importance du modèle de prononciation de l'enseignant est régulièrement soulignée, mais rares sont les textes théorético-pratiques mettant en valeur la nécessité pour l'enseignant d'avoir une formation en phonétique, lui donnant les moyens d'agir de manière appropriée dans la salle de classe[2]. Or, cette nouvelle approche 'néo-communicative' pourrait favoriser à mon sens le retour de la phonétique dans la salle de classe. Non plus comme un élément technique, rébarbatif, peu plaisant (c'est la représentation qu'en ont les enseignants du terrain); au contraire, comme un élément favorisant l'épanouissement de la personnalité de l'enfant, le valorisant, le rendant plus autonome dans le nouveau paysage sonore auquel il se trouve confronté (centrage sur l'apprenant). D'autre part, la phonétique a tout à fait sa place à trouver dans le principe d'interdisciplinarité ou d'intégration, par exemple dans le cours d'éducation physique ou dans celui de musique, comme on le verra plus loin. Mais, avant d'aborder les grandes lignes de ce qu'on pourrait appeler une didactique de la phonétique du FLE précoce, il nous faut préciser notre cadre de référence et donner quelques définitions.

L'enseignement précoce d'une langue étrangère: Le modèle de Rhénanie-Palatinat

L'enseignement précoce d'une langue étrangère occupe une place particulière en Europe car il a généré tout au long des 20 dernières années différents modèles institutionnels et didactiques. Néanmoins, on assiste aujourd'hui à une tendance forte de généraliser l'enseignement précoce d'une langue étrangère au niveau de la classe d'âge des enfants de huit à dix ans et de l'intégrer à l'enseignement régulier. Cependant, la diversité des projets généraux politiques et pédagogiques d'un pays à l'autre et d'une langue à l'autre (il suffit de penser aux différences pouvant exister entre les situations de politiques linguistiques en Catalogne ou au Royaume-Uni par exemple), font que l'on se méfiera de parler globalement d'enseignement précoce. Et c'est à juste raison que Dabène (1990: 7–21) nous met en garde contre le recours abusif en didactique des langues à des abstractions généralisantes et simplificatrices débouchant sur des archétypes "enseignant" et "apprenant". Elle plaide bien plus pour une 'didactique de la variation' prenant en compte la forte diversité des situations d'apprentissage et se référant à une typologie précise des situations d'apprentissage dans lesquels le contexte d'enseignement/apprentissage, la situation sociolinguistique des acteurs et les modes de transmission du savoir seront des critères important de description.

C'est donc dans un souci de cohérence que je vais placer les quelques réflexions qui vont suivre, sur l'approche de la phonétique en classe de FLE précoce, dans le cadre bien particulier de l'école primaire en Allemagne et notamment en Rhénanie-Palatinat. Le modèle qui y a été mis en place est, d'une part, celui que je connais le mieux de par mon activité[3] et d'autre part, parce qu'il me paraît présenter des conditions très favorables pour la mise en place efficace d'un enseignement précoce de L2.

---

[2] Ce qu'affirme Hirschfeld (1998: 331) pour les enseignants d'allemand langue étrangère vaut certainement aussi pour les enseignants de FLE: "Es gibt 'Defizite' in der Lehreraus- und -fortbildung, sie betreffen sowohl das sprachliche Können – also die eigene Aussprache – als auch fachliche (phonologische, phonetische) und didaktische Kenntnisse. Viele Lehrer sind an phonetischen Fragen interessiert, haben aber kaum die Möglichkeit, sich alles selbständig anzueignen."

[3] J'ai suivi pendant plusieurs semestres nos étudiants lors de leur stage pratique dans les classes de français à l'école élémentaire, ce qui m'a permis de faire de nombreuses observations de classe.

Travail en langue étrangère intégré/"Integrative Fremdsprachenarbeit"

Cadre général

Ce modèle présente au niveau formel les caractéristiques suivantes:

1. Le modèle a été progressivement mis en place en 1995 dans tout le *Land* de Rhénanie-Palatinat après une période d'essai de quatre ans (du 01/08/1991 au 31/12/1995). Une tradition d'enseignement du français à l'école élémentaire existait déjà depuis les années 70, avec échange d'instituteurs grâce à l'Office franco-allemand. D'autre part, un suivi et une évaluation scientifique faite par des didacticiens de la langue, des spécialistes de la pédagogie de l'école primaire en relation continue avec les enseignants du terrain ont accompagné le projet dans sa période d'essai. Le modèle mis en place est donc le résultat de nombreuses années d'expérience. Les détails du développement du projet ainsi que le cadre théorique sur lequel est basé le modèle et les évaluations effectuées avant la mise en place dans tout le *Land* du modèle sont regroupés dans un rapport final (cf. SIL Saarburg 1995).

2. Depuis la rentrée scolaire de 1998, l'enseignement d'une langue étrangère est inclus dans l'emploi du temps régulier des 3ème et 4ème classes, à raison de 50 minutes par semaine. Il est prévu que l'enseignement de langue sera dispensé par l'enseignant de classe.

3. Les textes officiels concernant l'enseignement/apprentissage de la langue étrangère s'occupent plus de la forme que des contenus. Ils font plus référence aux méthodes qu'aux contenus linguistiques. Il ne s'agit pas d'une matière supplémentaire, mais d'une intégration de la langue étrangère (anglais ou français) dans des domaines d'enseignement existants déjà tels que le sport, la musique et le *Sachunterricht*[4]. L'enseignement devra développer les compétences de communication, être ludique, centré sur les intérêts des enfants, essentiellement oral et devra servir le principe d'intégration. Il ne sera pas noté et il n'y a pas de manuel de prévu.

Méthodologie

L'enseignement de la langue étrangère précoce en **Rhénanie-Palatinat** est marqué par deux grandes orientations: une **approche communicative** et le **principe d'intégration**. Il nous faut définir ces deux principes un peu plus précisément pour que nous puissions y trouver des points d'ancrage aux éléments phonétiques et revenir à notre sujet.

D'autre part, notre département participe à un projet de recherche européen pour lequel des enregistrements vidéos ont été effectués à trois périodes d'une même année scolaire dans deux 3èmes classes de la ville de Koblenz, proposant le français comme langue étrangère. Ces enregistrements, bien qu'ils aient été effectués pour d'autres objectifs de recherche, permettent également des observations concernant la prononciation des enfants.

[4] "Integrative Fremdsprachenarbeit, entweder Englisch oder Französisch, ist kein zusätzliches Schulfach, sondern soll regelmäßig auch in Lernbereiche wie Sport, Musik und Sachunterricht einfließen. Das sichert Lernerfolg ohne Überforderung." Ministerium für Bildung, Wissenschaft und Weiterbildung (Hrsg.): Schule machen. Extra. Sonderausgabe: Die volle Halbtagsschule, 5/98, S. 2.

a) L'approche communicative

Bien qu'un certain flou théorique entoure l'approche communicative et que, nombre de méthodes et pratiques de classe se parant du titre 'communicatives' soient finalement plus axées sur le contenu linguistique de la langue étrangère que sur une véritable approche communicative (et négligent généralement l'habileté à communiquer qui existe déjà chez l'apprenant de L2), il semble qu'on puisse dégager quelques grandes lignes de force qui sont: "enseigner une compétence de communication, appréhender le discours dans sa dimension globale, privilégier le sens." (Bérard 1991: 31). D'autre part, toujours d'après Bérard (1991), dans le cadre d'une approche communicative, l'apprentissage est caractérisé par:

- une progression souple, non-linéaire, en spirale, portant plus d'attention à l'apprentissage qu'à l'enseignement,
- une place importante accordée à la production des apprenants,
- une reconnaissance de l'erreur en tant qu'indicateur du processus actif d'apprentissage en cours.

Les activités qui sont valorisées sont "celles qui sont marquées par la créativité et qui donnent une grande part d'initiative à l'apprenant" (Bérard 1991: 56). Bérard cite entre autres les activités d'expression telles les simulations et jeux de rôle et les jeux à proprement parler.

En comparant les points que nous venons de nommer, constituant une sorte de définition de la méthode communicative et la description des bases théoriques et méthodologiques du concept didactique appelé *Integrierte Fremdsprachenarbeit in der Grundschule* faite par Rück (1995: 57–95), force est de constater que pratiquement tous ces éléments sont mentionnés. Il semble donc de bon droit d'affirmer que la méthode préconisée peut être qualifiée de communicative, bien que ce terme n'apparaisse pas dans l'intitulé du concept. Ainsi, l'ancrage de l'apprenant et de son apprentissage personnel au centre de l'intérêt didactique du modèle est affirmé. Se référant à Krashen et à sa définition de l'"optimal input", Rück (1991: 64) insiste sur l'importance de l'adéquation de l'input au niveau d'apprentissage des apprenants et à la situation d'apprentissage. En ce sens, le jeu est posé comme le moyen privilégié de l'apprentissage. L'utilisation d'actes de parole définissant des contenus prioritaires quant à la communication sont d'autre part proposés, sous forme de listes, englobant cinq catégories.

b) Le principe d'intégration

Le principe d'intégration, lui, est affirmé sans ambiguïté puisqu'il apparaît dans le nom même du concept. Il est défini brièvement comme suit par Geibert (1995: 15):

> In einem integrierten Konzept sollen demgegenüber alle Anlässe und Möglichkeiten aufgegriffen werden, aus denen Begegnungen mit einer fremden Sprache erwachsen können; diese Begegnungen müssen kindorientiert und spielorientiert verlaufen und zugleich in ihrer Unterstützungsfunktion gesehen werden, das Verständnis für die eigene Muttersprache zu vertiefen.

Hegele (1995: 38–52) décrit le principe d'intégration comme catégorie centrale de la conception pédagogique et méthodique de l'enseignement/apprentissage du modèle *Integrierte Fremdsprachenarbeit*, pour ensuite en détailler et préciser la définition.

Nous renvoyons le lecteur au texte très complet de Hegele et ne mentionnons ici que les catégories d'intégration citées, sans entrer dans le détail. Il s'agit de favoriser:
- l'intégration de tous les enfants,
- l'intégration de la langue étrangère à d'autres domaines d'apprentissage comme
- l'intégration de la langue maternelle et de la langue étrangère,
- l'intégration au *Sachunterricht*,
- l'intégration aux domaines d'apprentissage tels que la musique, les arts plastiques, le textile, et le sport,
- l'intégration aux méthodes de travail spécifiques à l'école élémentaire (apprentissage actif, autonome)
- l'intégration de la langue et de la culture étrangère à la vie de l'école.

La phonétique en salle de classe de FLE

Est-il besoin de mentionner, vu les conditions dans lesquelles a lieu, dans le cadre donné, l'apprentissage du français, qu'il ne s'agit pas de proposer aux élèves un cours de phonétique, ni d'élaborer une méthode de correction phonétique, ni d'avoir des exigences de perfection phonétique. De quoi s'agit-il alors?

L'oral en interaction

Définissons d'abord la place qu'occupe la composante phonétique en salle de classe dans ce que Lhote appelle "l'oral en interaction" (Lhote 1995). Ainsi, on verra qu'il est impossible d'en faire abstraction quand on aborde l'enseignement/apprentissage oral d'une langue.

La composante phonétique est *un élément* de l'oral en interaction. Un élément, que nous pouvons appeler paralinguistique, et qui rassemblera **les faits articulatoires, rythmiques et intonatifs**. Un élément parmi d'autres, qui sont les éléments linguistiques (lexique, syntaxe, morphologie) et les éléments extralinguistiques (mimique, gestes). Tous sont présents quand il y a interaction entre un auditeur et un locuteur. On ne peut et on ne doit en négliger aucun, car tous ces éléments sont liés les uns aux autres. Ils peuvent se compléter, se soutenir, voire se contredire! Quand on pense en terme d'enseignement/apprentissage d'une langue étrangère, on pense encore trop fréquemment en termes d'éléments purement linguistiques. Les phénomènes paralinguistiques et extralinguistiques ('langage corporel') ont tendance à être considérés comme secondaires, alors qu'il ne peut y avoir communication orale sans gestes et sans voix. Message verbal (éléments linguistiques) et message non-verbal (éléments para- et extralinguistiques) sont toujours liés au sein d'une communication en présence entre individus. Dans une situation pédagogique à l'intérieur d'une salle de classe, il n'en va pas autrement. Professeur et élèves utilisent pour communiquer le langage verbal et le langage non-verbal, sans toujours se rendre compte du rôle essentiel joué par le canal non-verbal dans les diverses interactions[5]. On ne peut pas non plus faire abstraction de la situation de l'oral, qui montre des caractéristiques communicatives, culturelles et sociales.

Si l'interaction est réussie, il y aura communication entre les protagonistes de l'échange. Production et perception débouchent alors sur la compréhension. On peut schématiser par un premier schéma l'ensemble formant l'oral en interaction.

La phonétique en salle de FLE = un élément de l'oral en interaction

L'oral en interaction

Caractéristiques		
communicatives	culturelles	sociales

Eléments		
linguistiques lexique syntaxe morphologie	paralinguistiques articulation rythme intonation	extralinguistiques mimique gestualité

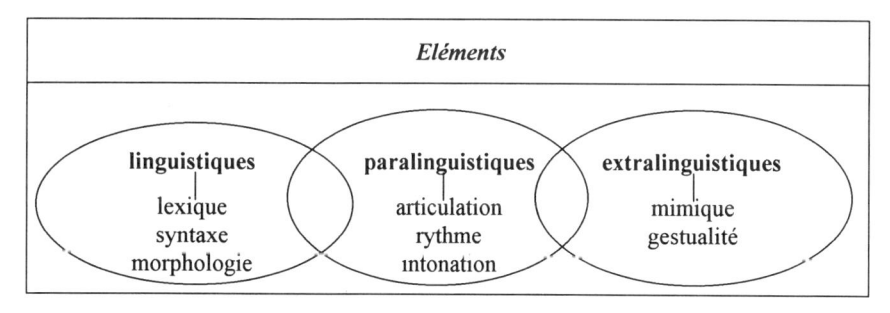

Fig. 1: L'oral en interaction

Cependant, cette représentation nous semble encore insuffisante pour visualiser l'imbrication des différents phénomènes entre eux. C'est pourquoi nous proposons une deuxième représentation (fig. 2), montrant mieux le fait que, à l'oral, les éléments linguistiques sont inclus dans des éléments paralinguistiques, eux-mêmes dépendant des éléments extralinguistiques.

---

[5] Cependant, l'intégration de l'étude des phénomènes non-verbaux et leur relation avec le langage verbal ne va pas de soi en didactique des langues, qui a longtemps privilégié dans ce domaine "une sorte de brouillard folklorique" (Dabène et al. 1990: 94). Il faudrait également, mais ceci est un autre sujet, sensibiliser les enseignants sur ce qu'est le 'langage corporel' et les comportements 'non-verbaux' et leur faire prendre conscience de la pluralité des langages de la personne.

caractéristiques culturelles

caractéristiques sociales

caractéristiques communicatives

éléments extralinguistiques
mimique
gestualité

**éléments
paralinguistiques**
articulation
rythme
intonation

éléments linguistiques
lexique
syntaxe
morphologie

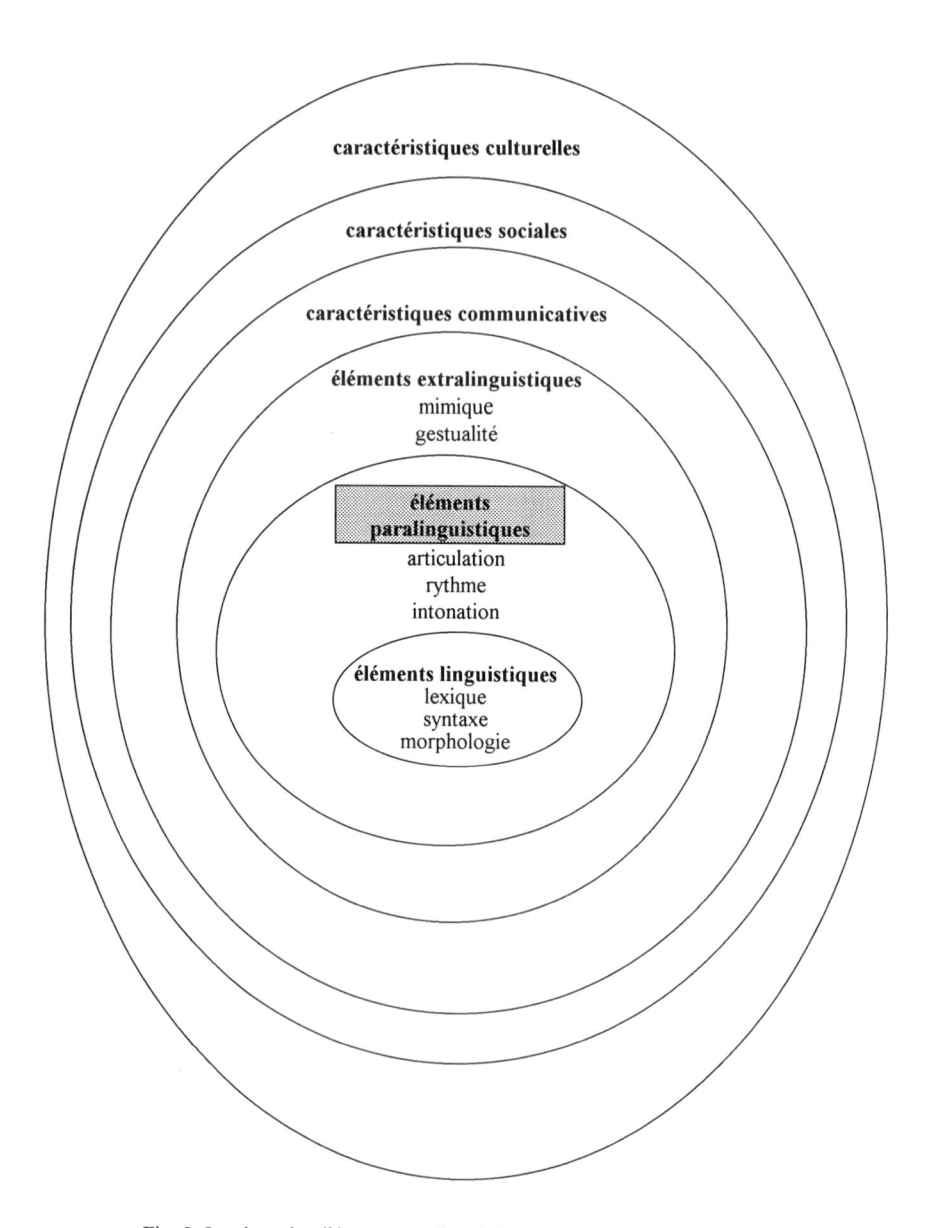

Fig. 2: La place des éléments paralinguistiques dans l'oral en interaction

Phonétique et enseignement/apprentissage du FLE précoce

Avant de faire des propositions de 'pistes' méthodiques pour intégrer la phonétique au cursus, il nous faut réfléchir aux contenus didactiques et à la formation des enseignants.

Les contenus

Je vais partir d'un exemple tout simple, tel que le rencontrera chaque enseignant sous une forme ou une autre[6], tiré d'une observation de pratique de classe (cf. note 3) et qui me semble représentatif pour indiquer où se situent les difficultés pour l'enseignant.

a) **Exemple: la prononciation de la voyelle nasalisée [õ] dans le mot 'Bonjour'.**

Nous sommes dans les premiers moments du travail en français. L'enseignante, allemande, a une grande expérience de l'enseignement à l'école élémentaire ainsi que de l'enseignement du français précoce. On peut qualifier sa prononciation de très proche de celle d'un locuteur natif (*native-near*). Elle est très dynamique et sait transmettre dès les premiers contacts avec la langue son enthousiasme aux enfants. Les enfants ont déjà chanté avec la maîtresse lors de la première heure une chanson de salutation "Bonjour, les enfants". Ils ont également salué à tour de rôle la marionnette d'un 'bonjour' dont la prononciation était à chaque fois contrôlée par l'enseignante. Le mot 'bonjour' a donc déjà été entendu et prononcé de nombreuses fois. Au début de la deuxième période consacrée au français, la maîtresse propose, pour motiver les enfants et leur donner déjà l'occasion d'utiliser leur savoir tout neuf, de saluer le prochain enseignant intervenant dans la classe, d'un "Bonjour, Monsieur B.". La proposition est acceptée avec grand enthousiasme et la classe entière, avec la maîtresse, s'exerce à dire "Bonjour, Monsieur B.". Puis l'enseignante demande aux enfants de prononcer la petite phrase pour qu'elle puisse les écouter. C'est alors qu'elle constate que certains enfants ont prononcé un N en plus de la voyelle nasalisée. Elle prend la parole en allemand et dit ce qu'elle vient d'entendre. Elle explique à une élève, qui a mentionné que 'bonjour' s'écrit avec un N, que le mot est effectivement écrit avec un N, mais qu'on ne doit pas le prononcer. Puis la maîtresse répète une fois le modèle correct en disant aux enfants de prêter bien attention à la prononciation. Elle accentue par une mimique la prononciation du [õ] en fermant et en allongeant la bouche. Certains élèves répètent le mot 'bonjour' à voix basse. La maîtresse redit encore une fois le mot; les enfants répètent tous ensemble, cette fois tout haut et correctement. Pour clôturer cette courte discussion concernant la prononciation de 'on', l'enseignante redit en allemand, en soulignant ce qu'elle dit par un grand geste de la main: "Il faut barrer le N, d'accord?"

Nous avons à faire ici à une enseignante expérimentée, qui n'a pas eu de formation particulière en phonétique mais qui sait spontanément trouver une méthode et des explications adaptées à la situation. Elle a entendu la déviance, ne la laisse pas passer,

---

[6] Cf. Rück (1995: 85–86) qui donne un modèle de premier contact avec la langue et qui mentionne les difficultés de prononciation liées au mot 'bonjour'.

redonne un modèle correct, accepte l'explication venant d'une élève en l'élargissant, s'aide de la mimique appropriée pour visualiser l'articulation nouvelle pour les enfants. Une vraie chance pour les enfants!

Cependant, chaque enseignant n'aura peut-être pas toujours, surtout s'il n'a pas la formation adéquate, les ressources pour aborder les difficultés rencontrées. Ce premier exemple nous permet de mentionner plusieurs points qui semblent représentatifs de la classe de FLE précoce:

a) Dès les premiers moments de mise en contact avec le français, l'enseignant se trouvera confronté à des problèmes de prononciation de la part de ses élèves.
b) Comme les germanophones adultes, l'enfant de huit ans peut avoir des difficultés à prononcer [õ] qu'il prononce [õ] + Consonne Nasale N.
c) Les enfants ont déjà des connaissances concernant la langue étrangère qu'ils ont obtenues en dehors de l'école. Concernant la prononciation, certains mots seront prononcés 'à l'allemande', d'après les modèles (publicité, vendeurs, parents) entendus et lus. Nous pensons ici à la prononciation de mots comme **croissant, merci, confiture, camembert** et à celle de nombreuses marques de produits français, **Géramont, Peugeot, Rambol** pour ne citer que ceux-là.
d) L'enseignante n'avait pas planifié de traiter la difficulté 'voyelle nasalisée' [õ]. Elle part de la situation qui s'est présentée et l'utilise pour corriger et expliquer un phénomène phonétique (la prononciation de [õ]) et phonologique (en français, la graphie 'on' est prononcée /õ/).

b) Quels contenus?

A la vue des enregistrements que nous avons faits et à la suite de discussions que nous avons eues avec les enseignants, il apparaît que ce qui manque d'ordinaire à l'enseignant non-natif c'est, d'une part, une idée précise de ce qu'il faudrait enseigner ou prendre en compte en termes d'enseignement/apprentissage de la prononciation, et d'autre part, une liberté dans l'expression. Car l'enseignant non-natif se réfère à sa propre expérience de l'apprentissage de la langue qu'il enseigne:

> Ceci lui a donné certes une conscience plus nette des obstacles à franchir, mais il en a également conservé un sentiment d'insécurité linguistique qui le rend particulièrement soucieux du respect d'une norme qu'il n'ose transgresser. Sa marge de manœuvre linguistique est plus réduite, et il ne pourra s'autoriser d'improvisations aussi libres que son collègue natif. Il ne maîtrise qu'en partie (et parfois très peu) l'aspect pragmatique du langage ou l'organisation des stratégies conversationnelles. Il y a fort à parier, dès lors, que les approches dites 'communicatives' – même s'il les adopte avec enthousiasme – ne se réduisent souvent, dans sa classe, à un répertoire d'énoncés proposés purement et simplement à la mémorisation des apprenants, surtout lorsque l'enseignement se déroule dans un milieu exolingue et qui n'offre donc pas à l'apprenant la possibilité d'élargir son répertoire verbal. (Dabène 1990: 13)

- *Au niveau prosodique (intonation, rythme, accentuation)*

A huit ans, le système phonologique et prosodique de la langue maternelle est déjà bien établi. L'enfant de huit ans germanophone vit dans la plupart des cas depuis huit ans dans le 'paysage sonore' de l'allemand. J'emprunte cette expression de 'paysage sonore d'une langue' à Elisabeth Lhote, qui a développé une mise en pratique de ce concept pour l'enseignement du FLE aux adultes dans un livre intitulé *Enseigner l'oral en interaction*. Elle y définit le paysage sonore d'une langue comme suit:

> Chaque langue donne lieu à des paysages sonores qui lui sont propres. On peut dire que tous les produits oraux d'une culture participent à l'environnement sonore dans lequel baigne tout individu depuis sa naissance, au même titre que les lieux et le milieu dans lesquels il vit sont les constituants premiers de son organisation spatiale et culturelle. [...] Chaque auditeur a 'un comportement d'écoute' qui est lié aux paysages qui lui sont familiers, ceux de sa langue, de son dialecte, de sa région, de son groupe social et de sa famille. [...] Le paysage sonore d'une langue se construit à partir de l'écoute de personnes variées, à la voix différente, dans des processus énonciatifs toujours nouveaux. (Lhote 1995: 23)

L'enfant de huit ans s'est construit, peu à peu, par audition et imitation de ce qu'il a entendu, un système cohérent dans lequel il a ses repères. Quand il va entendre "parler français", il va être transporté dans un nouveau paysage sonore, dans lequel les repères prosodiques ne vont plus être semblables. L'intonation, l'accentuation, le rythme de la chaîne sonore seront différents de l'allemand. Les observations de classe montrent que l'enfant, quand il n'a pas été préparé aux nouveaux éléments prosodiques de la langue étrangère, entend et écoute en se repérant aux critères venant de l'allemand. Ne gagnerait-on pas du temps et du plaisir à initier les élèves au nouveau rythme de la langue, à la nouvelle accentuation et aux nouvelles intonations? On sait qu'à l'âge adulte, il est bien difficile au locuteur étranger d'arriver à une maîtrise parfaite des aspects prosodiques: le fameux 'accent étranger' est repérable à l'accentuation et à l'intonation, même si grammaire et lexique ne laissent rien à désirer d'un point de vue idiomatique. De plus, si l'on considère que les faits prosodiques sont décisifs pour la compréhension et la prononciation de l'énoncé oral[7], nous pensons que, dans notre cadre, il faut donner la priorité à ces éléments dans l'enseignement/apprentissage des faits phonétiques. Klimow (1994: 71) va même jusqu'à affirmer que la prosodie de la langue prédestine l'articulation:

> [...] die prosodische Grobmotorik schichtet sich nicht im nachhinein auf die Lautung auf, sondern geht dieser (in den verschiedenen Entwicklungsstadien sowie in der stufenweisen Wahrnehmung, in Kodierung und Dekodierung) voraus. Unter dem Blickwinkel der Sprachspezifik heißt das: Vieles in der Lautung der Fremdsprache wird von ihrer Prosodie prädestiniert und kommt automatisch, ohne zusätzlichen Arbeitsaufwand, zustande, wenn die Einübung der fremdsprachlichen Prosodie im Phonetikunterricht vorangeht.

- *Au niveau segmental*

Concernant les remarques a) et b), nous pouvons affirmer, car les observations de classe le prouvent, que les difficultés de prononciation, au niveau segmental, rencontrées par les élèves seront à peu près les mêmes que celles rencontrées par les adultes,

---

[7] Cf. Mordellet (1999: 67-70), où nous avons essayé de montrer l'importance des faits prosodiques pour la compréhension auditive et la communication.

même si le modèle est correct. En voici quelques exemples que nous avons relevés personnellement:
- Difficulté à nasaliser les voyelles nasalisées [õ], [ã], [ɛ̃]
- Difficulté à prononcer et à percevoir la différence entre les semi-voyelles [w] et [ɥ], exemple Louis et lui
- Assourdissement des constrictives sonores en fin de mot: ex. vive prononcé [f], garage [ʃ], correspondant à l'assourdissement des constrictives sonores en allemand en finale de mot (*Auslautverhärtung*).

Des phénomènes régionaux peuvent être aussi d'influence comme par exemple:
- Sonorisation des constrictives sourdes en début de mot: ex. soleil, ses, sont prononcés [z]
- Neutralisation de l'opposition sourde/sonore pour les occlusives b/p, d/t, g/k au profit des sourdes en début de mot: ex. bon prononcé [p], garage [k]. Ce phénomène est a rapprocher de la tendance régionale à désonoriser les occlusives en début de mot en allemand: ex. Bruder prononcé [p], Gruppe [k].

Les points que nous venons de nommer devront faire l'objet d'une attention particulière de la part de l'enseignant: il devra veiller à ce que les enfants entendent la différence phonétique entre des sons voisés et sourds. Les voyelles nasalisées devront elles aussi, non seulement être reconnues, mais aussi différenciées dans la production. L'enseignant ne doit pas perdre de vue que l'enfant de huit ans a déjà "l'oreille nationale", comme le dit Hagège (1996: 34) et même l'oreille régionale, a-t-on envie de rajouter. C'est un fait que l'enseignant doit prendre en compte, surtout s'il veut intégrer tous les enfants car, comme le dit Slembeck:

> Mit sinkender Sozialschicht dagegen ist auch die Hörverstehensfähigkeit immer schwächer ausgebildet. Nehmen wir das Beispiel des in Lautung, Syntax und Wortschatz ausschließlich im Dialekt aufwachsenden deutschen Kindes. Es ist inzwischen belegt, daß es nur einen geringen Teil dessen, was Lehrende im Unterricht sprechen, hörend mitverstehen kann; Lautung, Wortschatz, Syntax, Gedankengänge und Absichten von Lehrenden sind dem deutschen Dialekt sprechenden Kind fremd, sie liegen außerhalb seiner (Hör-)Verstehensmöglichkeiten. (Slembeck 1995: 16)

Il est donc essentiel que l'enseignant soit conscient des régionalismes pratiqués par ses élèves et par lui-même éventuellement.

Les contenus phonétiques 'à problème' que l'enseignant rencontrera en salle de classe de FLE précoce seront ainsi vraisemblablement les mêmes que ceux présents dans un cours de FLE pour germanophones adolescents ou adultes débutants. Mais, en plus, d'autres oppositions apparaîtront, découlant directement du choix pédagogique d'enseigner la langue étrangère à l'oral.

Ainsi, l'enseignant devra-t-il non seulement porter attention aux **oppositions** comme
- **vif/vive**, d'un point de vue phonétique et phonologique, mais aussi à celles du type **petit/petite** (∅ – /t/), **grand/grande** (∅ – /d/), marquant elles aussi à l'oral la différence entre le masculin et le féminin.

Il faudra également être vigilant à la prononciation et à la compréhension correcte des formes telles que
- le(/ə/) chien mange / les(/e/) chiens mangent, l'opposition singulier/pluriel n'apparaissant à l'oral que dans la forme de l'article.

L'écrit systématique et les explications grammaticales explicites étant exclus de la pratique de classe, il est d'autant plus important que les différences phonologiques dans les diverses formes de l'article, de l'adjectif, du singulier/pluriel des verbes (ex.: ils ont/ils sont) ... soient mises en place dès le départ.

Revenons brièvement sur le problème du schwa, difficulté communément citée par les germanophones. Le schwa pose problème:
- car les règles de sa réalisation dépendent de plusieurs facteurs concernant le contexte:
  - entourage phonétique immédiat (se trouve-t-il devant et/ou après une ou plusieurs consonne(s) ou voyelle(s)?,
  - position du schwa dans le groupe rythmique (se trouve-t-il en position initiale, à l'intérieur ou en position finale?) et aussi
  - position dans un mot (à l'initiale, à l'intérieur ou à la finale?) (cf. Eggs & Mordellet 1990: 111).
- Il est régulièrement prononcé [e] au lieu de [ə], exemple **religion, redonner**.
- Il est aussi prononcé alors qu'il ne devrait pas l'être, exemple en finale de mot **campagne**.
- Il arrive que les germanophones ne prononcent pas le schwa alors qu'il devrait l'être, exemple **cette hache**.

Mais, toutes ces difficultés viennent de la non-correspondance entre graphie et phonie en français. Pour la pratique de classe, l'écrit n'étant pas pratiqué en FLE précoce, il ne semble pas que le schwa demande une approche particulière pour les élèves. Par contre, l'enseignant doit maîtriser les règles de prononciation du schwa, pour pouvoir donner un modèle adéquat à ces élèves.

D'autre part, l'enseignant sera confronté à des **'erreurs'** d'ordre phonologique, telles qu'en font les petits Français. Charmian O'Neil (1993) constate la même chose pour des enfants de langue maternelle française, âgés de huit à onze ans, apprenant l'anglais comme L2[8]. Les enseignants de l'école primaire allemande rapportent des constatations similaires qui les déroutent dans leur pratique de classe et va même jusqu'à les rendre très prudents dans le maniement du matériel linguistique. Ainsi, il n'est pas rare que les phénomènes d'élision et de liaison posent problème, entraînant un appauvrissement de l'échange dans la salle de classe, comme par exemple dans le jeu du mémory. A la question 'Qu'est-ce que c'est', suit fréquemment la simple désignation par l'élève de l'objet ou de l'animal présenté 'ours', 'âne' ... Réponse que l'enseignant accepte généralement pour éviter les formes 'un‿ours'[ɛ̃nurs] / 'l'ours'[lurs] ou 'un‿âne'[ɛ̃nan] / 'l'âne'[lan] qui risqueraient de troubler, pensent-ils, les apprenants.

---

[8] Concernant l'apprentissage des aspects phonologiques, "la plupart des erreurs que font les enfants en situation scolaire, se rapprochent en général beaucoup plus de celles que font les enfants anglophones, entre deux et cinq ans, que des erreurs des francophones adultes" (O'Neil 1993: 176).

Or, l'élision et la liaison étant deux phénomènes dictés par le système phonologique du français, ce n'est à mon avis pas faciliter la tâche des petits apprenants que de les éviter. Il faudrait au contraire les habituer, et ce dès le début de l'enseignement, non seulement à entendre mais aussi à utiliser les différentes formes sonores, même s'ils doivent faire le détour dans leur apprentissage par des formes telles que 'le N ours' ou 'le N âne', comme le font les enfants français quand ils commencent à parler. On voit donc là aussi, concernant la liaison, que si le modèle proposé aux élèves correspond aux règles phonologiques du français, la liaison ne devrait pas être un problème en soi pour les élèves. Par contre, il est essentiel que l'enseignant, lui, sache appliquer les règles concernant la liaison, telles qu'elles sont par exemple décrites dans les différents manuels de phonétique.

On peut donc constater, à partir de ces quelques exemples, que même si une partie des difficultés de prononciation et d'écoute rencontrées par les enfants est similaire à celles rencontrées par des apprenants plus âgés, les priorités didactiques ne peuvent pas être identiques quand l'enseignement/apprentissage se fait uniquement à l'oral, comme dans le cas qui nous intéresse, à celles que l'on peut définir quand il y a rapidement introduction de l'écrit. Les difficultés venant du manque d'isomorphie entre graphie et phonie en français ne seront pas en conséquence les difficultés à prendre en compte en priorité dans la pratique de classe de FLE précoce.

c) **Quelle progression?**

Le fait que l'élève doit s'appuyer presque exclusivement sur sa mémoire auditive en travail en langue étrangère nous parait être un point décisif pour la définition d'une progression. En effet, l'apprenant ne peut rechercher dans un livre des informations qui lui auraient échappées, aussi bien au niveau du sens que des structures ou de la prononciation. C'est pourquoi, il nous semble primordial, pour assurer l'**autonomie** de l'apprenant, de donner à celui-ci les clés qui vont lui permettre d'entrer dans le nouveau paysage sonore. On pourrait donc définir comme objectifs en début d'apprentissage une mise en place des contours intonatifs et rythmiques. Le temps réservé à l'enseignement étant restreint, 10 minutes par jour ou deux fois 25 minutes, il faut d'autant plus insister sur la qualité du matériau sonore proposé. Dès que l'enseignant ouvrira la bouche, avec un simple 'Bonjour les enfants', il engage déjà les bases phonétiques des apprenants.

Nous proposons ainsi, dans un premier temps, de **développer des stratégies d'écoute** chez les enfants en les habituant à se repérer dans le nouveau paysage sonore. Repérage du rythme, de l'accentuation et de l'intonation mais aussi de la situation de communication. Cette démarche se fera en utilisant du matériel sonore de la langue étrangère mais aussi de l'allemand et pourquoi pas d'autres langues parlées par les enfants (cf. le principe d'intégration). Le développement de telles attitudes d'écoute devrait leur permettre de n'avoir pas peur d'affronter l'étrangeté. De plus, l'occasion serait saisie de valoriser l'enfant en lui donnant l'occasion de se servir de compétences linguistiques qu'il a et de mettre à l'épreuve des **intuitions sur le langage** qu'il a déjà. Ce type de travail sur la langue devrait pouvoir assurer l'intégration de tous les enfants. L'enfant qui, non seulement parle l'allemand à l'école mais qui, de par sa biographie, parle ou a parlé une autre langue, aura là des possibilités d'exprimer des stratégies de compréhension qu'il a dû développer, par la force des choses, pour pouvoir vivre dans son pays d'accueil. Un travail sur le rythme peut également être intégré au cours de musique ou au cours d'éducation physique. Pour varier les sources d'exposition à la langue étrangère, il faudrait confronter les apprenants à des documents authentiques vidéos et les habituer à **trouver des informations** sur les locuteurs, les situations de communication et les conditions de production. L'enseignant peut aussi privilégier la variation des situations pour exercer les phénomènes intonatifs plutôt que de multiplier les dialogues ou les jeux de rôle.

Dans un deuxième temps, l'enseignant pourrait introduire ponctuellement, dans des séquences brèves, des approches des **difficultés au plan segmental** telles qu'on les a mentionnées plus haut. Toutes sortes de jeux sont imaginables, les manuels pratiques de phonétique en proposent de nombreux, que l'enseignant pourra adapter selon l'objectif poursuivi (reconnaissance auditive, production).

Il est indispensable de mentionner le problème de la **correction**. Trop souvent l'enseignant ne relève pas et donc ne corrige pas des erreurs de prononciation par crainte de sanctionner et de rompre l'ambiance positive du cours. A mon avis, une première exigence s'adresse à l'enseignant. Il doit avoir une parole fluide, respectant le rythme et l'accentuation, les liaisons obligatoires et facultatives les plus courantes. Il doit être conscient des régionalismes pratiqués par ses élèves et par lui-même éventuellement. Sa vigilance au niveau phonétique doit être, surtout dans les premières semaines d'enseignement, au plus haut niveau, pour sa propre production orale et pour la compréhension et les débuts de production de ses élèves. Tout ceci ne veut pas dire qu'il n'y aura pas de déviance dans la prononciation des apprenants, mais d'expérience, je peux affirmer qu'il y en aura certainement beaucoup moins.

Pour corriger des erreurs articulatoires, par exemple la non-différenciation entre un [õ] et un [ã], l'enseignant peut détailler l'articulation en insistant pour le [õ] sur l'arrondissement des lèvres et sur la place moyenne de la masse de la langue ainsi que sur celle arrière du bout de la langue. Pour le [ã], il montrera la position basse de la masse de la langue, le bout de la langue en position arrière elle aussi et insistera sur la bouche ouverte. Tout ceci s'accompagnant d'encouragements aux élèves à tester les nouvelles articulations que chacun 'sentira' du bout de son doigt! Rires garantis! Puis, quand les articulations auront été mises en place, l'enseignant pourra sortir des images représentant pour chaque son un objet ou un personnage, d'un format suffisamment grand pour que toute la classe les voit. Pour [ã], un enfant par exemple et pour [õ] un bonbon, l'image étant accompagnée du signe phonétique[9] du son en question. Ainsi, à chaque fois que l'enseignant ressentira le besoin d'intervenir pour un [õ] ou un [ã] mal compris ou mal prononcé, il pourra montrer la carte correspondante.

A côté de ce genre d'interventions, qui devront rester naturellement brèves et occasionnelles, on peut penser à une pratique d'enregistrement audio de courtes séquences

---

[9] La publicité en Allemagne nous habitue depuis quelques temps à l'emploi des signes de l'API. Ainsi, je me rappelle avoir lu sur les murs de différentes villes allemandes *Free Call*, *Daewoo* et tout récemment *Jessica* accompagnés entre crochet de leur transcription phonétique respective. L'API est à la mode et fait partie du quotidien des élèves!

du travail en français de la production des élèves, à intervalles réguliers, mais pas trop rapprochés, en informant les élèves et en les faisant participer ensuite à l'analyse de l'enregistrement. Ainsi, il y aurait écoute et correction collective guidée par l'enseignant. Tout est question de mesure et de doigté de la part de l'enseignant quand il s'agit de correction phonétique. L'enfant de huit ans est encore en plein développement de sa personnalité et peut fort bien déjà avoir peur d'être ridicule devant ses camarades de classe. Hagège (1996: 175) insiste sur le caractère culturel des gestes articulatoires et précise:

> Encourent la sanction du rire les gestes qui ne sont pas inscrits au nombre des comportements reconnus. Si l'on admet que les mouvements articulatoires sont des gestes familiers à tous ceux qui parlent une même langue, alors il devient clair qu'ils appartiennent à une culture, et que s'ils ne sont pas adéquats [...] ou s'ils sont inhabituels [...], ils sont susceptibles d'enfermer, qu'on le veuille ou non, un pouvoir comique.

Le travail sur les faits phonétiques peut provoquer des rires de la classe, montrant qu'on prend plaisir à ce qu'on fait, mais ne doit jamais déboucher sur des rires de moquerie.

d) Méthodes

Le principe d'intégration devant être respecté, nous avons vu qu'un travail en phonétique se prête à l'intégration dans l'enseignement de musique et de sport. Concernant le cours d'éducation physique, une expérience intéressante pour une approche intégrée du français à l'école élémentaire, en Italie, a été relatée par M.-C. Destarac (1991). Il s'agit d'une pratique vivante du français par la psychomotricité, méthode d'éducation globale par l'activité corporelle telle que préconisée par J. Le Boulch.

> L'éducation psychomotrice n'est pas une éducation mécaniste du corps à des fins instrumentales: elle ne vise pas à l'acquisition de praxies, c'est à dire de tel ou tel mouvement finalisé, elle cherche au contraire le développement total de l'individu, de son intelligence, de son affectivité, de sa personnalité. (Destarac 1991: 119)

L'approche de la langue étrangère par l'activité psychomotrice se veut être une éducation au langage au sens large, sous ses différents aspects, "éveil d'une conscience métalinguistique, développement de la dimension affective et expressive de la langue et de tous les moyens d'expression, le geste, la musique, le dessin" (Destarac 1991: 122). Il s'agit, dans cette démarche, d'utiliser le fait que l'enfant qui va vivre affectivement une situation par le biais d'une activité corporelle pourra développer la fonction d'intériorisation. Ainsi, un premier moment sera consacré à des jeux et des activités corporelles, qui sera suivi par un deuxième moment, celui de l'évocation du vécu:

> Après un retour au calme par des techniques appropriées, la maîtresse demande à la classe de se remémorer les actions, les sensations vécues. On opère ainsi une prise de distance par rapport à l'action et on développe la fonction d'intériorisation. (Destarac 1991: 122)

Puis vient le troisième moment, dans lequel l'enfant exprime, par la représentation graphique, la représentation qu'il a de son corps. Le quatrième moment est constitué par l'exercice de la fonction symbolique: il s'agit pour l'enfant, à partir de son dessin, de coder par des signes l'action, le mouvement et le rythme. L'enfant doit pouvoir à tout moment relire les signes qu'il aura utilisés, c'est-à-dire qu'ils devront pouvoir être décodés verbalement, ou inversement ils seront utilisés pour une 'dictée dessinée' en langue étrangère par exemple (écouter, comprendre, transcrire en langage codé) (Destarac 1991: 123). Le dernier moment, appelé créativité, est formé par des activités mêlant tous les moyens d'expression:

> Régulièrement, comme un point d'orgue à la succession des activités, la maîtresse organise des séances d'exploitation qui associent tous les moyens d'expression: invention d'une comptine, d'une histoire mimée ou chantée. Sur un thème donné (les nombres, les jours de la semaine, par exemple) on cherche des associations de mots, de sonorités, de rythmes, puis un accompagnement gestuel et musical. Les sons, les mots de la langue étrangère sont une matière qu'on s'approprie pour une création personnelle, en exerçant la fonction expressive et poétique de la langue.
> (Destarac 1991: 123)

Ce cycle d'activités est parsemé d'interventions en langue étrangère par la maîtresse. Quand les enfants auront acquis l'habitude de l'activité et une compétence linguistique minimale, ils s'exprimeront également en langue étrangère. Cette approche me semble intéressante, notamment pour une sensibilisation aux faits phonétiques et prosodiques, car elle donne une valeur affective et émotive à la nouvelle langue. L'état de vigilance préconisé plus haut pour l'enseignant couplé à cette démarche devrait favoriser l'assimilation durable des faits prosodiques et phonétiques introduits et utilisés en situation.

Sans vouloir l'ériger en principe, cette approche constitue un exemple de ce qu'on pourrait faire, dans les premiers temps du travail intégratif, pour développer chez l'enfant d'une part une conscience de la pluralité des langages et d'autre part pour lui faire vivre par son corps l'expérience de l'univers sonore du français. Cette approche nous semble montrer une piste pour concrétiser l'interaction des grands principes préconisés par la méthode 'néo-communicative'. En effet, elle développe par les différentes activités proposées une prise en charge de son apprentissage par l'enfant et va donc dans le sens d'une **autonomie**. D'autre part, elle donne à l'enfant l'occasion d'**apprendre par l'action** et d'une **manière globale** la langue étrangère qui devient non seulement sujet mais aussi moyen de communication.

Implications pour la formation des enseignants

D'après ce que nous avons mentionné dans les paragraphes précédants, l'enseignant doit être avisé des difficultés qu'il rencontrera dans la salle de classe. Il doit non seulement être capable d'entendre les déviances, de savoir pourquoi il y a erreur, d'ordonner l'erreur dans la catégorie qui convient (s'agit-il d'une difficulté phonétique d'ordre articulatoire ou de perception, d'une difficulté phonologique, s'agit-il d'une difficulté ou erreur au plan segmental ou suprasegmental?). C'est naturellement beaucoup lui demander, surtout s'il n'a pas eu de formation adéquate. L'enseignant de FLE précoce devrait avoir reçu une formation conséquente en phonétique pour son propre apprentissage. Il faudrait également que la formation des enseignants prévoie une approche didactique de l'enseignement/apprentissage de la phonétique, soulignant l'importance des faits phonétiques, phonologiques et prosodiques pour la compréhension auditive et la communication. Des notions comme celles de 'paysage sonore', 'attente perceptive' devraient faire partie du bagage des futurs enseignants pour qu'ils aient les connaissances nécessaires, plus tard, leur permettant de faire les bons choix en ce qui concerne l'élaboration et le déroulement de leurs cours[10].

Conclusion

Nous avons vu que le travail intégré donnant priorité à l'oral, tel qu'il est pratiqué en Rhénanie-Palatinat, préconise une méthode qu'il nous semble de bon droit d'appeler 'néo-communicative'. Cette approche, basée comme nous l'avons déjà mentionné sur les quatre catégories principales que sont la globalité de l'enseignement, la centration sur l'apprenant, l'apprentissage par l'action et l'interdisciplinarité, semble offrir des conditions favorables pour que l'enseignement précoce soit efficace. Concernant la place que devrait occuper la phonétique dans une telle approche 'néo-communicative', il faut dire qu'il s'agit de permettre à l'élève de développer une aptitude à écouter et à parler/prononcer la L2 qui soit une base solide pour recevoir les enseignements ultérieurs. On n'enseignera donc pas des sons ou des paires de sons isolés, mais la langue sera abordée de manière **globale**, dans des situations authentiques. Mettre l'élève au centre du processus d'enseignement/apprentissage suppose une **différenciation** et une individualisation des tâches proposées. Un exemple concernant la phonétique serait de proposer au sein d'un circuit des tâches concernant l'écoute ou la production d'unités de sens. **Apprendre par l'action** signifiera que les traits prosodiques seront par exemple d'autant mieux reconnus et utilisés correctement qu'ils auront été introduits et pratiqués dans des activités marquées fortement au niveau émotionnel pour l'élève et qui auront sollicité ses sens. Quant à l'**interdisciplinarité**, il semble bien que l'enseignement de sport et de musique soient les espaces privilégiés pour fixer des éléments comme le rythme, l'accentuation et l'intonation. Les explications, comparaisons, conceptualisations concernant des points de phonétique de la langue étrangère aussi bien que maternelle trouveront également leur place dans le processus d'enseignement/apprentissage mais à titre de compléments, souvent à la suite de demandes d'élèves mais toujours à doses faibles. Enfin, rappelons le rôle essentiel joué par l'enseignant qui devra être d'une vigilance extrême vis à vis de sa prononciation aussi bien que de celle de ses élèves, surtout en début d'apprentissage et qui n'aura pas peur de corriger.

Références bibliographiques

Bérard, Evelyne (1991): *L'approche communicative. Théorie et pratiques.* Paris: CLE international.

---

[10] Une approche théorique et pratique des faits phonétiques, s'adressant particulièrement aux enseignants de FLE précoce, qui met l'accent sur l'importance de la prosodie dans les processus de communication orale, a été récemment publiée par l'auteur dans le cadre du projet universitaire de formation continue de l'Université de Koblenz-Landau. Cf. références bibliographiques.

Dabène, Louise (1990): "Pour une didactique de la variation." In: Dabène et al. 1990b, 7–21.

Dabène, Louise, et al. (Hrsg.) (1990): *Variations et rituels en classe de langue.* Paris: Crédif/ Hatier.

Desmarais, L. & Duplantie, M. (1986): "Approche communicative et grammaire." In: Anne-Marie Boucher, M. Duplantie & R. Leblanc (Hrsg.): *Propos sur la pédagogie de la communication en langues secondes.* Montréal: Centre Educatif et Culturel u. a., 41–56.

Destarac, Marie-Claire (1991): "Italie: Activités psychomotrices et apprentissage du français." In: Michèle Garabédian (coord.): *Enseignements/apprentissages précoces des langues (Le français dans le monde. Recherches et applications).* Paris: EDICEF, 119–125.

Eggs, Ekkehard & Mordellet, Isabelle (1990): *Phonétique et phonologie du français. (Romanistische Arbeitshefte 34).* Tübingen: Niemeyer.

Galazzi, Enrica (1993): "Place de la phonétique dans l'enseignement du français aux enfants." In: *L'insegnante di lingua nella scuola elementare.* Atti del Congresso su "L'insegnante di lingue nella scuola elementare". Brescia, 26 – 28 ottobre 1989. Brescia: Editrice La Scuola.

Geibert, E. (1995): "Der Modellversuch 'Integrierte Fremdsprachenarbeit in der Grundschule' im Überblick: Intentionen, Organisation, Inhalte." In: Staatliches Institut für Lehrerfort- und -weiterbildung Speyer 1995, 15–34.

Hagège, Claude (1996): *L'enfant aux deux langues.* Paris: Editions Odile Jacob.

Hegele, Irmtraud (1995): "Der Ort der Fremdsprachenarbeit im Gesamtkonzept des Bildungsangebots der Grundschule." In: Staatliches Institut für Lehrerfort- und -weiterbildung Speyer 1995, 35–55.

Hirschfeld, Ursula (1995): "Was Hänschen nicht lernt, ... Phonetik im Primarschulunterricht Deutsch als Fremdsprache." In: Ernst Endt & Ursula Hirschfeld (Hrsg.): *Die Rhythmuslokomotive. Aussprecheübungen für Kinder.* München: Goethe-Institut, 7–17.

Hirschfeld, Ursula (1998): "Aller Anfang ist schwer? Phonetik mit französischen Deutschlernern." In: Michèle Letzelter & Franz-Joseph Meißner (Hrsg.): *L'enseignement de deux langues partenaires.* Tübingen: Narr, 327–339.

Klimow, Nikolai (1994): "Phonodidaktik: Prinzipien der Theoriebildung." In: Horst Breitung (Hrsg.): *Phonetik – Intonation – Kommunikation.* München: Goethe-Institut, 69–74.

Lhote, Elisabeth (1995): *Enseigner l'oral en interaction.* Paris: Hachette.

Mordellet, Isabelle (1998): *Introduction à la phonétique du français. Was Französischlehrerinnen und -lehrer über Phonetik, Phonologie und Prosodie des Französischen wissen sollten.* Studienbrief im Fernstudienprojekt. Koblenz-Landau: Universität.

Mordellet, Isabelle (1999): "Importance des faits phonétiques, phonologiques et prosodiques dans l'enseignement du français langue étrangère à l'école élémentaire allemande ou comment et pourquoi enseigner la prononciation." In: Manfred Prinz (Hrsg.): *Frühes Fremdsprachenlernen Französisch: FFF.* Ergebnisse einer Tagung - Rauischholzhausen, 8.–10.5.98. Tübingen: Narr, 63–75.

O'Neil, Charmian (1993): *Les enfants et l'enseignement des langues étrangères.* Paris: Hatier/Didier-Crédif.

Rück, Heribert (1995): "Theoretische Grundlagen und praktische Formen des Spracherwerbs im Modellversuch." In: Staatliches Institut für Lehrerfort- und -weiterbildung Speyer 1995, 57–95.

Slembeck, Edith (1995): *Lehrbuch der Fehleranalyse und Fehlertherapie. Deutsch hören, sprechen und schreiben. Für Lernende mit griechischer, italienischer, polnischer, russischer oder türkischer Muttersprache.* Heinsberg: Agentur Dieck.

Staatliches Institut für Lehrerfort- und -weiterbildung Speyer (Hrsg.) (1995): *Entwicklung und Erprobung eines didaktischen Konzeptes zur Fremdsprachenarbeit in der Grundschule: 'Integrierte Fremdsprachenarbeit in der Grundschule'. Ein Modellversuch des Bundes und des Landes Rheinland-Pfalz (unter Beteiligung des Saarlandes).*

Barbara Stein
Spiel im frühen Fremdsprachenunterricht zwischen Methodik und Didaktik

1. Gegenwärtige Probleme und Aufgaben einer spielorientierten Fremdsprachenmethodik im Primarbereich

Spiel und spielerische Aktivitäten im Rahmen der Fremdsprachenarbeit an Grundschulen werden in den unterschiedlichen Modellen und Konzepten der einzelnen Bundesländer einheitlich als geeignetes, meist zentrales Verfahren im Zusammenhang mit methodisch-didaktischen Prinzipien eines grundschulgerechten, ganzheitlich ansprechenden, schüler- und handlungsorientierten Unterrichts hervorgehoben. So kennzeichnet die *Ständige Konferenz der Kultusminister der Länder in der Bundesrepublik Deutschland* in ihren *Empfehlungen* (1994: 6) die Fremdsprachenarbeit in den Grundschulen als "ein Angebot mit eigener Didaktik", für die "spielerische Lern- und Arbeitsformen" charakteristisch sind. Die Umsetzung dieser Empfehlungen in der Unterrichtspraxis wirft jedoch eine Reihe von Problemen auf, die im wesentlichen darin begründet sind, daß zu den meist sehr allgemein gehaltenen methodischen Vorgaben eine gezielte Anbindung an didaktische Intentionen fehlt. Es ist oft nicht klar, in welcher Weise Spiel im Fremdsprachenunterricht zu bestimmten Zielen des Erwerbs fremdsprachlichen Könnens eingesetzt werden soll bzw. welche Teilziele damit überhaupt verfolgt werden könnten (vgl. hierzu auch Sarter 1997: 10 f.).

Bevor Spiel als Methode in der Fremdsprachenarbeit an der Grundschule effektiv umgesetzt werden kann, muß zunächst bewußt gemacht werden, daß es hierfür besonderer Überlegungen bedarf. Die augenblickliche Situation in Rheinland-Pfalz, d.h. die Einführung der Vollen Halbtagsschule, in der Fremdsprachen auch in der Studentafel ausgewiesen sind, bringt viele Lehrkräfte in die Situation, sich auf möglichst schnellem Wege für die Fremdsprachenarbeit qualifizieren zu müssen. Dabei wird eigene mangelnde Sprachkompetenz von ihnen meist als größtes Defizit empfunden, so daß die Meinung verbreitet ist, es müßten vor allem die Sprachkenntnisse vertieft werden. In methodischer Hinsicht wird gerade unter Berufung auf spielerisches Vorgehen die Notwendigkeit einer Weiterbildung weniger eingesehen. Eigene, vorrangig positiv besetzte Erfahrungen über Spiele aus der Kindheit, der Schulzeit und dem Alltag als Erwachsene sowie die Ausbildung in der Grundschulpädagogik werden meist als ausreichende pädagogische und methodische Grundlagen für die Umsetzung von Spiel in der Fremdsprachenarbeit angesehen. Man kann dies den Lehrkräften nicht anlasten, zumal in der augenblicklichen Übergangssituation für die Fremdsprachenarbeit in der Grundschule eine unzureichend ausgearbeitete Methodologie vorliegt.

Verstärkt wird die Haltung, sich mit Spiel als Methode im Fremdsprachenunterricht der Grundschule nicht weiter auseinandersetzen zu müssen, auch dadurch, daß Spiel vom gesellschaftlichen Umfeld, den Eltern, in Zeitungsberichten und auch in Fachpublikationen eine große Aufwertung erhält, ohne daß hinterfragt wird, wie dabei im einzelnen vorgegangen und was hiermit erreicht werden soll. Spiel wird vor allem als ein Verfahren angesehen, das Spaß macht und für den Unterricht motiviert. Dagegen wäre nichts einzuwenden, wenn hiermit nicht Spiel **an sich** bereits als ausreichendes didaktisches Ziel herausgestellt werden würde. Man hat oft den Eindruck, als fungiere Spiel als verharmlosendes und beschwichtigendes Argument gegenüber Befürchtungen einer Überforderung der Grundschüler.

Im Fremdsprachenunterricht entwickelt sich aus diesen Ansichten die Tendenz, sich nahezu beliebig und episodenhaft hier und da auf ein Spiel, einen Reim oder ein Lied zu beschränken. Durch eine Art fremdsprachlicher Erweiterung bestimmter Themen in Musik, Sachunterricht und künstlerischer Gestaltung erfolgt eine Integration in andere Fachbereiche. So wird z. B. im Rahmen des Sachthemas "Fahrrad" und Verkehrserziehung das Lied *A Paris, à vélo* gelernt und dessen Inhalt in bestimmte Bewegungsformen umgesetzt. Zwar werden in diesen Fällen Aspekte des Spiels und der integrativen Arbeit berücksichtigt, jedoch bleibt die Anbindung an didaktische Intentionen der **Fremdsprachenarbeit** stark vernachlässigt, und man verzichtet auf deren fortschreitende und aufbauende Umsetzung. Spiel ist dabei gerade **das** Verfahren, bei dem und mit dem man meint, auf Progression verzichten zu können, wird doch auch in der Fachliteratur eine (allerdings im traditionellen Sinn verstandene und auf den Grammatikerwerb im Sekundarbereich bezogene) Progression der spielerischen Aktivität im Primarbereich gegenübergestellt. Auf diese Weise wird die Frage der Anbindung an didaktische Intentionen bzw. nach dem gezielten Erwerb fremdsprachlichen Könnens im Primarbereich nur in Ansätzen gestellt.

Baut die Lehrkraft auf weiter zurückliegende Erfahrungen aus selbst erlebtem Fremdsprachenlernen an weiterführenden Schulen auf, so orientiert sie sich dabei häufig an Verfahren, die heutigen Anforderungen und Zielstellungen der Fremdsprachenarbeit in der Grundschule nicht mehr entsprechen. So kritisiert Rück (1991a und 1991b) zu Recht auf Prinzipien eines Reiz-Reaktions-Schemas ausgerichtete und nach Mustern imitativer Verfahren der 60er Jahre vorgehende Aktivitäten als "Pseudospiele". Das ist z. B. der Fall, wenn eine Lehrkraft aus einer Tasche nacheinander Gegenstände herausholt und fremdsprachlich benennt, anschließend die Schüler auffordert, die nochmals bezeichneten Gegenstände zu zeigen und zurückzupacken, indem sie selbst die fremdsprachliche Lexik verwenden. Schüleraktivität, Spaß am Handeln und Sachbezug verdecken dabei nicht, daß es sich um eine intensive Lernphase mit den üblichen Schritten der Präsentation, Rezeption und Sprachproduktion mit vorherrschend außengesteuertem Lernen handelt. Es ist kaum anzunehmen, daß die Schüler diese Form des Fremdsprachenerwerbs als spielerisch auffassen, auch wenn die Lehrkraft sie als Spiel bezeichnet, denn Spiel bedeutet gerade die Unabhängigkeit von einer Reiz-Reaktions-Verstärkung.

Die Möglichkeiten des Spiels wurden in den genannten Unterrichtspraktiken zu wenig genutzt, d. h., es wurde sehr einseitig gelernt, ohne zu spielen, oder es wurde gespielt, ohne viel zu lernen bzw. das zu erfahren, was Ziel der Fremdsprachenarbeit im Primarbereich sein soll. Für den Primarbereich ist daher zu überprüfen,
- ob und inwieweit die besonderen fremdsprachlichen Zielstellungen und Gegebenheiten an der Grundschule besondere Formen spielerischer Verfahren erfordern,

- welche Erkenntnisse aus verschiedenen spieltheoretischen Untersuchungen und Ergebnissen für diese Verfahren zu berücksichtigen sind und
- in welcher Weise spielerisches Vorgehen mit aktuellen didaktisch-methodischen Grundsätzen zu verbinden ist.

2. Traditionelle Funktionen von Spiel im Fremdsprachenunterricht

Spiel ist als ein Bestandteil komplexer konkreter Unterrichtsverfahren anzusehen, mit denen bestimmte Lehr- und Lernkonzepte, Unterrichtsinhalte und didaktische Zielsetzungen umgesetzt werden. Diese Unterrichtsverfahren haben sich mit "äußeren Gegebenheiten", wie den Curricula, ebenso auseinanderzusetzen wie mit "Innensichten", d.h. dem Lernprozeß selbst, den Lernertypen, Lernstrategien usw., sie werden andererseits auch von einem verinnerlichten mentalen Modell seitens der Lehrkräfte bestimmt (vgl. hierzu Ortner 1998, Reinfried 2001). Auf einer übergreifenden Ebene orientieren sie sich theoretisch an Prinzipien der Fremdsprachendidaktik und an aktuellen Ergebnissen der Bezugswissenschaften, z.B. der Sprachwissenschaft oder Lernpsychologie, sowie an Zeitansichten und am gesellschaftlichen Kontext. So bilden sich in bestimmten Zeitabschnitten des Fremdsprachenunterrichts bevorzugte Methodenkonzeptionen aus, die auch einen Einfluß auf Spielformen haben.

Seit der neusprachlichen Reformbewegung des ausgehenden 19. Jahrhunderts und der Direkten Methode kann stark verallgemeinernd von einem durchgehenden, auf mündliche Sprechfertigkeiten der Schüler und einsprachige Unterrichtsformen zielenden Trend in der Fremdsprachenmethodik gesprochen werden, für dessen Umsetzung Lernspiele günstige Voraussetzungen bieten. Lernspiele wie z.B. "Kofferpacken" oder "Berufe erraten" haben dabei vorrangig eine übende Funktion zur Festigung des Lernstoffes und wurden bzw. werden auch heute noch meist sporadisch und als "Lückenfüller" (vgl. Löffler 1989) zur Auflockerung und Belebung des Unterrichts eingesetzt.

Daneben lassen sich im Zusammenhang mit der Veränderung von Methodenparadigmen zu bestimmten Zeiten auch andere Schwerpunktsetzungen in den Spielformen festmachen. Unter dem Einfluß der strukturalistischen Linguistik entstand in Verbindung mit behavioristischer Lernpsychologie in den USA die audiolinguale Methode, in der die Lernenden durch *pattern drill*-Übungen sich sprachliche Redewendungen und Strukturen aneigneten. Grammatik wurde nur mittelbar über häufige Wiederholung von Strukturen und einzuschleifende Ausdrucksgewohnheiten vermittelt. In Deutschland beeinflußte diese Methode mit einiger zeitlicher Verzögerung und im Zusammenhang mit dem Aufkommen der Sprachlabore insbesondere die Akzentuierung von Übungen. Hierbei wurden u.a. die bereits erwähnten, auf Imitation sprachlicher Handlungsmuster beruhenden "spielerischen" Verfahren zur Erreichung besonderer Sprechfertigkeiten angewendet. Bei ständigem Verbleib in der Fremdsprache wurden jeweils kleine Abschnitte mit strukturell einfachen Realisierungen geübt. Eine Auflockerung sollte durch spielerische Umsetzung in Lernspielen erreicht werden. Die als Lernspiele bezeichneten Aktivitäten waren dabei häufig nur Übungsformen im oben beschriebenen Sinne, wie z.B. folgendes "Spiel" zur Übung von Ortsadverbien: Die Schüler bilden zwei Gruppen mit jeweils einem *capitaine*, der die andere Gruppe befragt, indem er (sie) auf Gegenstände oder Abbildungen verweist: *Qu'est-ce que c'est? / Où est le/la ...? / Le/la est sur/sous/dans le/la ...?* Die Schüler der anderen Gruppe müssen entsprechende Antworten finden: *C'est un/une ... / Le/la ... est sur/sous/dans le/la ...* usw. (nach Amtmann 1967: 14, der dieses Beispiel mit entsprechenden Formen für das Englische nennt). Nach den damaligen Auffassungen hatte der geregelte Ablauf der Sprechmuster, z. B. das kreative Erzeugen von Sätzen nach strukturellen Grundmustern wie *j'aime ... / je n'aime pas ...*, einen Bezug zum "Regelspiel"; die freie Wahl des Interaktionspartners war Ausdruck der "Spielfreiheit" oder das Nachsprechen der Lehrbuchdialoge wurde als "Rollenspiel" angesehen. Diese meist nur formal von außen herangetragenen Spielelemente entsprechen jedoch kaum dem Wesen des Spiels.

Verschiedene politische Einflüsse und neue Erkenntnisse in den Bezugswissenschaften, wie z. B. die Kritik an der behavioristischen Lerntheorie und an den Verfahren des taxonomischen Strukturalismus, die Diskussion der Erziehungsideale in den 60er Jahren, verschiedene Theorien der "kommunikativen Kompetenz" (z. B. als Fähigkeit eines idealen Sprecher/Hörers bei N. Chomsky, in soziolinguistischer Hinsicht als Fähigkeit zur Sprachverwendung in situativer und soziokultureller Angemessenheit bei D. Hymes, in sozialphilosophischer Hinsicht als Voraussetzung und Produkt von Kommunikationsprozessen bei J. Habermas), die angelsächsische funktionale Sprachtheorie und die Methode des *situational teaching* führten schließlich in den 70er Jahren zur kommunikativen Methode im Fremdsprachenunterricht, die später durch Einflüsse der Sprechakttheorie noch erweitert wurde (vgl. hierzu Multhaup 1995; Reinfried 1999 und 2001). Ziel des Fremdsprachenunterrichts war die Erlangung einer "kommunikativen Kompetenz", die durch das Einüben des korrekten Gebrauchs von Redemitteln in verschiedenen Alltagssituationen erreicht werden sollte. In diesem Zusammenhang sollten vor allem auch Fähigkeiten zur Einschätzung der Wirkung sprachlicher und nonverbaler Mittel, der Berücksichtigung von Haltungen des Kommunikationspartners und der situativen Gegebenheiten entwickelt werden. Lernspiele dienten nun schwerpunktmäßig der Entwicklung von Fähigkeiten zur kommunikativen Sprachproduktion und zum Aufbau komplexerer Sprechfertigkeiten. In den Übungsformen hatten Rollenspiele weiterhin einen hohen Stellenwert, jedoch nicht als Nachspiel von Lehrbuchdialogen, sondern es wurden in der Transferphase kommunikative Situationen gesucht, die den Schülerinteressen entsprachen.

Repräsentativ für den kommunikativ orientierten Fremdsprachenunterricht ist ein von Löffler (1979: 35 f.) und Löffler & Kuntze (1980: 23 f.) entwickeltes Modell von Spieltypen, das ein progressives Fortschreiten in unterschiedlichen Aktivitätsbereichen berücksichtigt: **Lernen** (Erwerb, Festigung und Gebrauch von Strukturen und Wendungen) mit Lernspielen wie Schreib-, Rate-, Lese-, Assoziations- und Vokabelspielen, **Darstellen** (Sketch, Szene, Theaterspiel nach vorgegebenen oder selbst gefertigten Texten) und **Interagieren** (freies, der Situation entsprechendes Einsetzen von Redemitteln, Ausfüllen vorgegebener und selbst gewählter Rollen) in Form von Simulationsspielen und freien, problemorientierten Rollenspielen. Der Aufbau der Spieltypen verdeutlicht eine analytische Vermittlung von einzelnen strukturierten Phasen: verstehen – lernen – üben – wiedergeben – freier Gebrauch sprachlicher Mittel. Spiel dient hier zunächst der Übung vorher segmentierter und verständlich gemachter Redemittel bzw. relativ eng begrenzter sprachlicher Fertigkeiten, die fortschreitend freier angewendet werden sollen. Dabei wird vom expliziten, kognitiven Verständnis sprachlicher Mittel und Strukturen anhand vorgegebener (Lehrbuch-)Texte ausgegangen und vom Lesen und Schreiben zum Sprechen fortgeschritten. Viele Spielesammlungen bauen auf dieser Typologie auf, z. B. Mundschau 1981 und Dauvillier 1986. Man setzte sich vor allem mit dem Rollenspiel auseinander, und es entstand eine Reihe theoretisch und praktisch fundierter Arbeiten (vgl. z. B. die kritische Arbeit von Kleppin 1980).

Die ganzheitliche Wahrnehmung und Verarbeitung von Sprache in Situations- und Kontextzusammenhängen wird bei den bisher genannten Spiel- und Unterrichtsformen wenig gefördert. So gerät besonders der einseitig auf kommunikative Kompetenz ausgerichtete Fremdsprachenunterricht auch unter Kritik. Verrier (1997) sieht es z. B. für die aktuelle "postmoderne" Epoche als charakteristisch an, daß Wissen aufgrund neuer Kommunikationsformen und -mittel immer funktionaler und weniger auf Inhalte, Reflexion und innere Werte ausgerichtet sei. Die Folge davon sei eine Reduzierung der Sprache auf schnell verständliche und oft kurzlebige Mittel, und er fordert angesichts der beschriebenen Situation eine *"revalorisation de la réflexion et de l'approche du système et du fonctionnement de la langue à acquérir"* (1997: 28). Auch andere Autoren argumentieren in dieser Richtung. So bedauert Kleppin (1980: 22) die zunehmende "technokratische Position" in der Orientierung auf das Erlernen fremdsprachlicher Handlungsinstrumente, Appel (1983: 24) kritisiert an der Methode der "kommunikativen Progression" die zu starke Betonung sprechaktanzeigender Redemittel sowie das Erlernen von Zuordnungen typischer formaler Redemittel zu einer kommunikativen Situation (Enkodierung). Bei aller Berechtigung dieses Vorgehens käme die interpretative Bestimmung kommunikativer Funktionen sprachlicher Mittel in bestimmten Situationen zu kurz. Gnutzmann (1997) bemängelt an allen bisherigen Verfahren die starke Vernachlässigung sprachreflexiver Inhalte, des In-Beziehung-Setzens von Fremd- und Muttersprache sowie des Gebrauchs von Sprache in kulturellen Zusammenhängen.

Der Ausbau gerade der letztgenannten Fähigkeiten gehört neben der Entwicklung von Fähigkeiten zu einfacher Kommunikation zu den wichtigsten Zielen des Fremdsprachenunterrichts im Primarbereich. Mit der Orientierung der Schüler auf eine Sensibilisierung für Funktionen der Sprache, mit der Ausbildung von Einstellungen wie Offenheit und Toleranz gegenüber anderen Kulturen, der Relativierung des muttersprachlich geprägten Weltbildes, mit persönlichkeitsbildenden Zielen wie Flexibilität und Selbstbewußtsein sowie mit dem Aufbau von Spracherwerbsstrategien werden andere Schwerpunkte gesetzt als in der Fremdsprachenarbeit der weiterführenden Schulen. Aus der anderen Akzentuierung der Zielstellungen, der Integration in eine andere Schulform und anderen Voraussetzungen der Lerner ergeben sich auch andere Formen des Spiels als die der bisher praktizierten Lern-, Dialog- und Rollenspiele zur Erreichung einer kommunikativen fremdsprachlichen Kompetenz.

3. Berücksichtigung spieltheoretischer Erkenntnisse

Da spielerische Aktivitäten im Primarbereich eine wichtige Funktion haben und sie dem Wesen des Spiels vielfach näher stehen als Lernspiele mit Übungscharakter, muß eine Methodologie des Spiels sich auch verstärkt mit Voraussetzungen, Bedingungen und Wesensmerkmalen des Spiels auseinandersetzen und Ergebnisse aus angrenzenden Wissenschaftsdisziplinen wie der Psychologie, der Pädagogik, der Soziologie oder der Phänomenologie berücksichtigen. Die unterschiedlichen Sichtweisen auch innerhalb der einzelnen Wissenschaftsdisziplinen und die Komplexität des Phänomens Spiel selbst bereiten dabei ebenso Probleme wie die durch soziale und gesellschaftliche Umfelder verschieden geprägten persönlichen Spielerfahrungen und -haltungen der Schüler, das individuelle Sich-Einlassen auf Spiel und die subjektive Sinngebung durch den Spielenden. Dennoch können Ergebnisse aus den genannten Fachdisziplinen genutzt werden, um zumindest günstige Voraussetzungen für Spiele zu schaffen. Dies soll im folgenden kurz am Beispiel der spielerischen Freiheit erläutert werden.

Das Spielgeschehen läuft im subjektiven Empfinden des Spielers zeitenthoben im unmittelbaren Augenblick ab. Dabei werden einschränkende äußere Umweltbedingungen zur Spielwelt transformiert und mit dem Erleben des Subjektes in Einklang gebracht. Das hierdurch mögliche Empfinden freier, selbständiger Gestaltung steht für den Spieler im Vordergrund. Das individuelle Empfinden der Freiheit und Zweckungebundenheit ist im Unterricht schwer herzustellen, sind sich die Kinder doch der Unterrichts- und Lernsituation überwiegend bewußt.

In der Motivationspsychologie wird auf Möglichkeiten hingewiesen, wie dieses Bewußtsein weitgehend verdrängt werden kann. Sie bietet verschiedene Erklärungsansätze zum Spielanreiz und für notwendige Bedingungen zur Aufrechterhaltung des Spiels. So hebt Château (1964) den kindlichen *désir d'être grand* als grundlegende Motivation hervor und betont, daß das Kind in erster Linie nicht Vergnügen im Spiel suche, sondern sein Vergnügen darin fände, den Stand des Ichs durch Suche nach Regeln, Ordnungen, Aufgaben, Hindernissen und Schwierigkeiten zu messen. Das bedeutet für Spiele im Unterricht, daß sie Könnens- und Leistungsansprüche enthalten sollten. Dabei ist die Fremdsprache oft bereits Anforderung genug, so daß schon bekannte Spiele einen anderen Charakter erhalten. Heckhausen (1973) erklärt die Motivation zum Spiel aufgrund verschiedener Diskrepanzstrukturen zwischen Wahrnehmungen, Erwartungen und Tendenzen, z.B. bei Neuigkeit, Verwickeltheit, Ungewißheit, Wechsel, Konflikt und Überraschung, die im Spiel um ihrer selbst willen aufgesucht würden. Im Fremdsprachenunterricht können die genannten Herausforderungen und Diskrepanzstrukturen durch bestimmte Präsentationsformen und Konstellationen von Gegenständen und Situationen herbeigeführt werden, so reizt z.B. das Abdecken von Gegenständen mit einem Tuch die Schüler zum spielerischen Erraten und Ertasten der Gegenstände, die Sammlung von Steinen oder Schachteln in der Mitte des Klassenraumes kann zu einer situativen Konstellation mit Aspekten der Neuigkeit führen, die zu Versteck-, Geschicklichkeits- oder zu Ordnungsspielen anregen. Derartige Konstellationen sind allerdings nur potentielle Anreize, sie müssen von den Schülern individuell als Herausforderung, als schwierige, aber zu bewältigende Aufgabe interpretiert werden. Oft stellt die Verbindung solcher Konstellationen mit neuen fremdsprachlichen Ausdrücken eine Herausforderung her.

Im Rahmen seiner Pädagogik des Spiels verweist Fritz (1993: 84) auf die im Spiel gegebene "Offenheit für **jegliche** Sicht von Wirklichkeit" und die Verlockung für den Spielenden, "die Festlegung seines Lebens für einige Zeit zu übersteigen". Spiel schafft besondere Voraussetzungen für offene Haltungen gegenüber der Flexibilität von Sprache und auch gegenüber andersartigem Funktionieren der Fremdsprache. Es bietet die Möglichkeit, im Sinne einer Umkehrung von Realitätserfahrungen zu akzeptieren, daß Gegebenheiten der Wirklichkeit verschieden benannt werden können. So kann im Spiel die Bereitschaft gefördert werden, Situationen und Sprache zu variieren. Sprachvariationen können durch verändernde Sprechweisen in bezug auf das Tempo, die Lautstärke oder die Stimmlage spielerisch erprobt werden, indem die Kinder z. B. verschiedene Personen oder Tiere darstellen und sich dementsprechend unterschiedlich begrüßen, wobei sie die Sprechweise ihrer Rolle angleichen. Wenn fremdsprachliche Kulturen und Verhaltensformen Thema des Spiels sind, z. B. die Wahl des Königs und der Königin am Dreikönigstag bei der Aufteilung einer *Galette des Rois* und dem anschließenden Tanzspiel *Et voilà le roi et la reine ...*, können auf dieser Basis auch Einstellungen im Sinne der didaktischen Intention einer Öffnung gegenüber anderen Lebensweisen, Kulturen und Normen erreicht werden. So ist für eine Methodologie des Spiels besonders relevant, in welcher Form und möglichen Sinngebung die Beziehung von Spielgeschehen, Fremdsprache und persönlichkeitsbildenden Intentionen herzustellen sind.

Zum Erhalt des Spiels ist nach der psychologischen Theorie Heckhausens die "Gewinnung und Aufrechterhaltung eines mittleren, optimalen Aktivierungsgrades, der in sog. Aktivierungszirkeln ständig ein wenig über- und unterschritten wird" (1973: 241), von Bedeutung. Auch Scheuerl (1994: 88) verweist von einer phänomenologischen Position her auf Bewegung mit maßvoller Spannung als wichtiges Spielelement. Jedes Spiel enthalte eine Leistungsseite, die aber zum Spiel werde, wenn die Aktivität über die gewollte und gekonnte Leistung hinausgehe. Im Unterschied zur berechenbaren Leistung des Nutz- und Zweckhandelns bedürfe jede Leistung im Spiel des "Glückens", d. h. einer unberechenbaren Seite. Auch Caillois (1958) hatte darauf aufmerksam gemacht, daß Spiel erhalten bleibe, wenn die zum Spiel führenden Antriebe nicht um ihrer selbst willen aufgesucht werden würden. Er hebt vier die Spieler motivierende Interessen hervor, die es ihnen ermöglichen, sich spielerisch im Sinne freien, zweckungebundenen und vom Alltagsgeschehen losgelösten Handelns zu betätigen: den Wunsch nach Anerkennung im Wettstreit (z. B. beim Schachspiel, bei Sportwettkämpfen), die Suche nach der Willkür des Zufalls, d. h. nach Entscheidungen, die nicht vom Spieler abhängen (z. B. beim Lotteriespiel, beim Raten), die Suche nach der Faszination von Zuschauern durch Verkleidung, Maskierung und Rollenübernahme und die Suche nach augenblicklichen Störungen der stabilen Wahrnehmung (z. B. beim Schaukeln, durch lautes Schreien oder Sich-Drehen im Kreis). Wenn also diese Antriebe wie Selbstbehauptung, Anerkennungsstreben, Könnenserprobung nicht als eigenständiges Geschehen angestrebt werden, sind sie wichtige Elemente zum Spielerhalt. Im Unterricht ist es daher wichtig, Chance, Zufall und Glück als Komponenten des Spiels zu berücksichtigen, jedoch nicht als vordergründige Ziele herauszustellen. Dies gilt auch für das Verbergen der eigenen Persönlichkeit hinter einer Rolle, einer Verkleidung oder Maske oder bei Gruppenwettkämpfen in einer Gemeinschaft. Diese Spielelemente geben den Kindern die Sicherheit, Ursachen eventueller Leistungsdefizite auf Bestandteile des Spiels zu beziehen. Leistung überhaupt wird hierdurch relativiert. So können sich die Schüler nicht nur allein aufgrund des Verzichts auf Notengebung frei von Leistungsdruck fühlen. Spiel ist somit auch aus dieser Sicht ein geeignetes grundschulgemäßes Verfahren.

4. Spiel und aktuelle didaktisch-methodische Grundsätze des Fremdsprachenunterrichts

Für das als "neokommunikativ" bezeichnete gegenwärtige Methodenparadigma hebt Reinfried (2001) Handlungsorientierung, fächerübergreifendes Lernen, ganzheitliche Spracherfahrung und Lernerorientierung als zusätzliche Grundsätze hervor, mit denen die immer noch geltende kommunikative Methode im Fremdsprachenunterricht erweitert und überformt worden ist. Spiel ist dabei als geeignetes Verfahren zur Umsetzung dieser Leitprinzipien anzusehen.

So wird im Rahmen spielerischer Aktivitäten handlungsorientiert gelernt, indem nicht mehr die Schulbank, sondern der Klassenraum als Bewegungs- und Aktionsraum genutzt wird, die Fremdsprache wird nicht mit der Nase im Lehrbuch oder durch Abfragen seitens der Lehrkraft erworben, sondern beim gemeinsamen Handeln der Schüler untereinander, bei dem die Lehrkraft oft nur zum "Mitspieler" wird. Durch das Lernen von Mitschülern, die Beobachtung von Reaktionen auf sprachliche Äußerungen, das Kommunizieren in kleinen Dialogen und gegenseitiges Helfen entsteht dabei eine besondere Form des kooperativen Lernens.

Da Zweckunbewußtheit beim Spiel, d.h. im Unterricht das Ziel des Fremdsprachenlernens, besonders dann auftreten kann, wenn die Schüler sich unmittelbar als Ursache erleben und sie das Geschehen nach eigenen Vorstellungen und Wünschen gestalten können, sollten sie die Wahl, den Ablauf und die Gestaltung der Spiele weitgehend mitbestimmen und mitgestalten. Wenn Spielhandlungen und Regeln durch fremdsprachliche Bezeichnungen geprägt werden, fällt es mit der Zeit den Schülern auch leichter, sie zu benennen und untereinander auszuhandeln. So kann der Spielbeginnn durch Abzählreime und Gruppenbildungen eingeleitet oder die Vergabe von Punkten sprachlich ritualisiert werden. Dabei können die Schüler in vielfältiger Weise kreativ handeln, z.B. fremdsprachliche Namen für Spiele, für Gruppen finden, sich Spiele selbst ausdenken, mit Materialien basteln usw. Die Bezeichnungen für Formen, Farben, Größen und Namensassoziationen können immer in der Fremdsprache erfolgen. Um Basteln oder kreatives Arbeiten mit verschiedenen Materialien zum Spiel werden zu lassen, können im Sinne der von Caillois erwähnten Spielelemente z.B. "Wettbewerb" im Hinblick auf die schönsten Ergebnisse einer Gruppe oder "Zufall" bei der Materialaufteilung in die Handlungen integriert werden.

Diese im Spiel realisierten kreativen Arbeitsformen sind gleichzeitig Formen einer Lernerzentrierung. Nicht nur hierbei greifen die genannten Leitprinzipien ineinander. So ist eine Individualisierung des Lernens im Sinne eines Lernangebotes auch im Rahmen ganzheitlicher Spracherfahrung zu sehen. In der Grundschule nehmen verschiedene Formen spielerischen Hörverstehens mit eher ganzheitlicher Aufnahme von Fremdsprache, vordergründig rezeptiver Verarbeitung und mündlicher, durch nonverbale Mittel gestützter Sprachproduktion einen breiten Raum ein, um damit eine geeignete Grundlage für die Entwicklung von Spracherwerbsstrategien und allgemeinem Sprachverständnis zu bieten und um unterschiedlichen Lernertypen Verstehensmöglichkeiten zu eröffnen.

Für ein vorrangig ganzheitliches und situatives Verstehen werden beispielsweise Spiele genutzt, in denen die Schüler aufmerksam beobachten, selbst handeln und sich bewegen können, in denen sie sich jedoch noch nicht fremdsprachlich äußern müssen, wie beim mimischen und gestischen Darstellen bestimmter Abenteuer- und Erlebnissituationen, z. B. einer gemeinsamen Wanderung durch den Dschungel, der Schatzsuche auf einer Insel oder einem Bootsausflug auf einem See. Den Kindern wird in der Fremdsprache anhand von Bildern oder Gegenständen eine Ausgangssituation verständlich gemacht, damit erfolgt gleichzeitig eine Orientierung auf die wichtigste Lexik, und es werden Rahmungssignale für eine Spielsituation gegeben. Die Spielanforderungen und der Spielanreiz liegen im genauen Hinhören, Wahrnehmen und im eigenen situativen lautmalerischen, gestischen und mimischen Gestalten. Die Fremdsprache ist lediglich spielbegleitendes Element, sie wird von der Lehrkraft kommentierend verwendet. Sie beschreibt unter Zuhilfenahme nonverbaler und paraverbaler Mittel verschiedene Situationen, die von den Kindern nachgeahmt werden (sich einen Weg durch den Dschungel bahnen, schwitzen, über Wurzeln steigen, vor einer Schlange erschrecken, das Aufkommen eines Tropenregens usw., nach Maley & Duff 1981: 62). Die Kinder nehmen die Fremdsprache in Form eines "Sprachbades" wahr. In dieser Situation wird der sprachlich viele Wiederholungen und eine einprägsame Intonation enthaltende Text inhaltlich auf verschiedene Weise veranschaulicht. Die Kinder lernen dabei, nonverbale Mittel (Bilder, Gestik, Mimik) und paraverbale Elemente (Intonation, Lautmalerei, Rhythmus) in einen Zusammenhang mit sprachlichen Äußerungen und Inhalten zu bringen. Die Anforderung eines globalen Verständnisses und gegenseitige Hilfen durch Vormachen von Handlungen ermöglichen bei diesen Spielen eine weitgehende Binnendifferenzierung. Im Spiel ist der Anteil vorher nicht erklärter Bezeichnungen sehr hoch, es kommt vor allem darauf an, die Situation zu verstehen. Gleichzeitig werden das Verstehen und die Reproduktion einzelner sprachlicher Mittel angeboten. Je nach Lernertyp können sich die Kinder darauf einlassen und einzelne, häufig wiederholte und situativ bedeutsame Bezeichnungen und Sätze reproduzieren wie *Attention!*, *Oh non!*, *Merci!*, *Que c'est beau!* usw. Dieses vertiefte, weil einzelne sprachliche Mittel analysierende Verstehen wird gefördert, ist jedoch nicht notwendige Voraussetzung für die weitere Fremdsprachenarbeit. Die Handlungen im Spiel, auch die Sprachhandlungen, werden vorrangig in der Gruppe und nach freier Entscheidung der Kinder ausgeführt.

Von Spielen, bei denen es um die ganzheitliche Verarbeitung von Sprache geht, kann schließlich fortgeschritten werden zu Spielen, die das gezielte Verstehen einzelner Sprachelemente fördern. Die Segmentierung verbaler Mittel setzt ein Verständnis für das Funktionieren mittels variabel einzusetzender Einheiten voraus. Die durch Beobachtung und Vergleich gewonnene Kenntniserweiterung führt schließlich zur Segmentierung einzelner, wiederholt auftretender sprachlicher Mittel und zu Hypothesen über deren Korrespondenz mit situativen und kontextuellen Zusammenhängen bzw. zu Hypothesen über besondere sprachliche Funktionen. In verschiedenen Spielen geht es um das Wiedererkennen von Lexik, von Strukturen oder Lauten aus einem zusammenhängenden Text, z. B. durch nonverbale Bedeutungszuweisungen, durch Hinweise auf

Objekte, Bildkarten, durch Ankreuzen oder Numerierung auf Arbeitsblättern, durch lautliche Markierung anhand von Instrumenten, durch motorische Umsetzung in bestimmte Bewegungen, Handlungen usw. Zu diesen Spielen gehören z. B. Kim-Spiele oder das "Atomspiel" (nach Löffler 1980: 45), bei dem es um die Umsetzung eines Zahlenverständnisses geht. Dabei nennt ein Spielleiter eine Zahl, aus der sich Gruppen zu einem "Atom" zusammenschließen sollen, z. B. *des groupes à trois*. Daraufhin halten sich jeweils drei Kinder zu einer Gruppe fest, und die übrigbleibenden Kinder bestimmen eine neue Zusammensetzung. Auch bei diesen Spielen kommentiert die Lehrkraft das Geschehen in der Fremdsprache, gibt Anweisungen zu Spielregeln usw., wobei wie bei den vorher genannten Spielen der Anteil unbekannter Lexik hoch ist. Das Verstehen bestimmter sprachlicher Mittel wird durch hervorhebende Mimik, Gestik und sich wiederholende eindeutige Situationsbezüge besonders gefördert. Auch bei diesen Verfahren können die Schüler jeweils eigene Spracherwerbsstrategien entwickeln. So kann das fremdsprachliche Zahlenverständnis aus der Gestik, aus den Handlungen der Mitschüler, beim abschließenden Zählen der Gruppen und/oder durch sich wiederholende Entsprechungen von Lautformen und Handlungen entwickelt werden.

Ein weiterer Schritt zum Spracherwerb sind Lieder mit Bewegungsspielen, bei denen der Inhalt ganzheitlich durch entsprechendes Agieren verständlich gemacht und bei denen durch Mitsingen die Sprachproduktion geübt wird. So imitiert bei dem Lied *Gugus avec son violon* ein Kind den Geigenspieler, bei den Zeilen *qui fait danser les filles* drehen sich die Mädchen einmal um sich selbst, bei ... *et les garçons* die Jungen usw. Daraus können einige Kinder folgern, daß *les filles* die Bezeichnung für Mädchen und *les garçons* die Bezeichnung für Jungen ist. Wie auch in den anderen Spielen ist diese Bezeichnungs-Bedeutungs-Relation beim Agieren als ein Verstehensangebot aufzufassen. Kinder, die nicht diese Hypothese aufstellen, haben keine Nachteile für den weiteren Fremdsprachenerwerb, sie können in anderen Situationen, z. B. im anschließenden Unterrichtsgespräch zu entsprechenden Erkenntnissen kommen, mit denen sie im Nachhinein die erlebten Aktionen richtig interpretieren.

Es konnte hier nur an wenigen Beispielen hervorgehoben werden, wie bei Spielen das Verstehen mündlicher Äußerungen fortschreitend erlernbar ist. Ähnliches gilt auch für Spiele, in denen es auf Sprachproduktion und gegenseitiges Verstehen ankommt. Auch hierbei stützen zunächst paraverbale und nonverbale Mittel die Verständigung, es wird vorrangig in der Gruppe agiert. Kein Kind wird zur Sprechhandlung im Sinne einer Übung aufgefordert, allerdings sind bestimmte fremdsprachliche Äußerungen, die anfangs nur kurz und wenig komplex sind, unabdingbare Bestandteile des Spiels und regen zum "Lernen im Dienste des Spiels" (Scheuerl 1994: 181) an, z. B. bei bekannten Spielen wie "Montagsmaler" oder "Mein rechter Platz ist leer", für die als Sprechleistungen Sätze wie *c'est un/une ...* bzw. *(Ma place à ma droite est vide,) j'appelle ...* gefordert sind.

In der Grundschule steht das Verstehen mündlicher Äußerungen im Vordergrund. Das Hörverständnis wird hier nicht wie an weiterführenden Schulen in erster Linie gezielt geübt im Hinblick auf zu imitierende Teilstrukturen, die bei späterer Sprachproduktion gefordert werden, vielmehr kommt es auf ein allgemeines Verständnis von Laut-Bedeutungs-Relationen an, auf ein Gefühl für das Funktionieren der Sprache, bei dem gleichzeitig ein Angebot zum tieferen Verständnis einzelner Mittel und Strukturen erfolgt, das zu einfacher Kommunikation befähigt. Spiel ist dabei gerade ein Mittel, bei dem die Lerner eigene Wege des Zugangs zur Fremdsprache finden können, es bietet Möglichkeiten für Schritte des Verweilens, Wiederholens, des interaktiven Erprobens und der Selbständigkeit. Lernen im Rahmen vom Spiel bedeutet auch nichtlineares Lernen in dem Sinne, daß für das Hörverstehen und die Vernetzung von Gelerntem, von Bezügen zwischen Sprachlichem und Situation ausreichend Gelegenheit gegeben wird, ohne Zwang zur Produktion und ständige Korrektur der Lehrkraft (vgl. Bleyhl 1996).

Aus den genannten Beispielen geht hervor, daß ganzheitliche Spracherfahrung hier auf komplexen und authentische Lernsituationen basiert, in denen mit allen Sinnen gelernt wird und in die sich die Schüler (auch fremdsprachlich) emotional einbringen. Der fächerübergreifende Aspekt wird durch integrativen Unterricht berücksichtigt, d.h. vor allem mit den Fächern Musik, Sport, Deutsch und Sachunterricht. Dabei sollte auch nicht vergessen werden, im Sinne einer Mehrsprachigkeitsdidaktik Gelegenheiten von Sprach- und Kulturkenntnissen der Migrantenkinder zu nutzen, um eine kontrastive Sprach- und Kulturbewußtheit auszubilden (Reinfried 2001: 12). Auch hierzu bieten oft Spiele, Reime und Lieder einen Anlaß.

Spiel ist, wie phänomenologische Theoretiker unter Berufung auf Johan Huizinga hervorheben, eine "primäre Lebenskategorie", eine "Ganzheit", es "hat seinen Verlauf und seinen Sinn in sich selbst" (Huizinga 1938: 15). Als Verfahren im Fremdsprachenunterricht besteht die Kunst darin, diese Deutung aus der Sicht des Spielenden zu erreichen und gleichzeitig damit Unterrichtsziele und didaktische Intentionen umzusetzen sowie sie mit neuen Methodenparadigmen in Einklang zu bringen. Man mag bezweifeln, ob das vollständig erreichbar ist. Diese Zweifel sind vor allem dann berechtigt, wenn punktuelle, lineare Lernziele erreicht werden sollen, die der Komplexität des Spielgeschehens widersprechen. Geht es jedoch um Haltungen und Einstellungen, um eine kreative, eigenständige Auseinandersetzung mit einer neuen (Sprach-)Wirklichkeit und deren ganzheitliche Erfassung, um Suche nach eigenen, individuellen Wegen bei Begegnungen mit der Sprache, die genügend persönlichen Freiraum und dennoch soziale Interaktionen ermöglicht, bietet Spiel, wie wir versucht haben, an einigen Beispielen aufzuzeigen, ein geeignetes Verfahren, dessen Möglichkeiten reichhaltig auszuschöpfen sind.

Literaturangaben

Amtmann, Paul (Hrsg.) (1967): *Darstellendes Spiel im neusprachlichen Unterricht. Ein Handbuch für Volksschulen, Realschulen und Gymnasien.* München: Manz.

Appel, Joachim (1983): "Situationsprogression und Grammatische Progression." In: Joachim Appel, Johannes Schumann & Dietmar Rösler (Hrsg.): *Progression im Fremdsprachenunterricht.* Heidelberg: Groos, 1–47.

Bleyhl, Werner (1996): "Der Fallstrick des traditionellen Lehrens und Lernens fremder Sprachen. Vom Unterschied zwischen linearem und nicht-linearem Fremdsprachenunterricht." *Praxis des neusprachlichen Unterrichts* 43, 339–347.

Caillois, Roger (1958): *Les jeux et les hommes. Le masque et le vertige.* Paris: Gallimard.

Château, Jean (1964): *Le jeu de l'enfant après trois ans, sa nature, sa discipline.* Paris: Vrin.

Dauvillier, Christa (1986): *Im Sprachunterricht spielen? Aber ja!* München: Goethe-Institut.

Fritz, Jürgen (1993): *Theorie und Pädagogik des Spiels. Eine praxisorientierte Einführung.* Weinheim/München: Juventa. 2. Aufl.

Gnutzmann, Claus (1997): "Language Awareness. Geschichte, Grundlagen, Anwendungen." *Praxis des neusprachlichen Unterrichts* 44, 227–236.

Heckhausen, Heinz (1973): "Entwurf einer Psychologie des Spielens." In: Carl Friedrich Graumann & Heinz Heckhausen (Hrsg.): *Reader zum Funkkolleg Pädagogische Psychologie. Grundlagentexte I: Entwicklung und Sozialisation.* Frankfurt: Fischer, 155–174.

Huizinga, Johan (1938): *Homo ludens. Versuch einer Bestimmung des Spielelementes der Kultur.* Basel u. a.: Akademische Verlagsanstalt Pantheon. 3. Aufl.

Kleppin, Karin (1980): *Das Sprachlernspiel im Fremdsprachenunterricht. Untersuchungen zum Lehrer- und Lernerverhalten in Sprachlernspielen. (Tübinger Beiträge zur Linguistik* 152.) Tübingen: Narr.

Löffler, Renate (1979): *Spiele im Englischunterricht. Vom lehrergelenkten Lernspiel zum schülerorientierten Rollenspiel.* München: Urban & Schwarzenberg.

Löffler, Renate (1989): "Spiele im Fremdsprachenunterricht. Vom "Lückenfüller" zum 'integrierten Lernangebot'." *Neusprachliche Mitteilungen* 42, 205–218.

Löffler, Renate & Kuntze, Wulf-Michael (1980): *Spiele im Englischunterricht 2.* München: Urban & Schwarzenberg.

Maley, Alan & Duff, Alan (1981): *Szenisches Spiel und freies Sprechen im Fremdsprachenunterricht. Grundlagen und Modelle für die Unterrichtspraxis.* Aus dem Englischen übertragen und für die deutsche Ausgabe bearbeitet von Reinhold Freudenstein. München: Hueber.

Multhaup, Uwe (1995): *Psycholinguistik und fremdsprachliches Lernen. Von Lehrplänen zu Lernprozessen. (Forum Sprache.)* München: Hueber.

Mundschau, Heinz (1981): *Lernspiele für den neusprachlichen Unterricht. Mit englischen und französischen Beispielen. Für alle Schulformen. (Manz Pädagogische Texte.)* München: Manz.4. Aufl.

Ortner, Brigitte (1998): *Alternative Methoden im Fremdsprachenunterricht. Lerntheoretischer Hintergrund und praktische Umsetzung.* München: Hueber.

Reinfried, Marcus (1999): "Handlungsorientierung, Lernerzentrierung, Ganzheitlichkeit: Neuere Tendenzen in der Französischmethodik." *Französisch heute* 30, 328–345.

Reinfried, Marcus (2001): "Neokommunikativer Fremdsprachenunterricht: ein neues methodisches Paradigma." Beitrag im vorliegenden Band, 1–20.

Rück, Heribert (1991a): "Zur Methodik des Französischen in der Grundschule." *Praxis des neusprachlichen Unterrichts* 38, 11–26.

Rück, Heribert (1991b): "Fremdsprachenbegegnung in der Grundschule: auf der Suche nach neuen Perspektiven." *Neusprachliche Mitteilungen* 44, 89–91.

Sarter, Heidemarie (1997): *Fremdsprachenarbeit in der Grundschule: Neue Wege – neue Ziele.* Darmstadt: Wissenschaftliche Buchgesellschaft.

Scheuerl, Hans (1994): *Das Spiel.* Band 1: *Untersuchungen über sein Wesen, seine pädagogischen Möglichkeiten und Grenzen.* Weinheim, Basel: Beltz. 12. Aufl.

Sekretariat der Ständigen Konferenz der Kultusminister der Länder in der Bundesrepublik Deutschland (Hrsg.) (1994): *Empfehlungen zur Arbeit in der Grundschule*. Beschluß der Kultusministerkonferenz vom 02.07.1970 i.d.F. vom 06.05.1994. Bonn: Kultusministerkonferenz.

Stein, Barbara (1999): *Spiel als Methode im Fremdsprachenunterricht (unter Berücksichtigung von Reimen, Gedichten und Liedern)*. Studienbrief und Materialreihe "Fremdsprachen in Grund- und Hauptschulen" der Universität Koblenz-Landau, Abt. Koblenz.

Verrier, Jacky (1997): "Cinq questions sur l'enseignement du FLE en milieu scolaire." *Le français dans le monde* 291, 23–28.

Jean-Pol Martin
Französischunterricht als Vorbereitung auf die Arbeitswelt

Vielfach wurde in jüngster Zeit Alarm geschlagen: Das Fach Französisch verliere an relativem Gewicht innerhalb des gesamten Fremdsprachenunterrichts; dies liege an der Schwierigkeit der französischen Sprache, an der Überbetonung der Grammatikarbeit oder am konventionellen Lektürekanon. Vor diesem Hintergrund sei es "besonders wichtig", innovative Lehr- und Lernkonzepte "zu entwickeln, zu erforschen und zu verbessern". (Reinfried 2001: 16). Nun scheint es, dass angesichts der in den letzten Jahren erfolgten Umwälzungen, insbesondere in der Arbeitswelt, eine radikale Neuorientierung für das Fach Französisch erforderlich ist. Es genügt nicht mehr, die Sprache und die Kultur zu vermitteln. Eine intensive Beschäftigung mit einem Fach lässt sich in den Augen der Lerner nur dann rechtfertigen, wenn über die fachspezifischen Qualifikationen hinaus Fähigkeiten erworben werden, die insgesamt für die Lebensbewältigung relevant sind. Es ist Zeit, die erheblichen Potentiale zu erkennen und auszuschöpfen, die gerade das Fach Französisch für eine solche Zielsetzung bereithält.

1. *Flow*-Erlebnisse und Kontrollkompetenz

Die 12. Shell-Jugendstudie (Fischer 1997) liefert ein aktuelles Bild der zentralen Interessen von Jugendlichen zwischen 15 und 24. Im Mittelpunkt stehen die Frage der beruflichen Perspektive und die Probleme der Arbeitswelt. Positiv hebt die Studie die große Bereitschaft der Jugendlichen hervor, sich in Organisationen zu engagieren, vorausgesetzt, dass sie ihre Fähigkeiten einbringen und sich aktiv an den Entscheidungen beteiligen können. Die Arbeit in den Organisationen muss "Spaß" machen, und die Ziele müssen erreichbar sein.

Die Arbeit muss also Spaß machen. Aus der Emotionsforschung erfahren wir, dass eine besonders positive Gefühlsintensität dann aufkommt, wenn folgende Faktoren zusammentreffen (Bischoff 1998):
- Ein Problem wird gelöst, Anforderungen werden bewältigt, Schwierigkeiten überwunden;
- es bestehen klare Handlungsanforderungen und eindeutige Rückmeldungen über die Handlung;
- die Fähigkeiten und das persönliche Können werden ausgeschöpft;
- der Ausgang der Handlung ist offen und kann vom Ausübenden bestimmt werden;
- es besteht die Nähe zu kreativem Entdecken und Explorieren: etwas Neues wird entworfen oder entdeckt, ein unbekannter Ort oder Bereich wird erkundet;
- es wird über das Erreichte und Bekannte hinausgegangen, ein Gefühl der Selbstentgrenzung stellt sich ein;
- es besteht ein Gefühl der Kontrolle über die Handlung und die Umwelt.

Das unter diesen Bedingungen aufkommende Empfinden wird "als einheitliches Fließen beschrieben, ein Fließen von einem Augenblick zum anderen, wobei eine Verschmelzung von Handlung und Bewusstsein geschieht, ein völliges Aufgehen in der Aktivität bis zur Selbstvergessenheit, ohne aber die Kontrolle über die Aktivität zu verlieren." (Bischoff 1998). Man spricht dann von *Flow*-Effekt.

Flow-Effekt, Kontrolle und exploratives Verhalten

Ausschlaggebend für das Entstehen des *Flow*-Effekts ist, dass der Handelnde die Kontrolle nicht verliert und die Situation "im Griff" behält. In der Tat bestätigt die Kognitionspsychologie, dass die Kontrolle eine zentrale Dimension im Erleben des Menschen darstellt. Nach Dörner et al. (1983: 433) "... erzeugt Kontrollverlust Emotionen wie Angst, Schrecken oder Furcht. Wiedergewinn der Kontrolle erzeugt Emotionen wie Stolz, Triumph, Freude." *Flow*-Erlebnisse entstehen dann, wenn komplexe, riskante Situationen gemeistert werden, beispielsweise beim Segeln, beim Skifahren oder beim Halten eines Vortrages vor größerem Publikum. Natürlich erleben vor allem Menschen *Flow*, die sich oft in schwierige Situationen begeben und ein exploratives Verhalten zeigen. So ergibt sich eine dynamische Kette, die nach folgender Logik verläuft (Dörner et al. 1983: 435 ff.): Explorative Menschen begeben sich in Bereiche, mit denen sie nicht vertraut sind, und versuchen, sich in diesen Feldern problemlösend zu behaupten. Jede auf diese Weise gewonnene Erfahrung wird zu einem abstrakten kognitiven Schema verarbeitet. Je mehr Erfahrungen, desto mehr Schemata, desto breiter die kognitive Landkarte. Eine breite kognitive Landkarte sichert Kontrolle über mehr Bereiche, sie ermöglicht eine schnellere Verarbeitung neuer Eindrücke und schützt vor emotionalen Einbrüchen. Mit der erweiterten Kontrollkompetenz wächst das Selbstbewusstsein und die Bereitschaft, neue, unbekannte Felder zu betreten, also sich erneut explorativ zu verhalten. Was den Einzelnen dazu bewegt, sich immer wieder in die Unbestimmtheit und Komplexität zu wagen, also sich explorativ zu verhalten, ist die Suche nach *Flow*-Erlebnissen. Ein Weg, Schüler für den Unterricht zu motivieren, besteht darin, *Flow*-Erlebnisse zu vermitteln.

2. LdL als didaktisches Substrat

"Bevor eine *flow*-erzeugende Aktivität Spaß macht, verlangt sie eine anfängliche Investition an Aufmerksamkeit. Um Freude an komplexen Tätigkeiten zu haben, bedarf es einer solchen 'Aktivierungsenergie'. Ist man zu müde oder ängstlich oder fehlt uns die Disziplin zur Überwindung des anfänglichen Widerstands, wird man sich mit einer Beschäftigung begnügen müssen, der – obgleich sie weniger Freude macht – leichter nachzukommen ist". (Csikszentmihalyi 1999: 91). Woher kommt diese Aktivierungsenergie im Unterricht? Erfahrungsgemäß entstehen dann *Flow*-Erlebnisse beim einzelnen in der Gruppe, wenn er das Wort ergreift und wenn das Publikum seine Ausführungen aufmerksam verfolgt. Je anspruchsvoller und ausführlicher der eigene Beitrag, je interessierter die Aufnahme durch die Zuhörer, desto intensiver das *Flow*-Erlebnis. Der Wunsch, in der Gruppe das Wort zu ergreifen, entsteht in der Regel dann, wenn man die Gewissheit besitzt, dass man über neue, für die Gruppe besonders interessante

Informationen verfügt. Dieses Phänomen macht sich die Methode "Lernen durch Lehren" (LdL) zunutze. Bekanntlich übernehmen bei LdL die Schüler einen Großteil der Lehrfunktionen und müssen u. a. den neuen Stoff selbst einführen[1]. Indem die Schüler die Aufgabe bekommen, den neuen Lernstoff arbeitsteilig vorzubereiten und vorzustellen, verfügen stets einige Schüler über Informationen, die für alle anderen von Bedeutung sind und neugierig erwartet werden. So ist die Situation gegeben, in der Schüler den Drang verspüren, das Wort zu ergreifen, was wiederum Voraussetzung für das Erleben von *Flow* ist. Über den Ausgangsimpuls hinaus liefert LdL alle weiteren Bedingungen, die für das Auftreten von *Flow*-Effekten ausschlaggebend sind: Bei LdL muss jeder Schüler Schwierigkeiten überwinden und hohe Anforderungen erfüllen. Der Ausgang seiner Anstrengungen ist offen, denn er weiss nicht, ob seine Präsentationsbemühungen wirklich zum Erfolg führen werden. Da die Präsentation eines neuen Stoffes für einen Schüler einen hohen Schwierigkeitsgrad aufweist, kann er seine Fähigkeiten ausschöpfen und vor dem Publikum ein Gefühl der Selbstentgrenzung erleben. Damit aber ein *Flow*-Erlebnis wirklich eintritt, muss der Schüler das Gefühl haben, dass er die schwierige Situation "im Griff" hat, also dass er Kontrolle ausübt. Das

---

[1] Es ist vielleicht nicht überflüssig, die *essentials* der Methode LdL in Erinnerung zu rufen und LdL in die Methodik-Landschaft einzuordnen. Ein für diesen Zweck nützliches Raster liefert Marcus Reinfried in zwei Aufsätzen (1999, 2001). Zum einen führt er den Begriff "Methodenkonzeption" ein, die er als "(intersubjektiv geprüftes) mentales Modell für Unterrichtsabläufe" definiert (2001: 1). Eine Methodenkonzeption wird dann zum Paradigma, "wenn sie als komplexes System während einer gewissen Zeit im Fremdsprachenunterricht dominiert und in der Lehreraus- und -fortbildung bevorzugt tradiert wird." (2001: 1) Eine Methodenkonzeption weise drei Hierarchieebenen auf, die "Makroebene" der theoretischen Annahmen, die "Mesoebene" der Unterrichtsziele und der Organisation des didaktischen Feldes und die "Mikroebene" der konkreten Unterrichtstechniken. Legt man die oben genannten Kriterien zugrunde, so handelt es sich bei LdL um eine paradigmatische Methodenkonzeption, denn das Konzept weist ein anthropologisches Fundament auf, definiert präzise das didaktische Feld und die darin verfolgten Ziele und bietet umfangreiche Umsetzungstechniken. Darüber hinaus schlägt Reinfried vor, das gegenwärtig herrschende Paradigma als "neokommunikativ" zu bezeichnen. Neokommunikativ seien Methoden, die die Prinzipien der kommunikativen Didaktik beherzigen, sie aber durch zusätzliche Grundsätze ergänzen, nämlich die "Handlungsorientierung", die "Lernerorientierung", das "fächerübergreifende" Lernen und die "ganzheitliche" Spracherfahrung. Bei LdL bekommen die Schüler die Aufgabe, sich arbeitsteilig den neuen Stoff gegenseitig zu vermitteln; sie müssen also im Klassenraum situationsgerecht und authentisch in der Fremdsprache handeln. Dadurch erfüllt LdL die Forderungen der "kommunikativen" Didaktik. Ferner steht im Mittelpunkt der Aktivitäten die Vermittlung des Lernstoffes, so dass der Unterricht in seiner Gesamtheit zum Projekt gemacht wird und durch und durch "handlungsorientiert" bleibt. Da jeder Schüler einen anderen Zugang zu den Inhalten und eine andere Form der Inhaltsverarbeitung und -präsentation wählt, ist der Unterricht nach LdL in hohem Maße individualisiert und "lernerorientiert". "Fächerübergreifend" ist LdL dadurch, dass der Unterricht stets auf die Vermittlung deklarativer Inhalte abzielt, beispielsweise im Bereich der Geschichte, der Geistesgeschichte und der Geographie. "Ganzheitlich" ist LdL schließlich dadurch, dass der gesamte Unterricht in der Fremdsprache verläuft, unabhängig davon, ob die verwendete Wortschatz und die verwendeten grammatikalischen Strukturen bereits eingeführt worden sind oder nicht. Auf diese Weise entsteht eine Mischung von inzidentellem und intentionalem Lernen; der Lernprozess verläuft sowohl linear als auch nicht-linear. Insofern trug der Unterricht nach LdL von Anfang an, also bereits 1985 alle Merkmale eines "neokommunikativen" Fremdsprachenunterrichts. Eine Konfrontation der Methode LdL mit Merkmalen, die als Kennzeichen für konstruktivistische Methoden genannt werden (Wolff 1994; Wendt 1996) würde zum Ergebnis führen, dass LdL ebenfalls von Anfang an "konstruktivistisch" war.

Gefühl der Kontrolle wiederum ist direkt abhängig von der Qualität der angewandten Präsentationstechniken[2] und der vorgestellten Inhalte.

3. Die Inhalte

Das zu vermittelnde Wissen ist auf verschiedenen Ebenen angesiedelt. Es ist zum einen der in den Lehrmaterialien verdichtete Unterrichtsstoff, zum anderen das Metawissen, das im Rahmen von Selbstreflexionen aufgebaut wird und sich auf die Art der Interaktionen in der Klasse oder in den Kleingruppen bezieht. Die kognitive Kontrollierbarkeit des Stoffes hängt von seiner Strukturiertheit ab. Je strukturierter, desto kontrollierbarer. Im folgenden wird auf den Unterricht des Verfassers im Leistungskurs bezug genommen und aufgezeigt, mit welchen Inhalten Kontrollkompetenz aufgebaut werden kann[3]. In der Oberstufe richten die Schüler als erstes ihren Blick auf die Abiturvorbereitung. Sie wünschen sich ein klares, systematisch vermitteltes Gerüst in der Grammatik, einen Überblick über den Wortschatz und Übung in der Anfertigung von Abituraufgaben. Diesem Wunsch kann dadurch entsprochen werden, dass jede Woche eine halbe Abituraufgabe zur häuslichen Bearbeitung aufgegeben wird und parallel dazu die Wortschatzsammlung *L'emploi des mots* (Lübke 1993) und die *Grammaire explicative* (Confais 1978) systematisch durchgearbeitet werden. Dazu eine Kollegiatin:

> "Selon moi, en langue française, j'ai fait des progrès aussi bien en ce qui concerne la compréhension écrite que la compréhension orale. Je pense que mon expression écrite s'est améliorée à cause des 'Abituraufgaben' qu'on doit faire chaque weekend. Elles sont une base sûre et efficace pour la préparation au bac. C'est souvent beaucoup de travail, mais cela aide à donner de la sécurité, on sait ce qu'on doit accomplir au baccalauréat. Le vocabulaire qu'on apprend chaque semaine et aussi la grammaire sont des éléments stables."

Ferner wird auf der Oberstufe vielfach von Schülern beklagt, dass zu selten Überblicke über die Geschichte und die Geistesgeschichte geliefert werden, die es ermöglichen, Details einzuordnen und somit den Stoff "in den Griff" zu bekommen (vgl. Benz 1990). Im Unterricht des Verfassers steht ein solcher Überblick im Mittelpunkt aller inhaltlicher Aktivitäten (Martin 1994). Darüber urteilt eine Schülerin:

> "Un autre aspect dont je veux parler est l'histoire, car on l'a traitée d'une façon très systématique du Moyen Age au 19e siècle,[4] de sorte que je suis toujours en mesure de parler des ces différentes stations du passé, également par rapport aux personnages historiques, aux changements et aux intellectuels par exemple. C'est grâce à cette méthode (LdL) que j'ai développé un grand intérêt pour l'histoire, pour la littérature et pour la société."

---

[2] Zu den Präsentationstechniken vgl. u. a. Lahninger 1998.

[3] Der Verfasser ist Aktionsforscher (vgl. u. a. Altrichter & Posch, 1990). Er stützt sich bei seiner wissenschaftlichen Arbeit u. a. auf Tagebücher, Briefe, Berichte von Projektteilnehmern, insbesondere von Schülern, Studenten und Kollegen.

[4] Die Schüleräußerungen wurden am Ende des LK-12 gesammelt, so dass die Schülerin sich auf den Stoff bezieht, der in der 12. Jahrgangsstufe behandelt wurde. In der 13. Klasse wird der Überblick bis zur Gegenwart fortgeführt.

Dabei entsteht Kontrollkompetenz nicht allein dadurch, dass Raster und Überblicke vermittelt werden, sondern dadurch, dass die unterschiedlichen Wissenselemente in Beziehung gesetzt werden, also vernetztes Wissen aufgebaut wird:

> "Quel que soit le sujet dont nous parlons, nous cherchons des parallèles, des aspects communs ou contraires aux idées que nous avons déjà traitées, pour trouver une solution ou une conclusion adéquate. Alors on apprend qu'il y a toujours des rapports de cause à effet et des changements de paradigme qui sont la conséquence d'un autre effet ou d'une autre cause. Ayant compris cela, nous avons beaucoup moins de problèmes à comprendre l'histoire, l'évolution de la société ou la littérature. La compréhension de la littérature est de plus facilitée de la façon suivante: nous traitons un oeuvre environ pendant quatre heures et après cela nous avons fini. L'idée fondamentale est de ne pas parler de chaque procédé stylistique, mais de comprendre les idées principales et aussi de se souvenir de l'essentiel du texte pendant plus longtemps que les deux semaines qui suivent. Moi, je suis fascinée par cette méthode, parce que c'est vraiment comme cela qu'on peut parler du contenu d'un livre à un niveau plus élevé. Le savoir que nous obtenons avec ce survol de la littérature et de l'histoire des idées n'est pas du tout détaillé, mais on a une vue d'ensemble qui facilite la compréhension des relations entre les événements. Et c'est ce qui est important pour pouvoir construire une 'carte cognitive' dans sa tête."

Über das deklarative Kulturwissen hinaus ist es für die Kontrollkompetenz günstig, wenn den Schülern psychologische und soziologische Grundeinsichten vermittelt werden (vgl. Martin 1994). Aus der Erkenntnis, dass der Mensch sich im Spannungsfeld von antinomischen Bedürfnissen bewegt, zeigt beispielsweise ein Schüler Verständnis dafür, dass seine Mitschüler sich sowohl individuell betätigen wollen, als auch bestrebt sind, Gemeinsames zu unternehmen:

> "En général, en ce qui concerne la culture, j'ai trouvé les sujets souvent très intéressants comme par exemple la psychologie. Sur ces contenus j'ai beaucoup appris : le modèle anthropologique donne une autre vision du monde. Il aide à comprendre les gens dans le présent et aussi dans le passé. Certains comportements peuvent être expliqués et alors on sait comment il faut se conduire dans des situation compliquées. A mon avis, le voyage à Paris était souvent très individualiste. Mais on a eu la possibilité de voir les conséquences des antinomies : à la fin du voyage tout le monde a voulu faire une activité ensemble."

Alle Schüleräußerungen thematisieren direkt oder indirekt den Kontrollaspekt. Sie bestätigen also, dass das anvisierte Ziel, die Kontrollkompetenz der Schüler im Inhaltsbereich aufzubauen, erreicht wurde. Ein weiterer Schritt auf dem Weg zur inhaltlichen Kontrollkompetenz besteht darin, dass nicht nur ein klar gegliederter Stoff zum Aufarbeiten vorgelegt wird, sondern dass der Lerner ihn selbst aufgreift und nach eigenem Prinzip weiterstrukturiert, damit er ihn optimal seinen Mitschülern präsentieren kann. Bei LdL sichert sich also der Schüler auf ganz individuelle Weise die Kontrolle über den Stoff. Weitere Wissensbausteine lassen sich auf der Metaebene sammeln, wenn über die Qualität der Interaktionen und über die Zusammenarbeit als Gruppe und als Team im Klassenzimmer reflektiert wird. Auf die Frage, welche Eigenschaften von einem guten Teampartner erwartet werden, liefert eine Schülerin folgende Antwort:

> "D'abord je trouve important pour un travail efficace qu'on s'entende bien avec cette personne, ce qui ne veut pas dire qu'on doive l'aimer, mais il ne faut pas res-

sentir d'aversion contre elle, sinon cela nuit au climat de travail. Comme je suis fiable moi-même, j'exige aussi une grande fiabilité et en outre de la créativité pour être en mesure de développer de nouvelles idées. A part cela mon partenaire doit avoir des connaissances dans les sujets traités et être prêt à écouter mes propositions. Si on travaille avec un partenaire, le produit du travail est le mérite de ces deux personnes et chacun doit en être conscient. En outre il est très important de toujours être prêt à soutenir l'autre s'il a des difficultés et s'il est peut-être le plus faible."

In Bezug auf den behandelten Stoff kann eine Unterscheidung getroffen werden zwischen dem Wissen, das die gesamte Klasse aufnehmen muss (Grammatik, Wortschatz, Abiturtexte, Geschichte, Literatur und Landeskunde) und Elementen, die von Schülern individuell ausgesucht und vertieft werden (Hobbys, individuelle Projekte, Facharbeiten). Die Identifikation mit den Inhalten und folglich die Kontrollkompetenz ist im zweiten Fall höher als im ersten. Grundsätzlich kann man davon ausgehen, dass die hier beschriebene Produktorientierung die Leneridentität festigt. Aus kognitionswissenschaftlicher Perspektive lässt sich Identität als "das Gesamt der geordneten, selbstbezogenen Kognitionen einer Person" definieren (Ziegler 1996: 264). Ziel des Unterrichts sollte sein, vorteilhafte fachspezifische und fachübergreifende selbstbezogene Kognitionen entstehen zu lassen. Es ist günstig für das Fach Französisch, wenn eine positive Identität sich auf "Produkte" stützt, die im Rahmen dieses Faches entstanden sind.

4. Schulklasse als Betrieb, Schüler als Berater

Auf die beschriebene Weise wird eine stoffbezogene Kontrollkompetenz aufgebaut, die die Schüler motiviert, ihr Wissen einem größeren Publikum vorzustellen. Dies geschieht im Rahmen von Vorträgen und Fortbildungsveranstaltungen. So entwickelt sich die Klasse zu einem Dienstleistungsbetrieb. Bei Fortbildungsveranstaltungen richtet sich das Interesse der Teilnehmer zum einen auf die im Unterricht angewandte Methode LdL, zum anderen auf die von den Schülern erarbeiteten "Produkte". Als wichtigste Auswirkung der Präsentationsaktivitäten nennen die Schüler die Festigung ihres Selbstbewusstseins:

"D'abord, je constate que j'ai augmenté ma confiance en moi et ma conscience de moi pendant cette époque et j'ai complètement perdu ma peur face aux exposés aussi dans les autres cours par exemple en allemand parce que dans notre cours de français il est habituel de parler devant un groupe."

"En outre je suis d'avis que ma confiance en moi a énormément augmenté. J'ai confiance en moi de nature, mais quand même, autrefois j'étais toujours un peu nerveuse quand je devais présenter un certain sujet devant la classe. Grâce aux présentations en français je n'ai plus de problèmes dans les autres matières comme la géographie ou l'histoire. Je suis même capable de faire une présentation suivant la méthode LdL, ce qui impressionne beaucoup les autres professeurs. Et c'est la même chose avec les présentations en public."

"C'est l'activité dont je profite le plus, parce qu'avec cela je peux mobiliser mes capacités, je peux investir toute mon énergie, rechercher mes limites et augmenter ma confiance en moi. (...) Deuxièmement, et c'est un effet beaucoup plus important, les compétences clés se développent. On se qualifie à communiquer d'une façon libre et stable, avec des personnes, des auditoires inconnus. Moi, je suis capable après cette année de présenter moi-même quelques aspects de LdL devant un public. Et le travail en binôme et en groupe m'a préparée à ne pas avoir un mur, une frontière entre les auditeurs et moi, mais à parler et travailler avec eux et leurs idées. Pour les présentations il est aussi important qu'on ne perde pas la tête et le contrôle quand on a des difficultés à répondre aux questions par exemple."

Besonders förderlich für die Festigung der Identität und für die Verankerung des Fachs Französisch als positives Element des Selbst ist es, wenn die Schüler eigene Produkte wie beispielsweise ihre Facharbeiten vorstellen:

"En ce qui concerne mon mémoire, je suis très contente parce que j'ai aussi du contrôle sur certains sujets que je maîtrise et si je peux les présenter devant un public plus tard, mon identité se stabilisera sûrement de plus en plus. En outre, j'ai fait par exemple une interview et j'ai contacté des gens par quoi mon identité s'est aussi formée et fortifiée."

Im Sinne des Ansatzes "Schulklasse als Dienstleistungsbetrieb" werden die Schüler schließlich als didaktisch-methodische Berater eingesetzt. Sie werden von Lehrern gebeten, in ihrem Unterricht zu hospitieren und ihre Beobachtungen mitzuteilen oder selbst Unterrichtsdemonstrationen durchzuführen. Eine vielversprechende Möglichkeit für Beratung durch Schüler eröffnet sich ferner durch die neuen Kommunikationsmittel (E-Mail): die Schüler können kontinuierlich Einfluss auf den Unterricht des eigenen Lehrers ausüben. So ließ ein Schüler, nachdem er dem Verfasser seine Unzufriedenheit mit dem Verlauf einiger Französischstunden per E-Mail mitgeteilt hatte, folgende Empfehlung ebenfalls per E-Mail zukommen (in den vorangehenden Stunden waren Abschnitte aus einem französischen Geschichtsbuch durch Kleingruppen vorgestellt worden):

"Cher M. Martin,
Voilà mes réponses concernant ce qu'il faudrait faire d'après moi:
(...)
2. Dire aux élèves qui dirigent le cours de récapituler les choses de base, soit eux-mêmes, soit de le faire faire par une autre personne.
3. Approfondir les thèmes d'histoire, soit en posant des questions métaphysiques, soit en faisant des affiches. Le cas de cette semaine et de la semaine dernière était tel: On a raconté des choses qu'on savait déjà, parce que le temps de préparation pour les petits exposés était beaucoup trop court. Donc il n'est pas étonnant que les autres n'aient pas posé de questions après les exposés! Après les présentations vous avez cru que celles-ci avaient eu du succès et que tout le monde avait appris quelque chose. Mais non, c'était un leurre ("Trugschluss"). Pour demain, je suis très optimiste parce que Barbara sait très bien faire le cours. Peut-être que vous demandez aux autres ce qu'on pourrait faire. Mais je vous prie: ne mentionnez pas que tout cela était de moi.
Bonne soirée"

Durch die Strukturierung der Schulklasse als Betrieb werden nebenbei auch die Fähigkeiten vermittelt, die gegenwärtig in der Arbeitswelt gefordert und unter dem Begriff "Schlüsselqualifikationen" gehandelt werden, nämlich (vgl. Kinkel, 1997: 108 ff.):

- die Fähigkeit, in komplexen Zusammenhängen zu denken;
- die Teamfähigkeit und das Einfühlungsvermögen;
- die Kommunikationsfähigkeit: Präsentationstechniken, Moderationstechniken;
- das Selbstbewusstsein;
- die Durchsetzungskraft und die Fähigkeit, andere Menschen einzubinden und für gemeinsame Ziele zu begeistern.

5. Fazit

Gerade das Fach Französisch eignet sich besonders, um die hier beschriebenen Ziele zu erreichen. Als überschaubare, klare sprachliche, geschichtliche und geographische Entität weist Frankreich als "Lernstoff" genau die Merkmale auf, die für den Aufbau von Kontrollkompetenz von Vorteil sind. Auf der Sprachebene bietet die Grammatik eine Struktur, die bei entsprechendem Lerneinsatz zu beherrschen ist. Dies gilt ebenfalls für die Landeskunde, die Geistesgeschichte und die Literatur, sofern ein dezidiertes Bekenntnis zur systematischen Behandlung dieser Gebiete abgegeben wird. Auch wenn sowohl in Bezug auf die Bedeutung der Grammatik als auch in Bezug auf die Behandlung der Literatur hier eine Position vertreten wird, die gegenläufig zum *mainstream* in der Französischdidaktik steht: wenn es darum geht, den Schülern ein relevantes Wissen zu vermitteln, dann ist es sinnvoll, auf den tradierten Kanon der Franzosen selbst zurückzugreifen. Ein solider Überblick über die Epochen und eine Konzentration auf die literarischen Werke, die in Frankreich selbst als "*incontournables*" gelten, liefern ein Strukturraster, das über die Schulzeit hinaus von hohem Bildungswert bleibt. Ansonsten gilt es, außerhalb des Unterrichts frankreichbezogene Projekte zu gestalten, die zur Erstellung individueller Produkte führen. Diese Produkte können dann der interessierten Umwelt angeboten werden. Dies wäre ein Weg, das Fach Französisch in seiner Gesamtheit als positive Selbstkognition in der Identität der Schüler zu verankern. Wahrscheinlich gibt es wenig Disziplinen, die so geeignet sind wie das Fach Französisch mit seinen vielfältigen Handlungsfeldern, die Klasse als Betrieb zu strukturieren und in diesem Rahmen die langfristigen Entwicklungspotentiale der einzelnen Schüler zu erkennen und zu fördern. Welches Fach bietet auch so viele Möglichkeiten, den Schülern *Flow*-Erlebnisse zu verschaffen und den Aufbau der Kontrollkompetenz so nachhaltig zu fördern?

Literaturangaben

Altrichter, Herbert & Posch, Peter (1990): *Lehrer erforschen ihren Unterricht. Eine Einführung in die Methoden der Aktionsforschung.* Bad Heilbrunn/Obb.: Klinkhardt.

Benz, Norbert (1990): *Der Schüler als Leser im fremdsprachlichen Literaturunterricht.* Tübingen: Narr.

Bischoff, Claudia (1998): "Motivation: Mythos – Märchen – Wirklichkeit. Mitarbeiter müssen motiviert werden – oder?" *Zeitschrift Pflegepädagogik*, Ausgabe 1/1998.

Confais, Jean-Paul (1978): *Grammaire explicative. Schwerpunkte der französischen Grammatik für Leistungskurs und Studium*. München: Hueber.

Csikszentmihalyi, Mihaly (1999): *Lebe gut!: Wie Sie das Beste aus Ihrem Leben machen*. Aus dem Amerikanischen von Michael Benthack. Stuttgart: Klett-Cotta.

Dörner, Dietrich, et al. (Hrsg.) (1983): *Lohhausen. Vom Umgang mit Unbestimmtheit und Komplexität*. Bern: Huber.

Fischer, Arthur (Hrsg.) (1997): *Jugend '97: Zukunftsperspektiven, gesellschaftliches Engagement, politische Orientierungen. (Shell-Jugendstudie 12)*. Opladen: Leske & Budrich.

Lahninger, Paul (1998): *Leiten, präsentieren, moderieren: lebendig und kreativ. Arbeits- und Methodenbuch für Teamentwicklung und qualifizierte Aus- & Weiterbildung*. Münster: Ökotopia-Verlag.

Lübke, Diethard (1993): *Emploi des mots. Lernwörterbuch in Sachgruppen*. Neubearbeitung. Berlin: Cornelsen.

Martin, Jean-Pol (1985): *Zum Aufbau didaktischer Teilkompetenzen beim Schüler*. Tübingen: Narr.

Martin, Jean-Pol (1994): *Vorschlag eines anthropologisch begründeten Curriculums für den Fremdsprachenunterricht*. Tübingen: Narr.

Reinfried, Marcus (1999): "Handlungsorientierung, Lernerzentrierung, Ganzheitlichkeit: Neuere Tendenzen in der Französischmethodik." *Französisch heute* 30, 328–345.

Reinfried, Marcus (2001): "Neokommunikativer Fremdsprachenunterricht: ein neues methodisches Paradigma." Aufsatz im vorliegenden Band, 1–20.

Wendt, Michael (1996): *Konstruktivistische Fremdsprachendidaktik. Lerner und handlungsorientierter Fremdsprachenunterricht aus neuer Sicht*. Tübingen: Narr.

Wolff, Dieter (1994). Der Konstruktivismus: Ein neues Paradigma in der Fremdsprachendidaktik? *Die Neueren Sprachen* 93, 407–429.

Ziegler, Albert (1996): "Identität", In: Gerhard Strube et al. (Hrsg.): *Wörterbuch der Kognitionswissenschaft*. Stuttgart: Klett-Cotta, 264.

Franz-Joseph Meißner

Fremdsprachenvermittlung an Bautechniker auf der Grundlage der Interkomprehensionsmethode

Verortung

Fremdsprachliches Können gilt heute als Teil des beruflichen Qualifikationsprofils, was nicht auf Angehörige etwa der akademischen oder der Büroberufe zu begrenzen ist. Die Verdichtung der europäischen, ja der weltweiten Wirtschafts- und Kulturbeziehungen verlangt auch in praktischen Berufen – so von Bäckern, Maurern, Technikern, Elektrikern usw. – die Kenntnis fremder Sprachen. Zu nennen sind die Stichworte: Auslandsaufenthalte zu beruflichen Zwecken, mündliche Kommunikation mit fremdsprachigen Arbeitnehmern, lesende Rezeption fremdsprachlicher Fachtexte – wie Anleitungen, Gebrauchsanweisungen, Produktbeschreibungen. Die Frage, ob das Ausbildungswesen hierauf ausreichend vorbereitet, lässt indes in statistischer Sicht skeptisch (Olbert 1995).

Anlass der folgenden Überlegungen liefert ein vom Deutsch-Französischen Jugendwerk gefördertes Projekt zum berufsbezogenen Fremdsprachunterricht im Bereich Hoch-/Tiefbau. Im Rahmen eines Begegnungsprogramms zwischen dem Lycée les Marcs d'Or in Dijon und der Göttinger Bau-Beruf-Schule II hat dies nicht nur zu erfolgreicher konkreter pädagogischer Arbeit geführt, sondern auch zur Produktion einer CD-ROM[1]. Die folgenden Überlegungen stehen im Vorfeld zur Erstellung konkreter Lehr- und Lernmaterialien für den Fremdsprachenunterricht an Erwachsene der praktischen Berufe (Lukas 1999). Es entspricht dem Auftrag des Deutsch-Französischen-Jugendwerks, wenn es sich hier zunächst um deutsche und französische Gruppen sowie um die Partnersprachen Deutsch und Französisch handelt.

---

[1] *Sachregister der Werkzeuge, Geräte, Baustoffe und technischen Redewendungen im Hochbau/ Tiefbau – Répertoire des outils, matériels, matériaux et expressions techniques du bâtiment et travaux publics.* Vertrieb mit Unterstützung des Deutsch-Französischen Jugendwerks (DFJW).

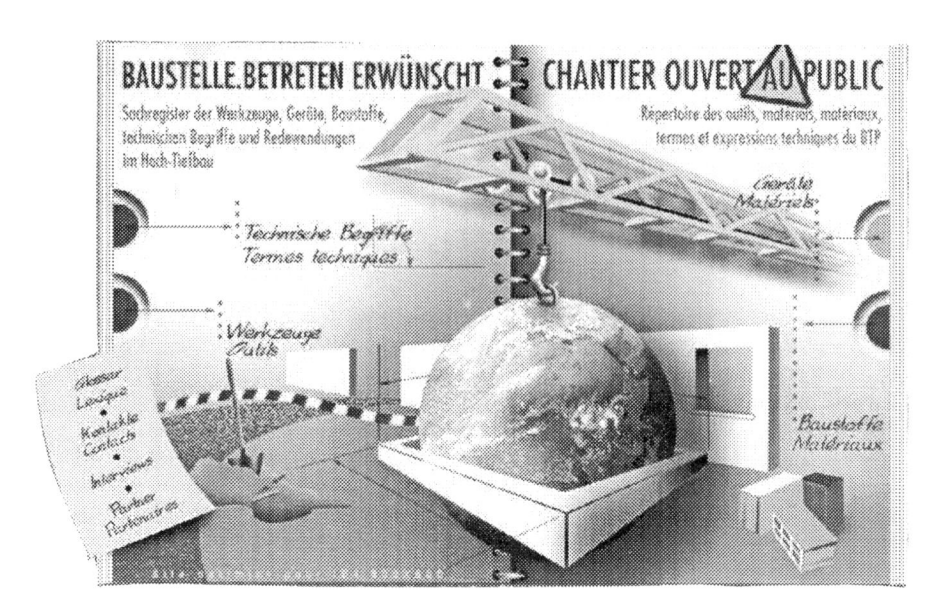

CD-Rom

Lerngruppe

Die Spezifika der Lernerpopulation 'Bautechniker' sehen wir darin, dass sie nicht hinreichend über jene Fertigkeiten verfügen, die traditionell dem erfolgreichen Lernen von fremden Sprachen zugeordnet werden. Wenig elaboriert sind nach Aussagen der Lehrenden die Fähigkeiten der sprachlichen Analyse, d. h. der expliziten Kategorisierungsfähigkeit als Ausdruck sogenannten 'grammatischen Denkens'. Hiermit geht einher, dass die Lernenden in der Regel nur über geringe Fremdsprachenkenntnisse verfügen.

Die Gründe für die Ausprägung eines solchen Lernerprofils sind unterschiedlich: Sie werden zum Teil in wenig erfolgreichen (weil überwiegend theoriebezogenen) Lernerfahrungen gesehen sowie in einer unterrichtlichen Praxis, die der Begabungsspezifik der Adressaten nicht ausreichend gerecht wurde. Eine Mehrzahl der ehemaligen Hauptschüler kann nur auf wenig Fremdsprachenunterricht zurückblicken; die ehemaligen Gesamt- und Realschüler haben oft den angebotenen Französischunterricht früh aufgegeben, so dass auch sie nur über vergleichsweise wenig Erfahrung mit fremden Sprachen und Fremdsprachenunterricht verfügen. Bezeichnenderweise hat die Didaktik des Französischen die Lernbelange dieser Gruppe lange Zeit übersehen (Christ 1994).

Lernbegriff und Sprachverarbeitung

Der im Folgenden verwandte Lernbegriff ist kognitivistisch. (Sprachliches) Lernen definiert er als Erweiterung des vorhandenen prozeduralen und deklarativen Sprachwissens um neue Kenntnisse und Fertigkeiten. Solche Wissensentitäten lassen sich als Bestände ausmachen, wie sie innerhalb einer sprachlichen Architektur entgegentreten: Es handelt sich um Lexeme, Morpheme, funktionale Regularitäten (wie Satzbau, Zuordnungs- und Verwendungsregeln) usw. Die (deskriptive) Grammatikographie versucht, die sich zwischen den sprachlichen Beständen ablesbaren funktionalen und normativen Regularitäten zu erfassen und zu kategorisieren.

Der Kognitivismus macht Lernen nicht an Inhalten fest (die es zu lernen gilt), sondern an der mentalen Tätigkeit der Lernenden. Mehr als dies für andere Lerngegenstände gilt, erscheint das Gebrauchen/Erwerben von Sprachen als ein komplexer und nichtlinearer Prozess, der sich zwischen einem (vermeintlichen # realen) Input, einem (vermeintlichen # realen) Intake und einem Output ausmachen lässt. Lernen kann nur stattfinden, wenn die Lernstoffe verschiedene kognitive und affektive Filter passieren, die modellhaft zwischen dem Sensorium oder der Perzeptionsebene angesiedelt sind. Die Filter haben im Allgemeinen die Aufgabe, unser mentales Instrumentarium vor einer Reizüberflutung zu schützen; deshalb benötigen wir sie. Nur wenn die einfließenden Informationen die Filter erfolgreich passieren, wird eine Disposition für das erfolgreiche Lernen gelegt. Es kommt zur Überformung vorhandener Entitäten bzw. zu ihrer Amalgamierung mit neuen Informationseinheiten. Was für das Lernen allgemein gilt, hat erst recht für den Gegenstand der Sprache seine Richtigkeit, die in Anlehnung an de Saussure als System begriffen werden muss. Das Sprachenwachstum geschieht deshalb systemisch und die Lernersprache erhält hieraus ihre innere Ordnung. Sprachenlernen gewinnt seine spezifische Komplexität dadurch, dass Sprache immer zugleich Medium mit Inhalt verbindet. Der strukturalistisch und behavioristisch orientierten Sprachlehr- und -lernmethodik blieb bezeichnenderweise der Vorwurf des inhaltslosen Lernens nicht erspart: Sie arbeitete zu sehr auf der Ebene der Signifikanten und übersah die Rolle der konzeptuellen Dimension. Es ist nicht untersucht, wie weit gerade dies Lernunlust weckte, indem es die motivierenden inhaltlichen Bezüge und Anteile des Fremdsprachenerlebnisses reduzierte. Besonders der sachfachgebundene Unterricht geht einen anderen Weg.

Der Kognitivismus erklärt den Spracherwerb mit Hilfe des Hypothesenmodells: Erwerber/Lerner bilden Hypothesen zu sprachlichen Beständen, Funktionen und Regularitäten, um sie hernach qua Einpassung in das mental vorhandene Sprachsystem und/oder, vor allem, mit Unterstützung der 'Sprach(erwerbs)partner' zu testen. Zwar verfügen die Lerner der Zielgruppe nicht über eine Lernerfahrung, die sprachliche Regularitäten **explizit** erleben lässt, doch sind auch sie 'Hypothesentester', wie sie durch den Erwerb der ersten Sprache bewiesen haben. Sie benötigen daher sowohl den notwendigen Input als auch die soziale Unterstützung, ohne die eine notwendige Disambiguierung und Integration des neuen Sprachwissens nicht erfolgen kann. Doch hiervon gleich mehr.

Lernen und Erwerben von Sprache erfolgt durch Sprachgebrauch. Die kognitive Linguistik hat in den letzten Jahrzehnten eine Reihe von Sprachverarbeitungsmodellen entwickelt. Sie sind für sprachdidaktische Überlegungen von Bedeutung, weil sie die Verarbeitungsstufen von Sprache sichtbar machen. Die Sprachverarbeitung geschieht sequenziell und parallel, *top down* und *bottom up*, und zwar sowohl in produktiven wie in rezeptiven Prozessen: Sie umfasst A1 das Weltwissen, A2 einen Konzeptspeicher; B1 den Zugriff auf Lexeme und Morpheme, B2 auf Regularitäten und Funktionen (B1 und B2 sind Träger der Syntaxbildung bzw. der Anordnung von Lexemen und Morphemen in Syntagmen); in C1 geschieht die Aktivierung eines Hörverstehensprogramms, in C2 eines Leseverstehensprogramms, in C3 die eines artikulatorischen Sprechprogramms, in C4 eines Schreibprogramms. Alle hier genannten Programme sind interdependent, und es versteht sich, dass die Teilprogramme weitere Unterprogramme aufweisen. So etwa setzt das Artikulieren die Aktivierung eines phonetischen Minimal-Programms voraus, welches die phonologischen Oppositionen realisiert.

Die einzelnen Stadien der Sprachverarbeitung korrelieren mit Bedingungen der mentalen Disponibilität von Sprache. Dies umgreift ebenso Phänomene der paradigmatischen und syntagmatischen Vernetzung der Sprachbestände wie ihrer tiefen kulturellen Prägung. Das für den Spracherwerb relevante Hypothesentesten entsteht bei der rezeptiven oder produktiven Sprachverarbeitung in vor- bzw. unbewussten Phasen der mentalen Aktivität. Aus der Proportionalität zwischen verständlichem Input und Sprachverarbeitung ergeben sich die Vorteile von Methoden.

Lerner, welche sich Fachsprachen zuwenden und bereits in ihrer Erstsprache über ein entsprechendes Konzeptwissen verfügen, greifen auf einen Wissensspeicher zu, der weitgehend dem heterokultureller Kollegen entspricht. Beide sind, so lässt sich mit gewissen Abstrichen sagen, wie Angehörige ein und derselben Kultur, die freilich verschiedene Sprachen sprechen. Eine Didaktik der Fachsprachen muss genau hier anknüpfen. Ihre Grundformel lautet auf den Punkt gebracht: Vom Inhalt zur sprachlichen Oberfläche bzw. von der Konzept- zur Signifikantenebene!

Das interkomprehensive Lernen

Breit ist im fremdsprachendidaktischen Schrifttum die Rolle des Vorwissens für jegliches Lernen belegbar. Die Interkomprehensionsmethode geht hiervon aus, indem sie das für den Lerner neue mit bereits vorhandenem Sprachwissen verbindet. Man kann das Verfahren ebenso auf Lerner einer fünften Fremdsprache anwenden wie auf solche einer ersten. Lerner einer zweiten Fremdsprache verfügen bereits über eine breite linguale und enzyklopädische Kenntnisbasis in ihrer Muttersprache (L1) sowie zumindest über eine erste Fremdsprache (L2). Selbstverständlich sind die an die L1 und die L2 geknüpften Kenntnisse weder quantitativ noch qualitativ gleichzusetzen: Während Lerner in ihrer L1 ihr gesamtes Weltwissen verbal ordnen und damit ihr Wissen mit dieser Sprache eng verknüpfen, begegnet ihnen die L2 als didaktisches Produkt und innerhalb eines eng begrenzten Zeitrahmens. Demgemäß sind ihre Kenntnisse über die Fremdsprache und ihre Kultur ungleich geringer als die nativer Sprachteilhaber, wie z. B. Aitchison (1987) quantifiziert.

Didaktisch lassen sich Verwandtschaften **zwischen** Sprachen als interlingual transparente Ähnlichkeiten im Bereich von Sprachbau und Funktionsrepertoire – Transferbasen – deuten. Bemerkenswert und im vorliegenden Falle interessant erscheint, dass die Nutzung von Transferbasen zu einer anderen, nicht mehr primär außengesteuerten Form des Lernens führt, die Meißner & Burk (2001) auf empirischer Grundlage als konstruktivistisch bezeichnen: Neue Wissenseinheiten werden vom Lerner selbst den vorhandenen zugeordnet und passieren so notwendigerweise den perzeptiven Filter. Im Lernprozess der Mehrsprachigkeitsdidaktik konstruiert der Lerner sein Weltwissen auf der Grundlage vorhandener Kenntnisse. Gute Mehrsprachenverarbeiter 'entwerfen' Formen- und Funktionsschemata für neue Zielsprachen auf der Basis vorhandener Schemata aus nahverwandten Sprachen. Mesquita (2000: 118 ff.) weist für brasilianische Lerner und in Anlehnung an GALATEA (Dabène 1992) nach, dass diese Lesekompetenz im Französischen dann rasch erwerben, wenn sie a) in ihrer Muttersprache gute Leser sind, b) eine (distante) Fremdsprache (wie z. B. Englisch) lesen können und c) über Strategien verfügen, die *top down*-Aktivitäten fördern.

Dass sich die Interkomprehensionsmethode für erfahrene, bereits polyglotte Sprachenlerner anbietet, liegt auf der Hand. Argentinische Untersuchungen lassen sie jedoch auch für Lerner geeignet erscheinen, die eine **erste** nahverwandte Sprache erlernen (vgl. Dagnino & Fernandez 2001). Wie Mesquito stellen auch diese Forscherinnen fest, dass *top down*-Operationen die Interpretation von Texten ermöglichen, wenn *bottom up*-Prozesse aufgrund fehlender Transferbasen nicht 'wirklich' greifen können. Mit deutschsprachigen Probanden stellte Meißner (1997) ähnliche Ergebnisse fest. Darüber hinaus wurden die Abbruchbedingungen für den Transfer untersucht. Es ergab sich, dass Lerner in der Lage sein müssen, ein Minimum an Transferbasen zu identifizieren. Gelingt es ihnen nicht, darauf sinnvolle Interpretationen aufzubauen, brechen sie den Rezeptionsvorgang ab und setzen daher auch keinen Erwerbsprozess in Gang.

Halten wir also fest: Die Studien zur (Inter-)Komprehension betonen durchgängig die Wichtigkeit der Fähigkeit, *top down*-Prozesse einzuleiten. Allerdings kann dies erst auf der Grundlage einer *bottom up*-gesteuerten Information erfolgen. Ohne ein relatives Minimum an prozeduralen Sprachkenntnissen bleibt diese Information aus. Umgekehrt geschieht der Ausbau der Kompetenz nicht ohne Rückbindung an identifizierte Inhalte. Wie weit allerdings inhaltliche Schemata generiert werden und in den Spracherwerbsprozess *top down* einfließen können, ist eine Frage des Weltwissens bzw. des Reichtums des Konzeptspeichers in Bezug auf ein bestimmtes Thema. Sind Thema und Sprechsituation bekannt (Mitteilungsintention, Handlungsrahmen, Vorgeschichte der Sprechhandlung usw.), so verfügt der Lerner über erhebliche Stützen, den Semantisierungsvorgang und den Spracherwerb durchzuführen.

Was heißt dies für die hier zu entwickelnde Methodik? Zum Ersten hat diese auf das Konzeptwissen der Lerner zu setzen, das im vorliegenden Fall mit dem beruflichen Wissen zusammenfällt. Die Vertrautheit mit Thema, Situation, Sprechhandlung, Mitteilungsintention, die Fähigkeit zur fundierten Plausibilitätsprüfung erleichtern das subjektiv erfolgreiche Interpretieren der Botschaft und stärken die Rezeptionsbereitschaft. Diese Wirkungs- und Erlebnisdimension muss stark aktiviert werden. Ihr fällt die Aufgabe zu, fehlendes Wissen der Signifikantenebene mental zu kompensieren.

Zum Zweiten muss eine Methode für sprachlernungewohnte Erwachsene diesen das sprachliche Wissen vermitteln, welches sie für die Initiierung von *top down*-Operationen benötigen. Aus der Mehrsprachigkeitsdidaktik ist bekannt, dass es vor allem die zwischensprachlich nicht transparenten Formen und Funktionen sind, die den Rezeptionsfluss aus einer (unbekannten) Fremdsprache unterbrechen. Die Mehrsprachigkeitsdidaktik stellt daher nicht-transparente Profilformen des intrazentralen Bereichs der Fremdsprachen zusammen, arbeitet sie methodisch auf und bewirkt so eine Erhöhung der Interkomprehension bereits zu einem frühen Zeitpunkt der Beschäftigung mit einer neuen Sprache.

Zum Dritten setzen interkomprehensive Verfahren bei der Übung des interlingualen Transfers an. Lerner müssen das Zwischen-Sprachen-Lernen erst lernen: Zur Aktivierung eines einem Individuum verfügbaren Inferenzpotentials bedarf es zunächst der Fähigkeit, den internationalen Wortschatz auch dann zu erkennen, wenn die Angehörigen einer Kognaten-Familie den phonetischen und orthographischen Konventionen **unterschiedlicher** Sprachen folgen (it. *facciata,* frz. *façade,* e. *facade,* d. *Fassade,* sp. *fachada*). Es sind des Weiteren semantische Zuordnungen zu leisten (Bedeutungsverengung, -erweiterung, -wandel, Bezirkswechsel: etwa aus dem der Religion zur Philosophie usw.). Im Bereich der grammatischen Verarbeitung haben Lernende ihr Vergleichsspektrum so auszuweiten, dass sie alle ihnen bekannten Sprachen und Varietäten zur Hypothesenbildung verwenden. Dies führt zu sprachbewusstheitssteigernden Strategien. Empirische Erfahrungen mit Schülern der Klassen 9 und 10 belegen die Erreichbarkeit dieser Lernziele (Meißner 1998).

Doch ist diese Methode auch für Lerner gangbar, die nur über ein signifikant geringes fremdsprachliches Inferenzpotential und über wenig Strategiewissen verfügen? Die Frage ist derzeitig empirisch (noch) nicht zu beantworten. Sie ist aber auch nicht zu verneinen. Denn als deutsche Sprachteilhaber verfügen die Adressaten über eine erhebliche Anzahl von interlingualen Sprachenbrücken oder Interlexemen (Volmert 1992). Allerdings gehören diese weniger dem intrazentralen Sprech- als vielmehr dem Bildungswortschatz an. Da im Deutschen zudem die lateinischen und griechischen Elemente mit germanischen Beständen 'konkurrieren', fasst der Bedeutungskern deutscher Interlexeme in der Regel enger als im Französischen oder Italienischen. So bedeutet dt. *Genie* eben nicht "Geist, Phantom" wie im Romanischen, sondern nur noch "Träger einer außerordentlichen Fähigkeit" oder diese Fähigkeit selbst. Sprachenkundige rekurrieren bei Formulierungsschwierigkeiten in (europäischen) Fremdsprachen stark auf den ihnen bekannten Bestand an Interlexemen; Sprachenunkundige sind hingegen zu dieser Operation nicht fähig, sie leisten z. B. den intralingualen Transfer von *bürgerlich* zu *bourgeois,* von *frei* zu *liberal,* von *continuer* zu *kontinuierlich* nicht. Was nun die Adressatengruppe angeht, so ist diese für den intralingualen Transfer zwischen den volkssprachlich-germanischen Wörtern und den Dubletten des griechisch-lateinischen Bildungsadstrats, den wissenschaftlichen und den fachsprachlichen Terminologien, also für Interlexeme zu sensibilisieren. Ist den Lernern die deutsche Interlexik präsent, so erscheint ihnen auch das Französische weniger fremd. Ein solcher Vorteil ergibt sich für französischsprachige Lerner des Deutschen nicht.

Die französische Deutschdidaktik hat sich der Entwicklung mehrsprachigkeitsdidaktischer Methoden, die in der Euro-Region Rhein-Maas-Südengland gegenwärtig stark an

317

Bedeutung gewinnen, bislang allenfalls punktuell zugewandt (Adolf 1999; Kail 1999). Für die Zielsprache Deutsch böte es sich an, das Englische als Brückensprache zu untersuchen. In unserem Zusammenhang sind die entsprechenden französischen Terminologien auf Sprachenbrücken zu lexikographieren.

Interkomprehensives Lernen setzt auf das Selbsttun. Deshalb sind jene Fähigkeiten zu fördern, die es erlauben, die Zielsprache zu rezipieren. Da durchaus Lernen und nicht nur das Verstehen beabsichtigt ist, sind die zu entwickelnden Fertigkeiten zur Benutzung von Wörterbüchern usw. um solche zu erweitern, die die Memorisierung sicherstellen. Es ist zu überprüfen, inwieweit Lehr- und Lernstrategien, die aus anderen Lernkontexten bekannt sind, auch auf Lerner dieser Gruppe erfolgreich angewandt werden können (z. B. Wörterbucharbeit, Erstellung eines Lernerwörterbuchs, Lernprotokolle).

Interkomprehensive Kompetenz erlaubt es den Lernern, vergleichsweise unabhängig von dem geplanten Input erfolgreich die Zielsprache lesend oder hörend zu verstehen. Dennoch ist ein Sprachcurriculum unerlässlich. Seine Aufgabe besteht darin, das notwendige Minimum an frequenten Lexemen, Morphemen und grammatischen Regeln zu liefern, ohne das ein angemessenes Verstehen der Zielsprache nicht möglich ist.

Sprachcurricula zwischen Fach-/Umgangssprache und den *besoins linguistiques* der Lerner

Der Begriff der 'Fachsprache' ist mehrdeutig (Berschin 1989): Zum einen grenzen sich die einzelnen Fachsprachen mit unterschiedlicher Trennschärfe von den unmarkierten Registern ab. So ist die Fachsprache der Geschichtswissenschaft offener gegenüber den in Zeitungen gepflegten Stilen der 'Allgemeinsprache' als die der Chemiker oder Mathematiker (Blumenthal 1992). In ähnlichem Sinne lässt sich feststellen, dass die juristische Sprache in einem kulturspezifischen Sinne höher formalisiert und terminologisch fixiert ist als die der Soziologie. Dies geht bis weit in die Syntax hinein (Tinnefeld 1993). Zum anderen wirkt auch in jeder fachsprachlichen Performanz eine Adressatenhypothese, was zum Grad ihrer Öffnung gegenüber der unmarkierten Varietät führt: Ärzte kommunizieren fachsprachlich untereinander und mit den Krankenschwestern und Pflegern anders als mit Patienten; Patienten verstehen medizinische Fachsprache anders als Ärzte... Nicht immer berücksichtigt die didaktische Literatur angemessen die Heterogenität von 'Fachsprache'. So spricht man singulär von 'der' Wirtschaftsfachsprache. In Wirklichkeit bestehen innerhalb solcher inhaltlich umgrenzter Sprachausschnitte aber nur fachsprachliche Varietäten. Ähnliches gilt auch für die pragmatische Ebene. Kulturelle Praxen verlaufen in den einzelnen Sparten der Wirtschaft spezifisch und nicht generell. Die Modebranche spricht und kommuniziert ganz anders als die Recycling-Industrie.

Auch Fachsprache und Allgemeinsprache greifen ineinander. Sprech- oder Schreibstile werden nicht allein durch die Fachsprachen konstituierenden thematischen Komponenten bestimmt. In der den Stil angebenden Komplexion von 'wer mit wem wo wie spricht' sind das 'über was' und 'mit welcher Absicht' nur zwei Determinanten. Ausschlaggebend ist die Sprechsituation bzw. ihre kulturgemäße Einschätzung durch die Kommunikationspartner. Die Historizität von Sprache und Kultur entscheidet wesentlich darüber, was und wie ein kompetenter Sprachteilhaber etwas sagen wollen kann. Die Fachsprache greift in dieses Gefüge weniger weit zurück als die Allgemeinsprache.

Didaktisch impliziert dies, dass fachsprachliche Kurse zur Allgemeinsprache hin zu öffnen sind, was auch dem Wunsch fachsprachlich orientierter Lerner entspricht. Es stellt sich mithin die Frage, ob und inwieweit Fach- und Allgemeinsprache innerhalb eines Curriculums miteinander zu verbinden sind. Die Frage ist jedoch für die Konzeption fachsprachlicher Kurse dann nachrangig, wenn die Motivation der Lerner dominant von beruflichen Interessen bestimmt ist. Faktisch werden Lerngruppen den sich hier andeutenden Gegensatz aushandeln müssen.

Nicht nur die fachsprachliche Lexikographie ist – trotz großer Erfolge im Einzelnen – weitgehend defizient. Auch fachsprachliche Lehrwerke lassen zu wünschen übrig. "Fachsprachenkurse setzen in den meisten Fällen auf einem Fortgeschrittenen-Niveau an und vermitteln Vokabular und typische Strukturen aus einem fachsprachlichen Bereich" (Lahaie 1995: 252). Mehr noch als für den weiten Bereich der akademischen und der Verwaltungsberufe gilt dies für das handwerkliche Feld. Die Französischdidaktik verfügt derzeit allenfalls punktuell über Lehr- und Lernmaterialien, auf die ein zu konzipierender Kurs zurückgreifen könnte (vgl. auch Christ 1992).

Wer sich Gedanken über fachsprachliche Curricula macht, darf die Funktion der Sprache für die Lernenden nicht aus dem Blick lassen. Hier kann die Fachsprachendidaktik von einer sich stark entwickelnden Didaktik des bilingualen Sachfachunterrichts profitieren: "Bilingualer Unterricht schafft authentische Anwendungssituationen für fremdsprachliches Handeln. Die Unterrichtsgegenstände des bilingualen Unterrichts sind fachwissenschaftlich abgesichert und somit authentisch. Gearbeitet wird zudem ausschließlich mit authentischen fremdsprachlichen Materialien. Authentisch ist auch die Interaktion im Klassenzimmer, wobei die Sprache das Vehikel ist. Die Schüler setzen sich auf professionelle Weise mit Realien auseinander" (Krechel 1998: 122). Ähnliches lässt sich, *mutatis mutandis*, für fachsprachlichen Unterricht in Anspruch nehmen. Auch wenn sich die zielsprachlichen Kompetenzen von Absolventen bilingualer Ausbildungsgänge mit denen der Adressatengruppe nicht vergleichen lassen, so geschieht doch auch der Fachsprachenunterricht eindeutig berufs- und inhaltsorientiert.

Das (partnerbezogene) Lern-Tandem-Modell wird bislang noch nicht auf die spezifischen Lernbedingungen des berufsbezogenen Fremdsprachenerwerbs zugeschnitten. Die rezeptive Orientierung von Kursen legt für die fachsprachliche Progression ein Tandem-Modell nahe, dass nach dem Muster des "polyglotten Dialogs" (Posner 1993) funktioniert: Ein jeder spricht oder schreibt (zunächst einmal) in seiner Sprache. Rezeptionsorientierung ist jedoch kein Dogma: Sie kann durchbrochen werden, wenn die Lerner dies verlangen, z. B. weil sie sich in der Rolle von Sprechern oder Schreibern der Zielsprache erleben wollen oder weil sie ganz einfach im kommunikativen Austausch mit ihren heterokulturellen Partnern, einem Wunsch nach Nähe folgend, deren Sprache benutzen möchten. In diesem Zusammenhang entwickelt die Didaktik Modelle, welche die Vorteile von Videokonferenzen in das Methodenrepertoire des Tandemlernens nimmt.

Die empirische Basis für die Erstellung des Sprachcurriculums

Es ist nicht möglich, die *besoins linguistiques* der Adressaten auf empirisch abgesicherter Grundlage zu definieren (Richterich 1980; Rafitoson 1994). Traditionell hilft sich die Didaktik mit der Auflistung kommunikativer Funktionsbeschreibungen, deren Stereotypik in jüngster Zeit Gegenstand der Kritik wurde. Christ, Liebe & Schröder (1979) erstellten eine solche Liste auf der Basis eines an mehrere hundert Firmen gerichteten Fragebogens. Das Verfahren ließ im Dunkeln, welche und wessen subjektive Introspektionen in die Antworten einflossen. Umschreibungen wie **administrative Aufgaben bearbeiten, Bestellungen abwickeln, Betriebsanleitungen übersetzen** oder **Verkaufsberatungen realisieren** usw. bleiben zu sehr im Allgemeinen, um eine konkrete Auswahl lexikalischer und grammatikalischer Bestände zu erlauben. Die Deskriptive Linguistik hat bislang (so weit ich sehe) nicht untersucht, wie sich die verbale Interaktion zwischen Bauhandwerkern intra- und interkulturell gestaltet.

Die Minima-Listen des Europarates inkorporieren keine fachsprachlichen Bestände. Von der Fachsprachenlexikographie lässt sich nur mit Einschränkung sagen, dass sie der Differenziertheit der Berufswelt entspricht, was die in unterschiedlichen Marktsegmenten tätigen Firmen – von der Schuh- bis hin zur Müllverwertungsindustrie (Shredder) – zur Erstellung eigener Wortlisten zwingt. Dies gilt auch für die Bereiche Hoch- und Tiefbau. Das Manko wird aus pädagogischer Sicht dadurch verstärkt, dass vorhandene Glossare in der Regel reine Nomenklaturlisten sind, die den verbalen Bestand der Fachsprachen weitgehend ausblenden[2]. Sie berücksichtigen in der Regel nur die darstellende Funktion von Sprachen, nicht die Pragmatik. Die Schwellen-Niveau-Listen antizipieren kommunikative Situationen, Sprechabsichten und Sprechakte (Coste et al. 1976: 62 ff.). Die jüngeren Kompilationen ziehen indes die Konsequenz aus der Unmöglichkeit, die Offenheit von Sprechsituationen auf konkrete Sprachformeln zu bringen. "En realidad, las situaciones siempre son estrictamente personales y únicas. Una de las condiciones es siempre el hablante individual de la lengua con el total general de sus experiencias." (Slagter 1979: 11). Im Gegensatz hierzu steht die Definition des Schwellenniveaus selbst, die durchaus die pädagogische Schwierigkeit berücksichtigt, welche sich mit dem Erlernen fremder Sprachen verbindet: "il livello minimo... sarà ... un livello die 'capacità' predominantemente orale al quale i discenti saranno in grado di sopravvivere, dal punto di vista linguistico, in paese straniere et di stabilire e mantenere contatti sociali con parlanti della lingua straniera." (Galli dei Paratesi 1981: 14)[3] Diese Lernzielbeschreibung erscheint durchaus akzeptabel für den

---

[2] Nicht ohne Grund haben Bildwörterbücher in der Fachsprachenlexikographie hohe Konjunktur. Die Glossare wurden für das Übersetzen konzipiert und integrieren nicht die Vorteile der didaktischen Lexikographie. Zum Lernen und Lehren sind sie im Allgemeinen wenig geeignet.

[3] Wie die Schwellenlisten konkret auf dies *besoins linguistiques* reagieren, zeigt Galli dei Paratesi (1981: 26 f.).

zu konzipierenden Kurs im allgemeinsprachlichen Bereich. Er bedarf der Erweiterung im fachsprachlichen Segment. Zur Erfassung und Selektion des Materials wählen wir folgende Schritte:

1. Beobachtung der intrakulturellen fachsprachlichen Kommunikation *in vivo* (Performanzerhebung) und Erstellung eines empirisch basierten Sprachcorpus zum Thema Fachkommunikation im Berufsalltag (hier: Hoch-/Tiefbau).
2. Befragung der fach- oder berufssprachlich kommunizierenden Personen zu den erfolgten Performanzerhebungen mit der Möglichkeit der Ergänzung und Korrektur.
3. Erstellung eines fachsprachlichen Glossars mit Hilfe von Angehörigen der betroffenen Berufsgruppe (Definition von typischen Arbeitsvorgängen, von berufsbezogener *face-to-face* Kommunikation).
4. Enquête zu den *besoins linguistiques professionnels transculturels*. Hierunter verstehen wir jene Sprachformeln, die die Kommunikation transportieren und die zur Bewältigung der interkulturellen Situation (Verstehen, Sprechabsichten usw.) verfügbar sein müssen. Die *besoins professionnels* können vermittels des Gebrauchsklassen-Koeffizienten innerhalb einer fünfstufigen Skala skaliert werden. Dieses Verfahren, das in der didaktischen Substandardlexikographie erfolgreich angewandt wurde (Meißner 1987, 1998), erlaubt die Selektion von Wortschatz unter dem Gesichtspunkt der Gebrauchsrelevanz.
5. Abgleich des Vokabulars mit der einschlägigen Fachliteratur.

Die **rezeptive Orientierung** des Kurses erlaubt eine Reduktion des grammatischen Inputs auf den Umfang der 'Basisgrammatik' im Sinne der Schwellenniveau-Corpora (z. B. Slagter 1987: 112 ff.; Galli dei Paratesi 1981: 335 ff.). Auswahl und Umfang der grammatischen Themen werden an der Frage gemessen, inwieweit ihre Kenntnis für die Rezeption einfacher französischer oder deutscher fachsprachlicher Texte erforderlich ist. Dies schließt keineswegs die Behandlung weiterfassender Fragen aus. Empirische Untersuchungen zur Rezeptionsfähigkeit in (nicht gelernten) romanischen Fremdsprachen (Meißner & Burk 2001) zeigen Einblicke in die Hypothesengrammatik von Lernern. Ihre konkreten Hypothesen werden als Grundlagen zweiten Grades für die Selektion des grammatischen Stoffes betrachtet.

Aus der Sicht der deutschen Französisch- und der DaF-Didaktik ergibt sich ein fundamentales Interesse daran, typische Sprachhypothesen dieser Lernerpopulation zu beforschen. Es korreliert mit der Entwicklung einer empirisch basierten Fremdsprachenmethodik für Angehörige der praktischen Berufe[4].

---

[4] Auch lernungswohnte Erwachsene lernen (im Sinne des konstruktivistischen Lernbegriffes) eigenständig. Deshalb müssen gerade an diese Population gerichtete Kurse adressatengerecht konzipiertes Wissen zum 'Lernen des Lernens' liefern. Leider fehlen adressatendifferenzierte Anleitungen zum Strategienlernen (Rampillon 1997).

Lernziele im Bereich der interkulturellen Kompetenz

Der Kurs ist darauf ausgerichtet, eine grundlegende Befähigung zur beruflichen interkulturellen Kommunikation zu vermitteln. Im Umfang der Schwellenniveau-Definitionen führt er zur rezeptiven und produktiven Kompetenz. Die Lerner bestimmen im Sinne der *waystage*-Konzeption selbst darüber, ob, wie und in welchem Umfang sie die Zielsprache produktiv erwerben wollen.

Die Kommunikative Orientierung ist nicht auf den Bereich des Verbalen eingrenzbar. Auch ohne verbale Kenntnisse können Menschen ein Stück weit miteinander kommunizieren. Nicht zuletzt ist es diese Fähigkeit, die es uns erlaubt, in unserer Muttersprache pragmatisch zu handeln und so sprachliche Strukturen zu erwerben. Diese Fähigkeit muss in die zu entwickelnde Methode integriert werden, denn sie unterstützt die interkulturelle Erlebnisdimension.

In ähnlichem Zusammenhang nennt Murphy-Lejeune (2000: 93) die integrierenden Faktoren, welche, wie man sieht, keinesfalls an die Kenntnis einer konkreten Fremdsprache gebunden sind:

1. *Désir d'étranger : attitude personnelle :*
   Disposition personnelle : ouverture
   Compétence mentale : intrapsychique

2. *Activités : participation sociale*
   Insertion dans le milieu social
   Compétence socioculturelle

3. *Amitiés : relations personnelles*
   Contact et amis avec autochtones
   Compétence interpersonnelle

4. *Aisance : capacité d'adaptation et de communication*
   Autonomie et maîtrise des circonstances
   Compétences personnelles.

Die genannten Orientierungen sind nicht ausschließlich an Sprachkenntnisse gebunden. Lust auf das Andere, Teilhabe am sozialen Leben in der Heterokultur, Freundschaften und Beziehungen zu heterokulturellen Kollegen zu pflegen, die Bereitschaft, in der fremden Sprache selbst zu kommunizieren, sich auf Kommunikationsversuche des heterokulturellen Partners in unserer Sprache einzustellen – dies sind wichtige und hochrangige Lernziele für interkulturelle Kompetenz. Sie bedürfen selbstverständlich einer spezifischen Ausrichtung auf die Prädisposition der Adressaten. "Das Lehren reduziert sich nicht mehr auf die Vermittlung von Stoff, sondern schließt das Arrangieren kooperativer Lernsituationen, die eine Anbindung nach draußen haben, ein." (Alix 1993: 114).

Methodische Umsetzung und Materialentwicklung

Die Umsetzung der Lernziele erfordert einen breiten fachsprachlichen Input. Der motivatorischen Wirkung halber sollte das Material authentisch sein. Es entspricht der Prädisposition der Lerner, wenn es in besonderer Weise an die Fähigkeit des 'Erwerbens' appelliert. In engem lernpsychologischen Zusammenhang hiermit stehen das Selber-Tun und das 'aufgabenorientierte Lernen', wie es Bauer, Burzer & Egloff (1993) für den berufsschulischen Unterricht beschreiben.

Auch interkulturelle Tandems können (sowohl bei der *face-to-face*-Kommunikation als auch per E-Mail) zum Einsatz kommen. In diesem Fall können die *language tasks* (Bauer, Burzer & Egloff 1993: 175) gemeinsam von den heterokulturellen Sprachpartnern nach dem Prinzip der gegenseitigen Sprachhilfe gelöst werden; doch ist das aufgabenbezogene handlungsorientierte Lernen nicht an die Einrichtung des Tandems gebunden. Konkrete Aufgaben betreffen (wie angedeutet) z. B. Instruieren und Korrigieren, Zustimmung und Ablehnung ausdrücken, erklären und Argumentieren, die Arbeitsabläufe oder eine Maschine beschreiben usw. Inhaltlich steht bei den zuletzt genannten Aufgaben das Versprachlichen räumlicher und zeitlicher Relationen im Vordergrund, was wiederum die Benutzung von Präpositionen und Konjunktionen erfordert. Alle Aufgaben stehen in berufssituativer Einbettung und unterscheiden sich dadurch von den bekannten Kompilationen und Verfahren.

Bei der Herstellung eines geeigneten Lernarrangements sind, wie gesagt, multimediale Architekturen von Vorteil: Die Kombination von Video und Digitalisierung realisieren die erheblichen mnemotechnischen Vorteile, welche Plass (1999) im Bereich der Dualen Code-Verarbeitung registriert. Wir erweitern den dualen Code von Bild und Text und den von Sprechen so, dass ohne Reizübersättigung eine tiefere und dreikanalige Verarbeitung erreicht wird.

Lernmaterialien sollten diesen Vorteil nicht unbeachtet lassen. Die wissenschaftliche Begleitung des Kurses hat erhebliche Vorleistungen zu erbringen. Videogestützte Lernsequenzen zeigen 'Sprache vor Ort (Baustelle)': Im Baubüro, das Versprachlichen bautypischer Anweisungen, im Planungsbüro, Reklamation und Nachfragen, die Beschreibung bestimmter Arbeitsvorgänge (um nur einige zu nennen), das Feiern des Richtfests usf.

Austauscherfahrungen verbinden sich für Lernende zum Fremdverstehen mit einem authentischen Erlebnis der Zielsprache und interkultureller Kommunikation. Die Lerner erleben, wozu sie Sprachkenntnisse nutzen können, und sie erkennen die Begrenztheit des eigenen Aktionsradius' für den Fall, dass solche Kenntnisse nicht vorhanden sind. Die Grundlagenforschung hat sich bislang auf das 'Aushandeln' und auf die kaufmännischen Bezirke konzentriert; weitere Forschungen erscheinen notwendig.

Evaluation

Während eine schweizerische Expertenkommission Fremdsprachenkenntnisse als "direkt salärwirksam" bezeichnet (Lüdi 1998), wird der Wert von solchen Kenntnissen hierzulande bislang weniger erkannt. Eine wichtige Voraussetzung für die Aufwertung berufsbezogener Fremdsprachenkenntnisse findet in Abschlussprofilen eine Voraussetzung. Der schulische Erfolg von DELF- und DALF-Programmen belegt die hohe motivatorische Wirkung von anerkannten fremdsprachlichen Abschlüssen auf Lerner.

DELF ist jedoch für das Berufswesen in mancher Hinsicht wenig geeignet, weshalb für das Französische der *Test d'Évaluation du Français* (TEF[5]) und *Test de Connaissance du Français* (TCF[6]) entwickelt wurden. Es ist zu prüfen, ob diese Tests den spezifischen Erfordernissen des Berufswesens genügen. In Anlehnung an die Portfolio-Idee wäre eine Abschlussprüfung zu entwickeln, die graduell berufsbezogene Fremdsprachenkenntnisse – hier für den Bereich Hoch-/Tiefbau – bescheinigt. Eine solche Sprachprüfung wäre von den Internationalen Handelskammern zu validieren. Die berufsbezogenen Sprachkompetenzen wären an den Vorgaben des Europäischen Referenzrahmens (vgl. ALTE[7]) zu messen und an der dort beschriebenen Skalierung.

Zur Zeit ist eine derartige Abschlussmöglichkeit im Bereich Hoch-/Tiefbau nicht in Sicht. Testverfahren sind daher auf herkömmliche Methoden zur Bestimmung des Sprachenwachstums angewiesen, so auf den Cloze-Test im Bereich der Schriftlichkeit und auf die bekannten Testformen zum Hörverstehen (Bahns 1998). Es entspricht der Anlage des Kurses als Projekt und interkultureller Begegnungserfahrung, wenn 'harte' Testformen um solche erweitert werden, die der Verbindung von Sprach- und Inhaltslernen und der langfristigen Motivation stärker gerecht werden.

Arbeitsgruppe

Die Materialien entstehen in Zusammenarbeit zwischen dem Deutsch-Französischen Jugendwerk, den deutschen und französischen Lehrerinnen und Lehrern des Lycée les Marcs d'Or in Dijon und der Göttinger Bau-Beruf-Schule II sowie dem Lehrstuhl für die Didaktik der Romanischen Sprachen an der Gießener Justus-Liebig-Universität. Dabei liegt die wissenschaftliche Verantwortung am Lehrstuhl. Die im Berufsschulwesen tätigen Kollegen bringen sowohl die berufsbezogene als auch die pädagogisch-praktische Kompetenz ein. Sie haben die Möglichkeit, die Materialien inhaltlich und methodisch in der Praxis zu erproben. Denn zur Erstellung fachspezifischer Materialien bedarf es der Fachleute, welche die berufsfachliche und didaktische Kompetenz zusammenführen. Vor diesem Hintergrund erscheint die Zusammensetzung der deutsch-französischen Arbeitsgruppe ideal.

Literaturangaben

Adolf, P. (1999): "Linguistique contrastive et didactique de l'anglais en milieu dialectal alsacien." *Nouveaux Cahiers d'Allemand* 17, 183–191.

Aitchison, Jean (1987): *Wörter im Kopf. Eine Einführung in das mentale Lexikon* (aus dem Englischen von Martina Wiese). Tübingen Niemeyer (dt. 1994).

---

[5] http://www.fda.ccip.fr/sinformer/TEF/
[6] http://www.ciep.fr/langue/tcf/questce.htm
[7] http://www.alte.org/index2.htm

Alix, Christian (1993): "Fremdsprachen lehren und Begegnung lernen: Einige Überlegungen zur Spracharbeit im europäischen Kontext." In: Pelz & Raasch 1993, 109–120.

Bahns, Jens (1998): "Hörverstehen im Fremdsprachenunterricht. Nicht nur überprüfen, sondern schulen und fördern." In: U. O. Jung (Hrsg.): *Praktische Handreichung für Fremdsprachenlehrer* (Bayreuther Beiträge zur Glottodidaktik 2), Frankfurt a.M.: Lang (2. verb. Aufl.), 261–268.

Bauer, H.-J., Burzer, G. & Egloff, G. (1993): "Motivating Students through Task-Based Foreign Language Learning in Science and Technology." In: Pelz & Raasch (Hrsg.), 165–176.

Berschin, Helmut (1989): "Wie beschreibt man eine Fachsprache? Am Beispiel des Wirtschaftsfranzösischen." In: Dahmen, Holtus, Kramer & Metzeltin (Hrsg.), 52–65.

Blumenthal, P. (1992): "Zum Stil moderner Geschichtsschreibung." In: G. Dorion, F.-J. Meißner, J. Riesz & U. Wielandt (éds.): *Le français aujourd'hui – une langue à comprendre – französisch heute. Mélanges offerts à Jürgen Olbert.* Frankfurt a.M: Diesterweg, 171–181.

Buhlmann, R. & Fearns, A. (1993): *Handbuch des Fremdsprachenunterrichts. Unter besonderer Berücksichtigung naturwissenschaftlich-technischer Fachsprachen.* München: Langenscheidt.

Christ, Herbert (Hrsg.) (1992): *Französischunterricht für den Beruf. Für die Förderung des Französischunterrichts an beruflichen Schulen.* Erarbeitet von einer Autorengruppe des Fachverbandes Moderne Fremdsprachen (FMF). Gießen: Institut für Didaktik der Romanischen Sprachen und Literaturen.

Christ, Herbert (1994): "Französisch lehren und lernen für den Beruf." *Der fremdsprachliche Unterricht/Französisch* 28, H. 13, 4–10.

Christ, Herbert, Liebe, Elisabeth & Schroeder, Konrad (Hrsg.) (1979): *Fremdsprachen in Handel und Industrie: eine Untersuchung in den IHK-Bezirken Düsseldorf und Köln.* Augsburg: Universität (Augsburger I-&-I-Schriften 9).

Dabène, Louise (1992): "Le projet européen GALATEA. Pour une didactique de l'intercompréhension en langues romanes." *Etudes hispaniques* 22, 41–45.

Dagnino, E. & Fernandez, M. (2001): "Apprendre une langue voisine selon la méthode intercompréhensive. Expériences argentines." *französisch heute* (2000, im Druck).

Dahmen, W., Holtus, G., Kramer, J. & Metzeltin, M. (Hrsg.) (1989): *Technische Sprache und Technolekte in der Romania. Romanistisches Kolloquium II*, Tübingen: Narr.

FLuL (1990) = *Fachsprachen und ihre Vermittlung (Themenheft). Fremdsprachen Lehren und Lernen* 19.

Galli dei Paratesi, N. (1981): *Livello Soglia*. Strasbourg: Conseil de l'Europe.

Gnutzmann, Claus (Hrsg.) (1988): *Fachbezogener Fremdsprachenunterricht* (Forum für Fremdsprachenforschung 6). Tübingen: Narr.

Kail, M. (1999): "Acquérir une langue, deux langues, plusieurs langues. Beaucoup de questions, quelques réponses." *Nouveaux Cahiers d'Allemand* 17, 39–55.

Krechel, Hans-Ludwig (1998): "Sprachliches Lernen im bilingualen Unterricht: ein Vehikel zur Mehrsprachigkeit." In: Meißner & Reinfried, 121–130.

Lahaie, Ute (1995): *Selbstlernkurse für den Fremdsprachenunterricht. Eine kritische Analyse mit besonderer Berücksichtigung von Selbstlernkursen für das Französische.* Tübingen: Narr.

Lüdi, Georges (1998): *Sprachenkonzept Schweiz. Welche Sprachen sollen die Schülerinnen und Schüler während der obligatorischen Schulzeit lernen?* (Bericht einer von der Kommission für Allgemeine Bildung eingesetzten Expertengruppe "GESAMTSPRACHEN-KONZEPT" an die Schweizerische Konferenz der kantonalen Erziehungsdirektoren, Bern: 15. JULI 1998). (http://www.romsem.unibas.ch/sprachenkonzept).

Lukas, M. (1999): "Sprache, Beruf und interkulturelles Lernen – Entwicklung und Erprobung von Modulen und Materialien für die transnationale Qualifizierung von Ausbildern und Lehrern an beruflichen Schulen." *Leonardo (da Vinci): Europa zur Sprache bringen*, 10–12.

Meißner, Franz-Joseph (1987): "Der französische Sprechwortschatz nach lexikodidaktischen Gebrauchsklassen." *Die Neueren Sprachen* 86, 554–568.

Meißner, Franz-Joseph (1995): "Offenheit und Individualisierung bei der Selektion und Vermittlung von Wortschatz." In: K.-R. Bausch, H. Christ, Frank G. Königs & H.-J. Krumm (Hrsg.): *Erwerb und Vermittlung von Wortschatz im Fremdsprachenunterricht. Arbeitspapiere der 15. Frühjahrskonferenz zur Erforschung des Fremdsprachenunterrichts*. Tübingen: Narr, 134–142.

Meißner, Franz-Joseph (1997): "Philologiestudenten lesen in fremden romanischen Sprachen. Konsequenzen für die Mehrsprachigkeitsdidaktik aus einem empirischen Vergleich." In: ders. (Hrsg.), 25–44.

Meißner, Franz-Joseph (1998): "Gymnasiasten der Sekundarstufe I lernen den interlingualen Transfer." In: Meißner & Reinfried, 217–239.

Meißner, Franz-Joseph (1999): "Variétés linguistiques et apprentissage du français : Vers l'intégration de la langue parlée dans l'enseignement de FLE." In: Jeanne-Marie Barbéris (éd.) : *Le français parlé. Variétés et discours*. Montpellier: Université Paul-Valéry Montpellier III, 237–254.

Meißner, Franz-Joseph & Burk, Heike (2001). "Hörverstehen in einer unbekannten romanischen Fremdsprache und einige methodische Implikationen für den Tertiärsprachenerwerb." *Zeitschrift für Fremdsprachenforschung* (eingereicht).

Meißner, Franz-Joseph (Hrsg.) (1997): *Interaktiver Fremdsprachenunterricht. Wege zu authentischer Kommunikation. Ludger Schiffler zum 60.* Tübingen: Narr.

Meißner, Franz-Joseph & Reinfried, Marcus (Hrsg.) (1998): *Mehrsprachigkeitsdidaktik. Konzepte, Analysen, Lehrerfahrungen mit romanischen Fremdsprachen*. Tübingen: Narr.

Mesquita, A. (2000): "Compréhension de la lecture en langue française: une étude explorative appliquée au cours de Français Instrumental avec des étudiants brésiliens." *Dialogues et Cultures* 44, 115–122.

Oksaar, Els (1979): "Sprachliche Mittel in der Kommunikation zwischen Fachleuten und zwischen Fachleuten und Laien im Bereich des Rechtswesens." In: *Sprache der Gegenwart* 46, 100–113.

Olbert, Jürgen (1995): "Statistischer Vergleich der Schülerzahlen der Fächer Englisch und Französisch im allgemeinbildenden und beruflichen Schulwesen Deutschlands." *französisch heute* 26, 249–259.

Pelz, Manfred & Raasch, Albert (Hrsg.) (1993): *Fremdsprachen für die Zukunft – Nachbarsprachen und Mehrsprachigkeit. Beiträge zum Bundeskongreß des FMF in Freiburg* (SALUS 12). Saarbrücken: Universität.

Plass, Jan L. (1999): "Lernpsychologische Grundlagen der Verwendung von Multimedia in der Fremdsprachenausbildung." In: E. Tschirner (Koord.): *Neue Medien im Fremdsprachenunterricht (Fremdsprachen Lehren und Lernen* 28). Tübingen: Narr, 14–31.

Pöckl, W. (1991): "Französisch: Fachsprachen." In: *Lexikon der Romanistischen Linguistik* VI, 267–282.

Posner, Roland (1993): "Gesellschaft, Zivilisation und Mentalität. Ein Weg zur Kommunikation im mehrsprachigen Europa." *fremdsprachenunterricht* 46, I: 2–6 und II: 61–64.

Rafitoson, E. (1994): "Apprentissage des langues et besoins des apprenants. Pour une meilleure efficacité en matière d'enseignement/apprentissage des langues : l'apport de l'identification des besoins communicatifs." *Travaux de Didactique en Français Langue Etrangère* 34, 95–120.

Rampillon, Ute (1997): "Sind Lerntechniken und Lernstrategien eigentlich technizistisch? – Gedanken zur Interaktion zwischen Lehrenden und Lernenden im Bereich des prozeduralen Wissens und Könnens." In: Meißner (Hrsg.), 119–128.

Richterich, René (1980): "L'antidéfinition des besoins langagiers comme pratique pédagogique." *Le français dans le monde* 149, 54–58.

Schmitt, Christian (1989): "Zur Ausbildung technischer Fachsprachen im heutigen Französisch." In: Dahmen, Holtus, Kramer & Metzeltin (Hrsg.), 173–200.

Slagter, Peter J. (1979): *Un nivel umbral.* Strasbourg: Conseil de l'Europe.

Spillner, Bernd (Hrsg.) (1994): *Fachkommunikation. Kongreßbeiträge der 24. Jahrestagung der GAL.* Frankfurt a. M.: Lang.

Tinnefeld, Thomas (1993): *Die Syntax des Journal officiel. Eine Analyse der Fachsprache des Rechts und der Verwaltung im Gegenwartsfranzösischen. (Fremdsprachen Lehren und Lernen* 13). Bochum: AKS 1993.

Volmert, Johannes (1992): "Bericht über das Forschungsprojekt *Internationalismen – Gleiche Wortschätze in verschiedenen Sprachen.*" *Zeitschrift für Fremdsprachenforschung* 3, H. 1, 96–103.

Adressen der Beiträger

Dr. Dagmar Abendroth-Timmer
Universität Bremen, INFORM, Bibliothekstr., 28359 Bremen

Mark Bechtel
16, rue Cyrano de Bergerac, F-34090 Montpellier

Dr. Daniela Caspari
Universität Gießen, Institut für Didaktik der Romanischen Sprachen
und Literaturen, Karl-Glöckner-Str. 21 G, 35394 Gießen

Dr. Dietmar Fricke
Gerhard-Mercator-Universität, FB 3: Romanistik,
Lotharstr. 62, LG 106, 47057 Duisburg

Angelika Herbst
Birzentalstr. 4, 53177 Bonn

Dr. Adelheid Hu
Ruhr-Universität Bochum, Fakultät für Philologie,
Seminar für Sprachlehrforschung, 44780 Bochum

Prof. Dr. Karin Kleppin
Universität Leipzig, Herder-Institut,
Löhrstr. 17, 04105 Leipzig

Prof. Dr. Eynar Leupold
Martin-Luther-Universität Halle-Wittenberg, Institut für Romanistik,
Gimritzer Damm 2, 06122 Halle (Saale)

Prof. Dr. Jean-Pol Martin
Universität Eichstätt, Didaktik der französischen Sprache und Literatur,
85071 Eichstätt

Prof. Dr. Franz-Joseph Meißner
Universität Gießen, Institut für Didaktik der Romanischen Sprachen
und Literaturen, Karl-Glöckner-Str. 21 G, 35394 Gießen

Isabelle Mordellet
Universität Koblenz-Landau, Romanisches Seminar,
Rheinau 1, 56075 Koblenz

Dr. Johannes Müller-Lancé
Universität Freiburg, Romanisches Seminar,
Werthmannplatz 3, 79085 Freiburg

Jessica Niekamp
Ehrenfeldstr. 20, 44789 Bochum

Dr. Rüdiger Pfromm
Universität Bonn, Romanisches Seminar,
Am Hof 1e, 53113 Bonn

PD Dr. Marcus Reinfried
Universität Erfurt, Philosophische Fakultät,
Nordhäuser Str. 63, 99089 Erfurt

Dr. Klaus Robra
Scheurenstr. 26, 40215 Düsseldorf

Prof. Dr. Heidemarie Sarter
Universität Koblenz-Landau, Romanisches Seminar,
Rheinau 1, 56075 Koblenz

Prof. Dr. Krista Segermann
Friedrich-Schiller-Universität, Institut für Romanistik,
Ernst-Abbe-Platz 8, 07743 Jena

Dr. Ulrike Senger
Universität Gießen, Institut für Didaktik der Romanischen Sprachen
und Literaturen, Karl-Glöckner-Str. 21 G, 35394 Gießen

Dr. Barbara Stein
Universität Koblenz-Landau, Romanisches Seminar,
Rheinau 1, 56075 Koblenz

Prof. Dr. Franz-Rudolf Weller
Universität Bonn, Romanisches Seminar,
Am Hof 1, 53113 Bonn